Michael Blauberger

Staatliche Beihilfen in Europa

Forschungen zur Europäischen Integration
Band 22

Herausgegeben von
Ingeborg Tömmel

Michael Blauberger

Staatliche Beihilfen in Europa

Die Integration der Beihilfekontrolle
in der EU und die Europäisierung
der Beihilfepolitik in den neuen
Mitgliedstaaten

VS VERLAG FÜR SOZIALWISSENSCHAFTEN

Bibliografische Information der Deutschen Nationalbibliothek
Die Deutsche Nationalbibliothek verzeichnet diese Publikation in der
Deutschen Nationalbibliografie; detaillierte bibliografische Daten sind im Internet über
<http://dnb.d-nb.de> abrufbar.

Zugl.: Dissertation an der Universität Bremen, 2008

1. Auflage 2009

Alle Rechte vorbehalten
© VS Verlag für Sozialwissenschaften | GWV Fachverlage GmbH, Wiesbaden 2009

Lektorat: Katrin Emmerich / Jens Ossadnik

VS Verlag für Sozialwissenschaften ist Teil der Fachverlagsgruppe
Springer Science+Business Media.
www.vs-verlag.de

Umschlaggestaltung: KünkelLopka Medienentwicklung, Heidelberg
Druck und buchbinderische Verarbeitung: Krips b.v., Meppel
Gedruckt auf säurefreiem und chlorfrei gebleichtem Papier
Printed in the Netherlands

ISBN 978-3-531-16494-6

Inhalt

Verzeichnisse

Abbildungsverzeichnis

Tabellenverzeichnis

Abkürzungsverzeichnis

ABl.	Amtsblatt
AFP	Agence France Press
AGFV	Allgemeine Gruppenfreistellungsverordnung
ARP	Polnische Agentur für industrielle Entwicklung
CCE	Chefökonom für Wettbewerb
CY	Zypern
CZ	Tschechische Republik
DE	Deutschland
EAGFL-A	Europäischer Ausrichtungs- und Garantiefonds für die Landwirtschaft, Abteilung Ausrichtung
EAGFL-G	Europäischer Ausrichtungs- und Garantiefonds für die Landwirtschaft, Abteilung Garantie
EC	Europäische Gemeinschaft
ECN	Europäisches Wettbewerbsnetz
EE	Estland
EFRE	Europäischer Fonds für regionale Entwicklung
EG	Europäische Gemeinschaft
EGKS	Europäische Gemeinschaft für Kohle und Stahl
EGV	Vertrag zur Gründung der Europäischen Gemeinschaft
EIU	Economist Intelligence Unit
ESF	Europäischer Sozialfonds
EU	Europäische Union
EU-15	EU mit 15 Mitgliedstaaten (1995-2004)
EU-25	EU mit 25 Mitgliedstaaten (2004-2006)
EU-27	EU mit 27 Mitgliedstaaten (seit 2007)
EuG	Europäisches Gericht erster Instanz
EuGH	Europäischer Gerichtshof

FAZ	Frankfurter Allgemeine Zeitung
FIAF	Finanzierungsinstrument für die Ausrichtung der Fischerei
FSO	Fabryka Samochodow Osobowych
FT	Financial Times
FuE	Forschung und Entwicklung
GBl.	Gesetzblatt
GD	Generaldirektion
GD AGRI	Generaldirektion Landwirtschaft und ländliche Entwicklung
GD COMP	Generaldirektion Wettbewerb
GD ENTR	Generaldirektion Unternehmen und Industrie
GD FISH	Generaldirektion Fischerei und maritime Angelegenheiten
GD MARKT	Generaldirektion Binnenmarkt und Dienstleistungen
GD REGIO	Generaldirektion
GD TREN	Generaldirektion Verkehr und Energie
GFV	Gruppenfreistellungsverordnung
GM	General Motors
HC	Huta Częstochowa
HU	Ungarn
IP	Presseerklärung der Kommission
KF	Kohäsionsfonds
KMU	kleine und mittlere Unternehmen
KOM	Dokument der Kommission
LT	Litauen
LV	Lettland
MOEL	mittel- und osteuropäische Länder
MT	Malta
NMG	Neue Formen der Governance (*new modes of governance*)
NMS	Neue Mitgliedstaaten
NZZ	Neue Züricher Zeitung
PAIiIZ	Polnische Agentur für Information und Auslandsinvestitionen
PAP	Polnische Presseagentur
PL	Polen
PNB	Polish News Bulletin
R&R	Rettungs- und Restrukturierungs(beihilfen)
Rdnr.	Randnummer
SAAP	Aktionsplan Staatliche Beihilfen (*State Aid Action Plan*)
SF	Solidaritätsfonds
SI	Slowenien
SK	Slowakei

Slg.	Sammlung der Rechtsprechung
SSCI	Social Science Citation Index
SWZ	Sonderwirtschaftszone
TZ	Trinecké Zelezárny
UK	Vereinigtes Königreich
UKIE	Polnisches Büro des Ausschusses für Europäische Integration
ÚOHS	Tschechisches Amt für den Schutz des wirtschaftlichen Wettbewerbs
UOKiK	Polnische Behörde für Wettbewerb und Verbraucherschutz
VVO	Verfahrensverordnung
VW	Volkswagen
WTO	Welthandelsorganisation
ZdH	Zentralverband des deutschen Handwerks

Vorwort

Meine Doktorarbeit ist am Max-Planck-Institut für Gesellschaftsforschung in Köln und an der Universität Bremen entstanden. In beiden Einrichtungen hatte ich hervorragende Arbeitsbedingungen und bin vielen wissenschaftlichen und nicht-wissenschaftlichen Kollegen zum Dank verpflichtet. Finanziert wurde meine Arbeit durch Drittmittel aus dem Sechsten EU-Rahmenprogramm im Kontext des integrierten Projekts „New Modes of Governance".

Bedanken möchte ich mich vor allem bei Prof. Susanne K. Schmidt – inhaltlich, für die stetige Betreuung der Promotion von der Grundidee bis zur letzten Überarbeitung, sowie persönlich, für das mir entgegengebrachte Vertrauen, das die Arbeit und den Austausch so häufig erleichtert hat.

Darüber hinaus habe ich hilfreiche Anregungen und Kommentare bei ganz unterschiedlichen Gelegenheiten und von vielen Personen bekommen: in den Kolloquien am Max-Planck-Institut, am InIIS und CEuS der Universität Bremen, beim Methodenseminar der GSSS Bremen, auf der Nachwuchstagung der IB-Sektion der DVPW, bei den Workshops und der Doktorandenschule des NewGov-Projekts, auf dem Autorentreffen des PVS-Sonderhefts, auf den ECPR- und EUSA-Konferenzen, sowie im alltäglichen Austausch mit den Kollegen. Einen besonderen Dank schulde ich daher Tanja Börzel, Adrienne Héritier, Christian Joerges, Matthias Leonhard Maier, Peter Mayer, Armin Schäfer, Waltraud Schelkle, Frank Schimmelfennig, Uli Sedelmeier, Julia Sievers, Ingeborg Tömmel, Wendy van den Nouland, Moritz Weiss, Cornelia Woll und Bernhard Zangl.

Des Weiteren wäre die Arbeit ohne die Gesprächs- und Hilfsbereitschaft meiner Interviewpartner so nicht möglich gewesen. Eine große Unterstützung waren auch die PraktikantInnen und Hilfskräfte, die zwischenzeitlich an dem Drittmittelprojekt mitgearbeitet haben. Bedanken möchte ich mich speziell bei Hanno Degner, Ivana Horváthová, Ines Läufer, Piotr Paszkowski und Hannah Silberberg.

Schließlich haben mich einige Menschen auch jenseits der Doktorarbeit immer unterstützt – meine Eltern Monika und Max Blauberger, meine Schwester Susanne Herold und Olga Malets.

1 Einleitung

Die europäische Beihilfekontrolle wurde schon 1957 in den Römischen Verträgen verankert und doch hat sie lange Zeit vergleichsweise wenig praktische und wissenschaftliche Aufmerksamkeit erhalten. Mittlerweile ist das europäische Beihilferecht so tief integriert, dass sich die Mitgliedstaaten in vielen Bereichen ihrer Wirtschaftspolitik damit auseinanderzusetzen haben. Breite öffentliche Beachtung finden immer wieder Einzelfälle, in denen ein Unternehmen an den Rand des Bankrotts gerät und viele Arbeitsplätze gefährdet sind, wenn nicht der Staat finanziell aushilft – jüngere Beispiele sind die Entscheidungen zu den Unternehmen Holzmann (2001) oder Mobilcom (2003) in Deutschland, Alstom (2004) in Frankreich oder gegenwärtig die Danziger Werft in Polen. Daneben haben sich etwa die staatliche Regional- oder Industriepolitik systematisch mit den europäischen Beihilferegeln auseinanderzusetzen. In welchen Regionen und in welchem Umfang staatliche Anreize für neue Investoren geschaffen werden dürfen, z.b. durch vergünstigte Steuersätze, ist unter anderem eine Frage der europäischen Beihilfekontrolle. Die Förderung innovativer Forschung und Entwicklung wurde im Rahmen der Lissabon-Agenda zu einer Hauptaufgabe staatlicher Politik erklärt – sie muss aber im Einklang mit den Grundsätzen des europäischen Wettbewerbsrechts erfolgen. Staatliche Zuschüsse für private Investitionen in Umweltschutzmaßnahmen, wie sie gerade im Kontext der Debatte um den Klimawandel an Bedeutung gewinnen, unterliegen der europäischen Beihilfekontrolle. Schließlich hat die Kommission auch wiederholt versucht, staatliche Regulierung, die bestimmten Unternehmen einen Vorteil verschafft, der Beihilfekontrolle zu unterstellen. Davon sind potenziell ganz unterschiedliche Bereiche betroffen wie etwa die Finanzierung des öffentlichen Rundfunks oder die Förderung erneuerbarer Energiequellen durch garantierte Abnahmepreise.

Aus zwei Gründen lohnt es sich, die nationalen Auswirkungen dieser europäischen Beihilfekontrolle näher politikwissenschaftlich zu untersuchen. Erstens hat sich die Forschung zu den nationalen Auswirkungen europäischer Integration bislang überwiegend mit solchen Feldern befasst, in denen eine Harmonisierung der Politik auf europäischer Ebene stattgefunden hat. Unter dem Oberbegriff „Europäisierung" hat sich eine umfangreiche Literatur entwickelt, die in weiten Teilen mit der nationalen Übernahme und Einhaltung europäischer Richtlinien und Verordnungen befasst ist. In jüngster Zeit kommt außerdem ein

wachsendes Forschungsprogramm zu den Effekten weicher Formen der Koordinierung und gemeinsamer Zielformulierung, so genannter neuer Formen der
Governance, hinzu. Überraschend wenig Aufmerksamkeit wird dagegen jenen
Kernbereichen europäischer Integration geschenkt, in denen die Politik der
Mitgliedstaaten nicht in erster Linie durch positive europäische Vorgaben beein-
flusst, sondern durch die negativen Gebote des Vertragsrechts zum Binnenmarkt
beschränkt wird. Prinzipiell sind die Fragestellung und wesentliche Konzepte
der Europäisierungsforschung auch auf diese Bereiche anwendbar, sie können
am Beispiel der Beihilfekontrolle aber ergänzt werden. Das europäische Beihilferecht verpflichtet die Mitgliedstaaten nicht so sehr, bestimmte Maßnahmen
durchzuführen, als vielmehr sie zu unterlassen. Die Herausforderung besteht
darin, den dadurch erzeugten Anpassungsdruck in den Mitgliedstaaten überhaupt zu erfassen und die Mechanismen zu beschreiben, nach denen sich die
europäische Beihilfekontrolle auf die nationale Beihilfepolitik auswirkt.

Zweitens ist in den Bereichen, in denen keine Harmonisierung der Politik
auf europäischer Ebene stattgefunden hat, ein ständiges Abwägen notwendig
zwischen den negativen Zielen der wirtschaftlichen Integration – dem Schutz
vor Wettbewerbsverzerrungen und vor Einschränkungen der Marktfreiheiten –
und den positiven Handlungsmöglichkeiten der Mitgliedstaaten – etwa in der
Regional- oder Industriepolitik. Auch wenn die wirtschaftliche Integration insgesamt als vorteilhaft für alle Mitgliedstaaten gilt, kommt es daher immer wieder zu politischen Zielkonflikten, die sich nicht alleine aufgrund des geltenden
Rechts oder wohlfahrtsökonomischer Theoreme lösen lassen. In der Beihilfekontrolle hat die Europäische Kommission in der Regel das letzte Wort in solchen Konflikten. Mit den jüngsten Erweiterungen ist die Politik der Mitgliedstaaten in der EU heterogener geworden: das Gefälle zwischen armen und reichen Regionen innerhalb der EU ist nun größer; teilweise sind die neuen Mitgliedstaaten noch mit Problemen ihrer wirtschaftlichen Transformation beschäftigt, etwa mit unrentablen staatlichen Unternehmen. In diesem veränderten Um-
feld steht das europäische Beihilferecht und die Kommission vor neuen Heraus-
forderungen – das Beihilferecht muss nun in den mittel- und osteuropäischen
Ländern (MOEL) angewendet werden und in den alten Mitgliedstaaten ergeben
sich durch die Erweiterung neue Anreize zur Vergabe staatlicher Beihilfen.
Diese schaffen unmittelbar Gewinner und Verlierer und sind daher oftmals
politisch hoch umstritten. Mit konkreten Auseinandersetzungen über die Europäisierung der Beihilfepolitik in den neuen Mitgliedstaaten entwickelt sich somit auch der Integrationsbestand weiter.

Die zentrale Forschungsfrage der Arbeit lautet: Wie wirkt sich die europäische Beihilfekontrolle auf die Beihilfepolitik der neuen Mitgliedstaaten aus?
Bevor diese Frage nach der Europäisierung der MOEL beantwortet wird, wid-

met sich ein erster Hauptteil allgemeiner dem Integrationsbestand im Beihilfebereich. Die Vergabe von Subventionen und anderen staatlichen Beihilfen unterliegt im Rahmen des europäischen Wettbewerbsrechts einem grundsätzlichen
Verbot. Gleichzeitig lässt das Wettbewerbsrecht – in erster Linie interpretiert
von der Kommission – eine Vielzahl von Ausnahmen zu, nach denen weiterhin
bestimmte staatliche Beihilfemaßnahmen erlaubt sind. Die europäische Beihilfekontrolle, so das Zwischenresümee, trägt daher nicht nur negative Züge, sondern orientiert sich neben dem Wettbewerbsschutz auch an positiven, beihilfepolitischen Zielen, insbesondere der Steigerung der Wettbewerbsfähigkeit und
der Kohäsion. In den neuen Mitgliedstaaten existierte vor dem Beitrittsprozess
keine vergleichbare Tradition der Beihilfekontrolle; gleichzeitig war der Bedarf
an staatlichen Beihilfen, etwa bei der Restrukturierung staatlicher Betriebe und
als Anreiz für ausländische Investoren, überdurchschnittlich hoch. Die Untersuchung stellt insbesondere für die Zeit nach dem EU-Beitritt erhebliche Europäisierungseffekte an der Beihilfepolitik der neuen Mitgliedstaaten fest und führt
diese zurück auf die selektive Verstärkung negativer bzw. positiver Anreize zur
Gewährung von staatlichen Beihilfen durch die Beihilfekontrolle der Kommission. Insbesondere der jeweilige Grad der Rechts(un)sicherheit, der mit der
Kontrolle der Kommission verbunden ist, wird dabei als Anreiz verstanden, auf
bestimmte Beihilfemaßnahmen von vornherein zu verzichten oder sie frühzeitig
in Einklang mit den gemeinschaftspolitischen Zielen der Kommission zu bringen.

Im weiteren Verlauf des Einleitungskapitels wird zunächst ausführlicher
der theoretische Hintergrund der Arbeit erläutert. Mit Bezug auf die Literatur
zur Europäisierung, zur europäischen Governance und zur Erweiterung werden
Forschungslücken identifiziert. Vor diesem Hintergrund rechtfertigt sich die
Auswahl des empirischen Untersuchungsgegenstandes. Methodisch stützt sich
die Arbeit auf eine Mischung aus quantitativer und qualitativer Analyse. Das
Einleitungskapitel endet mit einem groben Überblick über den Gang des Argu-
ments.

1.1 Forschungsstand und Forschungsbedarf

Drei eng miteinander verbundene Forschungsstränge bilden den theoretischen
Hintergrund der Untersuchung: jene zur Europäisierung, zur EU Governance
und zur Osterweiterung. Als Europäisierung werden dabei die nationalen Auswirkungen europäischer Integration verstanden. Die Diskussion der drei Litera-
turen erfolgt jeweils nach dem gleichen Schema. Zunächst wird die Literatur
eingegrenzt und auf ihren Beitrag zum Erkenntnisinteresse der vorliegenden

Arbeit zugespitzt. Nach der Darstellung des aktuellen Forschungsstandes werden Lücken identifiziert, die im Lauf der Untersuchung zumindest teilweise
geschlossen werden.

Die Hauptkritik an der bestehenden Forschung richtet sich dabei gegen die
vorherrschende Gleichsetzung von Europäisierung mit der nationalen Umsetzung von positiven und expliziten europäischen Vorgaben. In der Europäisierungsforschung hat dies zu einer Vernachlässigung von Bereichen negativer
Integration und den daraus resultierenden Beschränkungen bzw. den verbleibenden Möglichkeiten nationaler Politik geführt (Kapitel 1.1.1). Im Hinblick auf
die untersuchten Formen der Governance ist ein entsprechendes Ungleichgewicht zugunsten europäischen Sekundärrechts sowie weicher Zielsetzungen und
zulasten des europäischen Vertragsrechts festzustellen, welches angesichts der
jeweiligen praktischen Bedeutung kaum zu rechtfertigen scheint (Kapitel 1.1.2).
In der Forschung zur europäischen Osterweiterung lassen sich diese Verzerrun-
gen zum Teil noch stärker beobachten und auch aus der Logik des Beitrittsprozesses erklären (Kapitel 1.1.3).

1.1.1 Europäisierung

1.1.1.1   Vielfalt der Europäisierungsbegriffe

Die Europäisierungsforschung hat seit dem Ende der 1990er Jahre stark an Interesse gewonnen (Featherstone 2003: 5), die Bedeutung des Begriffs „Europäisierung" ist jedoch keineswegs einheitlich und unumstritten (Featherstone 2003;
Eising 2003). In einer häufig zitierten, jedoch eher irreführenden Definition
bezeichnen Risse et al. Europäisierung als „the emergence and development at
the European level of distinct structures of governance, that is, of political, legal, and social institutions [...]" (2001: 3; siehe auch Börzel/Risse 2000: 2f.)
und sprechen in ihrer anschließenden Studie vom Einfluss der Europäisierung
auf die Mitgliedstaaten. Radaelli hingegen umfasst in seiner jüngeren Definition
von Europäisierung die „(a) construction, (b) diffusion, and (c) institutionaliza-
tion of formal and informal rules, procedures, policy paradigms, styles, ‚ways of
doing things', and shared beliefs and norms which are first defined and consoli-
dated in the making of EU public policy and politics and then incorporated in
the logic of domestic discourse, identities, political structures, and public policies" (Radaelli 2003: 30). Während Risse et al. mit ihrer Definition von Europäisierung letztlich ein „Synonym für Europäische Integration" (Eising 2003: 393)
schaffen, schließt Radaelli einerseits die Entwicklung europäischer Institutionen

und Politiken und andererseits deren Auswirkung auf der Ebene der Mitglied-
staaten in seine Definition mit ein. Tatsächlich hat sich der Großteil der Europäisierungsforschung mit letzte-
rem Aspekt beschäftigt (Olsen 2002: 932). So scheint zumindest begrifflich eine
klare Unterscheidung angemessener, die europäische *Integration* für „den Aufbau und die Entwicklung europäischer Institutionen und Politiken" verwendet,
und *Europäisierung* für „die Auswirkungen dieses Integrationsprozesses auf
nationale Akteure, Strukturen und Prozesse" (Eising 2003: 396; nun auch Bör-
zel/Risse 2007: 484f.). In der Theorie der internationalen Beziehungen spricht
man von einem *second-image-reversed*-Ansatz (Gourevitch 1978; Schimmelfennig 2002).[1] Die klassische Integrationsforschung geht somit von einer *bot-
tom-up*-Perspektive aus – die Europäisierungsforschung kehrt unabhängige und
abhängige Variablen um und analysiert aus einer *top-down*-Perspektive (Bör-
zel/Risse 2003: 57). Europäische Integration ist damit die Voraussetzung für
Europäisierung. Deren Rückwirkung wiederum auf den Integrationsprozess
wird zumeist bewusst aus Gründen der Komplexität ausgeklammert (Börzel
2003: 3).

Europäisierung kann unter anderem danach unterteilt werden, was europäi-
siert wird – nationale *Politics, Policy* oder *Polity* – und danach, wodurch sie von
europäischer Ebene ausgelöst wird – *Prozesse, Policies* oder *Institutionen* (Bör-
zel/Risse 2003: 60). Typischerweise konzentrieren sich Europäisierungsstudien
auf die EU-Mitgliedstaaten. In den letzten Jahren wurden zunehmend auch die
Beitrittsvorbereitungen der mittel- und osteuropäischen Länder (siehe Kapitel
1.1.3, Schimmelfennig/Sedelmeier 2005a) sowie der europäische Einfluss jenseits des Bereichs potenzieller Mitglieder (Lavenex 2004; Schimmelfennig
2007) unter diesem Forschungsprogramm erfasst.

1.1.1.2   Misfit, Anpassung, Compliance

Der Ausgangspunkt von Studien zur Europäisierung nationaler Politik ist in der
Regel ein bestimmter Grad an Nichtübereinstimmung – *mismatch* (Héri-
tier/Knill/Mingers 1996) oder *misfit* (Risse/Green Cowles/Caporaso 2001) –

---

[1] Unter dem Begriff des *second image* werden in der Theorie der internationalen Beziehungen
Ansätze zusammengefasst, die internationale Vorgänge vorwiegend auf der Ebene des National-
staats erklären – im Gegensatz zu Erklärungen die sich auf einzelne Persönlichkeiten bzw. das
Menschenbild (*first image*) oder auf das internationale System (*third image*) stützen (Waltz 2001).
Werden umgekehrt Vorgänge auf der Ebene des Nationalstaats durch internationale Faktoren erklärt,
spricht man von *second-image-reversed*-Theorien.

zwischen europäischen Vorgaben und ihrer nationalen Umsetzung. Befinden sich beide Ebenen bereits im Einklang, ist keine Veränderung nationaler Politik aufgrund europäischen Einflusses zu erwarten. Nichtübereinstimmung ist somit die notwendige Bedingung dafür, dass Anpassungsdruck auf nationaler Ebene entsteht – nicht jedoch hinreichend, um tatsächliche Europäisierungseffekte zu erklären.

Verschiedene Mechanismen werden in der Literatur diskutiert, die zur Europäisierung nationaler Politik führen können. Knill und Lehmkuhl unterscheiden zwischen drei derartigen Mechanismen: (1) die Vorgabe institutioneller Modelle, (2) die Veränderung nationaler Möglichkeitsstrukturen und (3) die Beeinflussung nationaler Ideen und Überzeugungen (Knill/Lehmkuhl 1999; Knill/Lehmkuhl 2000; eine ähnliche Dreigliederung findet sich auch bei Bulmer/Radaelli 2005). Im ersten Fall, der als typisch für den Bereich positiver Integration gilt, entsteht nationaler Anpassungsdruck direkt durch sekundärrechtliche europäische Vorgaben, an die nationale Regelungen anzupassen sind. Im Bereich negativer Integration dagegen, so Knill und Lehmkuhl, wird der nationale Anpassungsdruck indirekt, über die Manipulation der Handlungsmöglichkeiten nationaler Akteure, erzeugt und insofern als geringer eingestuft. Als am schwächsten gilt der nationale Anpassungsdruck schließlich im dritten Fall, in dem zunächst europäische Reformziele definiert werden, um dann auf nationaler Ebene um deren Unterstützung zu werben. Dieser Mechanismus dominiert in Bereichen, in denen große politische Differenzen zwischen den Mitgliedstaaten bestehen und (bislang) keine weiter reichenden Integrationsschritte unternommen wurden (Knill/Lehmkuhl 2000: 22f.).

Das Ausmaß der Europäisierung, die abhängige Variable dieser Untersuchungen, wird mit leichten Unterschieden konzeptualisiert und bestimmt. Eine führende Stellung nimmt die *Compliance*-Forschung ein, in der die nationale Einhaltung bzw. Nichteinhaltung von Regeln als Maß der Europäisierung dient. Die Regeleinhaltung wird dabei entweder in qualitativen Fallstudien (Falkner, et al. 2005; Treib 2006) oder quantitativ über eingeleitete Vertragsverletzungsverfahren gemessen (Börzel 2000; Börzel/Hofmann/Sprungk 2003; Börzel, et al. 2007). Eine alternative Konzeptualisierung von Europäisierung fragt nach der Konvergenz nationaler Politiken und versucht die Europäisierungsforschung damit näher an klassische Fragen der vergleichenden Regierungslehre zu rücken (Harcourt 2003; Knill 2005; Jordan 2005). In der Debatte über neue Formen der Governance entsteht zudem eine Art *benchmarking*, mit der die Politik der Mitgliedstaaten im Hinblick auf Reformziele, die auf europäischer Ebene bestimmt wurden, gemessen wird (vgl. Murray 2003). Trotz der Unterschiede in der Konzeptualisierung überwiegen letztlich die Gemeinsamkeiten: in allen Fällen geht es um „a constellation in which there is a presence of an EU ‚model' of more or less precise specification that requires some form of compliance by member states" (Lodge 2006: 61).

Zwei grundlegende Erkenntnisse ziehen sich durch weite Teile der Europäisierungsforschung: die Europäisierung nationaler Politik variiert zwischen Ländern und nach Politikfeldern (Héritier 2001; Sedelmeier 2006a). Auf der Ebene der Politikfelder werden insbesondere die verschiedenen Steuerungsinstrumente (siehe Kapitel 1.1.2) und die damit verbundenen Europäisierungsmechanismen für die beobachtete Varianz verantwortlich gemacht. Für die Unterschiede zwischen Staaten werden so unterschiedliche Erklärungen wie die Anzahl nationaler Vetospieler (Héritier 2001; Haverland 2000), Parteien und Programme (Treib 2003), die politische Kultur (Börzel/Risse 2000; Falkner, et al. 2005) oder die Größe der Mitgliedstaaten (Börzel, et al. 2007) angeführt.

Autoren mit einem stärkeren Hintergrund in den internationalen Beziehungen unterteilen die beschriebenen Mechanismen und Variablen oftmals danach, ob sie sich dem rationalistischen oder soziologischen Institutionalismus zuordnen lassen. Dadurch lässt sich die Europäisierungsforschung am Vergleich der beiden Theoriestränge ausrichten (vgl. Schimmelfennig/Sedelmeier 2005a). Ansonsten wird die Vereinbarkeit oder gar wechselseitige Ergänzung rationalistischer und soziologischer Erklärungsfaktoren in der Europäisierungsforschung aber kaum bestritten. Andere Autoren gehen daher von vorneherein von der gleichzeitigen Bedeutung beider Erklärungsstränge aus (Mayntz/Scharpf 1995b: 52f.; Scharpf 1997: 19-22) und konzentrieren sich stärker auf die Analyse konkreter Europäisierungsmechanismen und deren Verbindung zu bestimmten Politikfeldern oder Steuerungsinstrumenten (Knill/Lehmkuhl 2000; Bulmer/Radaelli 2005).

1.1.1.3 Jenseits von Implementierung und Compliance

Obwohl gerade letztgenannte Autoren den Versuch unternommen haben, systematisch die ganze Breite von Europäisierungsmechanismen zu erfassen, herrscht ein Ungleichgewicht in der Europäisierungsforschung. Sowohl empirisch als auch theoretisch wird den Auswirkungen positiver Integration deutlich mehr Aufmerksamkeit geschenkt als dem Bereich negativer Integration (vgl. Schmidt/Blauberger/van den Nouland 2008). Der weitaus größte Anteil empirischer Europäisierungsforschung bezieht sich auf Policies, die zumindest teilweise auf europäischer Ebene harmonisiert sind. Dementsprechend existiert ein sehr differenziertes Theorieangebot hinsichtlich der Implementierung von und Compliance mit europäischem Sekundärrecht, während die nationalen Auswirkungen negativer Integration untererforscht und kaum theoretisiert bleiben.

Dass die Europaforschung in ihren Schwerpunkten oftmals nicht mit jenen der tatsächlichen Politik übereinstimmt, hat unter anderem Franchino (2005: 246) in einer Analyse der Publikationen in drei maßgeblichen wissenschaftlichen Zeitschriften gezeigt:

> „There are some worrying signs that we are spending too much time and resources on some clearly secondary policies and ignoring core ones. Some undeniably important areas, such as agriculture, competition and free movement, deserve at least as much attention as does social policy. In my view, the fact that there are twice as many articles on the European employment strategy as an open method of coordination (OMC) as there are on state aid is problematic."

Die Europäisierungsforschung nimmt sich im Hinblick auf dieses Ungleichgewicht keineswegs aus, wie eine einfache Suche im *Social Science Citation Index (SSCI)* zeigt:

Suchbegriffe	vor 2000	2000- 2006	Treffer gesamt
Europeani*ation AND „environmental policy"	0	25	25
Europeani*ation AND „social policy"	6	7	13
Europeani*ation AND „regional policy"	0	10	10
Europeani*ation AND „foreign policy"	1	5	6
Europeani*ation AND „single market"	1	4	5
Europeani*ation AND „agricultural policy"	0	3	3
Europeani*ation AND „competition policy"	0	3	3

Tabelle 1: Beiträge der Europäisierungsforschung nach Politikfeldern[2]

Diese Ungleichgewichtung in der Auswahl der Politikfelder hat zur Folge, dass sich die in der Forschung beschriebenen Europäisierungsmechanismen vor allem an Prozessen der Implementierung von europäischem Sekundärrecht orientieren. Voraussetzung ist zunächst, dass eine gemeinsame Policy auf europäischer Ebene formuliert und als „Gesetz", das heißt als europäische Richtlinie oder Verordnung, verabschiedet wurde. In der Umwelt- und Sozialpolitik, nach der SSCI-Anfrage die beiden häufigsten Untersuchungsfelder, existiert ein besonders umfangreicher *acquis communautaire* (vgl. Bähr/Treib/Falkner 2008). Die Implementierung umfasst die Regelübernahme ins nationale Recht und seine praktische Umsetzung (vgl. Treib 2006: 6). Erfolgt die Umsetzung im Einklang mit den europäischen Regeln, so wird dies als Compliance bezeichnet. Töller kritisiert die Europäisierungsforschung für deren unterstellte „simple causality of Europeanization" (2004: 2). Möglicherweise sind es gerade jene

---

[2] Suchanfrage im SSCI, analog zu Sedelmeier (2006a: 5).

einfache Sequenz – europäische Vorgaben, nationale Umsetzung – und die relativ einfache Operationalisierung von Compliance bzw. Non-Compliance, die eine Implementierungsperspektive für viele Forscher als attraktiv erscheinen lassen. Franchino schließt das Argument, die Forschung konzentriere sich vor allem auf neu eingerichtete Policies mit Verweis auf die lange Tradition der Umwelt- oder Regionalpolitik aus (Franchino 2005: 246). Töller führt das Interesse an Fragen der Compliance unter anderem auf ein „normative interest in ‚Making European Policies Work‘" in der Europäisierungsforschung zurück (Töller 2004: 2). Einer ähnlichen Kausallogik folgen zunehmend auch Studien zu neuen Formen der Governance, die deren Wirksamkeit an zuvor vereinbarten Zielvorgaben messen. Zumindest die Begriffswahl deutet auch ein normatives Interesse an: aus den nationalen „leaders and laggards" der Compliance-Forschung (Börzel 2000) sind nun „heros and vilains" (Murray 2003) geworden.

Mit dieser Perspektive sind die nationalen Auswirkungen negativer Integration aber nur unzureichend zu erfassen: „The approach thus falls short of realising unintended consequences of policies or any kind of consequences of European ‚driving forces‘ that cannot be labelled precisely as a ‚policy‘" (Töller 2004: 2; vgl. auch Treib 2006). Die europäische Beihilfekontrolle ist ein Beispiel für eine solche Antriebskraft, die sich nicht als europäische Policy im engen Sinne beschreiben lässt. Zwar wird im folgenden Kapitel gezeigt, wie die Kommission über die Beihilfekontrolle versucht, auch im Sinne ihrer eigenen beihilfepolitischen Vorstellungen Einfluss auf die Mitgliedstaaten zu nehmen – dennoch bleibt ein fundamentaler Unterschied zur positiven Integration etwa im Bereich der Umweltpolitik bestehen: Auf europäischer Ebene hat keine Harmonisierung der Beihilfepolitiken stattgefunden, die den Mitgliedstaaten die Vergabe bestimmter Beihilfen verbindlich vorschreiben würde (vgl. Kapitel 2.4).

So besteht das Erkenntnisinteresse des Europäisierungsansatzes zwar stets in den *top-down*-Auswirkungen europäischer Integration auf nationale Politik – der konkrete Wirkungsprozess und dessen Analyse kann im Bereich negativer Integration aber weitaus komplexer sein. Zunächst lässt sich der *misfit* auf nationaler Ebene als Ausgangssituation der Europäisierung nicht mehr so einfach bestimmen, wenn keine positiven und expliziten Vorgaben auf europäischer Ebene als Vergleichsmaßstab vorhanden sind. So erfordert negative Integration in erster Linie das Unterlassen bestimmter nationaler Policies. Negative Integrationsnormen sind aber nicht als umfassende Kataloge zu unterlassender Maßnahmen formuliert, sondern als allgemeine Verbote von Handelsbeschränkungen oder Wettbewerbsverzerrungen. Welche Maßnahmen von diesen Verboten betroffen sind, hängt in der Regel allein von ihrem handelsbeschränkenden oder wettbewerbsverzerrenden Effekt ab, nicht von einer bestimmten Form. Ganz unterschiedliche nationale Maßnahmen können demnach von der gleichen nega-

tiven Integrationsnorm betroffen sein. So sind zum Schutz der Warenverkehrsfreiheit mengenmäßige Beschränkungen sowie „alle Maßnahmen gleicher Wirkung" untersagt (Art. 28 EGV). Seit *Dassonville*[3] legt der EuGH diese Vorschrift sehr weit aus und hat darunter ganz unterschiedliche staatliche Maßnahmen erfasst – etwa die Verpflichtung auf das deutsche Reinheitsgebot für Bier,
die von der irischen Regierung geförderte Werbekampagne zum Kauf einheimi-
scher Produkte oder die Untätigkeit Frankreichs angesichts von gewaltsamen
Bauernprotesten gegenüber Importeuren.[4] Unter das Beihilfeverbot (Art. 87
Abs. 1 EGV) fallen nicht nur direkte Subventionen, sondern beispielsweise auch
die Senkung der Arbeitgeberbeiträge zur Krankenversicherung von Frauen,
wenn dadurch Sektoren mit hohem Anteil weiblicher Beschäftigter begünstigt
werden.[5] Auch kann ein bestimmtes Verbot ganz verschiedene Politikfelder
berühren. Abgesehen von offen oder versteckt protektionistischen Zielen können Produkte auch aus Gründen des Umweltschutzes, des Gesundheits- und
Verbraucherschutzes oder der inneren Sicherheit national reguliert werden. Der
Anpassungsdruck, dem die nationale Politik aufgrund einer negativen Integrationsnorm ausgesetzt ist, lässt sich daher kaum abschließend beschreiben, sondern
erst mit Bezug auf konkrete nationale Maßnahmen, die mögliche Verstöße gegen ein Verbot darstellen.

Darüber hinaus ist nicht nur der anfängliche Anpassungsdruck schwerer zu
bestimmen, sondern unter Umständen auch die tatsächliche Europäisierungswirkung. Im Extremfall führt Europäisierung aufgrund negativer Integration zu
non-decisions (Bachrach/Baratz 1962), dem Verschwinden nationaler Politikop-
tionen durch den beschränkenden Einfluss europäischen Rechts. Diese sind auf
europäischer Ebene erst im Konfliktfall, oftmals aber gar nicht sichtbar. Vielmehr scheiden bestimmte Maßnahmen schon in der frühen Planungsphase nationaler Politik aus, wenn sie potenziell unter ein Verbot negativer Integration
fallen. *Non-decisions* zu identifizieren ist somit zwar praktisch deutlich schwerer als Fälle positiver Verhaltensänderungen – dies mindert aber nicht ihre Bedeutung (Ebd.: 952).

Des Weiteren existiert negative Integration nicht nur in der Reinform des
Verbots bestimmter nationaler Handlungsoptionen, sondern lässt auch entsprechende Ausnahmen zu. Positive Integration dient oftmals dazu, den Wegfall an
nationalen Handlungsmöglichkeiten durch eine gemeinsame Politik zu kompen-
sieren. Aber auch wenn keine Vereinheitlichung auf europäischer Ebene statt-

---

[3] EuGH Slg. 1974, 837, Rdnr. 5 – *Dassonville*.
[4] EuGH Slg. 1987, 1227 – *Reinheitsgebot*; EuGH Slg. 1982, 4005 – *Buy Irish*; EuGH Slg. 1997, I-
6990 – *Kommission/Frankreich*.
[5] Entscheidung (EWG) der Kommission vom 15. September 1980 – *Italienische Krankenversicherungsbeiträge*, ABl. 1980 Nr. L 264/28.

findet, erfordert die Anwendung negativer Integrationsnormen immer schon zumindest eine implizite Vorstellung davon, welche legitimen Ausnahmen und somit nationale Handlungsoptionen weiterhin zulässig sind. So müssen entgegen dem Prinzip der wechselseitigen Anerkennung handelshemmende Regelungen eines Mitgliedstaates hingenommen werden, wenn sie unter eine der Ausnahmen von Art. 30 EGV fallen oder wenn sie nach Ansicht des EuGH notwendig sind, um „zwingenden Erfordernissen"[6] des Allgemeinwohls gerecht zu werden. Vom Verbot staatlicher Beihilfen sind solche Beihilfen ausgenommen, die als mit dem Binnenmarkt vereinbar gelten und die sich mit Verweis auf ein gemeinsames europäisches Interesse rechtfertigen lassen. Über die europäische Beihilfekontrolle, so das Argument der Arbeit, hat es die Kommission nicht nur geschafft, die Beihilfepolitik der Mitgliedstaaten einzuschränken. Durch die schrittweise Verregelung der verbleibenden Ausnahmen vom Beihilfeverbot wirkt die Kommission auch lenkend auf die mitgliedstaatliche Beihilfepolitik ein.

Folglich sind nicht nur der ursprüngliche *misfit* sowie der tatsächliche Europäisierungseffekt im Bereich negativer Integration häufig schwieriger zu bestimmen, sondern auch die jeweiligen Wirkungsmechanismen sind komplizierter als bei der Implementierung von Richtlinien und Verordnungen. Weder müssen explizite Vorgaben umgesetzt werden, noch kommt es in einer Vielzahl von Fällen zu einem ausdrücklichen Verbot nationaler Maßnahmen. Vielmehr können schon die Aussicht auf eine Verbotsentscheidung oder das Risiko eines langen Rechtsstreits auf europäischer Ebene ausreichend sein, um Anpassungen auf nationaler Ebene zu bewirken. Umgekehrt kann auch die gezielte Anerkennung bestimmter Ausnahmen von europäischer Seite dazu führen, dass nationale Handlungsspielräume verstärkt im Sinne gemeinschaftspolitischer Ziele genutzt werden (vgl. Kapitel 3.4).

Schließlich sind die Kategorien von Compliance und Non-Compliance zu undifferenziert, um das mögliche Spektrum von Europäisierungseffekten aufgrund negativer Integration zu erfassen. Zunächst wird auch in der Implementierungsforschung darauf hingewiesen, dass diese dichotomen Kategorien dem Prozesscharakter nationaler Anpassung an europäische Vorgaben nicht gerecht werden (Panke 2007a; Panke 2007b). Je nach Betrachtungszeitpunkt fällt eine große Zahl von Fällen, in denen die Umsetzung europäischen Rechts vorübergehend problematisch ist, entweder in die eine oder andere Kategorie. Noch weniger ausreichend ist diese Dichotomie im Bereich negativer Integration: Compliance ist dort kein abstrakter und von vornherein feststehender Maßstab, sondern was als regelkonform bzw. regelwidrig zu gelten hat, bestimmt sich

---

[6] EuGH Slg. 1979-I, 640, Rdnr. 8 – *Cassis de Dijon.*

oftmals erst in der Abwägung von Verbot und Ausnahme im konkreten Einzelfall. Der Prozess, der letztlich zu Compliance führt, muss zudem nicht einseitig
in Form nationaler Anpassung verlaufen, sondern kann auch einen Kompromiss
zwischen nationaler Anpassung und entgegenkommender, autonomieschonen-
der Interpretation der Ausnahmeregeln auf europäischer Ebene darstellen.

1.1.2 Europäische Governance

1.1.2.1   Steuerung in der EU

Der Governance-Ansatz ist nicht auf die Europaforschung beschränkt und hat
seine Ursprünge gleichermaßen in den internationalen Beziehungen und in der
Debatte um die Veränderung von Staatlichkeit (vgl. Mayntz 2004; Tömmel
2008b). In der Europaforschung wird Governance sowohl im Kontext klassischer Integrationstheorie als auch in der Europäisierungsdebatte thematisiert.
    Wenngleich kein einheitlicher Governance-Begriff existiert, so scheint zu-
mindest Einigkeit darüber zu bestehen, dass zwischen einem enger und einem
weiter gefassten Begriff zu unterscheiden ist. Im weiteren Verständnis umfasst
Governance sämtliche Formen der Steuerung, inklusive hierarchischer Kontrolle. Im engeren Verständnis wird letztere hingegen explizit ausgeschlossen und
Governance als Gegensatz zu traditioneller staatlicher Hierarchie begriffen
(Mayntz 1998). Als neue Formen der Governance (NMG, *new modes of governance*) wiederum werden nur letztere oder ein noch stärker eingegrenzter Kreis
von Steuerungsformen bezeichnet.
    Von Governance als Steuerungsprozess wird zudem Governance als Struk-
tur sozialer Ordnung unterschieden (vgl. Börzel 2008: 63). Oftmals wird diese
Unterscheidung jedoch nicht explizit getroffen, sondern ein enger Zusammenhang zwischen bestimmten Ordnungsstrukturen und Steuerungsformen angenommen.
    Innerhalb der Europaforschung lassen sich die verschiedenen Steuerungs-
formen entweder als abhängige oder als unabhängige Variable untersuchen.
Fragen nach der Entstehung und Entwicklung bestimmter Formen europäischer
Governance stehen dabei in engerem Zusammenhang zur Integrationsforschung.
Die nationalen Auswirkungen und die zugrunde liegenden Mechanismen verschiedener Steuerungsformen fallen eher in den Untersuchungsbereich der Europäisierungsforschung.

1.1.2.2   Hierarchie, Markt, Netzwerke

Trotz unterschiedlicher Begrifflichkeiten lassen sich in vielen Beiträgen zur
europäischen Governance übereinstimmend vier Kategorien von Governance-
Strukturen unterscheiden: (1) (intergouvernementale) Verhandlungen, (2) Hierarchie, (3) Markt, (4) Netzwerke.

	(Tömmel 2008b) „Modi der Governance“	(Bulmer/Radaelli 2005) „patterns of governance“	(Scharpf 2002) „Typen der Europäisierung“
(1)	Verhandlung	negotiation	intergouvernementale Vereinbarungen
(2)	Hierarchie	positive integration	supranationale Zentralisierung
(3)	Konkurrenz	negative integration	wechselseitige Anpassung
(4)	Koordination	facilitated coordination	Politikverflechtung

Tabelle 2: Literaturvergleich: Governance-Strukturen

Während intergouvernementale Verhandlungen in der EU im Wesentlichen der
Weiterentwicklung des Integrationsbestandes dienen (Bulmer/Radaelli 2005:
343), sind aus einer Europäisierungsperspektive vor allem die nationalen Auswirkungen der drei verbleibenden Strukturen interessant. Ordnet man diesen
Strukturen jeweils die oben beschriebenen Europäisierungsmechanismen, typi-
sche Politikfelder und die konkreten Steuerungsinstrumente zu, ergibt sich fol-
gendes Bild (vgl. dazu Knill/Lehmkuhl 2000; Knill/Lenschow 2005):

Struktur	Hierarchie	Markt	Netzwerke
Mechanismus	Vorgabe instituti-oneller Modelle	Veränderung nationaler Mög-lichkeitsstrukturen	Beeinflussung nationaler Ideen und Überzeu-gungen
Politikfeld	positiv integrierte Bereiche	negativ integrierte Bereiche	kaum integrierte Bereiche
Steuerungs-instrument	Sekundärrecht	Vertragsrecht	NMG

Tabelle 3: Governance: Mechanismen, Instrumente, Politikfelder

Die erste Kategorie steht im Zentrum der oben beschriebenen Europäisierungsforschung. Europäisches Sekundärrecht wird auf Initiative der Kommission vom
Ministerrat und dem Parlament beschlossen und ist entweder direkt in den Mitgliedstaaten anwendbar (Verordnungen) oder es muss in einem nationalen
Rechtsakt umgesetzt werden (Richtlinien).

Im Vertragsrecht sind unter anderem die vier Binnenmarktfreiheiten und
das Wettbewerbsrecht niedergelegt, deren Einhaltung von der Kommission und
vom EuGH überwacht werden. Bereits hier wird deutlich, dass die gängige
Zuordnung von Europäisierungsmechanismen und Steuerungsformen dem hie-
rarchischen Charakter des Vertragsrechts nicht gerecht wird.

Die meisten Versuche schließlich, NMG positiv zu definieren, basieren auf
unterschiedlichen Kombinationen aus zwei Kriterien: der Abwesenheit von
Hierarchie und der Vernetzung mit privaten Akteuren (vgl. Héritier 2003). Statt
von nicht-hierarchisch wird auch von voluntaristisch gesprochen – gemeint sind
nicht bindende Zielvereinbarungen oder weiches Recht ohne formale Sanktionen (Ebd.: 106). Private Akteure können etwa bei der Formulierung der Ziele,
beim Wissensaustausch über vorbildliche Maßnahmen (*best practice*), oder bei
der Überwachung und dem *benchmarking* hinsichtlich der Zielerreichung eingebunden werden. Unklarheit besteht in der Literatur unter anderem darüber, ob
beide Kriterien für das Vorliegen einer NMG erfüllt sein müssen, oder ob bereits eines genügt. Alternativ dazu beschränken sich einige Autoren auf eine
negative Definition, die NMG in der EU als Abweichen von der klassischen
„Gemeinschaftsmethode" bestimmen (Scott/Trubek 2002; Schmidt 2007).
Schließlich verzichten manche auf eine klare Trennung zwischen alten und
neuen Steuerungsformen und sprechen stattdessen von unterschiedlichen Abstufungen im Grad der rechtlichen Verbindlichkeit bzw. der Verrechtlichung
(Treib/Bähr/Falkner 2007: 14; Abbott/Snidal 2000).

1.1.2.3   Steuerung im Kontext des europäischen Vertragsrechts

Das oben geschilderte Ungleichgewicht in der Europäisierungsforschung zulasten des Bereichs negativer Integration spiegelt sich im Governance-Ansatz wider in einer Vernachlässigung der Steuerung im Kontext des europäischen Vertragsrechts. Zwar wurde die Auslegung des Vertragsrechts durch die europäischen Gerichtshöfe in der Integrationsforschung ausführlich diskutiert (vgl. etwa
Burley/Mattli 1993; Stone Sweet 1995; Alter 1998; Mattli/Slaughter 1998; Conant 2002), ihre Folgen für die nationale Politik hingegen haben weniger Aufmerksamkeit erhalten. Der Anpassungsdruck auf die Mitgliedstaaten aufgrund
des Vertragsrechts wird daher unterschätzt.

Nach der Typologie in Tabelle 3 beschränkt sich die Wirkung des Vertragsrechts weitgehend auf das Auslösen von Marktmechanismen. Gemeint ist damit vor allem die Möglichkeit eines Regulierungswettbewerbs zwischen den Mitgliedstaaten angesichts des Abbaus von Handelsschranken und Wettbewerbsverzerrungen (vgl. Knill/Lehmkuhl 1999: 2; Knill/Lenschow 2005: 587; Bulmer/Radaelli 2005: 345, 348f.). Dagegen wird der direkte Anpassungsdruck auf die Mitgliedstaaten im Vergleich zum Sekundärrecht als gering eingestuft (Knill/Lehmkuhl 1999: 2; Bulmer/Radaelli 2005: 344). Beide Aussagen sind jedoch zweifelhaft.

Die Frage, inwieweit negative Integration tatsächlich zu einem Regulierungswettbewerb zwischen Staaten führt, bleibt empirisch bislang unbeantwortet (Radaelli 2004). Nicht Regulierungswettbewerb sei eine maßgebliche Folge der Liberalisierung im Dienstleistungssektor, so argumentiert S. Schmidt (2004: 347-360), sondern die Rechtsunsicherheit der Mitgliedstaaten über ihre verbleibenden Autonomiereserven. Ein Regulierungswettbewerb könnte entstehen, wenn Unternehmen sich jeweils das Land mit der für sie günstigsten Regulierung aussuchen. Allerdings verändert der Binnenmarkt die Opportunitätsstruktur für Unternehmen oder sonstige Akteure noch auf eine andere Weise: Das europäische Vertragsrecht bietet ihnen eine zusätzliche Ebene jenseits des Nationalstaates, auf der sie ansonsten schwer durchsetzbare Ziele verfolgen können. Nachdem die deutschen Privatbanken lange Zeit erfolglos gegen die Privilegierung von Landesbanken und Sparkassen durch Staatsgarantien gekämpft hatten, konnten sie auf Umwegen ihr Ziel erreichen: „European integration and competition policy in particular provided a highly effective way of undermining the existing arrangement" (Grossman 2006: 327; vgl. auch Smith 2001a). Das vom EuGH eingeführte Prinzip der gegenseitigen Anerkennung ist der Versuch, die Regulierungskompetenz der einzelnen Mitgliedstaaten zu erhalten und gleichzeitig Anpassungskosten für Unternehmen zu vermeiden, die in verschiedenen Mitgliedstaaten operieren. Indem die Mitgliedstaaten verpflichtet werden, die Waren- oder Dienstleistungsregulierung aus anderen Mitgliedstaaten anzuerkennen, findet aber ein „horizontaler Souveränitätstransfer" statt (Schmidt 2007: 672).

In Konfliktfällen über die Reichweite negativer Integrationsnormen zeigt sich, dass aus der Auslegung des Vertragsrechts durchaus erheblicher, direkter Anpassungsdruck für die Mitgliedstaaten entstehen kann. An der Entwicklung des Sekundärrechts sind die Mitgliedstaaten über den Ministerrat beteiligt und können dort, wenn sie ihre Interessen verletzt sehen, zumindest versuchen, einen Beschluss gemeinsam mit anderen Staaten zu ändern oder zu blockieren. Auf Entscheidungen des EuGH oder der Kommission über die Auslegung des Vertragsrechts haben die Mitgliedstaaten dagegen weitaus weniger Einflussmöglichkeiten (Schmidt 2008). Diese größere politische Unabhängigkeit der supra-nationalen Organe ist einer der Gründe, warum ihnen überhaupt die Aufgabe übertragen wurde, die Einhaltung des Vertragsrechts zu überwachen und durch-zusetzen (Moravcsik 1993: 512). Auch trifft die Aussage nicht generell zu, negative Integrationsnormen ließen den Mitgliedstaaten mehr Spielraum bei der Umsetzung als positive Integrationsnormen (so etwa Knill/Lehmkuhl 1999: 2; Bauer/Knill/Pitschel 2007: 410). Neuere Richtlinien geben oftmals nur einen Rahmen vor, der den Mitgliedstaaten beachtliche Freiheiten bei der Implemen-tierung lässt (Scott/Trubek 2002: 2; Trubek/Trubek 2005: 361). Hat die Kom-mission bzw. der EuGH aber erst einmal entschieden, dass eine staatliche Maß-nahme nicht mit dem Vertragsrecht vereinbar ist, bleibt dem betroffenen Mit-gliedstaat keine andere Wahl, als die Maßnahme anzupassen oder abzuschaffen. Bis zuletzt hatte die deutsche Bundesregierung am VW-Gesetz von 1960 fest-gehalten. Nach dem negativen Urteil des EuGH kündigte sie hingegen an, „die vom Gericht beanstandeten Bestimmungen des Gesetzes würden nicht mehr angewendet" und „das Gesetzgebungsverfahren zur förmlichen Änderung des Gesetzes werde unverzüglich eingeleitet".[7] Das europäische Vertragsrecht wirkt sich somit auch jenseits eines möglichen Regulierungswettbewerbs auf vielfälti-ge Weise in den Mitgliedstaaten aus und der Anpassungsdruck fällt dabei nicht generell geringer aus als in positiv integrierten Bereichen.

Hinzu kommt, dass andere Steuerungsinstrumente oftmals im Schatten des Vertragsrechts eingesetzt werden, wie diese Arbeit am Beispiel des weichen Beihilferechts der Kommission zeigt. Insbesondere die Forschung zu NMG hat sich anfangs sehr stark auf Bereiche konzentriert, in denen kaum andere Steue-rungsformen zum Einsatz kamen und hat NMG daher oftmals eher als Alterna-tive, denn als Ergänzung zu herkömmlichen Formen der europäischen Gover-nance verstanden (Rhodes 2005: 4; Trubek/Trubek 2005: 344). Zudem wurden die Auswirkungen von NMG zunächst oftmals nur postuliert oder theoretisch begründet und zu mehr empirischer Forschung aufgerufen (vgl. Eberlein/Kerwer 2004: 136).[8] Demgegenüber wird inzwischen wieder stärker die Eingebettetheit der Instrumente europäischer Governance betont und die Bedeutung des „Schat-tens der Hierarchie" hervorgehoben (Börzel 2008; Börzel 2007; ursprünglich

---

[7] „Bundesregierung kündigt unverzügliche Umsetzung des VW-Urteils an", in: Associated Press vom 23. September 2007.
[8] Dem Ruf sind mittlerweile viele gefolgt (vgl. Borrás/Conzelmann 2007). Unter anderem im Rah-men des NewGov-Projektes beschäftigen sich mittlerweile eine ganze Reihe von Teilprojekten mit der empirischen Suche nach den nationalen Auswirkungen von NMG; online unter: http://www.eu-newgov.org [letzter Zugriff: 01.09.2008].

Scharpf 1993b).[9] In der europäischen Beihilfekontrolle hat weiches Recht eine herausragende Bedeutung. Entweder kann das weiche Recht als grundverschieden vom harten Recht betrachtet werden, wie es der Begriff der neuen Formen der Governance suggeriert – oder beide werden als Teil eines Kontinuums unterschiedlich starker Verrechtlichung verstanden (Abbott/Snidal 2000; Peters/Pagotto 2006: 6-9). Das Beispiel des europäischen Beihilferechts liefert gute Gründe dafür, letztere Perspektive einzunehmen. Vor dem Hintergrund des Vertragsrecht hat die Kommission es geschafft, ihrem weichen Recht eine erstaunlich hohe faktische Bindungskraft zu verleihen und dabei nicht nur die Abgrenzung zwischen weichem und hartem Recht, sondern auch jene zwischen negativer und positiver Integration schwierig gemacht (siehe Kapitel 2.4).

Neben dieser Betonung des Vertragsrechts unterscheidet sich die vorliegende Arbeit noch in einem weiteren Aspekt von der Mehrheit der Arbeiten zur Governance in der EU. Die Literatur zur europäischen Governance spricht selten von politischem Konflikt oder Herrschaft, sondern bedient sich eher einer technokratischen Sprache institutionenökonomischer Effizienz:

> „In dieser Situation steht die Governance-Theorie vor einer klaren Alternative: Sie muss entweder das selektive Interesse an Problemlösungsprozessen als Auswahlkriterium für Forschungsfragen explizit machen, oder sie muss um einer vollständigen Erfassung der politischen Wirklichkeit willen ihre Perspektive erweitern".

Während Mayntz (2004: 7) letztlich für eine explizite Beschränkung der Governance-Theorie auf Fragen kollektiven Problemlösens plädiert, wird in der politischen und wissenschaftlichen Debatte um europäische Governance oftmals eine weniger klare Linie verfolgt: Unter Beibehaltung der Problemlösungsperspektive findet der Governance-Ansatz immer breitere Anwendung, während sich das politische System der EU aber schrittweise der Gestalt klassischer Regierungen annähert, die nicht nur *Probleme lösen*, sondern auch *Konflikte entscheiden* (Hix 1998; Möllers 2006). Wenngleich in dieser Arbeit keine systematische Erweiterung des Governance-Ansatzes geleistet werden kann, so wird zumindest explizit auf grundlegende Ziel- und Interessenkonflikte im untersuchten Politikbereich und, soweit möglich, den entsprechenden Einfluss der eingesetzten Steuerungsinstrumente hingewiesen (vgl. auch Blauberger 2008).

---

[9] Siehe auch das Teilprojekt Nr. 5 im Rahmen des NewGov-Projektes unter der Leitung von A. Héritier: „New Modes of Governance in the Shadow of Hierarchy", online: http://www.eu-newgov.org/datalists/project_detail.asp?Project_ID=05 [letzter Zugriff: 01.09.2008].

1.1.3   Erweiterung

1.1.3.1   Europäisierung Ost

Die Forschung zur Erweiterung internationaler Organisationen im Allgemeinen und jene zu den jüngsten Erweiterungen der EU im Besonderen lässt sich in zwei große Bereiche unterteilen: der erste Komplex von Fragen konzentriert sich auf die Erweiterungs- bzw. Beitrittsentscheidung an sich; der zweite bezieht sich auf die Auswirkungen der Erweiterung bzw. des Beitritts auf die Politik der beteiligten Akteure. Bereits ausführlich untersucht wurden die Präferenzen der Mitgliedstaaten, der internationalen Organisation und der potenziellen Beitrittsländer bezüglich der Frage der Mitgliedschaft (vgl. Schimmelfennig/Sedelmeier 2002: 505f.; Nugent 2004). Weniger erforscht, durch die jüngst erfolgten EU-Erweiterungsrunden aber höchst aktuell, sind die Auswirkungen der Erweiterung für die EU sowie für die alten und neuen Mitgliedstaaten. Während die Frage nach den Auswirkungen der EU-Mitgliedschaft auf die Politik der neuen Mitgliedstaaten sehr gut anschlussfähig an die Europäisierungsforschung ist, fallen die Rückwirkungen der Erweiterung auf das politische System der EU eher in den Bereich der Integrationsforschung.

Als gleichzeitig „most relevant" und „largely neglected" bezeichneten Schimmelfennig und Sedelmeier (2002: 507) die Frage nach den Auswirkungen der Erweiterung auf MOEL. Wenn überhaupt, so ihre Kritik, dann wurde dieser Aspekt meist nur in Bezug auf einzelne Beitrittsländer oder einzelne Politikfelder und überwiegend deskriptiv, kaum jedoch systematisch vergleichend, untersucht. Andererseits gebe es genau in diesem Bereich die größten Anknüpfungspunkte zur Europäisierungsliteratur und die Möglichkeit, bereits gewonnene Erkenntnisse an den neuen Fällen der Beitrittsländer zu überprüfen (Schimmelfennig 2002: 5). Seither ist ein stetig wachsendes Forschungsprogramm zur „Europäisierung Ost" entstanden (vgl. Sedelmeier 2006a).

Dabei lassen sich starke Parallelen zwischen dem tatsächlichen Verlauf des Beitrittsprozesses und der Entwicklung der Forschung zur Europäisierung Ost feststellen: „While the first part of the 1990s was dedicated to the building of central democratic institutions, more recently the link between the creation of an effective bureaucracy as a main instrument of the post-Communist state and European integration has become stronger" (Dimitrova 2002: 172). Im Erweiterungsprozess führte dies zu einer zunehmenden Bedeutung des dritten Kopenhagener Kriteriums, der Übernahme des *acquis communautaire*. In der Forschung folgten der Literatur zu demokratischen Transitionsprozessen solche Untersuchungen, die sich stärker mit dem europäischen Einfluss auf einzelne, spezifische Politiken in den Beitrittsländern befassten (z.B. Jacoby/Cernoch

2002). Ausgangspunkt waren die europäischen Vorgaben und Beitrittskriterien, so dass zunächst auch die Besonderheiten des Beitrittsprozesses, weniger die Eigenheiten einzelner Beitrittsländer, Berücksichtigung fanden. Mit erfolgtem Beitritt hat sich das Hauptaugenmerk der Forschung ein weiteres Mal verschoben, hin zur Frage der Nachhaltigkeit des europäischen Einflusses in den neuen Mitgliedstaaten (Sedelmeier 2006a).

1.1.3.2   Beitrittskonditionalität als Steuerungsinstrument

In enger Anlehnung an die sonstige Europäisierungsliteratur wird die Übernahme europäischer Regeln als abhängige Variable der Europäisierung Ost konzeptualisiert: „We define ‚Europeanization' as a process in which states adopt EU rules" (Schimmelfennig/Sedelmeier 2005b: 7). Als europäische Regeln, der *acquis communautaire*, gelten nicht nur das Vertrags- und Sekundärrecht, sondern auch deren Interpretation in Gerichtsurteilen, weiches Recht und Maßnahmen in der zweiten und dritten Säule der EU. Vor der Aufnahme von Beitrittsverhandlungen bestimmen die jeweiligen Beitrittskandidaten gemeinsam mit der Kommission im so genannten *screening*-Prozess den Reformbedarf – *misfit* in der Sprache der Europäisierungsforschung. In einer eigens im Erweiterungskontext entwickelten Einteilung des *acquis* in Kapitel, 31 im Falle der MOEL, wird anschließend über den Forschritt (d.h. die Europäisierung) der Beitrittskandidaten berichtet und über ihren Beitritt verhandelt.

Trotz der Parallelen zu herkömmlichen Phänomenen der Europäisierung unterscheidet sich die Regelübernahme im Beitrittsprozess der MOEL jedoch in mehrfacher Hinsicht von der Praxis innerhalb der EU sowie von früheren Erweiterungsprozessen. Im Vergleich zu früheren Erweiterungen war die Zahl der Beitrittsländer wesentlich größer. Gleichzeitig hatte sich auch der zu übernehmende *acquis* enorm weiter entwickelt und wurde teilweise sogar durch spezielle Forderungen an die Beitrittskandidaten ergänzt (Dimitrova 2002: 175; Grabbe 2001: 1015).

Zwei wesentliche Merkmale unterscheiden die Regelübernahme im Beitrittsprozess zudem von der Europäisierung der Mitgliedstaaten (vgl. Sedelmeier 2006a: 5): Erstens kann die EU gegenüber Beitrittskandidaten nicht alle üblichen Steuerungsformen oder Sanktionsmechanismen, beispielsweise Vertragsverletzungsverfahren, einsetzen. Stattdessen steht mit der Konditionalität des Beitritts ein einzigartiges Instrument zur Verfügung, die Beitrittskandidaten auf die Übernahme des *acquis* zu verpflichten. Zweitens haben Beitrittsländer den *acquis* zu übernehmen, obwohl sie an dessen Entwicklung im Gegensatz zu den Mitgliedstaaten weitgehend unbeteiligt waren und es insoweit fraglich erscheint, ob die Regeln ihrem wirtschaftlichen Entwicklungsstand entsprechen. Insgesamt ist der Beitrittsprozess somit durch eine hohe Asymmetrie zugunsten der EU gekennzeichnet, was in der Literatur zu der Erwartung einer besonders hohen Europäisierungswirkung auf die Kandidatenstaaten führt (Grabbe 2001: 1014).

Die Eigenheiten der MOEL sind aus dieser Perspektive insofern von Interesse, als sie die Wahrscheinlichkeit der Regelübernahme positiv oder negativ beeinflussen. Die Überwindung ihrer kommunistischen Vergangenheit, Zypern und Malta ausgenommen, wird einerseits als förderlich für die Regelübernahme interpretiert. So gelten die postkommunistischen Länder als offener für radikale Veränderungen, da sie sich sowieso in einem Transformationsprozess befinden (Schimmelfennig 2002: 5), die kommunistische Lesart als diskreditiert gilt (Dimitrova 2002: 174; Checkel 2001), sie damit über weniger institutionelle Vetopositionen und Unbeweglichkeiten verfügen (Dimitrova 2002; Grabbe 2001: 1014; Grabbe 2003: 306) und sich insbesondere die nationalen Eliten auf der Suche nach neuen institutionellen Vorlagen und Leitbildern befinden (Jacoby 2001; Jacoby/Cernoch 2002). Andererseits wird bezweifelt, ob diese Länder bereits über die notwendige Kapazität (*state capacity*) zur Umsetzung des *acquis* verfügen und angesichts der erst kürzlich (wieder)gewonnenen Souveränität auch die Bereitschaft zur Unterordnung unter das Gemeinschaftsrecht besitzen (Rothacher 2004: 25). Im Hinblick auf ihre wirtschaftliche Entwicklung liegen die meisten der MOEL deutlich unter dem Durchschnitt der EU-15 und verfügen über komparative Vorteile in den Bereichen Steuern und Lohnkosten, so dass die Umsetzung von Liberalisierungsmaßnahmen als wahrscheinlicher gilt als jene kostenintensiver EU-Reregulierungen (Economist Intelligence Unit 2003: 13f.). Schließlich gehören die neuen Mitgliedstaaten, mit Ausnahme Polens, zur Gruppe der kleinen Länder in der EU. Diese sind in der Regel wirtschaftlich offener (Schmidt 2005) und gelten in der Compliance-Forschung als weniger anfällig für anhaltende Regelverstöße (Börzel, et al. 2007).

Die bisherigen Ergebnisse zur Europäisierung Ost bestätigen einen starken europäischen Einfluss in den neuen Mitgliedstaaten und heben insbesondere die Bedeutung der Beitrittskonditionalität als zentrales Steuerungsinstrument hervor. Die Glaubwürdigkeit der Beitrittsperspektive, so Schimmelfennig und Sedelmeier (2004: 671f.), sei entscheidend gewesen für die Übernahme des *acquis* in den neuen Mitgliedstaaten. Variation zwischen Mitgliedstaaten oder Politikfeldern bestehe allenfalls im Hinblick auf die Geschwindigkeit der Regelübernahme. Im Theorievergleich spreche dies für eine höhere Erklärungskraft rationalistischer gegenüber soziologischen Ansätzen.

1.1.3.3   Ein breites Verständnis von Regelübernahme

Mit erfolgter EU-Osterweiterung ist ein systematischer Vergleich der unterschiedlichen Steuerungsinstrumente sowie der Europäisierungseffekte in den neuen Mitgliedstaaten vor und nach ihrem Beitritt möglich geworden. Forschungsbedarf besteht aber auch noch in weiterer Hinsicht: Das oben geschilderte Ungleichgewicht der Europäisierungsforschung zugunsten von Fragen der Implementierung europäischer Policies wurde in der Literatur zur Europäisierung Ost nicht nur reproduziert, sondern noch verstärkt.

Während sich die herkömmliche Europäisierungsforschung zumindest konzeptionell nicht nur auf die Implementierung positiver europäischer Policies beschränkt, wird Europäisierung Ost ausdrücklich mit Regelübernahme durch die MOEL gleichgesetzt. Neue Formen der Governance wurden im Kontext der Beitrittsvorbereitungen kaum angewendet und bieten somit wenig Untersuchungsmaterial.[10] Dass der Bereich der negativen Integration in der Forschung zur Europäisierung Ost kaum thematisiert wird (Sedelmeier 2006a: 17), steht hingegen in starkem Kontrast zu dessen praktischer Bedeutung. Zusätzlich zu den oben genannten Gründen für die Dominanz der Implementierungsperspektive in der Europäisierungsforschung scheint die Logik des Beitrittsprozesses dieses Phänomen noch verstärkt zu haben.

Auf einer sehr abstrakten Ebene hatte die EU allen beitrittswilligen Staaten mit den drei Kopenhagener Kriterien bereits positive Vorgaben gemacht, die national umgesetzt werden müssen, bevor eine Mitgliedschaft in Frage kommt. Das dritte Kopenhagener Kriterium, die Einhaltung des rechtlichen Besitzstandes, wurde dadurch konkretisiert, dass man den *acquis communautaire* in 31 Verhandlungskapitel unterteilte. Sobald die Vorbereitungen eines Kandidatenstaates in einem bestimmten Bereich als ausreichend für den Beitritt galten – vorbehaltlich der weiteren Entwicklung bis zum Abschluss der gesamten Verhandlungen –, wurde das entsprechende Kapitel vorläufig geschlossen. Jene Staaten, die frühzeitig eine Vielzahl von geschlossenen Verhandlungskapiteln vorweisen konnten, galten als erste Anwärter auf einen baldigen Beitritt (Avery 2004: 42-56). Da erscheint es nahe liegend, dass auch in der Forschung Regelübernahme als Erklärungsziel definiert und hauptsächlich am Abschluss der Verhandlungen über die jeweiligen Kapitel gemessen wurde. Eine solche Per-

---

[10] Zwar beruhte der Beitrittsprozess letztlich auf der freiwilligen Entscheidung der MOEL und so herrschten auf den ersten Blick günstige Bedingungen für die Entstehung von NMG (so argumentieren Börzel/Guttenbrunner/Seper 2005: 10). Tatsächlich hat die Asymmetrie der Beitrittsverhandlungen aber eher zu einem überdurchschnittlichen Maß an hierarchischer Steuerung, insbesondere über das Instrument der Konditionalität, geführt (vgl. auch Schimmelfennig/Sedelmeier 2004: 674f.).

spektive nimmt aber nicht alle Europäisierungseffekte in den neuen Mitgliedstaaten gleichermaßen in den Blick.

Zunächst kann Regelübernahme je nach Verhandlungskapitel ganz Unter-
schiedliches bedeuten. So waren die gestellten Anforderungen im Umweltbe-
reich sicherlich umfangreicher als beispielsweise auf dem Gebiet der Gemeinsamen Außen- und Sicherheitspolitik (Avery 2004: 48, 56). Die Anforderungen
in den einzelnen Kapiteln unterschieden sich aber nicht nur in ihrem Ausmaß,
sondern auch nach ihrer Art. Vor allem im Bereich positiver Integration müssen
europäische Regeln im wörtlichen Sinne ins nationale Recht *übernommen* werden. Das Vertragsrecht im Bereich negativer Integration dagegen wird in der
Praxis nationaler Politik berücksichtigt oder *angewendet*. Im Bereich der Beihilfekontrolle, so zeigt Kapitel 3.1, schafften die MOEL während der Beitrittsvorbereitungen nur ein rudimentäres nationales Beihilferecht, welches zudem mit
dem Beitritt weitgehend seine Geltung verlor. Die Beitrittsvorbereitungen dienten somit weniger einer Übernahme der Regeln ins nationale Recht als ihrer
Einübung und der Anpassung der nationalen Beihilfepolitik für die Zeit nach
dem Beitritt.

Einzelne Argumente aus der Erweiterungsliteratur werden so mit Blick auf
den Bereich negativer Integration in ihrer Gültigkeit zumindest relativiert. Beispielsweise argumentiert Grabbe (2003: 319), Unsicherheit „about the *policy
agenda* that should be undertaken by the applicants" (Hervorhebung im Original, Anm. d. Verf.), könne den europäischen Einfluss auf Beitrittskandidaten
unterminieren. Da es im Bereich negativer Integration aber oftmals nicht darum
geht, bestimmte Policies zu *unternehmen*, sondern zu *unterlassen*, ist auch der
gegenteilige Effekt denkbar. Herrscht Unsicherheit darüber, was auf nationaler
Ebene noch erlaubt ist, verbunden mit möglichen Sanktionen seitens der EU,
werden sich Beitrittsländer im Zweifelsfall möglicherweise für die vorsichtige
Option entscheiden – der europäische Einfluss wird durch die Unsicherheit
verstärkt, nicht unterminiert.

Neben der Betonung des Bereichs negativer Integration können die Ergebnisse der Erweiterungsforschung in einem weiteren zentralen Punkt zumindest
ergänzt werden. Angesichts neuer empirischer Ergebnisse und der Entwicklung
nach dem Beitritt der MOEL stellt sich die Frage, inwieweit die Bedeutung der
Beitrittskonditionalität bzw. ihres Wegfalls in der Literatur richtig eingeschätzt
wurde. In Fragen von Demokratie und Menschenrechten, dem ersten Kopenhagener Kriterium, galt der Einfluss der Beitrittskonditionalität bereits vor dem
Beitritt als beschränkt (Schimmelfennig/Sedelmeier 2004: 669). Für die Übernahme des *acquis* hingegen, so wurde argumentiert, war die Beitrittskonditionalität ausschlaggebend. Damit stellt sich die Frage nach der Nachhaltigkeit dieser

Regelübernahme, da sich die Anreizstruktur mit erfolgtem Beitritt grundlegend geändert hat (Schimmelfennig/Sedelmeier 2004: 675f.):

> „The effectiveness of acquis conditionality appears impressive: the legislative adoption of the EU's acquis by the CEECs is an astonishing achievement. However, the question is whether short-term effectiveness was achieved at the expense of long-term inefficiency [...] In light of our findings, there are reasons for concern."

Diese Aussage lässt sich für die Zeit vor und nach dem Beitritt relativieren: die Regelübernahme vor dem Beitritt erfolgte mit Einschränkungen; die Regeleinhaltung nach dem Beitritt hat durch den Wegfall der Beitrittskonditionalität offenbar nicht gelitten. Zunächst unterscheiden Schimmelfennig und Sedelmeier selbst zwischen „formal" und „behavioural rule adoption" (2005a: 8). Vor dem Beitritt sei die Regelübernahme in den MOEL größtenteils formal erfolgt, d.h. durch die Übertragung der Regeln ins nationale Recht – ihre tatsächliche Einhaltung dagegen hinkte teilweise hinterher (Sedelmeier 2007: 2). Zudem, so wurde oben schon zur Compliance-Literatur bemerkt, liegt dem, was als Regeleinhaltung oder „erfolgreiche Regelübernahme" gilt, manchmal ein Kompromiss zugrunde. So waren unmittelbar vor Abschluss der Beitrittsverhandlungen nicht nur die Kandidatenstaaten zu Zugeständnissen bereit, sondern hatte auch die Kommission ein Interesse an einem erfolgreichen Verhandlungsausgang (vgl. Bohle/Husz 2005: 95). Ihre Beihilfepolitik sollten die MOEL zwar schon vor dem Beitritt an das europäische Beihilferecht anpassen – teilweise wurden fragwürdige Beihilfen vor dem Beitritt aber auch von der Kommission geduldet, wenn dadurch langwierige Konflikte vermieden werden konnten (vgl. Kapitel 3.1 und 3.2).

Nach dem Beitritt wiederum sind keine Anzeichen für eine mangelhafte Regeleinhaltung in den MOEL zu beobachten (Falkner/Treib 2008: 303). Im Gegenteil, in den ersten Untersuchungen für die Zeit nach der Erweiterung stellt Sedelmeier (2006b; und 2007) fest, dass die neuen Mitgliedstaaten durchschnittlich sogar seltener gegen Regeln verstoßen als die alten Mitgliedstaaten und dass sie Probleme bei der Regeleinhaltung oft in einem frühen Stadium einstellen, bereits vor der Einleitung eines Vertragsverletzungsverfahrens[11]. Offenbar sind reguläre Sanktionsmöglichkeiten gegenüber EU-Mitgliedern wie die Androhung von Vertragsverletzungsverfahren mindestens so wirksam wie die Beitrittskonditionalität. In konkreten Beihilfefällen etwa ist die Drohung mit der Rückforderung einer illegalen Beihilfe wesentlich glaubwürdiger als die allgemeine Beitrittskonditionalität (Kapitel 3.4). Gegenüber den späteren Beitrittsländern, Rumänien und Bulgarien, hat die Kommission daher im Beihilfebereich

---

[11] Zur Überwachung der Einhaltung des Gemeinschaftsrechts, siehe online: http://ec.europa.eu/community_law/index_en.htm [letzter Zugriff: 01.09.2008].

versucht, ihre regulären Sanktionsmöglichkeiten zumindest teilweise auch auf die Zeit vor dem Beitritt auszudehnen (Van de Casteele 2005).
Die vorherrschende Perspektive in der Europäisierungs-, Governance- und Erweiterungsliteratur sowie der ergänzende Beitrag dieser Arbeit, wie sie in den letzten drei Abschnitten diskutiert wurden, sind in Tabelle 4 zusammengefasst:

	vorherrschende Perspektive	ergänzender Beitrag
Europäisierung	• Europäisierung als Implementierung positiv integrierter Policies • Operationalisierung und Wirkungslogik relativ einfach • Dichotomie Compliance / Non-Compliance	• Europäisierung im Bereich negativer Integration (*non-decisions*; Ausnahmeregeln) • Operationalisierung und Wirkungslogik komplex • Compliance als Prozess und als Kompromiss
Governance	• Sekundärrecht als klassische Gemeinschaftsmethode; alternativ dazu weiche Formen der Koordinierung	• Vertragsrecht als Form hierarchischer Steuerung und als Kontext für andere Formen / Zwischenformen
Erweiterung	• Übernahme europäischer Regeln ins nationale Recht • Beitrittskonditionalität • Unsicherheit untergräbt europäischen Einfluss	• Einübung europäischer Regeln, Anpassung nationaler Politik • Reguläre Sanktionen • Unsicherheit stärkt europäischen Einfluss

Tabelle 4: Zusammenfassung von Forschungsstand und Forschungslücken[12]

---

[12] Für wertvolle Hilfe zu dieser Tabelle möchte ich mich bei Matthias Leonhard Maier bedanken.

1.2 Forschungsgegenstand: Fallauswahl, Daten und Methode

Empirischer Gegenstand der Untersuchung sind die Auswirkungen der europäischen Beihilfekontrolle auf die Beihilfepolitik in den 2004 beigetretenen, neuen Mitgliedstaaten der EU (Kapitel 1.2.1). Der Bereich staatlicher Beihilfen wurde ausgewählt, weil die europäische Beihilfekontrolle zum Kernbestand negativer Integration gehört und im Wesentlichen auf der Interpretation und Anwendung von Vertragsrecht beruht. Dabei hat die Kommission neben dem negativen Ziel des Wettbewerbsschutzes auch immer wieder andere, positive Ziele nationaler sowie gemeinschaftlicher Politik mit zu berücksichtigen. Die neuen Mitgliedstaaten sind aus methodischen und substanziellen Gesichtspunkten gleichermaßen interessant. Zunächst lässt sich der spezifisch europäische Einfluss auf die Beihilfepolitik in den MOEL leichter ausmachen und von anderen Einflussfaktoren abgrenzen als dies in den alten Mitgliedstaaten der Fall wäre. Zudem stellt die Beihilfepolitik der neuen Mitgliedstaaten, die sich deutlich von jener der alten Mitgliedstaaten unterscheidet, eine besondere Herausforderung für die europäische Beihilfekontrolle dar.

Die Untersuchung stützt sich sowohl auf quantitative als auch auf qualitative Daten und verfolgt einen gemischten methodischen Ansatz (Kapitel 1.2.2). Die Auswertung statistischer Daten, hauptsächlich erhoben von der Generaldirektion Wettbewerb der Kommission (GD COMP) und den nationalen Wettbewerbsbehörden, hat zweierlei Funktion: Zunächst sind diese Zahlen bereits ausreichend, um wesentliche Eigenheiten der neuen Mitgliedstaaten sowie die grundsätzlichen Trends hinsichtlich des Umfang und der Ziele ihrer Beihilfepolitik vor und nach dem EU-Beitritt aufzuzeigen. Auf dieser Grundlage können zudem einzelne Länder und Politikbereiche für eine genauere Untersuchung ausgewählt werden. Anhand von offiziellen Dokumenten, Zeitungsberichten und Hintergrundinterviews werden anschließend die Auswirkungen der europäischen Beihilfekontrolle auf verschiedene Länder und in unterschiedlichen Politikbereichen verglichen.

1.2.1 Fallauswahl

1.2.1.1 Beihilfepolitik und -kontrolle

Beim Thema Beihilfen treffen ein Kernbereich negativer Integration in Europa, die *Beihilfekontrolle*, und ein traditioneller Bereich staatlicher Wirtschaftspolitik, die *Beihilfepolitik*, aufeinander (Ehlermann 1995; Schütterle 1995). Die rechtlichen Grundlagen europäischer Beihilfekontrolle sind in den Artikeln 87-

89 EGV festgelegt, wurden aber erst durch die Entscheidungspraxis der Europäischen Kommission, deren *soft law* sowie die Urteile der Europäischen Gerichtshöfe umfangreich interpretiert (Rawlinson 1993; Smith 1996; Gross 2003).
Sekundärrecht zur Beihilfekontrolle wurde hingegen erstmals Ende der 1990er
Jahre erlassen. Es regelt einerseits Verfahrensfragen, andererseits die zulässigen
Ausnahmen vom Beihilfeverbot. Trotz der zunehmenden Konkretisierung dieser
zulässigen Ausnahmen folgt daraus noch keine Harmonisierung der Beihilfepolitik auf europäischer Ebene. Über die grundlegende Ausrichtung und die konkreten Maßnahmen der Beihilfepolitik wird – im Rahmen des europäischen
Rechts – weiterhin auf nationaler Ebene entschieden (Quigley 2003a: 2).

Aus einer Implementierungsperspektive wären kaum Europäisierungseffekte zu erwarten, da die Kommission keinerlei Kompetenzen besitzt, den Mitgliedstaaten bestimmte beihilfepolitische Maßnahmen direkt vorzuschreiben.
Die formale Unterscheidung zwischen negativer Beihilfekontrolle und positiver
Beihilfepolitik erscheint jedoch klarer, als dies in der Praxis der Fall ist. Mit der
Durchsetzung des Verbots wettbewerbsverzerrender Beihilfen grenzt die Kommission die Möglichkeiten staatlicher Beihilfepolitik ein. In der Abwägung
zwischen Verbot und Ausnahme hat sie zudem großen Interpretationsspielraum,
selbst Aussagen über legitime beihilfepolitische Ziele zu treffen. Gleichzeitig
kann die Kommission ihre Interpretation des Beihilferechts nicht auf Dauer
gegen einen breiten Widerstand der Mitgliedstaaten weiterentwickeln und muss
auch in Einzelfällen stets den möglichen Präzedenzcharakter ihrer Entscheidung
mit berücksichtigen.

Obwohl die Mitgliedstaaten somit weit reichende Kontrollkompetenzen in
einem sensiblen wirtschaftspolitischen Bereich auf supranationale Ebene delegiert haben, ist die Europäisierung staatlicher Beihilfepolitik bislang kaum untersucht. Nur wenige politikwissenschaftliche Autoren haben sich überhaupt mit
der europäischen Beihilfekontrolle befasst (Smith 1998; Smith 2001b; Cini
2001; Wishlade 2003; Wolf 2005). Ihre nationalen Auswirkungen werden im
Rahmen der Europäisierungsliteratur erst seit kurzem thematisiert (Smith 2005;
Grossman 2006; Méndez/Wishlade/Yuill 2006; Gwiazda 2007).

Die allgemeine Frage, inwieweit die europäische Beihilfekontrolle überhaupt einen Einfluss auf die neuen Mitgliedstaaten hat, wird in einem Vergleich
ihrer Beihilfepolitik vor und nach dem Beitritt behandelt. Daneben sollen zwei
weitere Vergleiche – nach Ländern sowie nach Politikfeldern – die konkreten
Wirkungsmechanismen und das Verhältnis negativer und positiver Steuerungs-
elemente in der Beihilfekontrolle näher beleuchten.

Für den Vergleich nach Politikfeldern wurden die Regionalförderung sowie
die Rettung und Restrukturierung von Unternehmen in Schwierigkeiten ausge-
sucht. Sowohl aus europäischer als auch aus nationaler Sicht handelt es sich

dabei um zwei der wichtigsten Bereiche von Beihilfepolitik und -kontrolle. Zunächst haben sie einen großen Anteil am Gesamtvolumen der vergebenen Beihilfen und gerade Rettungs- und Restrukturierungsbeihilfen (R&R-Beihilfen) werden von der Kommission als besonders wettbewerbsschädigend und somit kontrollbedürftig erachtet. Aus Sicht der neuen Mitgliedstaaten dienen Beihilfen in diesen beiden Bereichen wesentlichen Zielen der Bewältigung der wirtschaftlichen Transformation – der Anpassung oder Abwicklung alter, zumeist staatlicher Unternehmen einerseits, sowie dem Anwerben neuer, insbesondere ausländischer, Investitionen andererseits (Atanasiu 2001). Abgesehen von ihrer Wichtigkeit sind die beiden Bereiche aber vor allem wegen eines zentralen Unterschieds interessant. Während sich die Kommission in ihrer Kontrolle von Rettungs- und Restrukturierungsbeihilfen fast ausschließlich am negativen Ziel der Vermeidung von Wettbewerbsverzerrungen orientiert, erfordern Regionalbeihilfen oftmals ein Abwägen zwischen negativen und positiven Zielen, d.h. zwischen dem Schutz des Wettbewerbs und der Förderung von Kohäsion in der EU (Mestmäcker/Schweitzer 2004: 1113, 1127f.). Im ersten Fall versucht die Kommission die Mitgliedstaaten daher zu einem weitgehenden Verzicht auf Rettungs- und Restrukturierungsbeihilfen zu bewegen; im zweiten Fall versucht sie neben der generellen Beihilfesenkung auch Einfluss auf die Ziele der Regionalbeihilfen zu erlangen.

1.2.1.2 Die neuen Mitgliedstaaten

Die Europäisierung der neuen Mitgliedstaaten ist zunächst aus methodischer Hinsicht besonders interessant. So bietet der Vergleich ihrer Beihilfepolitiken vor und nach dem Beitritt eine einzigartige Gelegenheit, den europäischen Einfluss von anderen, globalen oder nationalen Faktoren, zumindest teilweise zu isolieren. Können wir systematische Veränderungen in der Politik der neuen Mitgliedstaaten unmittelbar vor oder nach deren EU-Beitritt feststellen, so spricht dies für einen spezifisch europäischen Einfluss. Neben dem Vergleich mit Nichtmitgliedern wird hierdurch ein weiterer Ansatz aufgezeigt, um mit dem Mangel an Kontrollfällen in der Europäisierungsforschung umzugehen (Haverland 2006). Auch lassen sich Europäisierungseffekte in den neuen Mitgliedstaaten oftmals leichter aufspüren als in den alten Mitgliedstaaten, wo sie möglicherweise schon zur Selbstverständlichkeit geworden und der europäische Ursprung einer bestimmten Politik in Vergessenheit geraten ist. Schließlich lassen sich die Erkenntnisse zur Europäisierung Ost, insbesondere zur Bedeutung der Beitrittskonditionalität als Steuerungsinstrument, an den Entwicklungen nach der Erweiterung überprüfen.

Darüber hinaus stellt die Europäisierung der Beihilfepolitik in den neuen Mitgliedstaaten auch aus substanziellen Gründen einen besonders geeigneten Fall dar. Die beihilfepolitische Tradition der post-kommunistischen MOEL unterscheidet sich deutlich von den alten Mitgliedstaaten; eine der EU vergleichbare Beihilfekontrolle existierte vor Beginn der Beitrittsvorbereitungen nicht. Die Beitrittsverhandlungen zum Kapitel Wettbewerbspolitik gehörten zu den am stärksten umstrittenen und wurden teilweise erst unmittelbar vor dem Kopenhagener Gipfel im Dezember 2002 abgeschlossen. Aus einer Europäisierungsperspektive stellt die Beihilfepolitik der neuen Mitgliedstaaten somit einen besonders harten Fall dar (Atanasiu 2001; Hashi/Balcerowicz 2004). Zudem zeigt die Entwicklung der Beihilfekontrolle, dass auf Konflikte über die Anwendung des Beihilferechts oftmals Schritte zu einer vertieften Integration folgten (Smith 1996; Lavdas/Mendrinou 1999). Die Anwendung des Beihilferechts in den neuen Mitgliedstaaten und die daraus folgenden Rückwirkungen könnten sich somit als wegweisend für die generelle Weiterentwicklung der Beihilfekontrolle herausstellen.

Die neuen Mitgliedstaaten werden auch untereinander hinsichtlich ihrer Beihilfepolitik verglichen. Zunächst werden die neuen Mitgliedstaaten anhand quantitativer Schlüsselindikatoren zur Beihilfepolitik in unterschiedliche Gruppen eingeteilt. Aus der Gruppe der Länder, die vor dem Beitritt am stärksten von den Zielen der europäischen Beihilfekontrolle abwichen, wurden Polen und Tschechien für einen eingehenden Vergleich ausgewählt. Beide Länder vergaben vor dem Beitritt hohe Summen staatlicher Beihilfen, darunter besonders viele wettbewerbsverzerrende Beihilfen. Polen und Tschechien sind damit methodisch gesehen „most likely cases" (Eckstein 1975) – das Potenzial, Europäisierungseffekte irgendeiner Art zu finden, ist hier am größten. Praktisch sind beide Länder hingegen besonders kritische Fälle, an denen sich die Wirksamkeit der europäischen Beihilfekontrolle zu beweisen hat. Der qualitative Vergleich zwischen Polen und Tschechien wird durch den Größenunterschied beider Länder interessant. Allgemeine Erkenntnisse aus der Compliance-Forschung (Börzel, et al. 2007) sowie ein Blick auf die Beihilfepolitik der alten Mitgliedstaaten führen zu der Erwartung, dass große Mitgliedstaaten in Streitfällen weniger bereit sind, sich dem europäischen Druck zu beugen. Die Anpassung der polnischen Beihilfepolitik sollte demnach schwächer ausfallen als die der tschechischen Beihilfepolitik.

Die Vergleichsfälle und ihre Unterscheidungskriterien sind in Tabelle 5 zusammengefasst. In der rechten Spalte sind jeweils die Fälle aufgelistet, in denen stärkere nationale Auswirkungen der europäischen Beihilfekontrolle erwartet werden; asführlich begründet wird dies in den einzelnen Vergleichskapiteln 3.1 bis 3.3.

Vergleich nach...	Erwartete Europäisierung...	
	schwächer	**stärker**
Zeitraum	vor dem Beitritt (nationale Beihilfekontrolle; Beitrittskonditionalität)	nach dem Beitritt (europäische Beihilfekontrolle; reguläre Sanktionsformen)
Land	Polen (großer EU-Mitgliedstaat)	Tschechische Republik (kleiner EU-Mitgliedstaat)
Politikfeld	Regionalbeihilfen (Kommissionsziele Beihilfereduktion und -umlenkung)	Rettungs-/Restrukturierungsbeihilfen (Kommissionsziel Beihilfereduktion)

Tabelle 5: Überblick über die Vergleichsfälle

1.2.2 Daten und Methode

1.2.2.1 Quantitativer Vergleich: Beihilfeniveau, -ziele und -fälle

Statistiken zu Beihilfeniveaus, Beihilfezielen und Beihilfefällen werden in erster Linie von GD COMP erhoben und veröffentlicht. Zu einem großen Teil stützen sich diese Daten wiederum auf die Jahresberichte der nationalen Wettbewerbsbehörden oder werden durch diese ergänzt.

Das Beihilfeniveau und die Beihilfeziele sind wesentliche Indikatoren im Beihilfeanzeiger (*State aid Scoreboard*) der GD COMP.[13] Unter Beihilfeniveau wird das Verhältnis der gewährten Beihilfen zum Bruttoinlandsprodukt verstanden. Beihilfeziele werden in sektoral und horizontal unterschieden und als jeweiliger Anteil an den gesamten gewährten Beihilfen eines Mitgliedstaats angegeben. Seit Juli 2001 wird der Beihilfeanzeiger zweimal jährlich veröffentlicht und meist durch einen besonderen Abschnitt mit wechselnden Themen sowie Schlüsselindikatoren im Internet ergänzt. Die Herbstausgaben 2002 und 2004 des Beihilfeanzeigers befassten sich in ihrem Sonderteil jeweils intensiver mit der Beihilfepolitik der MOEL auf ihrem Weg zum EU-Beitritt. Seit der Herbstausgabe 2005 wurden die Daten zu den neuen Mitgliedstaaten systematisch mit in den Beihilfeanzeiger aufgenommen. Zusätzliche, jedoch oftmals für einen Vergleich zwischen Mitgliedstaaten ungeeignete Informationen, werden von den nationalen Wettbewerbsbehörden in deren Jahresberichten veröffentlicht. So liefert die polnische Behörde für Wettbewerb und Verbraucherschutz (UOKiK) etwa Angaben, welche staatlichen Stellen die meisten Beihilfen ver-

---

[13] Online unter: http://ec.europa.eu/comm/competition/state_aid/studies_reports/studies_reports.html [letzter Zugriff: 01.09.2008].

geben (Beihilfegeber) und welche Unternehmen, eingeteilt in kleine, mittlere und große Unternehmen, am stärksten von staatlichen Beihilfen profitieren (Beihilfeempfänger).[14]

Angaben zu Fallzahlen und Entscheidungen lassen sich insbesondere dem Beihilferegister (*State aid Register*) der GD COMP entnehmen.[15] Alle abschließenden Kommissionsentscheidungen seit dem Jahr 2000 sind darin enthalten und nach verschiedenen Variablen, etwa nach Entscheidungsart, Beihilfeziel oder Mitgliedstaat, aufgelistet. Auf dieser Grundlage wurde eine eigene Datenbank mit allen Beihilfentscheidungen der Kommission zu Fällen aus den neuen Mitgliedstaaten im Zeitraum vom 1.4.2004 bis zum 31.12.2006 angelegt. Zusätzliche Informationen über laufende Verfahren und neueste Entscheidungen werden neuerdings über einen wöchentlichen *State aid Newsletter* und in einem Zusatz zum Beihilferegister von GD COMP zur Verfügung gestellt.[16]

Die Zahlen zu Beihilfeniveaus, -zielen und -fällen sind aussagekräftig für einen groben Vergleich zwischen alten und neuen Mitgliedstaaten, zwischen Gruppen von neuen Mitgliedstaaten sowie zwischen der Zeit vor und nach ihrem Beitritt (dazu insbesondere Kapitel 3.1). Auf dieser Grundlage wurden zudem einzelne Länder und Beihilfen mit unterschiedlichen Zielsetzungen für eine detaillierte Untersuchung ausgewählt (dazu Kapitel 3.2 und 3.3).

Damit ist der mögliche Erkenntnisgewinn aus der Analyse der erhältlichen quantitativen Daten aber weitgehend erschöpft. Unterhalb der Ebene allgemeiner Indikatoren wie dem Beihilfeniveau ist immer noch breite Variation möglich. So können zwei Staaten mit gleichermaßen hohem Beihilfeniveau durchaus unterschiedliche Beihilfepolitiken verfolgen. Zudem sagen diese Daten nichts über den Prozess ihres Zustandekommens aus. Mit Zurückhaltung ist daher etwa die kommissionseigene Analyse ihrer Beihilfentscheidungen zu bewerten. Während von der Kommission betont wird, wie hoch letztlich der Anteil positiver Entscheidungen liegt (93% im Jahr 2004 und 89% im Jahr 2005)[17], ist damit noch nichts ausgesagt über Fälle, die schon im Vorfeld oder während des Prüfverfahrens von den Mitgliedstaaten geändert oder zurückgezogen wurden, um eine negative Kommissionsentscheidung zu vermeiden. Eine ergänzende qualitative Analyse ist daher notwendig, wenngleich auch diese nicht alle Datenprobleme in dem sensiblen Bereich von Beihilfepolitik und -kontrolle beheben kann.

---

[14] Online: http://www.uokik.gov.pl/pl/pomoc_publiczna [letzter Zugriff: 01.09.2008].

[15] Online: http://ec.europa.eu/comm/competition/state_aid/register/ [letzter Zugriff: 01.09.2008].

[16] Die aktuelle Ausgabe und das Archiv der sogenannten *State Aid weekly e-News* findet sich online unter: http://ec.europa.eu/comm/competition/state_aid/newsletter/index.html [letzter Zugriff: 01.09. 2008]. Für Zahlen zu laufenden Vorprüfverfahren, siehe online: http://ec.europa.eu/comm/competition/state_aid/register/i/ [letzter Zugriff: 01.09.2008].

[17] Vergleiche dazu die Frühjahrsausgaben des Beihilfeanzeigers 2005 und 2006.

1.2.2.2   Qualitative Analyse: Dokumente und Interviews

Die qualitative Analyse der Beihilfekontrolle und ihrer Auswirkungen stützt sich auf drei wesentliche Quellen: offizielle Dokumente, insbesondere der Kommission, Zeitungsberichte und Hintergrundinterviews auf europäischer und nationaler Ebene.

GD COMP veröffentlicht umfangreiches Material zur allgemeinen Entwicklung der Beihilfekontrolle einerseits und, in unterschiedlichen Abstufungen, zu Einzelentscheidungen andererseits. Beihilfemaßnahmen, die die Kommission bereits nach dem Vorprüfverfahren[18] genehmigt, werden nur kurz und standardisiert im Amtsblatt aufgeführt. Entscheidungen zur Einleitung eines Hauptprüfverfahrens werden vollständig in der Originalsprache und zusammengefasst in den anderen Sprachen veröffentlicht. Entscheidungen nach Abschluss eines Hauptprüfverfahrens werden in allen Sprachversionen des Amtsblatts vollständig veröffentlicht.[19] Zusätzliche Informationen zu Einzelfällen veröffentlicht die Kommission in Form von über 100 Presseerklärungen pro Jahr, in den Originalversionen der an die Mitgliedstaaten gerichteten Briefe zur Begründung von Entscheidungen, sowie durch die Besprechung besonders exemplarischer Fälle im *Competition Policy Newsletter*.[20] Trotz der Fülle an offiziellen Dokumenten besteht jedoch auch hier ein Mangel an Informationen über den Entstehungsprozess konkreter Entscheidungen, über potenzielle Einwände oder alternative Entscheidungsmöglichkeiten.

Zur Fortentwicklung des weichen und harten Beihilferechts lassen sich dagegen auch in offiziellen Dokumenten mehr Informationen über Entscheidungsprozesse auffinden. Plant die Kommission, bestimmte Dokumente des Beihilferechts zu überarbeiten oder neu zu fassen, so geschieht dies in der Regel in Abstimmung mit den Mitgliedstaaten. Während früher sogar die weichen Kommissionsregeln teilweise unveröffentlicht blieben (vgl. Gross 2003: 102), werden nun bereits Arbeitsentwürfe allgemein zugänglich gemacht. An den verschiedenen Entwürfen und Versionen, die dabei als Diskussionsgrundlage dienen, lässt sich zumindest zum Teil der Verhandlungsprozess nachzeichnen. So wurden beispielsweise über einen Zeitraum von fast zwei Jahren vier Dokumente zur Diskussion veröffentlicht, bevor die Kommission Ende 2006 neue Leitlinien für Regionalbeihilfen veröffentlichte.[21] Als noch aufschlussreicher als

---

[18] Zum Ablauf des Kontrollverfahrens, siehe Kapitel 2.2.2.

[19] Die unterschiedlichen Veröffentlichungspflichten der Kommission sind geregelt in Art. 26 VVO. Siehe hierzu auch Gross (2003: 102).

[20] Online: http://ec.europa.eu/comm/competition/publications/cpn/ [letzter Zugriff: 01.09.2008].

[21] Vergleiche online unter: http://ec.europa.eu/comm/competition/state_aid/reform/archive.html [letzter Zugriff: 01.09.2008]. Für eine aufwändige Prozessanalyse der Aushandlung nationaler

die eigentlichen Entwürfe der Kommission erweisen sich indes die jeweiligen Positionspapiere der Mitgliedstaaten und der involvierten Experten und Interessenvertreter. Eine einzigartige Quelle ist in dieser Hinsicht das Konsultationsverfahren zum Aktionsplan Staatliche Beihilfen (SAAP, State Aid Action Plan, European Commission 2005), in dessen Verlauf ein breites Spektrum an beteiligten Akteuren Kommentare zur weiteren Entwicklung von Beihilfepolitik und -kontrolle abgegeben haben.[22] Alle Reformen der europäischen Beihilferegeln, die seither im Rahmen des SAAP in Angriff genommen wurden, waren von Konsultationen begleitet, die größtenteils ebenfalls veröffentlicht wurden.[23]

Zeitungsberichte zu Beihilfethemen erscheinen vorwiegend bei legislativen Neuerungen oder in bedeutenden Einzelfällen im Hauptprüfverfahren und liefern wichtige Zusatzinformationen. Insofern diese Berichte über eine kurze Wiedergabe der Pressemitteilungen der Kommission hinausgehen, sind darin oftmals auch Stellungnahmen von Vertretern der Beihilfegeber oder -empfänger enthalten sowie Informationen über den laufenden Kontrollprozess. Neben den maßgeblichen deutschen und englischsprachigen Tageszeitungen und Nachrichtendiensten, die in der LexisNexis-Datenbank enthalten sind, wurden auch die in der Factiva-Datenbank enthaltene polnische und tschechische Presse von zwei Praktikanten im Hinblick auf Beihilfefälle aus den jeweiligen Ländern ausgewertet.[24]

Schließlich wurden insgesamt 39 Personen in Hintergrundinterviews befragt, um ein tieferes Verständnis vom Prozess der Beihilfekontrolle zu bekommen und um das Übergewicht an Informationen, die durch die Kommission zur Verfügung gestellt werden, zumindest teilweise zu korrigieren.[25] Sowohl auf europäischer Ebene als auch in den neuen Mitgliedstaaten Polen und Tschechien wurden die Interviewpartner aus verschiedenen Bereichen der Beihilfekontrolle und -politik sowie auf verschiedenen Stufen der Hierarchie ausgewählt. Vertre-

---

Regionalkarten im Kontext der vorherigen Leitlinien für Regionalbeihilfen, siehe Méndez et al. (2006).

[22] Alle Kommentare zum SAAP, die im weiteren Verlauf der Arbeit zitiert werden, sind online erhältlich unter: http://ec.europa.eu/comm/competition/state_aid/others/action_plan/consult.html [letzter Zugriff: 01.09.2008].

[23] Nicht veröffentlicht wurden die Kommentare zur Neuverhandlung der Leitlinien für Regionalbeihilfen, vgl. online: http://ec.europa.eu/comm/competition/state_aid/reform/comments_innovation/index.html [letzter Zugriff: 01.09.2008].

[24] Die Datenbank enthält insbesondere die beiden führenden polnischen Tageszeitungen *Rzeczpospolita* und *Gazeta Wyborcza* sowie den englischsprachigen *Polish News Bulletin* (PNB). Für die Tschechische Republik wurden Artikel aus den Zeitungen *Mlada Fronta DNES, Hospodarske Noviny* sowie *Lidove Noviny* übersetzt. Zudem enthält die Factiva-Datenbank den englischsprachigen *CTK Business News Wire*.

[25] Allen Interviewpartnern wurde Vertraulichkeit zugesichert, so dass keine Quellen namentlich zitiert werden. Eine anonymisierte Liste der Interviews findet sich im Annex III.

ter der EU-Kommission wurden aus GD COMP und der Generaldirektion Unternehmen und Industrie (GD ENTR) sowie aus dem Juristischen Dienst interviewt. Im Bereich Wettbewerb wurde dabei das ganze Spektrum von individuellen Fallbearbeitern bis hin zu Kabinettsmitgliedern der Kommissarin abgedeckt. In Polen und Tschechien wurden vorwiegend Mitarbeiter verschiedener Ministerien (Wirtschaft, Finanzen, Staatsschatz) sowie der nationalen Wettbewerbsbehörden interviewt. Auch in den Wettbewerbsbehörden wurden sowohl einzelne Fallbearbeiter als auch die Direktoren der jeweiligen Beihilfeabteilungen befragt. Ergänzend wurden auch die verantwortlichen Mitarbeiter der ständigen Vertretrungen in Brüssel, Teilnehmer an so genannten *Twinning*-Programmen während der Beitrittsvorbereitungen, sowie eine Reihe anderer Vertreter öffentlicher und privater Einrichtungen interviewt.

Die Interviews orientierten sich an einem Leitfaden mit vier Frageblöcken: Zunächst wurde nach der jeweiligen Rolle der Befragten bzw. ihrer Institution im Prozess der Beihilfekontrolle und Politikgestaltung gefragt. Der zweite und dritte Frageblock befasste sich mit den nationalen Auswirkungen der Beihilfekontrolle in den neuen Mitgliedstaaten einerseits und mit möglichen Rückwirkungen der Erweiterung auf der europäischen Ebene andererseits. Ein besonderer Schwerpunkt wurde abschließend auf die verschiedenen Steuerungsinstrumente im Bereich der Beihilfekontrolle und die Implikationen ihrer praktischen Anwendung gelegt.

	EU	PL	CZ	DE	gesamt
europäische Ebene	15	1	1	1	18
national (Ministerium)		4	3	1	8
national (Behörde)		5	5		10
sonstige	1	1	1		3
gesamt	16	11	10	2	**39**

Tabelle 6: Überblick über die Interviewpartner

Trotz der Breite der verwendeten Quellen muss jedoch eingeräumt werden, dass die Analyse von Beihilfepolitik und -kontrolle ein sehr sensibles Thema darstellt und dadurch erschwert wird, dass die beteiligten Akteure vielfache und teilweise übereinstimmende Gründe für eine beschränkte Informationspolitik haben. Zunächst enthalten Beihilfefälle oftmals wichtige Informationen zu den betroffenen Unternehmen, die insbesondere aus Schutz vor deren Konkurrenten vertraulich behandelt werden. In vielen Fällen sind wesentliche Passagen der Entscheidungsdokumente der Kommission deshalb nicht öffentlich. Darüber hinaus haben sowohl die Mitgliedstaaten als auch die Kommission unter Umständen ein Eigeninteresse an Verschwiegenheit. Im Fall von Kompromisslösungen ist die Kommission daran interessiert, nicht den Eindruck „politischer" Entscheidungen zu erwecken und keine Präzedenzfälle zu schaffen, die zu einer allgemeinen Aufweichung ihrer Kontrolle führen könnten. Mitgliedstaaten, die von einem Kompromiss mit der Kommission profitieren, haben kein Interesse daran, die Kommission durch ein öffentliches Eingeständnis zu kompromittieren. Gegenüber der Kommission haben die Mitgliedstaaten bei geplanten Beihilfemaßnahmen ein Interesse, Informationen, die zu einer negativen Bewertung führen könnten, möglichst zurück zu halten. Gegenüber anderen Mitgliedstaaten besteht zumindest kein Interesse, diese von Informationen über die genauen Umstände positiver Kommissionsentscheidungen für deren künftige Fälle profitieren zu lassen. In Hintergrundinterviews führen diese unterschiedlichen Gründe für Vertraulichkeit dazu, dass regelmäßig Sachlagen oder Verhaltensweisen abstrakt beschrieben werden, möglichst aber ohne konkrete Beispiele zu benennen. In der vorliegenden Arbeit wurde daher immer versucht, derartig gewonnene Erkenntnisse auch an anderen Daten zumindest zu plausibilisieren.

1.3 Überblick

Das Argument der Arbeit wird in zwei großen Schritten entwickelt: Erstens wird die Integration der Beihilfekontrolle behandelt, zweitens die Europäisierung der Beihilfepolitik in den neuen Mitgliedstaaten untersucht. Das Schlusskapitel diskutiert insbesondere die Frage, inwieweit die gewonnenen Erkenntnisse auch über den Beihilfebereich hinaus relevant sind.

Mit der *Integration* des Beihilfebereichs befasst sich *Kapitel 2*. Zunächst werden darin die *ökonomischen und rechtlichen Grundlagen* von Beihilfepolitik und Beihilfekontrolle besprochen. Staatliche Beihilfepolitik kann unterschiedliche Zwecke verfolgen, die Verbesserung der allokativen Effizienz oder der Verteilungsgerechtigkeit – die Beihilfekontrolle wiederum dient dem Wettbewerbsschutz im Binnenmarkt. Das europäische Vertragsrecht verbietet daher wettbewerbsverzerrende staatliche Beihilfen, sieht aber Ausnahmen vor und lässt den Mitgliedstaaten somit Handlungsspielraum für eine eigene Beihilfepolitik. Bereits an den unterschiedlichen wirtschaftpolitischen Zielen von Beihilfepolitik und -kontrolle bzw. an dem Spannungsverhältnis von Verbot und Ausnahme wird eines deutlich: Die Beihilfekontrolle ist kein reines Unterfangen größtmöglicher ökonomischer Effizienz oder rechtlicher Präzision, sondern erfordert oftmals ein Abwägen zwischen verschiedenen politischen Positionen.

In der Praxis stößt die *Durchsetzung der europäischen Beihilfekontrolle* daher immer wieder auf den Widerstand der Mitgliedstaaten und erfordert viel

politisches Geschick der Kommission. Nachdem der Rat zunächst keinem Sekundärrecht zur Beihilfekontrolle zustimmen wollte, entwickelte die Kommission ihre Kontrollkriterien über weiches Recht fort. Unterstützt durch die Rechtsprechung des EuGH und Auskünfte von benachteiligten Unternehmen konnte
sie die Überwachung und Sanktionierung illegaler Beihilfen schrittweise verschärfen. Auch wurde der Anwendungsbereich der Beihilfekontrolle immer
weiter ausgedehnt, um Umgehungsversuche der Mitgliedstaaten zu unterbinden.
Angesichts der wachsenden Arbeitsbelastung musste die Kommission Wege
finden, ihre eigenen Kapazitäten auf besonders schwierige Fälle zu konzentrieren und einfache Fälle dezentral kontrollieren zu lassen. Galt die europäische
Beihilfekontrolle lange Zeit als unterentwickelt, so ist die negative Integration
im Beihilfebereich inzwischen weiter vorangeschritten, als dies für die Mitgliedstaaten ursprünglich abzusehen war (so etwa Smith 1998; vgl. auch Han-
sen/Van Ysendyck/Zuhlke 2004: 182).

Je umfassender und strenger die staatliche Beihilfepolitik jedoch von der
europäischen Beihilfekontrolle erfasst wird, desto drängender stellt sich die
Frage nach dem verbleibenden nationalen Handlungsspielraum. Da die Kommission nicht nur das Beihilfeverbot überwacht, sondern auch über seine Ausnahmen entscheidet, kommt es zur *Durchdringung der staatlichen Beihilfepolitik*. Das europäische Beihilferecht definiert zunehmend detaillierte, positive
Kriterien zulässiger Beihilfepolitik und überträgt faktisch den Mitgliedstaaten
die Last, die Vereinbarkeit ihrer Beihilfemaßnahmen mit diesen Kriterien zu
beweisen. Innerhalb der Kommission wird die Beihilfekontrolle nicht mehr nur
als Einrichtung zum Wettbewerbsschutz verstanden, sondern auch als ein Instrument, um gezielt Freiräume für staatliche Beihilfen zu schaffen, wo diese
gemeinschaftspolitischen Zielen dienen. Darüber hinaus sind mit den europäischen Struktur- und Kohäsionsfonds Gemeinschaftsbeihilfen an die Seite –
wenn nicht teilweise sogar an die Stelle – staatlicher Beihilfen getreten, die
weniger streng auf mögliche Wettbewerbsverzerrungen kontrolliert werden.

In der politischen Praxis sind Beihilfepolitik und Beihilfekontrolle somit
weitaus enger verflochten, als dies aufgrund der formal klaren Aufgabenverteilung zwischen europäischer und nationaler Ebene erscheint. Auch wenn Beihilfen größtenteils immer noch auf nationaler Ebene vergeben werden, so das zu-
sammenfassende Argument, versucht die Kommission doch in doppelter Weise
darauf Einfluss zu nehmen: Die europäische Beihilfekontrolle hat nicht nur
einen hohen Grad negativer Integration erreicht, sie bewegt sich darüber hinaus
zumindest teilweise *von negativer zu positiver Integration*.

Kapitel 3 behandelt die Frage nach der *Europäisierung* der neuen Mitgliedstaaten: Wie wirkt sich die Integration der Beihilfekontrolle auf die Beihilfepolitik in diesen Ländern aus?

Der Vergleich der Beihilfepolitiken der MOEL *vor und nach ihrem EU-Beitritt* zeigt eindeutige Europäisierungseffekte. Das gesamte Beihilfevolumen in den neuen Mitgliedstaaten ist deutlich gesunken (negativer Europäisierungseffekt) und die verbliebenen Maßnahmen sind stärker an Beihilfezielen ausgerichtet, die auch von der Kommission befürwortet werden (positiver Europäisierungseffekt). Diese Veränderungen lassen sich auf den Einfluss des EU-Beitritts zurückführen, da sie systematisch in den neuen, nicht aber den alten Mitgliedstaaten zu beobachten sind und der jeweilige Unterschied am stärksten zwischen den Jahren 2003 und 2004 (dem Beitrittsjahr) ausfällt. Obwohl die MOEL formal bereits vor dem Beitritt zur Anpassung ihrer Beihilfepolitiken verpflichtet waren, wurden faktisch geringere Anforderungen an sie gestellt. Die Beitrittskonditionalität diente in erster Linie dazu, die Kandidatenstaaten zur Einübung der „Spielregeln" im Beihilfebereich zu zwingen – für die tatsächliche Anpassung ihrer Beihilfepolitiken war jedoch die Unterordnung unter die Kommissionskontrolle mit dem Beitritt maßgeblich.

Der Vergleich der Beihilfepolitiken *zwischen unterschiedlichen neuen Mitgliedstaaten* zeigt zweierlei: Erstens bleiben trotz der beschriebenen allgemeinen Tendenzen unterschiedliche staatliche Beihilfepolitiken möglich. Die neuen Mitgliedstaaten lassen sich anhand ihrer jeweiligen Beihilfepolitik in drei Gruppen einteilen, wie sie auch in den alten Mitgliedstaaten vertreten sind. Zweitens zeigt der Vergleich Polens und Tschechiens jedoch die Grenzen dieser Variationsmöglichkeit. Beide Länder vergaben vor dem Beitritt Beihilfen in klarem Widerspruch zu den europäischen Regeln, verfolgten nach dem Beitritt jedoch unterschiedliche Strategien gegenüber der Kommission: Tschechien war eher bereit, die Forderungen der Kommission zu erfüllen und erhielt im Gegenzug weitgehend die erwünschten Genehmigungen für seine Beihilfemaßnahmen; Polen beharrte stärker auf seiner beihilfepolitischen Autonomie, hatte dafür aber hohe Kosten durch die Auseinandersetzungen mit der Kommission zu tragen. Trotz ihrer unterschiedlichen Strategien haben beide Länder letztlich ähnliche beihilfepolitische Anpassungen vorgenommen.

Dass Europäisierungseffekte *nach Politikfeldern* variieren, bestätigt sich am Vergleich der Auswirkungen der europäischen Beihilfekontrolle auf die Regionalförderung sowie auf die Rettung und Restrukturierung von Unternehmen in Schwierigkeiten. Während die Kontrolle der Kommission im Bereich von R&R-Beihilfen als starke Einschränkung in den MOEL wahrgenommen wird und sich fast alle bisher entstandenen Konflikte auf derartige Maßnahmen beziehen, werden regionale Beihilfemaßnahmen durch die EU kaum eingeschränkt, teilweise sogar angeregt. Erstens ist die Wirkungsrichtung der europäischen Beihilfekontrolle im ersten Fall klar negativ, im Fall regionaler Beihilfen in den MOEL hingegen diffus. Zweitens stellen R&R-Beihilfen in den betreffenden Fällen oftmals die letzte Handlungsoption dar, während sich die Regionalförderung angesichts knapper Haushalte sowieso bevorzugt auf andere Optionen konzentriert.

Zusammenfassend lassen sich somit eindeutige Europäisierungseffekte an der Beihilfepolitik der neuen Mitgliedstaaten feststellen, die ihren Ursprung in der Beihilfekontrolle der Europäischen Kommission haben. Zwar kann die Kommission weder positiv bestimmte staatliche Beihilfemaßnahmen anordnen, noch liegt der Anteil negativer Entscheidungen besonders hoch – doch zwischen diesen beiden Extremen verfügt die Kommission über *Mechanismen selektiver Verstärkung*, mit denen sie bestimmte Beihilfemaßnahmen erschwert bzw. erleichtert. Lange bevor es zu einer negativen Entscheidung kommt, kann die Kommission bereits durch die Drohung mit einem langen Prüfverfahren und der damit verbundenen Rechtsunsicherheit, einen Mitgliedstaat von einer geplanten Maßnahme abbringen bzw. diesem teils willkommene Argumente gegen die Ansprüche potenzieller Beihilfeempfänger liefern. Umgekehrt kann die Kommission auch gezielt Ansprüche wecken, indem sie die Genehmigung bestimmter Beihilfen erleichtert, die aus gemeinschaftspolitischer Sicht wünschenswert erscheinen.

Das abschließende *Kapitel 4* fasst die wichtigsten Ergebnisse der Arbeit zusammen und fragt nach ihrer Bedeutung über den Fall der europäischen Beihilfekontrolle hinaus. Insbesondere wird noch auf zwei allgemeine Debatten eingegangen: auf die möglichen Rückwirkungen der Erweiterung auf europäischer Ebene sowie auf die Kritik am demokratischen Defizit europäischen Regierens. Mit der Erweiterung ist die EU heterogener geworden und deshalb – so die Erwartung zu Beginn dieser Arbeit – könnte es häufiger zu Konflikten kommen, in denen einzelne Mitgliedstaaten die herrschende Auslegung des europäischen Rechts herausfordern und dadurch insgesamt zu seiner Flexibilisierung beitragen. Tatsächlich spricht das Beispiel der Beihilfekontrolle jedoch dafür, dass größere Gegensätze zwischen den Mitgliedstaaten es der supranationalen Kommission eher noch erleichtern, ihre Entscheidungsbefugnisse konsequenter zu nutzen. Normativ ist diese Entwicklung allerdings nicht unproblematisch. Die Kritik am demokratischen Defizit europäischen Regierens trifft in doppelter Hinsicht auf die Beihilfekontrolle zu. Erstens sind die Mitwirkungsrechte für die Mitgliedstaaten und die betroffenen Unternehmen an den Entscheidungen und der Fortentwicklung des Beihilferechts gering, um die Unabhängigkeit der Kommission zu garantieren. Zweitens hat die Beihilfekontrolle zweifellos verteilungspolitische Konsequenzen, so dass Effizienzgewinne als ausschließliche Legitimation nicht ausreichen.

2 Die Integration des Beihilfebereichs

Auf den ersten Blick erscheint die Kompetenzverteilung zwischen europäischer und nationaler Ebene im Beihilfebereich klar: Die *Beihilfekontrolle* ist Teil der europäischen Wettbewerbspolitik und fällt in die alleinige Kompetenz der europäischen Kommission. Der Beihilfebereich ist somit *negativ* integriert: die Beihilfekontrolle rechtfertigt sich mit dem Schutz des Wettbewerbs, das heißt als marktschaffende Maßnahme, und ist im europäischen Primärrecht verankert. Die Vergabe staatlicher Beihilfen hingegen, die *Beihilfepolitik*, ist innerhalb des wettbewerbsrechtlichen Rahmens ausschließlich nationale Kompetenz. Verschiedene Ausrichtungen nationaler Beihilfepolitik sind möglich und eine *positive* Integration, das heißt eine Harmonisierung dieser Politiken über das europäische Sekundärrecht, ist nicht angedacht. Im Folgenden werden zunächst kurz die wirtschaftlichen und rechtlichen Grundlagen dieser Unterscheidung zwischen europäischer Beihilfekontrolle und nationaler Beihilfepolitik besprochen (Kapitel 2.1).

In der politischen Praxis jedoch, so wird im Anschluss daran gezeigt, sind die Grenzen zwischen Beihilfekontrolle und Beihilfepolitik – und somit auch zwischen negativer und positiver Integration – fließend. Der Integrationsbestand im Beihilfenbereich unterliegt ständigen Auseinandersetzungen zwischen europäischer und mitgliedstaatlicher Ebene. Zwei Besonderheiten des Beihilfebereichs (vgl. Röller/Friederiszick 2006: 27f.) sind zentral für das Verständnis von Beihilfepolitik und -kontrolle:

Erstens richtet sich die Beihilfekontrolle, anders als etwa die Kartell- oder Fusionskontrolle, in erster Linie nicht an Unternehmen, sondern direkt auf *staatliches Handeln*. Eine Selbstkontrolle auf nationaler Ebene scheidet aus, da die Mitgliedstaaten dann einen Anreiz hätten, Unternehmen aus ihrem Land einen Wettbewerbsvorteil zu verschaffen. Mit der *Durchsetzung der Beihilfekontrolle* auf europäischer Ebene geht somit immer auch eine Einschränkung staatlicher Handlungsmöglichkeiten einher. Obwohl sie bereits in den Römischen Verträgen vorgesehen war, konnte die negative Integration im Beihilfebereich daher nur schrittweise gegen die Widerstände der Mitgliedstaaten, insbesondere angetrieben von der Kommission, verwirklicht werden (Kapitel 2.2).

Zweitens erfordert die Beihilfekontrolle oftmals ein *Abwägen zwischen widersprüchlichen politischen Zielen*. Das Hauptziel der europäischen Beihilfe-

kontrolle ist klar negativ und regulativ: die Verhinderung von Wettbewerbsverzerrungen im Binnenmarkt. Staatliche Beihilfepolitik wiederum kann ganz unterschiedlichen, regulativen und redistributiven, Zielen dienen, und dafür sind
Ausnahmen im europäischen Beihilferecht vorgesehen. Ihre eigene Linie in
diesem Zielkonflikt hat die Kommission zunehmend detailliert durch die Verregelung der zulässigen Ausnahmen vom Beihilfeverbot definiert. Je stärker sich
die Mitgliedstaaten aber an den positiven Maßstäben der Kommission orientieren müssen, desto mehr kommt es zu einer *Durchdringung der Beihilfepolitik*
(Kapitel 2.3).

Diese Ergebnisse stehen im Gegensatz zu gängigen Erklärungen der europäischen Integration und sprechen für eine beträchtliche Autonomie der Kommission in der Fortentwicklung des Beihilferechts. Die ursprüngliche Entscheidung der Mitgliedstaaten, eine supranationale Beihilfekontrolle einzurichten,
lässt sich als eine glaubwürdige Verpflichtung auf eine gemäßigte staatliche
Beihilfepolitik zum Vorteil aller interpretieren. Die tatsächliche Entwicklung
geht allerdings über die Reichweite dieser Erklärung hinaus. Die Kommission
nimmt über die europäische Beihilfekontrolle heute in vielfältiger Weise auf die
nationale Wirtschaftspolitik Einfluss und geht dabei über den Auftrag des Wettbewerbsschutzes hinaus. Die europäische Beihilfekontrolle befindet sich derzeit
auf einer bemerkenswerten Zwischenstufe auf dem Weg *von negativer zu positiver Integration* (Kapitel 2.4).

2.1 Wirtschaftliche und rechtliche Grundlagen

Die Ökonomie liefert den Hauptgrund für die Einrichtung einer Beihilfekontrolle als Teil der europäischen Wettbewerbspolitik: Wettbewerb im Binnenmarkt
ermöglicht allen Mitgliedstaaten Effizienzgewinne – nur durch eine übergeordnete Instanz kann aber verhindert werden, dass dieser durch einseitige Beihilfemaßnahmen oder wechselseitige Subventionswettläufe gestört wird. Jenseits
dieses Wettbewerbsideals ist es in der ökonomischen Theorie und der empirischen Forschung jedoch umstritten, inwieweit staatliche Beihilfen dennoch
wirtschaftspolitischen Zielen dienen können. Diese unterschiedlichen Positionen
zur Beihilfepolitik spiegeln sich letztlich auch in der jeweiligen Ansicht über
Reichweite und Zielsetzung der Beihilfekontrolle wider (Kapitel 2.1.1).

Das europäische Vertragsrecht räumt dem Schutz des Wettbewerbs einen
hohen Stellenwert ein und sieht hierfür unter anderem ein Verbot wettbewerbsverzerrender Beihilfen und die Kontrolle staatlicher Beihilfen durch die Kommission vor. Gleichzeitig bleibt durch eine Reihe von Ausnahmeregeln Spielraum für staatliche Beihilfepolitik. Insgesamt ist das Vertragsrecht aber so all-

gemein formuliert, dass sowohl das Beihilfeverbot als auch seine Ausnahmen erst schrittweise konkretisiert wurden – durch Einzelentscheidungen der Kommission, Urteile der europäischen Gerichtshöfe und die Kodifizierung weicher und harter Beihilferegeln (Kapitel 2.1.2).

Das Verfahren der europäischen Beihilfekontrolle wurde ebenfalls lange über die Praxis einzelner Fälle weiterentwickelt und erst relativ spät sekundärrechtlich fixiert. Im Zentrum der Kontrolle steht die Europäische Kommission. Im Normalfall müssen Mitgliedstaaten geplante Beihilfen vor ihrer Durchführung bei der Kommission anmelden und genehmigen lassen; bei Verstößen kann die Kommission die Rückforderung illegaler Beihilfen anordnen. Die Mitwirkungsmöglichkeiten Dritter im Rahmen der Beihilfekontrolle sind beschränkt; die wichtigste Rolle nehmen Konkurrentenbeschwerden ein (Kapitel 2.1.3).

2.1.1 Die wirtschaftlichen Ziele von Beihilfepolitik und -kontrolle

2.1.1.1 Wettbewerb als Ziel der Beihilfekontrolle

Aus einzelstaatlicher Sicht wäre eine Situation wünschenswert, in der die eigene Regierung Handlungsfreiheit besäße, um einheimische Unternehmen mit Beihilfen zu unterstützen, während ausländischen, konkurrierenden Unternehmen eine entsprechende Unterstützung von ihren Regierungen versagt bliebe. Die einheimischen Unternehmen würden so über einen Wettbewerbsvorteil gegenüber ihren ausländischen Konkurrenten verfügen. Auf einem Markt mit Überkapazitäten könnte dies beispielsweise dazu führen, dass ein weniger wettbewerbsfähiges Unternehmen aus einem Land mit Beihilfen im Markt gehalten wird, während ein Unternehmen aus einem anderen Land trotz größerer Wettbewerbsfähigkeit mangels Beihilfen ausscheiden muss (Friederiszick/Röller/Verouden 2006: 21). Eine ausländische Regierung wäre aber kaum gewillt, diese negativen Externalitäten, das heißt den Wettbewerbsnachteil ihrer einheimischen Unternehmen, hinzunehmen und könnte ihrerseits Beihilfen zum Ausgleich vergeben. Im Extremfall entstünde ein zwischenstaatlicher Subventionswettlauf, obwohl dieser für alle Beteiligten zu suboptimalen Ergebnissen führen würde (Brander/Spencer 1985).

Die beschriebene Situation entspricht dem spieltheoretischen Modell des Gefangenendilemmas (Poundstone 1992; Scharpf 1997: 100; speziell zum Beihilfenbereich vgl. Besley/Seabright 1999: 21; Wolf 2005: 66). Aufgrund der strategischen Konstellation sind die Akteure im Gefangenendilemma nicht in der Lage, die individuell oder kollektiv größte Wohlfahrt zu erlangen. Ein Ausweg aus dem Dilemma besteht darin, Institutionen zu schaffen bzw. damit zu betrauen, das kooperative Verhalten der Akteure zu überwachen und notfalls durchzusetzen (Moravcsik 1993: 512). Im Beihilfenbereich haben die EU-Mitgliedstaaten daher die Kompetenz der Beihilfekontrolle an die Europäische Kommission delegiert. Aufgabe der Kommission ist es, ein „level playing field" für die Unternehmen im europäischen Binnenmarkt zu gewährleisten (European Commission 2005: 3). Analog dazu lassen sich auch die weiteren Kompetenzen der Kommission in der Wettbewerbspolitik als supranationaler Ausweg aus zwischenstaatlichen Kooperationsdilemmata verstehen (Schmidt 1998: 33-34, 56-67).

Im Gegensatz etwa zur Kartell- oder Fusionskontrolle gehört die Beihilfekontrolle aber nicht zum klassischen Instrumentarium nationaler Wettbewerbspolitik (Ehlermann 1995). Im nationalen Kontext steht die Unterscheidung zwischen der privaten Wohlfahrt einzelner Unternehmen und der sozialen Gesamtwohlfahrt im Mittelpunkt der Wettbewerbspolitik. So lässt sich die private Wohlfahrt einzelner Unternehmen mittels Marktmacht, z.B. im Falle eines Monopols oder durch Bildung eines Kartells, steigern – die staatliche Wettbewerbspolitik soll dies aber verhindern, wenn ansonsten die Gesamtwohlfahrt sinkt. Auch im Beihilfebereich kommt es vor, dass staatliche Gelder nur zum Nutzen der Beihilfeempfänger, nicht aber zum allgemeinen Nutzen eingesetzt werden.[26] Teilweise wird daher argumentiert, die Beihilfekontrolle diene nicht nur dem Wettbewerbsschutz der Staaten untereinander, sondern auch der glaubwürdigen Selbstbindung der Regierungen auf eine gemäßigte und am allgemeinen Nutzen orientierte Beihilfepolitik (Röller 2005: 43; Friederiszick/Röller/Verouden 2006: 24-26). Trotzdem hat sich auf nationaler Ebene neben den anderen Elementen der Wettbewerbspolitik keine Beihilfekontrolle etabliert, da diese den Staat zum Kontrollierten und Kontrollierenden zugleich machen würde. Tatsächlich verfügt kein anderes internationales Regime, etwa das der WTO[27], und kein föderaler Staat wie beispielsweise die Vereinigten

---

[26] Ein Beispiel hierfür sind die von Kornai beschriebenen „soft budget constraints" (1980). Der Begriff bezeichnet ursprünglich ein Phänomen aus der Planwirtschaft und bezieht sich auf Situationen, in denen Unternehmen nicht ausgeglichen haushalten müssen, da sie sich bei finanziellen Schwierigkeiten auf staatliche Hilfe verlassen können. Auch in der EU stehen Rettungsbeihilfen für Unternehmen in Schwierigkeiten oftmals in der Kritik, nicht zum allgemeinen Nutzen, sondern aus Nachgiebigkeit gegenüber den Partikularinteressen der betroffenen Unternehmen vergeben zu werden (Atanasiu 2001; Glowicka 2006).

[27] Für einen Überblick der Regeln zu Subventionen im Rahmen der WTO, siehe Ehlermann (2006). Im Gegensatz zur EU existiert auf WTO-Ebene keine supranationale *ex ante*-Kontrolle von Beihilfemaßnahmen. Illegale Beihilfen können zudem nicht zurückgefordert, sondern nur durch Gegenmaßnahmen der betroffenen Mitgliedstaaten ausgeglichen werden.

Staaten[28], über ein der EU vergleichbares System der Beihilfekontrolle. Die europäische Beihilfekontrolle wird daher oftmals als einzigartige und am deutlichsten supranationale Kompetenz der Kommission bezeichnet (Cini/McGowan 1998: 135; Thielemann 1999: 405).

Erst durch das grenzüberschreitende Element des zugleich tief integrierten Binnenmarktes und die Gefahr von Wettbewerbsverzerrungen untereinander erklärt sich die Bereitschaft der Mitgliedstaaten, eine übergeordnete Kontrollinstanz einzurichten. Zusammengefasst hat die *europäische Beihilfekontrolle* somit ein negatives Ziel: den *grenzüberschreitenden Wettbewerb im Binnenmarkt* vor Behinderungen zu schützen. Ob und inwieweit Beihilfen in diesem Rahmen als wirtschaftspolitisches Instrument eingesetzt werden sollen, ist eine Frage nationaler Beihilfepolitik.

2.1.1.2   Effizienz und Verteilungsgerechtigkeit als beihilfepolitische Ziele

Eine handelsstrategische Vergabe staatlicher Beihilfen (Brander/Spencer 1983; Brander/Spencer 1985) wie sie im obigen Beispiel geschildert wurde, um einheimischen Unternehmen einen Vorteil gegenüber ausländischen Konkurrenten zu verschaffen, ist grundsätzlich unvereinbar mit der Idee eines „level playing field" im europäischen Binnenmarkt. Das muss nicht bedeuten, dass handelsstrategische Motive aus der Beihilfepolitik der EU-Mitgliedstaaten verschwunden sind – ganz abgesehen vom globalen Kontext der EU-Subventionen etwa im Bereich der Landwirtschaft (Messerlin 2005) oder dem Flugzeugbau (Carbaugh/Olienyk 2004). Als legitime Begründungen für die Ausrichtung nationaler Beihilfepolitik scheiden derartige Motive innerhalb des europäischen Binnenmarktes allerdings aus. Drei mögliche Varianten nationaler Beihilfepolitik werden im Folgenden idealtypisch skizziert: (1) eine neoliberale Variante, die weitgehend auf staatliche Beihilfen verzichtet, (2) eine wohlfahrtsökonomische Variante, die sich auf die effiziente Korrektur von Marktversagen beschränkt und (3) eine interventionistische Variante, die auch Fragen der Verteilungsgerechtigkeit mit einbezieht.

(1) Aus einer *neoliberalen* Perspektive, die sich am Ideal des vollkommenen Wettbewerbs orientiert (vgl. Oberender/Daumann 1995: 7; Färber 1995: 26), sind staatliche Beihilfen kein geeignetes Instrument der Wirtschaftspolitik, sondern „volkswirtschaftlich weitgehend sinnlos" (Koenig/Kühling 1999: 522).

---

[28] Für einen Überblick des US-Rechts zu Subventionen, siehe Schenk (2006). Darin fasst die Autorin zusammen: „State aid in the form of both direct subsidies and tax incentives is very common in the United States and operates with little judicial and legislative restriction" (Ebd.: 3).

Im besten Fall sind sie überflüssig, in der Regel jedoch verzerren sie den Wettbewerb und führen zu suboptimaler Gesamtwohlfahrt.

Selbst wenn vollkommener Wettbewerb nicht realisiert werden kann, so muss es aus dieser Perspektive dennoch das Ziel sein, sich dem Ideal möglichst anzunähern. Zunächst wird bezweifelt, dass öffentliche Akteure ein den Marktteilnehmern überlegenes Wissen und die nötigen Mittel besitzen, um etwaige Marktunvollkommenheiten zu erkennen und zu beheben. So ist es denkbar, dass vermeintlich innovative, tatsächlich aber wenig Ertrag versprechende Unternehmen oder Sektoren staatliche Fördermittel erhalten, die keine privaten Kapitalgeber gefunden hätten (Gross 2003: 146). Auch können falsche Anreize für mögliche Subventionsempfänger entstehen, etwa wenn Umstrukturierungsprozesse durch Subventionen eher verzögert als unterstützt werden (Hashi/Hajdukovic/Luci 2005: 21). Darüber hinaus besteht die Gefahr, dass Beihilfen gar nicht erst mit dem Ziel der Behebung von Marktunvollkommenheiten vergeben werden, sondern aus privaten Erwägungen von Politikern oder auf Druck einflussreicher Interessengruppen (Friederiszick/Röller/Verouden 2006: 20).

Empirische Arbeiten argumentieren, dass Effizienzerwägungen bei der Vergabe von Beihilfen von zweitrangiger Bedeutung sind. So wird die parteipolitische Ausrichtung der jeweiligen Regierung als zentrale Variable diskutiert und als Beleg für die Dominanz politischer gegenüber ökonomischen Erwägungen bei der Beihilfevergabe gewertet (Blais 1986b; Neven/Röller 2000b).[29] Darüber hinaus deuten einige Faktoren auf eine eher pathologische Vergabe von Subventionen hin. So können Neven und Röller zwar keine Bestätigung für die Annahme finden, dass Beihilfen in besonderem Ausmaß unmittelbar vor Wahlen vergeben würden, doch finden sie einen positiven Zusammenhang zwischen Regierungsschwäche sowie intransparenten Entscheidungsverfahren auf der einen Seite und hohen Beihilfeniveaus auf der anderen Seite (Ebd.: 34).

Eine nationale Politik des weitgehenden Verzichts auf staatliche Beihilfen, wie sie aus dieser Perspektive befürwortet wird, kann kaum in Konflikt geraten mit einer supranationalen Beihilfekontrolle zum Schutz des Wettbewerbs. Vielmehr ist aus dieser Sicht sogar eine besonders strikte Beihilfekontrolle und ein europäisches Primat der Wettbewerbspolitik (Streit/Mussler 1995: 24f.) wünschenswert. Wollte man innerhalb der Beihilfekontrolle Wettbewerbsverzerrungen zugunsten anderer politischer Ziele zulassen, so hieße dies letztlich, die Fehler staatlicher Intervention auf europäischer Ebene zu wiederholen (Soltwedel, et al. 1988: 55; zitiert bei Kerber 1998: 52).

---

[29] Neven und Röller schränken jedoch ein, eine Überschneidung ökonomischer und politischer Faktoren sei nicht auszuschließen und schwer zu erfassen (2000b: 34).

(2) Ohne die genannten Nachteile und Gefahren grundsätzlich zu bestreiten, werden Beihilfen aus einer *wohlfahrtsökonomischen* Perspektive dennoch
als Bestandteil staatlicher Wirtschaftspolitik erachtet. In der Theorie des „second best" (Clark 1940; vgl. auch Gross 2003: 145; Oberender/Daumann 1995:
8; Färber 1995: 23) wird nicht unbedingt das Ideal eines vollkommenen Wettbewerbs angestrebt. Unter den Bedingungen unvollkommenen Wettbewerbs, so
die These, kann es allokativ effizient sein und somit zur Steigerung der Gesamtwohlfahrt beitragen, eine Marktunvollkommenheit durch die Schaffung
neuer Marktunvollkommenheiten zu beheben bzw. zu lindern (Färber 1995:
176).

Zentrale Rechtfertigung staatlicher Intervention sind aus dieser Perspektive
unterschiedliche Typen von Marktversagen (Bator 1958; Friederizick/Röller/
Verouden 2006: 13f.). Positive Externalitäten etwa liegen vor, wenn der soziale
Nutzen einer Leistung den privaten Nutzen des Leistungserbringers übersteigt.
So können beispielsweise Unternehmen von technischen Neuerungen profitieren, ohne an deren Entwicklung finanziell beteiligt gewesen zu sein. Ein mögliches Instrument, um dennoch für die nötigen Anreize für Investitionen in Forschung und Entwicklung zu sorgen, sind staatliche Beihilfen. Im Falle öffentlicher Güter kann niemand von deren Konsum ausgeschlossen werden, so dass
trotz vorhandener Nachfrage kaum Anreize für private Akteure bestehen, solche
Güter bereitzustellen. Subventionen können ein Mittel gegen die Unterversor-
gung mit öffentlichen Gütern darstellen. Auch asymmetrische Information kann
ein Grund für Marktversagen sein. So gilt es als besonders schwierig für junge,
noch unbekannte Unternehmer, Kreditgeber oder Investoren zu finden, obwohl
dies möglicherweise für beide Seiten von Gewinn wäre. Schließlich kann
Marktmacht, etwa in Händen eines Monopolisten, zu suboptimalen Marktergeb-
nissen führen. Staatliche Beihilfen können zur Verringerung von Marktmacht
eingesetzt werden, z.B. in Form einer Unterstützung potenzieller Wettbewerber
(European Commission 2005: 7).

Das Vorliegen eines Marktversagens wird in der Regel aber nur als notwendige, nicht als hinreichende Bedingung für staatliche Beihilfen angesehen.
Die Ansichten darüber, ob in der konkreten Abwägung ein Marktversagen groß
genug ist, um einen wettbewerbsverzerrenden Eingriff zu rechtfertigen und ob
hierfür Beihilfen das beste Instrument darstellen, können immer noch auseinander gehen. Auch empirisch kann diese Frag kaum beantwortet werden, da die
Wirksamkeit von Beihilfen in der Regel nicht an einem abstrakten Maßstab der
Gesamtwohlfahrt, sondern nur an den konkreten Zielen der jeweiligen Beihilfetypen gemessen wird (Heidhues/Nitsche 2006: 65).[30]

---

[30] Für einen umfassenden Überblick über Studien zur Evaluierung von Beihilfemaßnahmen, siehe
Mosselmann und Prince (2004). So wurde etwa im Auftrag der Generaldirektion Wirtschaft und

Letztlich kann damit auf der Grundlage von Marktversagen ein breites Spektrum mehr oder weniger weit reichender Beihilfepolitik gerechtfertigt werden. Dabei geraten Beihilfekontrolle und Beihilfepolitik in Zielkonflikte zueinander, wenn dem Schutz des Wettbewerbs andere, teils gegensätzliche Ziele, die Steigerung der Gesamtwohlfahrt (Schmidtchen 2005a; Schmidtchen 2005b) oder der Wettbewerbsfähigkeit (vgl. Smith 1998: 60) gegenüber gestellt werden.

(3) Aus einer *interventionistischen* Perspektive schließlich sollen staatliche Beihilfen auch gezielt zugunsten bestimmter Unternehmen, Sektoren oder Regionen eingesetzt werden. Gerechtfertigt wird eine solche Beihilfepolitik allerdings nicht nur mit Effizienzgewinnen, sondern in erster Linie im Hinblick auf Fragen der Verteilungsgerechtigkeit. Selbst im Falle eines Zielkonfliktes zwischen Effizienz und Verteilungsgerechtigkeit, so die Argumentation, können Beihilfemaßnahmen begründet werden (Friederiszick/Röller/Verouden 2006: 15f.).

Ein wesentlicher Bereich, in dem Beihilfen mit dieser Begründung eingesetzt werden, ist die Förderung wirtschaftlich besonders schwacher Regionen. Auch die Restrukturierung bestimmter Unternehmen oder Sektoren in Krisenzeiten erfolgt nicht immer aus Effizienzerwägungen, sondern oft sogar im Widerspruch zu ihnen. Stattdessen handelt es sich um die Quersubventionierung schwächerer durch leistungsfähigere Einheiten (Höpner 2006). Kritiker dieser Position bezweifeln, dass es sich dabei überhaupt noch um einen Bereich handelt, der mit den Mitteln der Wirtschaftstheorie behandelt werden kann (Kaplow/Shavell 2001; zitiert nach Schmidtchen 2005b: 26). Auch wird argumentiert, die „normative Stärke" des Leitbilds der Effizienz werde durch die Berücksichtigung verteilungspolitischer Aspekte gemindert (Friederizick/Röller/ Verouden 2006: 15). Ihre Befürworter gestehen ein, dass die Ziele und das Ausmaß der Umverteilung letztlich von den Präferenzen der Bürger abhängen und somit in einem politischen Prozess bestimmt werden müssen (Friederiszick/Röller/Verouden 2006: 15, 19). Für die tatsächliche Bedeutung von Verteilungsaspekten sprechen etwa der positive Einfluss hoher Arbeitslosenzahlen (Blais 1986a; Wren 1996) und der Stärke der Gewerkschaften (Garrett 1998) auf die Beihilfevergabe.

Finanzen der EU-Kommission eine Studie zur Wirksamkeit unterschiedlicher Beihilfetypen unternommen (Röller/Friederiszick/Neven 2001; zusammengefasst bei Nitsche/Heidhues 2006: 65f.). Darin wird ein insgesamt positiver Effekt von Beihilfen für Forschung und Entwicklung sowie für kleine und mittlere Unternehmen, von sektoralen Beihilfen im Schienenverkehr und von Regionalbeihilfen auf die jeweils verfolgten Ziele festgestellt. Letztlich ist damit aber wieder gesagt, ob die Beihilfen wirksamer waren als alternative, z.B. regulative Instrumente, noch, inwieweit sie zu einer Steigerung der Gesamtwohlfahrt, unter Berücksichtigung möglicher negativer Wettbewerbseffekte, beigetragen haben. Zu dem Problem, dass die Beurteilung von Beihilfen unterschiedlich ausfällt je nach Betrachtungsabstand, siehe auch Färber (1995: 19, 150f.).

Der Zielkonflikt zwischen der europäischen Beihilfekontrolle und einer verteilungspolitischen Vergabe staatlicher Beihilfen ist oftmals besonders ausgeprägt (Färber 1995: 27).

	neoliberal	wohlfahrts-ökonomisch	interventio-nistisch
Ideal	vollkommener Wettbewerb	allokative Effizienz	Verteilungsgerechtigkeit
Begründung von Beihilfen	-	Marktversagen	Ungleichheit
Beispiele	-	Forschung und Entwicklung, KMU	Regionalbeihilfen, sektorale Beihilfen

Tabelle 7: Idealtypische Positionen zur Beihilfepolitik

Zusammengefasst können Staaten demnach auf eine nationale Beihilfepolitik verzichten und auf die überlegene Steuerungskraft des Wettbewerbsprinzips vertrauen, ihre Beihilfepolitik auf die effiziente Korrektur von Marktversagen beschränken oder auch zu verteilungspolitischen Zwecken einsetzen (siehe Tabelle 7).

2.1.2 Das primärrechtliche Beihilfeverbot und seine Ausnahmen

2.1.2.1 Das allgemeine Beihilfeverbot

Die rechtlichen Grundlagen der europäischen Beihilfekontrolle sind in den Artikeln 87-89 EGV festgelegt und wurden seit ihrer Aufnahme in die Römischen Verträge kaum verändert.[31] Das oben formulierte negative Ziel der europäischen Beihilfekontrolle, den grenzüberschreitenden Wettbewerb im Binnenmarkt vor Behinderungen zu schützen, spiegelt sich eindeutig im Vertragsrecht wider (von Danwitz 2000b: 16):

---

[31] Lediglich zwei zusätzliche Vorschriften zur Kulturförderung und zur Konsultation des Europäischen Parlaments bei der Entwicklung von Sekundärrecht wurden mit dem Vertrag von Maastricht hinzugefügt (vgl. Wishlade 2003: 3). Für die Kohle- und Stahlsektoren galt bis 2002 der EGKS-Vertrag, der sich formal deutlich, faktisch aber immer weniger im Hinblick auf die beihilferechtlichen Vorschriften unterschied (vgl. Gross 2003: 5). Seither sind auch in diesen Sektoren Art. 87-89 EGV anwendbar.

> „Die Bereitwilligkeit der Europäischen Kommission, die von den Mitgliedstaaten im
> Wege der Beihilfegewährung verfolgten Gemeinwohlziele zu berücksichtigen, vermag
> indes nicht darüber hinwegtäuschen, dass die Art. 87 bis 89 des EG-Vertrages für die
> Bewältigung dieses Grund- und Dauerkonflikts im Rahmen der gemeinschaftlichen
> Beihilfeaufsicht eindeutige Vorgaben machen. Diese Vorschriften weisen – pointiert
> ausgedrückt – den Wettbewerbsschutz als einzig maßgeblichen Telos der Beihilfeauf-
> sicht aus".

Kurz zusammengefasst begründet Art. 87 EGV ein umfassendes Verbot staatlicher Beihilfen und seine Ausnahmen. Art. 88 EGV enthält die wesentlichen
Verfahrensbestimmungen, in deren Zentrum die Europäische Kommission steht.
Art. 89 EGV liefert die Grundlage für den Erlass von Sekundärrecht zur Beihilfekontrolle.

Zwei Fragen sind bei der Prüfung einer Beihilfemaßnahme durch die
Kommission in der Regel zu beantworten. Erstens: Handelt es sich bei der Maßnahme tatsächlich um eine Beihilfe im Sinne von Art. 87 Abs. 1 EGV? Ist dies
der Fall, so gilt das Beihilfeverbot – insofern nicht die Kompatibilität der Beihilfe mit dem Gemeinsamen Markt nachgewiesen werden kann. Daher zweitens:
Fällt die Maßnahme in eine der Ausnahmekategorien von Art. 87 Abs. 2 EGV
oder Art. 87 Abs. 3 EGV? Art. 87 Abs. 1 lautet:

> „Soweit in diesem Vertrag nicht etwas anderes bestimmt ist, sind staatliche oder aus
> staatlichen Mitteln gewährte Beihilfen gleich welcher Art, die durch die Begünstigung
> bestimmter Unternehmen oder Produktionszweige den Wettbewerb verfälschen oder zu
> verfälschen drohen, mit dem Gemeinsamen Markt unvereinbar, soweit sie den Handel
> zwischen Mitgliedstaaten beeinträchtigen."

Auf dieser Grundlage unterscheidet die Kommission fünf Kriterien zur Bestimmung von Beihilfen (European Commission 2007; Plender 2003). Erst wenn
alle Kriterien erfüllt sind, gilt eine Maßnahme als wettbewerbsverzerrende Beihilfe. Von der Auslegung dieser Kriterien hängt entscheidend ab, welche staatlichen Maßnahmen überhaupt der europäischen Beihilfekontrolle unterliegen. Die
Offenheit der Kriterien macht es möglich, immer wieder neue Formen staatlicher Intervention der Beihilfekontrolle zu unterstellen (siehe hierzu Kapitel
2.2.3).

1. Begünstigende Wirkung
2. Herkunft aus staatlichen Mitteln
3. Selektivität
4. Beeinträchtigung des Handels zwischen den Mitgliedstaaten
5. Verfälschung des Wettbewerbs

Tabelle 8: Beihilfekriterien

Erstens ist der Begriff „Beihilfe" weit auszulegen und umfasst nicht nur klassische Subventionen, sondern auch Maßnahmen, die „zwar keine Subventionen im strengen Sinne des Wortes darstellen, diesen aber nach Art und Wirkung gleichstehen".[32] Entscheidend für die Einstufung einer Maßnahme als Beihilfe ist demnach nicht ihre Form oder ihr Ziel, sondern ihre *begünstigende Wirkung*. Der Beihilfebegriff ist somit bewusst offen formuliert und erfasst gleichermaßen positive Beihilfen (Leistungsgewährungen), etwa staatliche Zuschüsse oder vergünstigte Darlehen, wie auch negative Beihilfen (Belastungsverminderungen), beispielsweise Befreiungen von Steuern und Sozialabgaben oder den Verkauf von staatlichen Grundstücken unter Marktwert (Gross 2003: 7; Lübbig 2007: 11f.).

Zweitens müssen Beihilfen dem Staat zugerechnet werden können und den *staatlichen Haushalt belasten*. Durch die Formulierung „staatliche oder aus staatlichen Mitteln gewährte Beihilfen" werden nicht nur Beihilfen erfasst, die unmittelbar von staatlichen Einrichtungen gewährt wurden, sondern auch solche, die im staatlichen Auftrag durch öffentliche oder private Einrichtungen vergeben wurden. Begünstigungen regulativer Art, die nicht den staatlichen, sondern private Haushalte belasten, sind dagegen keine Beihilfen. Trotz ihres wettbewerbslenkenden Charakters unterliegen diese Maßnahmen nicht der Beihilfekontrolle (Grühn 2006: 47).

Des Weiteren wird das Kriterium der *Selektivität* (gelegentlich auch: Spezifizität) geprüft: die Begünstigung „bestimmter Unternehmen oder Produktionszweige". Keine Beihilfen sind danach allgemeine staatliche Maßnahmen, von denen prinzipiell alle Unternehmen oder Sektoren profitieren können. Leicht ist der Nachweis der Selektivität in der Regel im Fall von Einzelbeihilfen. Das Kriterium gilt aber auch als erfüllt, wenn eine staatliche Maßnahme zwar formal allgemein gehalten ist, ihre Anwendung oder Auswirkung jedoch selektiv ist. So gilt eine Maßnahme als selektiv, wenn staatliche Behörden über ein Ermessen in der Anwendung verfügen.

Das Kriterium einer Beeinträchtigung des *Handels zwischen den Mitgliedstaaten* gilt bereits als erfüllt, wenn die Möglichkeit einer solchen Beeinträchtigung besteht. In der Regel ist dieses Kriterium einfach zu erfüllen; seine praktische Bedeutung ist dementsprechend gering (Gross 2003: 11). In Fällen mit lediglich lokalem Bezug diente es in der Vergangenheit wiederholt dazu, Fälle von der europäischen Beihilfekontrolle auszuschließen (Lübbig 2007: 22f.)

Schließlich muss eine Maßnahme den „*Wettbewerb verfälschen* oder zu verfälschen drohen", um als Beihilfe zu gelten. Auch dieses Kriterium spielt in konkreten Fällen kaum eine Rolle. Sind bei einer Maßnahme alle anderen Krite

---

[32] EuGH Slg. 1961,1 – Gezamenlijke Steenkolenmijnen.

rien erfüllt, wird eine potenzielle Wettbewerbsverzerrung von der Kommission fast automatisch angenommen: „the Commission's approach almost amounts to a *per se* rule" (Wishlade 2003: 10).

2.1.2.2   Die Ausnahmen vom Beihilfeverbot

Das Beihilfeverbot gilt jedoch nicht absolut, so dass weiterhin die Möglichkeit einer nationalen Beihilfepolitik besteht. Liegt nach Prüfung der genannten Kriterien eine Beihilfe vor, so ist diese deshalb noch nicht automatisch verboten. In einem zweiten Schritt muss vielmehr geklärt werden, ob die betreffende Maßnahme in eine der Ausnahmekategorien von Art. 87 Abs. 2 oder Abs. 3 EGV fällt.

Handelt es sich um eine so genannte *Legalausnahme* nach Art. 87 Abs. 2 EGV, so *ist* die Beihilfe mit dem Gemeinsamen Markt vereinbar. Betroffen sind Beihilfen sozialer Art an einzelne Verbraucher, zur Beseitigung der Schäden von Naturkatastrophen, und Beihilfen für Gebiete, die durch die Teilung Deutschlands wirtschaftliche Nachteile erlitten.[33] In der Praxis spielt diese Kategorie von Ausnahmen jedoch eine zweitrangige Rolle. Wesentlich bedeutender sind die *Ermessensausnahmen* des Art. 87 Abs. 3 EGV, wonach Beihilfen als mit dem Gemeinsamen Markt vereinbar angesehen werden *können*. Der weitaus größte Anteil kompatibler Beihilfen wird auf der Grundlage dieser Vorschrift gerechtfertigt. Art. 87 Abs. 3 EGV lautet:

> Als mit dem Gemeinsamen Markt vereinbar können angesehen werden:
>
> a) Beihilfen zur Förderung der wirtschaftlichen Entwicklung von Gebieten, in denen die Lebenshaltung außergewöhnlich niedrig ist oder eine erhebliche Unterbeschäftigung herrscht;
>
> b) Beihilfen zur Förderung wichtiger Vorhaben von gemeinsamem europäischem Interesse oder zur Behebung einer beträchtlichen Störung im Wirtschaftsleben eines Mitgliedstaats;
>
> c) Beihilfen zur Förderung der Entwicklung gewisser Wirtschaftszweige oder Wirtschaftsgebiete, soweit sie die Handelsbedingungen nicht in einer Weise verändern, die dem gemeinsamen Interesse zuwiderläuft;

---

[33] Die letzte Ausnahmekategorie stand im Laufe der 1990er Jahre im Mittelpunkt bedeutender Auseinandersetzungen zwischen der Kommission und Deutschland (vgl. Schütte/Hix 1995). Zwar ist die sogenannte „Teilungsklausel" weiterhin im Vertragsrecht enthalten, spätestens mit dem Urteil des EuG im Fall *Sachsen-VW* hat sie ihre praktische Bedeutung als mögliche Begründung von Beihilfen aber verloren (vgl. Wössner 2001). EuG, Slg. 1999, II-3663, Rdnrn. 98-157 - *Sachsen-VW/Kommission*.

d) Beihilfen zur Förderung der Kultur und der Erhaltung des kulturellen Erbes, soweit sie die Handels- und Wettbewerbsbedingungen in der Gemeinschaft nicht in einem Maß beeinträchtigen, das dem gemeinsamen Interesse zuwiderläuft;

e) sonstige Arten von Beihilfen, die der Rat durch eine Entscheidung mit qualifizierter Mehrheit auf Vorschlag der Kommission bestimmt.

Während die Ausnahmetatbestände a) bis d) durch die *Kommission* festgestellt werden, hat im letzten Fall der *Rat* die Entscheidungsbefugnis. Damit der Rat per Verordnung bestimmte Maßnahmen vom Beihilfeverbot ausnehmen kann, bedarf es jedoch zunächst eines Kommissionsvorschlages, so dass die Kommission auch in diesem Fall das Initiativrecht behält (Quigley 2003a: 95). Entsprechend wurden auf der Grundlage von Art. 87 Abs. 3 lit. e EGV bislang nur Ratsverordnungen hinsichtlich der Schiffbau- und Stahlsektoren erlassen.[34] Bedeutsam sind insbesondere die Buchstaben a) und c), deren Interpretation weitgehend der Kommission obliegt (Heidenhain 2003: 193, Hervorhebung im Original):

„Die Ausnahmebestände in Art. 87 Abs. 3 EG sind durch **unbestimmte Rechtsbegriffe** geprägt [...] Der Anwendungsbereich dieser Vorschrift ist daher keineswegs klar umrissen. Genehmigungsentscheidungen der Kommission sind nur in sehr geringem Maße gesetzlich vorprogrammiert. Das Recht der Beihilfenaufsicht ist auf das konkrete Verwaltungsermessen der Kommission angewiesen. Gerichtshof und Gericht gestehen der Kommission in ständiger Rechtsprechung bei der Anwendung der Ausnahmebestände in Art. 87 Abs. 3 EG einen weiten **Ermessensspielraum** zu."

Aus der Anwendung und Interpretation dieser Vorschriften hat die Kommission ein umfangreiches Regelwerk geschaffen. Dabei orientiert sie sich jedoch weniger an der Systematik des Vertragsrechts als vielmehr an selbst entwickelten Kategorien hinsichtlich verschiedener Beihilfeziele (Lübbig 2007: 50; Mestmäcker/Schweitzer 2004: 1110).

Grundsätzlich unterscheidet die Kommission zwischen sektoralen, horizontalen und regionalen Beihilfezielen (European Commission 2007: 4f.). Als *sektoral* werden Beihilfen bezeichnet, die gezielt nur Unternehmen in einzelnen Sektoren zu Gute kommen; auch individuelle Beihilfen zur Rettung und Restrukturierung von Unternehmen in Schwierigkeiten fallen hierunter.[35] Sektorale

---

[34] Die Regeln für die Schiffbauindustrie wurden inzwischen durch Rahmenbestimmungen, d.h. weiche Vorschriften der Kommission ersetzt. Siehe hierzu: „Kommission erlässt günstigere Regeln für die Förderung der Innovation im Schiffbau", Presseerklärung der Kommission IP/03/1607 vom 26. November 2003. Die Verordnung (EG) Nr. 1407/2002 des Rates vom 23. Juli 2002 über staatliche Beihilfen für den Steinkohlenbergbau ersetzte die auslaufenden Beihilferegeln des EGKS-Vertrages.

[35] R&R-Beihilfen sind zwar horizontal geregelt, werden in den Statistiken der Kommission jedoch als sektorale Beihilfen geführt. Vgl. die methodischen Anmerkungen zum Beihilfeanzeiger: http://ec.europa.eu/comm/competition/state_aid/studies_reports/conceptual_remarks.html#objectivs [letzter Zugriff: 01.09.2007].

Beihilfen gelten als potenziell stark wettbewerbsverzerrend und stehen eher im Verdacht, handelsstrategisch motiviert zu sein (Mestmäcker/Schweitzer 2004: 1117). Die Kommission hat daher zusätzliche oder alternative Beihilferegeln für bestimmte Sektoren geschaffen, z.b. in den Bereichen Kohle, Stahl und Schiffbau. Als *horizontal* gelten Beihilfen, wenn sie nicht einzelne Sektoren begünstigen, sondern prinzipiell Unternehmen aus allen Sektoren zugänglich sind. Beispiele für horizontale Maßnahmen sind etwa Beihilfen für kleine und mittlere Unternehmen (KMUs), Forschungs- und Entwicklungsbeihilfen oder Umweltschutzbeihilfen. Horizontale Beihilfen lassen sich in der Regel im Rahmen einer Beihilfepolitik rechtfertigen, die sich auf die effiziente Korrektur von Marktversagen konzentriert. *Regionale* Beihilfen schließlich werden teilweise als Sonderform horizontaler Beihilfen, teilweise als eigenständige dritte Kategorie behandelt.[36] Regionalbeihilfen sollen dem Ausgleich zwischen wirtschaftlich stärkeren und schwächeren Regionen dienen und sind somit das deutlichste Beispiel einer Beihilfepolitik mit umverteilender Zielrichtung.

Ihre Entscheidungskriterien hat die Kommission schrittweise in harten und weichen Beihilferegeln niedergelegt. *Weiches Beihilferecht* trägt viele Namen, die jedoch kaum systematische Unterschiede zwischen den Rechtsakten widerspiegeln (Heidenhain 2003: 197): die Kommission fasst darunter Leitlinien, Gemeinschaftsrahmen, Mitteilungen, Bekanntmachungen, Standpunkte, Schreiben an die Mitgliedstaaten, Codices sowie entsprechende Revisionen, Berichtigungen und Ergänzungen.[37] In den letzten Jahren hat sich die Kommission um eine begriffliche Vereinheitlichung bemüht und sich weitgehend auf die drei erstgenannten Bezeichnungen beschränkt (vgl. Gross 2003: 102f.). Grob lässt sich sagen, dass sich Leitlinien zumeist nur auf neue Beihilfen beziehen, während Gemeinschaftsrahmen auch bereits bestehende Beihilfen erfassen – selbst die englischen und deutschen Versionen der Regeln stimmen in dieser Unterscheidung aber nicht immer überein (Heidenhain 2003: 197).[38] Gemeinsam ist jedoch allen weichen Regeln, dass sie nicht ausdrücklich im Vertragsrecht vorgesehen sind und die Kommission sie ohne Zustimmung der Mitgliedstaaten, jedoch nur als Selbstbindung erlassen kann. Durch eine formale Erklärung kön-

---

[36] Diese Unterteilung ist nicht unumstritten und wird auch von der Kommission nicht ganz einheitlich angewendet: Quigley unterscheidet zwischen Investitionsbeihilfen (darin enthalten sind regionale Beihilfen) sowie horizontalen und sektoralen Beihilfen (Quigley 2003a). Die Kommission führt in ihrem Vademecum zur Beihilfekontrolle regionale Beihilfen als eigenständige Kategorie (European Commission 2007: 4) – in der Übersicht der Rechtsdokumente und im Beihilfeanzeiger werden regionale Beihilfen hingegen als Unterkategorie horizontaler Beihilfen aufgeführt.

[37] Siehe: http://ec.europa.eu/comm/competition/state_aid/legislation/legislation.html [letzter Zugriff: 01.09.2008].

[38] Zur Unterscheidung zwischen neuen und bestehenden Beihilfen, siehe den nächsten Abschnitt zum Verfahren der Beihilfekontrolle.

nen Mitgliedstaaten die weichen Regeln auch jeweils individuell als verbindlich anerkennen. Gewöhnlich veröffentlicht die Kommission Entwürfe weicher Regeln und konsultiert die Mitgliedstaaten in sogenannten „multilateralen Treffen" [39], um eine möglichst breite Unterstützung abzusichern. Zudem hat die Kommission in der jüngsten Vergangenheit zu allen Regeländerungen auch über die Mitgliedstaaten hinaus Kommentare eingeholt.[40] Formal ist aber keine Zustimmung der Mitgliedstaaten für den Erlass weicher Beihilferegeln erforderlich, weder Rat noch Komitologie sind am Beschluss der Regeln beteiligt.

	Beihilfeziel		
	sektoral	**horizontal**	**regional**
weiches Recht	• Mitteilungen bzgl. Beihilfen in den Bereichen Elektrizität, Post, Schiffbau, Kohle, Stahl, Auto, Kino und im öffentlich-rechtlichen Rundfunk	• Gemeinschaftsrahmen für Forschungs-, Entwicklungs- und Innovationsbeihilfen • Leitlinien für Umwelt-, Risikokapital-, Rettungs- & Restrukturierungsbeihilfen	• Leitlinien für Regionalbeihilfen
hartes Recht	•Ratsverordnung bzgl. Steinkohlebergbau	• Gruppenfreistellung für KMU-, Ausbildungs-, Beschäftigungs- und Umweltbeihilfen	• Gruppenfreistellung für Regionalbeihilfen

Tabelle 9: Weiches und hartes Recht zu den Ausnahmen vom Beihilfeverbot[41]

Hartes Beihilferecht stützt sich auf Art. 89 EGV, wonach der Rat mit qualifizierter Mehrheit Sekundärrecht zur Beihilfekontrolle erlassen kann. Auf dieser Grundlage hat der Rat die Kommission in der so genannten Ermächtigungsverordnung[42] von 1998 damit beauftragt, ihrerseits Durchführungsverordnungen zu

---

[39] 23. Wettbewerbsbericht 1993, Rdnr. 241. Siehe auch Evans (1997: 414f.).
[40] Für eine Übersicht der laufenden und abgeschlossenen Konsultationsverfahren siehe online: http://ec.europa.eu/comm/competition/consultations/open.html [letzter Zugriff: 01.09.2008].
[41] Für eine ausführliche Liste der europäischen Beihilferegeln, siehe Annex IV.
[42] Verordnung (EG) Nr. 994/98 des Rates vom 7. Mai 1998 über die Anwendung der Artikel 92 und 93 des Vertrags zur Gründung der Europäischen Gemeinschaft auf bestimmte Gruppen horizontaler Beihilfen, ABl.EG 1998 Nr. L 142, S. 1-4.

erlassen. Diese so genannten Gruppenfreistellungsverordnungen (GFV) legen Bedingungen fest, unter denen bestimmte Beihilfemaßnahmen – z.b. für kleine und mittlere Unternehmen (KMU) – von der *ex ante*-Kontrolle der Kommission freigestellt sind. Eine Sonderrolle nehmen die so genannten *de minimis* Beihilfen ein, die durch eine eigene Gruppenfreistellungsverordnung geregelt sind und streng genommen keine Ausnahmen vom Beihilfeverbot sind, sondern aufgrund ihres geringen Umfangs gar nicht als Beihilfen nach Art. 87 Abs. 1 EGV gewertet werden.[43] Im Gegensatz zum weichen Recht sind alle Kommissionsverordnungen direkt wirksam.[44] Zudem wird an der Erarbeitung der GFV die Komitologie beteiligt, jedoch nur in Form eines Beratenden Ausschusses.[45] Auch die GFV müssen somit nicht formal von den Mitgliedstaaten angenommen werden, sondern sie werden von der Kommission auf der Grundlage der einmal durch die Verordnung von 1998 erteilten Ermächtigung veröffentlicht.

Die besondere Rolle des weichen und harten Beihilferechts bei der Durchsetzung der europäischen Beihilfekontrolle und der Durchdringung der nationalen Beihilfepolitik werden in den beiden folgenden Unterkapiteln ausführlich besprochen. Zuvor soll jedoch noch kurz auf die wesentlichen Elemente des Verfahrens der europäischen Beihilfekontrolle eingegangen werden.

2.1.3   Das Verfahren der Beihilfekontrolle

2.1.3.1   Die Anmeldung und Prüfung von Beihilfen

Artikel 88 EGV weist der Kommission die zentrale Rolle im Verfahren der europäischen Beihilfekontrolle zu. Die darauf aufbauende, schrittweise etablierte Verfahrenspraxis der Kommission wurde 1999 in der Verfahrensverordnung (VVO)[46] kodifiziert. Das Kontrollverfahren ist unterschiedlich, je nachdem, ob

---

[43] Die Kommissionspraxis, begünstigende Maßnahmen unterhalb eines bestimmten Betrags aufgrund ihrer Geringfügigkeit nicht als Beihilfen einzuordnen, war zwischenzeitlich vertragsrechtlich umstritten (Mestmäcker/Schweitzer 2004: 1095f.). Inzwischen sind *de minimis*-Beihilfen auf der Grundlage der Ermächtigungsverordnung des Rates von 1998 von der Kontrolle freigestellt; die Obergrenze für *de minimis*-Beihilfen wurde unlängst angehoben – von €100.000 auf € 200.000 innerhalb von drei Jahren.

[44] Sie enden gleichlautend: „Diese Verordnung ist in allen ihren Teilen verbindlich und gilt unmittelbar in jedem Mitgliedstaat". Auch wenn bislang kein derartiger Fall bekannt ist, kann die Einhaltung der Gruppenfreistellungsverordnungen somit auch von privaten Akteuren vor nationalen Gerichten durchgesetzt werden. Siehe hierzu den Bericht der Kommission an den Rat und das Europäische Parlament über die Anwendung der GFV, S.12; KOM(2006) 831 endgültig.

[45] Art. 89 EGV bzw. Art. 8 Ermächtigungsverordnung.

[46] Verordnung (EG) Nr. 659/1999 des Rates vom 22. März 1999 über besondere Vorschriften für die Anwendung von Artikel 93 EGV, ABl.EG 1999 Nr. L 083, S. 1-9.

es sich um die erstmalige Prüfung einer neuen (bzw. geänderten) Beihilfe oder die fortlaufende Überprüfung einer bestehenden Beihilfe handelt. Im Fall einer *neuen Beihilfe* läuft die Kontrolle in folgenden Schritten ab: (1) Anmeldung, (2) Vorprüfverfahren und gegebenenfalls (3) Hauptprüfverfahren (siehe Abbildung 1).

(1) Neue oder geänderte Beihilfemaßnahmen müssen bei der Kommission von dem betreffenden Staat angemeldet werden (*Anmeldepflicht*) und dürfen nach der so genannten Stillhalteklausel in Art. 88 Abs. 3 EGV nicht durchgeführt werden, bevor die Kommission eine positive Entscheidung getroffen hat (*Durchführungsverbot*). Diese Stillhalteklausel hat unmittelbare Wirkung und kann somit durch Konkurrentenklagen vor nationalen Gerichten durchgesetzt werden, um zu verhindern, dass eine staatliche Beihilfe ohne Anmeldung bzw. vor ihrer Genehmigung durch die Kommission vergeben wird (vgl. Gross 2003: 88-90).[47] Beihilfen, die der Kommission nicht gemeldet werden und/oder vor ihrer Genehmigung durchgeführt werden, gelten als rechtswidrig – sie werden im Folgenden aber nach dem gleichen Verfahren auf ihre Vereinbarkeit mit dem Gemeinsamen Markt geprüft. Ausgenommen von der Anmeldepflicht sind Maßnahmen, die unter die Gruppenfreistellungsverordnungen der Kommission fallen oder die im Rahmen eines bereits genehmigten Beihilfeschemas gewährt werden. Als Beihilfeschema (manchmal auch Beihilfeprogramm oder Beihilferegelung genannt) wird eine staatliche Regelung bezeichnet, die im Gegensatz zu individuellen Beihilfen allgemeine und abstrakte Bedingungen definiert, unter denen eine Mehrzahl einzelner Beihilfen vergeben werden können.[48] Eine weitere Ausnahme von der Anmeldepflicht sieht Art. 88 Abs. 2 EGV vor: Unter außergewöhnlichen Umständen kann der Rat eine bestimmte Beihilfemaßnahme als mit dem Gemeinsamen Markt vereinbar erklären und sie so einer weiteren Kontrolle durch die Kommission entziehen. Da hierfür jedoch Einstimmigkeit im Rat erforderlich ist, wird diese Vorschrift in der Praxis kaum angewendet, außerhalb des Landwirtschaftsbereichs erstmalig überhaupt erst 2002 (Schütterle 1995: 391; Gross 2003: 16f.).[49]

---

[47] Die Direktwirkung der Stillhalteklausel war bereits 1973 im Fall *Capolongo/Maya*, (EuGH Slg. 1973, 611, Rdnr. 6) vom EuGH festgestellt worden und wurde auch durch die Zustimmung der Mitgliedstaaten zur VVO bestätigt. Die Stillhalteklausel ist in Art. 3 VVO wiederholt; entsprechend der Schlussformel ist die VVO in ihrer Gesamtheit direkt anwendbar.

[48] Der Unterschied zwischen Einzelbeihilfen und Beihilfeschemen ist definiert in Art. 1 lit. d VVO. Siehe auch Mestmäcker (2004: 1137).

[49] In drei parallelen Fällen genehmigte der Rat Beihilfen für Transportunternehmen in Frankreich, Italien und den Niederlanden. Als Gegenleistung für ihre Zustimmung konnten eine Reihe von Mitgliedstaaten dafür Zugeständnisse in anderen Bereichen erlangen (vgl. Gross 2003: 16). Siehe auch: „EU-Staaten düpieren Brüsseler Kommission", in: FAZ vom 4. Mai 2002.

(2) Hat die Kommission von einer geplanten Beihilfemaßnahme erfahren –
in der Regel durch ihre Anmeldung, aber auch durch die Beschwerde eines
Konkurrenten oder durch Zeitungsberichte –, beginnt das Vorprüfungsverfahren. Innerhalb von zwei Monaten nach Anmeldung der Beihilfe hat die Kommission eine Entscheidung zu treffen, ansonsten gilt die Maßnahme ohne weiteres als genehmigt (Art. 4 Abs. 6 VVO). Häufig fordert die Kommission jedoch
zusätzliche Informationen hinsichtlich der geplanten Maßnahme an, wodurch
sich die Entscheidungsfrist um jeweils zwei weitere Monate verlängert. Wird
die geprüfte Maßnahme nicht als Beihilfe oder als mit dem Gemeinsamen Markt
vereinbare Beihilfe bewertet, ist das Verfahren nach diesem Abschnitt beendet –
die Maßnahme kann durchgeführt werden.

(3) Hegt die Kommission hingegen Bedenken hinsichtlich der Vereinbarkeit der Maßnahme mit dem Gemeinsamen Markt, leitet sie ein Hauptprüfungsverfahren ein. Eine Beschreibung der geplanten Beihilfe wird im Amtsblatt
veröffentlicht und der betroffene Mitgliedstaat sowie interessierte Dritte werden
um Kommentare gebeten.[50] Nach Art. 7 Abs. 6 VVO ist eine abschließende
Kommissionsentscheidung innerhalb von 18 Monaten erstrebenswert; eine verbindliche Höchstdauer des Hauptprüfverfahrens ist damit aber nicht vorgeschrieben. Abschließend kann die Kommission entscheiden, dass keine Beihilfe
vorliegt (Art. 7 Abs. 2 VVO), dass eine mit dem Gemeinsamen Markt vereinbare Beihilfe vorliegt (Art. 7 Abs. 3 VVO), dass eine unter Auflagen vereinbare
Beihilfe vorliegt (Art. 7 Abs. 4 VVO) oder dass eine unvereinbare Beihilfe
vorliegt (Art. 7 Abs. 5 VVO). Die beiden ersten Entscheidungen sind, faktisch
bzw. tatsächlich, positiv – das heißt die Maßnahme kann wie geplant durchgeführt werden. Knüpft die Kommission ihre Zustimmung zu einer Maßnahme an
Auflagen, wird dies im Folgenden als konditionale Entscheidung bezeichnet.
Stellt die Kommission die Unvereinbarkeit einer Beihilfe mit dem Gemeinsamen Markt fest, ist die Entscheidung negativ. Wurde eine Beihilfe *rechtswidrig*,
das heißt unangemeldet, durchgeführt, und trifft die Kommission eine negative
Entscheidung, stuft sie also als *unvereinbar* mit dem Gemeinsamen Markt ein,
so ist die Beihilfe *illegal*. Illegale Beihilfen müssen auf Anordnung der Kommission vom Empfänger zurückgefordert werden (Art. 14 Abs. VVO).

---

[50] Neben dem Hinweisen auf bestimmte Beihilfemaßnahmen sind die Rechte Dritter im Prüfungsverfahren der Kommission damit erschöpft. Ausführlicher hierzu und zu der eingeschränkten Klagebefugnis Dritter gegen Beihilfeentscheidungen der Kommission siehe Lumma (2005).

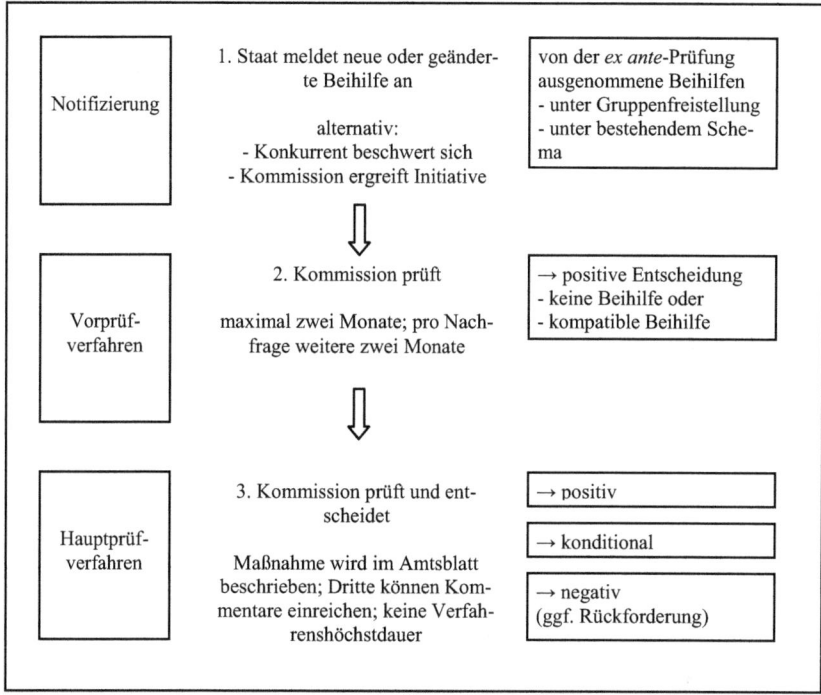

Abbildung 1: Das Verfahren der Beihilfekontrolle

Bestehende Beihilfen sind solche, die schon zum Zeitpunkt des EU-Beitritts in einem Mitgliedstaat galten oder die bereits von der Kommission genehmigt wurden (Art. 1 lit. b VVO). Gemäß Art. 88 Abs. 1 EGV überprüft die Kommission bestehende Beihilfen fortlaufend daraufhin, ob sie angesichts der Entwicklung des Gemeinsamen Marktes weiterhin mit diesem vereinbar sind. Dies geschieht in informeller Zusammenarbeit der Kommission mit den Mitgliedstaaten. Haben sich die Bedingungen z.B. auf dem relevanten Markt verändert, kann die Kommission eine Anpassung der Beihilfemaßnahme vorschlagen oder, falls der Mitgliedstaat diesen Vorschlag ablehnt, ein Hauptprüfverfahren einleiten. Der entscheidende Unterschied zwischen neuen und bestehenden Beihilfen besteht darin, dass die Kommission die Änderung oder Aufhebung einer bestehenden Beihilfe nur für die Zukunft anordnen kann – die Rückforderung bereits bezahlter Beträge kann dagegen nicht angeordnet werden und auch der Stillhalteklausel unterliegen bestehende Beihilfen nicht (vgl. Gross 2003: 13). Aus

Sicht der neuen Mitgliedstaaten war es daher von großer Bedeutung, den Status bestehender Beihilfen und somit Rechtssicherheit für jene Maßnahmen zu bekommen, die sie vor dem Beitritt eingerichtet haben und die auch nach dem Beitritt weiter angewendet werden sollten (Schütterle 2004: 486).

2.1.3.2   Die beteiligten Akteure

Die Kontrolle staatlicher Beihilfen erfolgt im Wesentlichen bilateral, nicht multilateral. Der Austausch zwischen den Mitgliedstaaten beschränkt sich größtenteils auf die multilateralen Treffen bzw. den Beratenden Ausschuss für staatliche Beihilfen bei der Überarbeitung oder Neuformulierung europäischer Beihilferegeln. Im konkreten Einzelfall sind nur die Kommission und der betroffene Mitgliedstaat am Kontrollprozess beteiligt.[51] Verhandlungen mit den Mitgliedstaaten geht in der Regel eine möglichst weitgehende Abstimmung innerhalb der Kommission voraus.

Die förmliche Anmeldung einer staatlichen Beihilfe erfolgt durch die ständige Vertretung eines Mitgliedstaates und richtet sich an den Generalsekretär der Kommission. Geführt wird das Verfahren bis zur endgültigen Entscheidung von der jeweils zuständigen Generaldirektion, in den meisten Fällen der Generaldirektion Wettbewerb (GD COMP). Daneben werden auch Verfahren in Beihilfefällen von den Generaldirektionen Landwirtschaft und ländliche Entwicklung (GD AGRI), Verkehr und Energie (GD TREN) sowie Fischerei und maritime Angelegenheiten (GD FISH) geleitet, da für diese Bereiche zusätzliche bzw. alternative Regeln gelten (Koenig/Kühling/Ritter 2005: 34). In Routinefällen ist der jeweils zuständige Kommissar per Delegation befugt, selbständig zu entscheiden (Mederer 1996: 13); grundsätzlich sind Beihilfeentscheidungen aber Sache des gesamten Kollegiums der Kommissare.

Die erste und normalerweise einzige Person, die alle Details einer angemeldeten Beihilfe zu erfassen hat, ist der jeweilige Fallbearbeiter (*case handler*) innerhalb der GD COMP. Dieser ist zumeist mit einer geringen Zahl von Fällen aus einem bestimmten Politikfeld oder Wirtschaftssektor betraut und hat zunächst jeweils eine Kommissions-„Linie" in Form einer internen Notiz vorzu-

---

[51] In mehreren Interviews wurde z.B. das ungeschriebene Gesetz zwischen den Mitgliedstaaten bestätigt, sich nicht in Beihilfefälle anderer Mitgliedstaaten einzumischen, selbst wenn durch die geplante Maßnahme eigene Wettbewerbsnachteile befürchtet werden. Entsprechend empfindlich wird auf bekannt gewordene Verstöße gegen dieses ungeschriebene Gesetz reagiert. Nur auf der Ebene persönlicher Kontakte kann es auch zur Kooperation zwischen Vertretern verschiedener Mitgliedstaaten im konkreten Einzelfall kommen – etwa durch die Weitergabe von Informationen, die in einem ähnlich gelagerten Fall zu einer positiven Entscheidung der Kommission geführt haben (Interviews 6, 7).

schlagen. In wöchentlichen Treffen werden diese Vorschläge diskutiert und schließlich eine Linie festgelegt, auf deren Grundlage der Fallbearbeiter einen Entscheidungsentwurf formuliert. Zahlreiche Kontrollinstanzen überprüfen schon in diesem Stadium den Entscheidungsprozess: So liest der jeweilige Referatsleiter die Notizen und Entwürfe seiner Fallbearbeiter, ebenso das zuständige Mitglied aus dem Kabinett der Kommissarin und in problematischen Fällen wird die Einheit „Strategische Unterstützung und Kontrolle der Entscheidungen"[52] eingeschaltet. Informell werden frühzeitig auch oftmals schon der Juristische Dienst und gelegentlich Vertreter anderer Generaldirektionen kontaktiert oder zu den wöchentlichen Treffen eingeladen. Insbesondere aus Sicht der Mitgliedstaaten, deren zentraler Ansprechpartner in der Regel der Fallbearbeiter ist, hängt ein reibungsloser und positiver Entscheidungsprozess maßgeblich von der Grundhaltung des Fallbearbeiters und seiner Präsentation des Falles gegenüber der Generaldirektion ab.

In einer zweiten Phase wird der von GD COMP erarbeitete Entscheidungsentwurf in der so genannten *interservice consultation* mit der Bitte um Stellungnahme an interessierte Generaldirektionen, z.B. die Generaldirektionen Unternehmen und Industrie (GD ENTR) und Binnenmarkt und Dienstleistungen (GD MARKT) sowie Dienste, insbesondere den Juristischen Dienst, geschickt. In der großen Mehrheit der Fälle führt dieses Verfahren zu einer Einigung innerhalb der Kommission. In kontroversen Fällen wird die Diskussion schrittweise auf höhere Ebenen verlagert – in das zweiwöchentliche *interservice meeting*, auf die Ebene der speziell für Beihilfen zuständigen Kabinettsmitglieder, auf die Ebene der Kabinettschefs und schließlich ins Kollegium der Kommissare. Die Kabinettsmitglieder der Kommissarin nehmen hierbei eine zentrale Stellung ein, indem sie die Arbeit der Generaldirektion kontrollieren, etwa durch die Lektüre der internen Notizen der Fallbearbeiter, und die Position der Kommissarin nach unten vermitteln. Auch sind die Kabinettsmitglieder wesentlicher Adressat von Lobbyisten, etwa von Seiten möglicher Beihilfeempfänger oder konkurrierender Unternehmen. Schließlich ist die Person des Kommissars für die Durchsetzungsfähigkeit und die Schwerpunktsetzung in der Wettbewerbspolitik von großer Bedeutung. Während frühere Wettbewerbskommissare oftmals als Schwergewichte innerhalb der Kommission galten (Wilks/McGowan 1996: 247), wird die Arbeit der derzeitigen Kommissarin Neelie Kroes unterschiedlich bewertet. Einerseits hat sie die Beihilfekontrolle zu einer Priorität ihrer Amtszeit erklärt und ein ambitioniertes Reformprogramm vorgelegt, andererseits war ihre

---

[52] Gemeint ist die Einheit GD COMP.I.2 „Strategic support and decision scrutiny".

Ernennung wegen ihrer Verbindungen zur Wirtschaft äußerst umstritten und wird auch darüber hinaus weiterhin kritisiert.[53]

Die formalen Rechte Dritter im Prozess der Beihilfekontrolle sind beschränkt (ausführlich hierzu Lumma 2005). Reicht der Konkurrent eines Beihilfeempfängers Beschwerde ein, so hat sich die Kommission zur Prüfung der Beihilfe verpflichtet und muss den Beschwerdeführer je nachdem, über ihre Untätigkeit oder über die Einleitung und den weiteren Verlauf des Verfahrens informieren (Gross 2003: 102). Wurde eine Beihilfe regulär durch einen Mitgliedstaat angemeldet, so sind Konkurrenten zunächst völlig vom Verfahren ausgeschlossen. Das Vorprüfungsverfahren ist ein „‚geheimes' Verwaltungsverfahren" (Lumma 2005: 458) zwischen Kommission und Mitgliedstaat. Die Kommission veröffentlicht keine konkreten Informationen über laufende Vorprüfverfahren; lediglich die Anzahl laufender Verfahren pro Mitgliedstaat ergibt sich aus den öffentlich zugänglichen Daten. Erst durch eine positive abschließende Entscheidung oder die Einleitung eines Hauptprüfverfahrens erfahren alle Interessierten von der Existenz eines bestimmten Falles. Die Einleitung eines Hauptprüfverfahrens wird im Amtsblatt bekannt gemacht und alle Beteiligten haben nach Art. 20 VVO das Recht, eine Stellungnahme abzugeben und über die Entscheidung der Kommission informiert zu werden. Über informelle Verhandlungen vor der abschließenden Entscheidung und die Stellungnahmen anderer Dritter muss die Kommission hingegen keine Auskunft geben.

Insbesondere das Unternehmen, das eine Beihilfe erhalten möchte, ist größtenteils abhängig davon, wie der entsprechende Mitgliedstaat das geplante Vorhaben vertritt. Ob sich ein Fallbearbeiter der Kommission mit dem Beihilfeempfänger austauscht und sich dabei dessen Druck auf Genehmigung der Maßnahme aussetzt, ist letztlich eine individuelle Entscheidung.[54] Sachliche Angaben, die der Kommission nur durch einen potenziellen Beihilfeempfänger übermittelt und nicht durch staatliche Stellen bestätigt wurden, werden in der abschließenden Beurteilung einer Beihilfemaßnahme nicht berücksichtigt. Eine Klagebefugnis Dritter besteht nur, wenn diese unmittelbar und individuell betroffen sind und nur gegen abschließende Beihilfeentscheidungen der Kommission. Potenzielle Beihilfeempfänger sind daher in der Regel klagebefugt gegen negative oder an Bedingungen geknüpfte positive Entscheidungen. Der Nachweis der individuellen Betroffenheit von Konkurrenten ist an höhere Anforderungen

---

[53] Vgl. „Wettbewerbspolitik im Nebel", in: FAZ vom 2. Dezember 2005, S. 15. Erneuert wurde diese Kritik beispielsweise in: „Offene Fragen", in: FAZ vom 18. September 2007.
[54] Im Kommentar der Rechtsfirma Linklaters zum SAAP heißt es dazu: „In practice, the Commission often agrees, in the interests of efficiency, to have direct contacts with the beneficiary. Whether or not this happens in practice, however, depends on the attitude of the individual case handlers rather than on any objective criteria". Vgl. Fußnote 22.

geknüpft, insbesondere bei Klagen gegen abschließende Entscheidungen nach einem Hauptprüfverfahren. Je nachdem, wer gegen Beihilfeentscheidungen der Kommission klagt, ist der Europäische Gerichtshof (EuGH) oder das Gericht erster Instanz (EuG) zuständig. Für Klagen von Unternehmen und subnationalen Einheiten ist das EuG verantwortlich; Klagen der Mitgliedstaaten sowie des Rates bzw. umgekehrt Klagen der Kommission gegen die Nichtbefolgung durch einen Mitgliedstaat werden weiterhin vom EuGH behandelt (Heidenhain 2003: 771).

2.2 Die Durchsetzung der Beihilfekontrolle

Die europäische Beihilfekontrolle, so wurde gezeigt, wurde mit dem wirtschaftlichen Ziel geschaffen, den grenzüberschreitenden Wettbewerb im europäischen Binnenmarkt zu schützen, und sie ist im Vertragsrecht als Teil der europäischen Wettbewerbspolitik verankert. Ein wesentlicher Unterschied zu anderen Kernbereichen der europäischen Wettbewerbspolitik besteht jedoch darin, dass die Hauptadressaten der Beihilfekontrolle nicht Unternehmen, sondern die Mitgliedstaaten bzw. staatliche Einrichtungen sind (Ehlermann 1995: 3; Röller/Friederiszick 2006: 27). Die europäische Beihilfekontrolle ist daher zwangsläufig verbunden mit einer Beschränkung staatlicher Handlungsfreiheit. Als dementsprechend langwierig und politisch sensibel erwies sich der Prozess, in dem die Kommission ihre Kontrollkompetenzen gegen Widerstände der Mitgliedstaaten durchsetzte.

Eine sekundärrechtliche Konkretisierung der vertragsrechtlichen Vorschriften zur Beihilfekontrolle scheiterte zunächst am Widerstand des Rates, so dass die Kommission das Beihilferecht lange Zeit fast ausschließlich über ihre Entscheidungspraxis und deren Kodifikation in weiche Regeln weiterentwickelte (Kapitel 2.2.1). Um regelwidrigen Beihilfen oder unkooperativem Verhalten der Mitgliedstaaten wirksam begegnen zu können, setzte die Kommission eine Reihe von Sanktionsmechanismen, allen voran die Rückforderung illegal gewährter Beihilfen, durch (Kapitel 2.2.2). Hauptsächlich als Reaktion auf – von der Kommission so wahrgenommene – Umgehungsversuche der Mitgliedstaaten wurde der Beihilfebegriff auch auf weniger offensichtliche Formen der Begünstigung ausgeweitet (Kapitel 2.2.3). Gewissermaßen als Opfer des eigenen Erfolgs sah sich die Kommission angesichts wachsender Arbeitsbelastung dazu gezwungen, die eigene Kontrollpraxis zu straffen und nationale Kontrollmöglichkeiten zu mobilisieren (Kapitel 2.2.4).

2.2.1 Die Fortbildung des Beihilferechts

2.2.1.1 Das Stiefkind der europäischen Wettbewerbspolitik

Obwohl die Beihilfekontrolle seit den Anfängen des europäischen Integrationsprozesses im Vertragsrecht verankert ist, galt sie bis in die 1990er Jahre im
Vergleich zu den anderen Bereichen der europäischen Wettbewerbspolitik als
unterentwickelt: „State aid has for a long time been the ‚poor relative' of European competition law. Much of state aid law enforcement was (and still is)
viewed as politically motivated, with unclear standards being applied to situa-
tions where national government policies are at stake" (Hansen/Van
Ysendyck/Zuhlke 2004: 182). Als Mangel der Beihilfekontrolle wurde dabei
insbesondere das Fehlen von Sekundärrecht zur Konkretisierung der primär-
rechtlichen Vorschriften gesehen. Erst mit der Verabschiedung der Verfahrensverordnung 1999, habe die europäische Beihilfekontrolle ihre „Reife" erlangt
(Keppenne 1998: 125; ähnlich Quigley 2003a).

Die Vorschriften zur *Kartellkontrolle* aus Art. 81 EGV (Kartellverbot) und
Art. 82 EGV (Missbrauchsverbot) waren seit 1962 in der Kartellverordnung Nr.
17/62 näher geregelt.[55] Der Kommission wurden darin weitgehende Ermitt-
lungs- und Entscheidungsbefugnisse eingeräumt. So darf die Kommission Unternehmen bei Regelverstößen mit hohen Geldbußen belegen und künftige Regeleinhaltung durch Androhung von Zwangsgeldern erzwingen (Herdegen
2001: 282f.). Überhaupt war die Wettbewerbspolitik der Kommission in ihren
Anfängen weitgehend gleichbedeutend mit der Kartellkontrolle (Cini/McGowan
1998: 22). Diese macht weiterhin den größten Anteil am Arbeitsvolumen der
GD COMP aus (McGowan 2005: 988). Die Kompetenz der Kommission zur
Fusionskontrolle ist im Vertragsrecht nicht ausdrücklich vorgesehen. Unter
Berufung auf Art. 81 EGV und mit Hilfe des EuGH[56] konnte die Kommission
dieses Recht jedoch durchsetzen und 1989 die Zustimmung der Mitgliedstaaten
zur Fusionskontrollverordnung 4064/89 erlangen (Bulmer 1994; Bud-
zinski/Christiansen 2005: 329-331).[57] Mit der EU-Erweiterung im Mai 2004
wurden sowohl Kartell- als auch Fusionskontrolle grundlegend reformiert.[58] Die

---

[55] Verordnung (EWG) Nr. 17/62 des Rates vom 6.2.1962. Erste Durchführungsverordnung zu den
Artikeln 85 und 86 des Vertrages, ABl.EWG vom 21.02.1962, S. 204–211.
[56] EuGH Slg. 1987, 4566 – „*Philip Morris*".
[57] Verordnung (EWG) Nr. 4064/89 des Rates vom 21. Dezember 1989 über die Kontrolle von
Unternehmenszusammenschlüssen, ABl.EG 1989 Nr. L-395.
[58] Verordnung (EG) Nr. 1/2003 des Rates vom 16. Dezember 2002 zur Durchführung der in den
Artikeln 81 und 82 des Vertrags niedergelegten Wettbewerbsregeln, ABl.EG 2003, Nr. L 1, S.1-25;
Verordnung (EG) Nr. 139/2004 des Rates vom 20. Januar 2004 über die Kontrolle von Unternehmenszusammenschlüssen, ABl.EG 2000 Nr. L 24, S.1-22.

Kartellkontrolle wurde von einem System der *ex ante*-Notifizierung auf eine *ex post*-Kontrolle umgestellt. Nun ist die Durchsetzung des europäischen Kartellrechts weitgehend Aufgabe der nationalen Wettbewerbsbehörden, die wiederum dazu verpflichtet sind, die Kommission im Rahmen des neuen Europäischen Wettbewerbsnetzes (ECN) umfassend über ihre Tätigkeit zu informieren (Mc-Gowan 2005: 992-994). Eine Sonderstellung im Rahmen der europäischen Wettbewerbspolitik nehmen *öffentliche Unternehmen* ein. Nach Art. 86 Abs. 3 EGV verfügt die Kommission diesbezüglich über das Recht, ohne Mitwirkung des Rates oder des Europäischen Parlaments Entscheidungen oder Richtlinien zu erlassen, was erstmals 1980 mit der Verabschiedung der Transparenzrichtlinie[59] geschah (vgl. Schmidt 1998: 79).

Die Verabschiedung von Sekundärrecht zur *Beihilfekontrolle* ist in Art. 89 EGV ausdrücklich vorgesehen, wurde jedoch bis 1998 nicht genutzt. Wurden staatliche Beihilfen angesichts des raschen wirtschaftlichen Wachstums der 1950er Jahre kaum als Problem wahrgenommen (Lavdas/Mendrinou 1999: 29), führte der wirtschaftliche Abschwung in zentralen Bereichen der Gemeinschaft Ende der 1960er und Anfang der 1970er Jahre zu einer Zunahme an Beihilfen und Beihilfekonflikten (Mathijsen 1972: 382). Die Beihilfekontrolle wurde dadurch „both imperative and impossible" (Cini/McGowan 1998: 143). So scheiterte die Kommission mit zwei frühen Initiativen zur Verabschiedung einer Beihilfeverordnung 1966 und zur Freistellung bestimmter Regionalbeihilfen 1972 an der Ablehnung des Rates (Lavdas/Mendrinou 1995; Lavdas/Mendrinou 1999: 29f.; Evans 1997: 406f.). Zu der generell ablehnenden Haltung der Mitgliedstaaten, ihre wirtschaftlichen Interventionsmöglichkeiten durch eine übergeordnete Instanz stärker einschränken zu lassen (Hornsby 1987: 89) kamen 1965 die „Krise des leeren Stuhls" und die damit verbundene Schwächung der Kommission (Lavdas/Mendrinou 1999: 30).

Trotz ihrer vertragsrechtlichen Grundlage konnte die europäische Beihilfekontrolle somit zunächst nicht gegen den Widerstand der Mitgliedstaaten verwirklicht werden: „these [EC Treaty] provisions by themselves are a guide to the Commission's potential rather than its actual policy capacities" (Smith 1996: 567). Stattdessen blieb der Kommission nur die Möglichkeit, einer pragmatischen Rechtsfortbildung über Einzelentscheidungen, Mitteilungen und deren Absicherung durch Gerichtsurteile: „a flexible strategy of enforcement aiming at utilising the absence of a Council Regulation in the direction of gradually forming a practice founded on the Commission's political sense of possible impact" (Lavdas/Mendrinou 1999: 30).

---

[59] Richtlinie (EWG) der Kommission Nr. 80 /723 vom 25. Juni 1980 über die Transparenz der finanziellen Beziehungen zwischen den Mitgliedstaaten und den öffentlichen Unternehmen. ABl.EWG 1980 Nr. L-195, S. 35.

2.2.1.2   Weiches Kommissionsrecht anstelle einer Ratsverordnung

Das Vertragsrecht zur Beihilfekontrolle war zu allgemein, um die Kontrollpraxis der Kommission anzuleiten und noch „stark ausfüllungsbedürftig" (Gross 2003: 56).[60] Der Weg über eine Beihilfeverordnung war zunächst durch den Widerstand der Mitgliedstaaten blockiert. So machte die Kommission aus der Not eine Tugend und nutzte ihren großen Spielraum bei der Auslegung des Vertragsrechts zu seiner schrittweisen Fortentwicklung: „As far as DGIV[61] was concerned, the positive face of legal uncertainty was discretionary flexibility" (Cini/McGowan 1998: 28). Neben ihren Einzelentscheidungen wurde dabei die Veröffentlichung von *weichem Recht* zum zentralen Instrument der Kommission (Rawlinson 1993; Cini 2001; Aldestam 2004).

Die Rechtsgrundlage des weichen Rechts und die Frage nach seiner Bindungswirkung galten lange Zeit als umstritten (vgl. Schütterle 1995: 393f.). Um die Mitgliedstaaten zu binden, so die Rechtsprechung des EuGH zur Transparenzrichtlinie[62], muss eine Regelung eine eindeutige Rechtsgrundlage angeben. Eine solche Rechtsgrundlage fehlte den frühen Beihilferegeln der Kommission gänzlich – mittlerweile werden die Leitlinien und Gemeinschaftsrahmen der Kommission ausdrücklich als „zweckdienliche Maßnahmen" nach Art. 88 Abs. 1 EGV bezeichnet, womit sie gegenüber den Mitgliedstaaten zunächst aber nur den Status unverbindlicher Empfehlungen erlangen (Ebd.: 393). Somit stellen die weichen Regeln vor allem eine Selbstbindung der Kommission in ihrer Entscheidungspraxis dar, vermittelt über die Grundsätze des Gleichheitssatzes und des Vertrauensschutzes (Mestmäcker/Schweitzer 2004: 1108f.). Die Kommission bleibt dadurch jedoch uneingeschränkt in ihrer Freiheit, die weichen Regeln zu überarbeiten, wenn sie dies für notwendig hält (Schütterle 1995: 394).[63] Für die Mitgliedstaaten werden die weichen Regeln erst dann rechtsverbindlich, wenn sie ihnen – jeweils individuell – ausdrücklich zustimmen.[64]

Auch wenn keine einheitliche Definition von weichem Recht existiert, so herrscht in der Literatur zur europäischen Beihilfekontrolle doch Einigkeit, dass

---

[60] Aufgrund des großen Ermessensspielraums der Kommission bei ihrer Auslegung besitzen die vertragsrechtlichen Normen zur Beihilfekontrolle auch keine Direktwirkung (Cremona 2003b: 278). Als einzige Ausnahme ist die bereits erwähnte Stillhalteklausel in Art. 88 Abs. 3 direkt wirksam.

[61] Damit gemeint ist die heutige GD COMP, Anmerkung des Verfassers.

[62] EuGH Slg. 1993, I-3283 Rdnr. 26 – *Frankreich/Kommission*.

[63] Die Leitlinien für Regionalbeihilfen enden etwa mit dem Hinweis: „Die Kommission kann beschließen, diese Leitlinien zu überprüfen oder zu ändern, wenn sich dies aus wettbewerbspolitischen Gründen oder aufgrund anderer Gemeinschaftspolitiken und internationaler Verpflichtungen als erforderlich erweist.", Rdnr. 109.

[64] Die Wege der Kommission, die Zustimmung der Mitgliedstaaten zu ihrem weichen Recht zu erzwingen, werden im folgenden Abschnitt besprochen.

die Mitteilungen, Leitlinien und Gemeinschaftsrahmen der Kommission als weiches Recht einzustufen sind (Della Cananea 1993; Cini 2001; Aldestam 2004; Peters/Pagotto 2006). Von der Kommission wird die Unterscheidung in hartes und weiches Beihilferecht ebenfalls verwendet, wenngleich nicht überbetont.[65] Cini stützt ihre Untersuchung auf die für das Beihilferecht zweifellos zutreffende Definition Snyders, wonach weiches Recht besteht aus „rules of conduct which, in principle, have no legally binding force but which nevertheless may have practical effects" (Snyder 1994: 198; ähnlich Senden 2004: 112).

Aus Sicht der Kommission erwies sich die Entwicklung des weichen Rechts als geeigneter Mittelweg, um einerseits die Vorhersehbarkeit ihrer Kontrollpraxis und somit die Rechtssicherheit zu erhöhen, und um andererseits beträchtlichen Spielraum bei Einzelentscheidungen und bei der Rechtsfortbildung zu erhalten (Cini 2001: 205). Durch die Selbstbindung auf ihre weichen Regeln konnte sich die Kommission zumindest teilweise frei machen von politischem Druck: „The Commission needs rules to discipline itself. Rules are the best safeguard against political decisions which, if they were to proliferate, would destroy all state aid control" (Rawlinson 1993: 58; vgl. auch Smith 1998: 62). Rawlinson nennt verbesserte Transparenz, Rechtssicherheit, Glaubwürdigkeit und Zeitersparnis als weitere Gründe der Kommission für die Entwicklung des weichen Rechts (Ebd.: 56-58).

Diese Ziele, so Cini, hätten mit der Zustimmung des Rates prinzipiell auch über hartes Sekundärrecht verfolgt werden können (Cini 2001: 199). Zunehmend wichtig, wenngleich weniger offen eingestanden, war für die Kommission aber auch die Flexibilität des weichen Rechts. Zwar schränkt das weiche Recht das Ermessen der Kommission bei einer konkreten Entscheidung ein, doch bleibt weiterhin Interpretationsspielraum und insbesondere die Möglichkeit seiner Weiterentwicklung. Bei der Entwicklung und Überarbeitung weicher Beihilferegeln, so wurde oben bereits geschildert, genießt die Kommission große Freiräume. Die Mitgliedstaaten werden in den multilateralen Treffen lediglich konsultiert – das letzte Wort vor der Veröffentlichung neuer Regeln hat die Kommission.

Méndez et al. (2006) belegen dies an einem Beispiel aus den Verhandlungen über die Leitlinien für Regionalbeihilfen 2000-2006. An den Leitlinien nahm die Kommission sogar nach dem letzten multilateralen Treffen noch eine wesentliche Änderung vor, ohne dass diese mit den betroffenen Mitgliedstaaten abgestimmt wurde (Ebd.: 593). Dass diese Konsultationen der Kommission oft

---

[65] Vgl. die Mitteilung der Kommission, MEMO 07/151 über eine allgemeine Gruppenfreistellungsverordnung vom 24.4.2007. Gleichzeitig wird dabei aber meistens betont, dass der praktische Unterschied im Hinblick auf die Verbindlichkeit gering sei. In der Sammlung des Beihilferechts auf der Internetseite von GD COMP taucht der Begriff *soft law* nicht als Kategorie auf.

vor allem legitimatorischen Zwecken dienen, zeigt auf besonders eindrückliche Weise das Beispiel des Aktionsplans Staatliche Beihilfen. Trotz umfangreicher und durchaus kritischer Kommentare wurde der SAAP seit seiner Erstveröffentlichung nicht überarbeitet und dient seither als quasi-rechtliches Dokument, in dem die Linie für die gegenwärtige Reform der Beihilferegeln vorgegeben ist und auf das dabei auch jeweils explizit verwiesen wird.[66]

Erste Leitlinien hinsichtlich regionaler Beihilfen wandte die Kommission bereits seit 1972 an. Sektorspezifische weiche Regeln wurden von der Kommission beginnend mit der Textilindustrie 1971 hauptsächlich im Lauf der 1970er Jahre entwickelt – die einzige Ausnahme war die bereits erwähnte Schiffbauverordnung des Rates von 1969. Der erste horizontale Gemeinschaftsrahmen für Umweltschutzbeihilfen wurde 1975 veröffentlicht, die meisten anderen horizontalen Regeln entstanden in den 1980er Jahren.[67] Im Zuge der Binnenmarktinitiative und begünstigt durch den erneuerten Integrationswillen der Mitgliedstaaten sowie die Stärke der damaligen Wettbewerbskommissare [68] nutze die Kommission die Gelegenheit zur Verschärfung und Ausweitung der Beihilfekontrolle (Lavdas/Mendrinou 1999: 33-36; Cini/McGowan 1998: 31f.). Wenngleich dabei offensichtlich wurde, wie wenig wirksam die europäische Beihilfekontrolle bis in die 1980er Jahre gewesen war, so ließ sich dennoch auf den zuvor entwickelten weichen Regeln aufbauen (vgl. Cini/McGowan 1998: 143). So nutze die Kommission ihre Kompetenz zur ständigen Überprüfung bereits bestehender Beihilfen, um Nachlässigkeiten aus der Vergangenheit zu korrigieren und gezielt auch die entsprechenden weichen Regeln zu verschärfen (Ebd.: 145f., Lavdas/Mendrinou 1999: 39f.).

Dass es schließlich bis 1996 dauerte, bis erneut eine Beihilfeverordnung in Angriff genommen wurde, lag nicht mehr nur am Widerstand der Mitgliedstaaten, sondern auch daran, dass die Kommission ihrerseits die Vorzüge eines schrittweisen und flexiblen Integrationsverlaufs entdeckt hatte (Evans 1997: 407). So sprach sich 1990 die italienische Ratspräsidentschaft für einen neuen Anlauf zu einer Beihilfeverordnung aus (vgl. Smith 2001b: 220), was jedoch von der Kommission zurückgewiesen wurde. Eine stärkere Beteiligung der Mitgliedstaaten, so die Befürchtung, könne zu einer Aufweichung der Beihilfekontrolle führen (Slot 1990; Gross 2003: 128). Diese Haltung änderte die Kommission erst, als sie keine andere Möglichkeit mehr sah, die chronische

---

[66] Die Kommentare zum SAAP hat die Kommission selbst in einem Bericht zusammengefasst (European Commission 2006c). In Abschnitt 1.3.1 des überarbeiteten Gemeinschaftsrahmens für Forschungs-, Entwicklungs- und Innovationsbeihilfen etwa beruft sich die Kommission ausdrücklich auf den Aktionsplan.
[67] Einen ausführlichen historischen Überblick über die Anfänge des weichen Rechts gibt Rawlinson (1993: 53-55).
[68] Peter Sutherland (1985-88); Sir Leon Brittan (1989-93).

Arbeitsüberlastung zu bewältigen (vgl. dazu Kapitel 2.2.4) und die entwickelten Regeln als hinreichend präzise erachtete (Mederer 1996: 12). Die Verfahrensverordnung ist im Wesentlichen eine Kodifikation und in einigen Punkten sogar eine Verschärfung langjähriger Kommissionspraxis.[69] Auf der Grundlage der Ermächtigungsverordnung hat die Kommission bislang fünf Gruppenfreistellungsverordnungen erlassen, die auf vorher entwickeltes weiches Recht zurückgehen (siehe oben, Kapitel 2.1.2). Während die Änderung der Ratsverordnungen nur mit qualifizierter Mehrheit und unter Beteiligung des Europäischen Parlaments möglich ist, hat die Kommission bei der Überarbeitung ihrer Gruppenfreistellungsverordnungen ähnliche Freiheiten wie beim weichen Recht; lediglich der Beratende Ausschuss für staatliche Beihilfen muss zuvor angehört werden.

Das Sekundärrecht war somit keine Abkehr vom weichen Kommissionsrecht und auch kein Zeichen für einen generellen Trend von weichen zu harten Instrumenten, sondern weitgehend eine Ergänzung dazu (Cini 2001: 203f.). In der alltäglichen Kontrollpraxis der Kommission steht heute nicht mehr das Vertragsrecht, sondern das weiche und harte Kommissionsrecht im Vordergrund (Mestmäcker/Schweitzer 2004: 1109). Erst in grundsätzlichen Auseinandersetzungen rückt die Interpretation des Vertragsrechts wieder ins Zentrum.

2.2.1.3   Faktische Bindungskraft des weichen Rechts

Obwohl die weichen Beihilferegeln als „zweckdienliche Maßnahmen" nach Art. 88 Abs. 1 EGV ohne Zustimmung der Mitgliedstaaten nur unverbindliche Empfehlungen darstellen, hat die Kommission unterschiedliche Wege gefunden sie faktisch bindend zu machen bzw. die Zustimmung der Mitgliedstaaten zu erzwingen.

Erstens sind die Entscheidungen der Kommission über neue Beihilfen verbindlich. Diese Entscheidungen trifft die Kommission aber entsprechend ihrer Auslegung des Vertragsrechts, niedergelegt in ihrem weichen Recht. Das heißt, Mitgliedstaaten werden durch das weiche Recht zwar nicht gehindert, neue Beihilfemaßnahmen anzumelden, die diesem widersprechen – die Kommission kann diese Maßnahmen aber als nicht mit dem Binnenmarkt vereinbar erklären und so ihr weiches Recht, mittelbar über Einzelentscheidungen, durchsetzen (vgl. Gross 2003: 103).

---

[69] Beispielsweise sprachen die Mitgliedstaaten der Kommission das Recht auf die einstweilige Rückforderung von rechtswidrigen Beihilfen lange Zeit grundsätzlich ab – in Art. 11 VVO wurde es, geknüpft an strenge Auflagen, aufgenommen (vgl. Gross 2003: 136).

Zweitens hat die Kommission einen Weg gefunden, die Zustimmung der Mitgliedstaaten zu den von ihr empfohlenen „zweckdienlichen Maßnahmen" zu erzwingen und das weiche Recht somit verbindlich werden zu lassen. Verweigert ein Mitgliedstaat nämlich die Zustimmung zu neuen Leitlinien oder Gemeinschaftsrahmen, droht die Kommission damit, ein Hauptprüfverfahren hinsichtlich aller bestehenden Beihilfen eines Mitgliedstaates einzuleiten, die von der Neuregelung betroffen sind: „This will normally have the effect of forcing the Member state concerned to accept the Commission's policy" (Quigley 2003a: 282f.). In der Vergangenheit konnte sich die Kommission auf diese Weise mehrfach durchsetzen, etwa gegenüber Spanien und Deutschland (gl. auch Cini 2001: 201f.) sowie Schweden (Quigley 2003a: 284). Das jüngste Beispiel dieses Vorgehens ist die Veröffentlichung der neuen Leitlinien für staatliche Beihilfen mit regionaler Zielsetzung durch die Kommission. Nachdem 24 EU-Mitgliedstaaten die neuen Leitlinien der Kommission jeweils individuell als verbindlich akzeptierten, Deutschland sich jedoch weigerte, wurde ein Hauptprüfverfahren hinsichtlich aller regionalen Beihilfeschemen in Deutschland eingeleitet.[70] Schon die Wortwahl in der entsprechenden Presseerklärung – „formal investigation *against* Germany" (eigene Hervorhebung, Anm. d. Verf.) – zeigt dabei die abschreckende Absicht der Kommission. In Einzelfällen wird normalerweise neutral von „investigations into" gesprochen und betont, dass mit der Eröffnung eines Hauptprüfverfahrens keinerlei Vorentscheidung getroffen sei.[71] Das Verfahren wurde eingestellt, nachdem Deutschland den neuen Leitlinien zugestimmt hatte.[72] Die Beispiele zeigen auch, dass die Kommission bei einem breiten Widerstand gegen eine Neuregelung kaum zu diesem Vorgehen in der Lage wäre. Stimmt jedoch ein Großteil der Mitgliedstaaten zu und erkennt die entsprechende Regelung somit als verbindlich an, hat die Kommission ein glaubwürdiges Drohpotenzial gegenüber Abweichlern.[73] Haben die Mitgliedstaaten einer Neuregelung zugestimmt, sind sie verpflichtet, auch bestehende Beihilfen gegebenenfalls anzupassen, um diese in Einklang mit dem weichen Recht zu bringen.

Besonders deutlich wurde die faktische Bindungskraft des weichen Beihilferechts am Beispiel der neuen Mitgliedstaaten (vgl. dazu Kapitel 3.1.1). Die Anerkennung und Anwendung des gesamten gemeinschaftlichen *acquis com-*

---

[70] Siehe: „State aid: 24 Member States accept new regional aid guidelines (2007-2013); Commission opens formal investigation against Germany", Presseerklärung der Kommission IP/06/851 vom 27.06.2006
[71] Siehe zum Beispiel: „State aid: Commission opens probe into Polish machinery company Huta Stalowa Wola", Presseerklärung der Kommission IP/05/1454 vom 23.11.2005.
[72] ABl.EG 2006 Nr. C-320/16, S. 8.
[73] Im Bereich der Liberalisierungspolitik hat S. Schmidt eine ganz vergleichbare Strategie der Kommission als „divide and conquer" bezeichnet (Schmidt 2000: 46f.).

munautaire war eine wesentliche Vorbedingung für deren Beitritt. Dabei wurde der *acquis* möglichst breit definiert, so dass er unter anderem auch das weiche Beihilferecht umfasste (vgl. Schütterle 2002: 581). Aus Sicht der Beitrittskandidaten unterschieden sich weiches und hartes Beihilferecht vor dem Beitritt somit nicht nach ihrer Verbindlichkeit. Allenfalls im Hinblick auf neues, nach ihrem Beitritt von der Kommission formuliertes weiches Recht könnten die neuen Mitgliedstaaten ihre Zustimmung – mit den oben beschriebenen Folgen – verweigern.

Das weiche Beihilferecht der Kommission ist somit ursprünglich als Notlösung entstanden, als Reaktion auf die ablehnende Haltung des Rates gegenüber Sekundärrecht zur Beihilfekontrolle. In einer von den Mitgliedstaaten unvorhergesehenen Weise (Lavdas/Mendrinou 1999: 36) hat die Kommission es jedoch dazu genutzt, die europäische Beihilfekontrolle schrittweise, mit Blick auf das jeweils politisch Durchsetzbare, zu verregeln und den zunächst weichen Regeln faktische Geltung zu verschaffen. In der Praxis wird das weiche Beihilferecht der Kommission heute angewendet wie hartes Recht (Rawlinson 1993: 59):

> „The force of written precedents in the Commission is such that, one decided, rules in whatever form become, in practice, binding on the Commission, and hence on their addressees, the Member states, to whom they are applied in the Commission's day-to-day aid control work".

Auch aus Sicht der Mitgliedstaaten bestehen kaum Möglichkeiten, einmal beschlossenem weichen Recht der Kommission dauerhaft die Verbindlichkeit abzusprechen (Interviews 10, 26). Um dem Beihilferecht und ihren Beihilfeentscheidungen Geltung zu verschaffen, musste die Kommission aber parallel ihre Instrumente zur Überwachung und Sanktionierung nationaler Beihilfepolitik durchsetzen.

2.2.2 Die Verschärfung von Überwachung und Sanktionen

2.2.2.1   Die Rückforderung illegaler Beihilfen

Mit der Verschärfung der Beihilferegeln in den 1980er Jahren verstärkte die Kommission ihre Bemühungen, diese im konkreten Einzelfall auch durchzusetzen. Bis dahin hatten die Mitgliedstaaten kaum Schaden zu fürchten, wenn sie Beihilfen ohne Anmeldung und/oder Genehmigung durch die Kommission gewährten. Wurde die Kommission auf einen solchen Fall einer rechtswidrigen Beihilfe aufmerksam und kam abschließend zu einer negativen Entscheidung, stufte die Beihilfe somit als illegal ein, hatte dies lediglich Folgen für die Zukunft: die illegale Beihilfe durfte nicht weiter gewährt werden – bereits vergebene Summen blieben davon unberührt (Sinnavae 1997; Gross 2003: 44). Das Vertragsverletzungsverfahren erwies sich daher als „stumpfes Schwert" im Beihilfebereich (Gross 2003: 89). Weiter gehende Sanktionen, vergleichbar etwa dem Kartellrecht, waren im Vertragsrecht zur Beihilfekontrolle nicht ausdrücklich vorgesehen.

Aus Sicht der Kommission führte dies zu einem derart hohen Ausmaß von Verstößen gegen die Anmelde- und Genehmigungspflicht, dass sie in einer Mitteilung von 1980[74] über die „Nichterfüllung ihrer Verpflichtungen durch die Mitgliedstaaten" schrieb:

> „Die Fälle einer Nichtnotifizierung oder einer verspäteten Notifizierung [...] bilden keine Einzelfälle mehr. Das Ausmaß der Tendenz zur Nichtnotifizierung oder zur verspäteten Notifizierung lässt nämlich in einigen Fällen eine allgemeine Entschlossenheit erkennen, die fraglichen Bestimmungen nicht einzuhalten"

Aufbauend auf einem Urteil des EuGH von 1973, auf das sich die Kommission seither nicht berufen hatte[75], kündigte die Kommission daher in einer Mitteilung von 1983 an, den Mitgliedstaaten künftig die Rückforderung illegaler Beihilfen anzuordnen.[76] Ende 1983 wurde die erste negative Entscheidung mit Rückforderung getroffen[77] und in der Folge wurde diese Praxis auch gegen Klagen u.a. Belgiens sowie Italiens vom EuGH bestätigt.[78] Mittlerweile wird die Rückforderung illegaler Beihilfen konsequent angeordnet und ergibt sich sogar verpflichtend aus der vom Rat verabschiedeten Verfahrensverordnung (Art. 14 VVO, vgl. hierzu Sinnavae/Slot 1999: 1153, 1178; Mestmäcker/Schweitzer 2004: 1143). Unter strengen Auflagen akzeptierten die Mitgliedstaaten darin sogar das Recht der Kommission, unangemeldete Beihilfen einstweilig zurückzufordern (Art. 11 VVO). Zuvor war die Kommission jedoch mit dem weiter gehenden Versuch gescheitert, die Rückforderung als automatische Folge der Nichtanmeldung von Beihilfen durchzusetzen (Lavdas/Mendrinou 1999: 39). Im *Boussac*-Urteil schränkte der EuGH die Kommission ein, indem er auch bei nicht ange-

---

[74] „Unterrichtung der Kommission über staatliche Beihilfen gemäß Artikel 93 Abs. 3 EWG-Vertrag – Nichterfüllung ihrer Verpflichtungen durch die Mitgliedstaaten", ABl.EWG 1980 Nr. C 252/2; zitiert nach Gross (2003: 87). Vgl. auch Smith (1998: 64).

[75] EuGH Slg. 1973, 813 Rdnr. 13 – *Kommission/Deutschland*. Dass die Kommission dennoch zehn Jahre keinen Gebrauch von diesem ihr zugestandenen Recht machte, führt Smith (1998: 68) auf die wirtschaftlichen und politischen Umstände der 1970er und frühen 1980er Jahre zurück. So hätten potenzielle Rückforderungen vor allem Unternehmen in finanziellen Schwierigkeiten in einer Zeit wirtschaftlicher Rezession getroffen. Zudem sei das politische Klima ungünstig für Aktivismus seitens der Kommission gewesen.

[76] Mitteilung der Kommission, ABl.EWG 1983 Nr. C 218/3. Siehe auch Cownie (1986: 247).

[77] Entscheidung (EWG) Nr. 84/111 der Kommission vom 30.11.1983 – *Beaulieu I*, ABl.EWG 1984 Nr. L 62/18.

[78] EuGH Slg. 1990, I-959, 1020, Rdnr. 18 – *Belgien/Kommission („Tubemeuse")*; EuGH Slg. 1991, I-1603, Rdnr. 41 – *Italien/Kommission („Alfa Romeo")*.

meldeten Beihilfen auf einem unvoreingenommenen Hauptprüfverfahren und einer negativen Entscheidung der Kommission bestand, bevor die Rückforderung von Beihilfen angeordnet werden darf.[79]

Das Recht der Kommission, die Rückforderung illegaler Beihilfen anzuordnen, ist mittlerweile unumstritten – die praktische Umsetzung dieses Rechts ist weiterhin problematisch: Die Anordnung zur Rückforderung wird von der Kommission an den jeweiligen Mitgliedstaat gerichtet, die Rückforderung erfolgt aber nach nationalem Recht. Verbunden mit der Rückforderungsentscheidung setzt die Kommission dem Mitgliedstaat in der Regel eine Frist; die Beweislast, dass die Rückforderung in vollem Umfang und fristgerecht erfolgt ist, trägt der Mitgliedstaat (Heidenhain 2003: 954). Zur besseren Überwachung und Durchsetzung von Kommissionsentscheidungen, insbesondere von Rückforderungsanordnungen, wurde 2003 eine spezielle Einheit innerhalb der GD COMP eingerichtet.[80] Wird eine illegale Beihilfe von einem Mitgliedstaat nicht wie angeordnet zurückgefordert, kann die Kommission nach Art. 88 Abs. 2 EGV unmittelbar eine Nichtbefolgungsklage vor dem EuGH einreichen. Nach der so genannten *Deggendorf*-Rechtsprechung der europäischen Gerichtshöfe untersagt die Kommission zudem jegliche neue Beihilfen an Unternehmen, die eine illegale Beihilfe noch nicht zurückgezahlt haben.[81]

Insgesamt, so die Kommission, werden die angeordneten Rückforderungen von den Mitgliedstaaten bislang noch mangelhaft umgesetzt. Eine von der Kommission beauftragte Studie identifizierte fünf alte Mitgliedstaaten – Deutschland, Frankreich, Italien, Spanien und Belgien – als Hauptverantwortliche für nicht zurückgeforderte illegale Beihilfen (Jestaedt/Derenne/Ottervanger 2006). Während sich noch 2004 die Zahl ausstehender Rückforderungen leicht auf 94 Fälle erhöhte, konnten 2005 deutlich mehr alte Fälle abgeschlossen werden als neue hinzukamen, womit eine Verringerung auf 75 andauernde Fälle erreicht wurde.[82] Soweit kalkulierbar belaufen sich die anhängigen Rückforderungsanordnungen auf 3,3 Mrd. Euro.[83]

Was den Anteil nicht angemeldeter Beihilfen betrifft, belegen die Zahlen aus den Wettbewerbsberichten und dem Beihilfeanzeiger hingegen deutlich, dass die Nichtanmeldung von Beihilfen für die Mitgliedstaaten durch die Verfahrensreformen der Kommission offenbar zunehmend unmöglich bzw. unat-

---

[79] EuGH Slg. 1990 I 307, 357 Rdnr. 22 – *Frankreich/Kommission* („*Boussac*"). Vgl. hierzu auch Winter (1993).
[80] Gemeint ist die Einheit „Enforcement and Procedural Reform". Vgl. hierzu den 34. Wettbewerbsbericht 2004, Rdnr. 606.
[81] EuG Slg. 1995 II 2265, 2288f. Rdnrn. 55, 59 – *TWD/Kommission* („*Deggendorf*"); EuGH Slg. 1997 I 2549, 2576 Rn. 26-28 – *TWD/Kommission*.
[82] 35. Wettbewerbsbericht 2005, Rdnr. 627.
[83] Beihilfeanzeiger, Herbstausgabe 2006, Tabelle 21.

traktiv geworden ist. Wurde der Anteil nicht angemeldeter Beihilfen an den registrierten Fällen 1997 noch mit 22% angegeben, betrug dieser im Jahr 2006 nur noch 8%.[84]

2.2.2.2   Informationsbeschaffung und Auskunftspflicht

Um nicht angemeldete Beihilfen aufzuspüren, stehen der Kommission im Wesentlichen zwei Wege zur Verfügung: Zunächst erfährt die Kommission über beihilferelevante Maßnahmen häufig aus den nationalen Medien. (Flynn 1983: 299; Gross 2003: 43). Als „besten Alliierten" (Kroes 2005: 390) im Kampf gegen unangemeldete Beihilfen sieht die Kommission allerdings die Konkurrenten potenzieller Beihilfeempfänger.

Reicht ein Dritter Beschwerde gegen eine bestimmte Beihilfemaßnahme ein, so hat sich die Kommission zu deren Prüfung verpflichtet und muss den Beschwerdeführer je nachdem über ihre Untätigkeit oder über die Einleitung und den weiteren Verlauf des Verfahrens informieren (Gross 2003: 102). Im Jahr 2005 etwa verzeichnete die Kommission 218 Konkurrentenbeschwerden in Beihilfefällen.[85] Dabei müssen Konkurrenten nicht notwendigerweise als formale Beschwerdeführer auftreten, um der Kommission Informationen über mögliche illegale Beihilfen zukommen zu lassen. Auch können Beschwerden mit der Bitte um Vertraulichkeit, insbesondere hinsichtlich der Identität des Beschwerdeführers, eingereicht werden.[86] Auf diese Weise werden Beschwerdeführer vor möglichen Anschuldigungen oder Gegenmaßnahmen durch den Beihilfeempfänger oder Beihilfegeber geschützt. Schließlich kann schon das Wissen um einen Konkurrenten, der gegebenenfalls auch zur Beschwerde bei der Kommission bereit ist, ausreichen, um einen staatlichen Akteur von einer möglicherweise illegalen Beihilfevergabe abzuhalten (UK Department of Trade and Industry 2004: 9). Auch im laufenden Prüfverfahren bedient sich die Kommission gezielt der Informationen Dritter. Mit der Einleitung eines Hauptprüfverfahrens und der Veröffentlichung der entsprechenden Entscheidung im Amtsblatt sind alle Interessierten dazu aufgerufen, eine Stellungnahme zum Fall abzugeben.

In erster Linie sind es aber die Mitgliedstaaten selbst, die ein Interesse haben, der Kommission alle gewünschten Informationen zu übermitteln, wenn sie

---

[84] Vgl. Beihilfeanzeiger, Frühjahrsausgaben 2001, Abbildung 6 und 2007, Tabelle 8.

[85] Beihilfeanzeiger, Frühjahrsausgabe 2006, Fußnote 60. Insgesamt wurden im gleichen Jahr 84 Prüfverfahren hinsichtlich nicht angemeldeter Beihilfen eingeleitet. Wie viele davon auf Konkurrentenbeschwerden zurückgingen, wird von der Kommission nicht genannt.

[86] Siehe hierzu das entsprechende Beschwerdeformular, online unter: http://ec.europa.eu/comm/ competition/forms/rtf_sa_complaint/de.rtf [letzter Zugriff: 01.09.2008].

einen schnellen und positiven Abschluss eines laufenden Prüfverfahrens erreichen wollen. Jede Nachfrage der Kommission verlängert bereits das Vorprüfverfahren um weitere zwei Monate. Werden im Vorprüfverfahren die angefor-
derten Informationen vom betreffenden Mitgliedstaat nicht vollständig oder
fristgemäß übermittelt, so kann die Kommission dies nach Art. 5 Abs. 3 VVO
als Zurückziehen der geprüften Beihilfe interpretieren. Möchte der Mitgliedstaat
die Maßnahme dennoch durchführen, muss er sie von neuem anmelden. Reichen
die Informationen nicht aus, um Zweifel an der Vereinbarkeit einer Maßnahme
mit dem Gemeinsamen Markt auszuräumen, kann die Kommission zudem ein
Hauptprüfverfahren einleiten. Dies bedeutet für den Mitgliedstaat eine weitere
Verzögerung, bis die geplante Maßnahme durchgeführt werden darf bzw. erhöht
sogar das Risiko einer gänzlich negativen Entscheidung. Sind auch die im
Hauptprüfverfahren übermittelten Informationen nach Ansicht der Kommission
unvollständig, kann sie nach Art. 7 Abs. 7 bzw. Art. 13 VVO auf der Grundlage
der verfügbaren Informationen entscheiden. In einem Urteil aus dem Jahr 1986
hat der EuGH der Kommission in solchen Fällen das Recht zugestanden, negative Entscheidungen weniger eingehend zu begründen, um somit die mangelnde
mitgliedschaftliche Kooperationsbereitschaft zu sanktionieren.[87]

2.2.2.3   Die steigenden Kosten der Regelverletzung

Zusammen genommen lassen sich die genannten Instrumente der Kommission
als ein System beschreiben, das die Kosten der Regelverletzung für die Mitgliedstaaten erhöht und die Chancen, unbemerkt zu bleiben, verringert (Smith
1998: 62). Die Grenzen zwischen Überwachung und Sanktionierung sind dabei
oft fließend. Die Aussicht auf ein langes Prüfverfahren und die mit zunehmender Dauer steigende Wahrscheinlichkeit einer negativen Entscheidung genügen
in den meisten Fällen bereits als Sanktionsdrohung, um die Mitgliedstaaten zur
Zusammenarbeit mit der Kommission zu bewegen. Das ultimative Sanktionsin-
strument der Kommission besteht in der Anordnung, illegale Beihilfen zurückzufordern. Mit der Rückforderung soll die Wirkung einer illegalen Beihilfe und
damit der Nutzen ihres Empfängers wieder aufgehoben werden und schon das
Risiko einer solchen Rückforderung bedeutet für das begünstigte Unternehmen
hohe Kosten der Unsicherheit (Hansen/Van Ysendyck/Zuhlke 2004: 182). Bevor es aber überhaupt zu einer Rückforderungsentscheidung kommen muss, hat
die Kommission unterschiedliche Mittel, die Kosten einer Regelverletzung oder

---

[87] EuGH Slg. 1986, 2321 – *Boch II*. Ausführlicher hierzu Gross (Gross 2003).

mangelnder Kooperationsbereitschaft der Mitgliedstaaten schrittweise zu erhöhen.

Tabelle 10 fasst die Mittel der Kommission zusammen, mit denen Regelverletzungen aufgespürt und die Kosten der Regelverletzungen erhöht werden können.

	(Nicht-)Anmeldung	Vorprüfverfahren	Hauptprüfverfahren
Kosten der Regelverletzung	- Anfangsverdacht - Risiko, da unrechtmäßige Beihilfe	- Verlängerung des Verfahrens durch Nachfragen - Nichtigkeit der Anmeldung oder - Drohung mit Hauptprüfverfahren	- Verlängerung des Verfahrens durch Nachfragen - öffentliche Aufmerksamkeit - mgl. einstweilige Rückforderung - Drohung mit konditionaler Entscheidung - steigende Gefahr negativer Entscheidung, ggf. Rückforderungsanordnung
Aufspüren von Regelverletzungen	- Konkurrentenbeschwerde - Presse	- Nachfragen der Kommission	- Nachfragen der Kommission - Kommentare Dritter

Tabelle 10: Die steigenden Kosten der Regelverletzung

Die unmittelbaren Kosten der Nichtanmeldung einer Beihilfe sind gering. Wird die Kommission auf eine nicht angemeldete Beihilfe aufmerksam, so muss sie diese ebenso unvoreingenommen prüfen wie eine angemeldete Beihilfe – auch wenn ein Anfangsverdacht bestehen bleibt, dass die Beihilfe möglicherweise illegal ist und deshalb vertuscht werden sollte.[88] Die Wahrscheinlichkeit, dass

---

[88] So deutete der Generalanwalt in *Boch II* etwa die Nichtanmeldung einer Beihilfe als Zeichen, dass in diesem Fall Belgien von Anfang an nur mangelhaft zur Kooperation mit der Kommission bereit gewesen sei und begründete damit zum Teil, weshalb die Kommission nur eine verringerte Begründungslast für ihre ablehnende Entscheidung trage (Gross 2003: 118). EuGH Slg. 1986, 2321 – *Boch II*.

die Kommission von einer nicht angemeldeten Beihilfe durch Konkurrentenbeschwerden oder Presseberichte erfährt, ist jedoch in den meisten Fällen hoch.
Durch dieses Risiko entstehen den begünstigten Unternehmen Unsicherheitskosten, da sie nie ganz ausschließen können, doch noch von der Kommission geprüft und im Extremfall sogar zur Rückzahlung der Beihilfe aufgefordert zu
werden. Die Nichtanmeldung einer Beihilfe lohnt sich daher nur, wenn die
Wahrscheinlichkeit, bemerkt zu werden, äußerst gering ist.

In seltener Offenheit rät etwa die britische Regierung staatlichen Stellen,
die Beihilfen vergeben wollen, sowie den betroffenen Unternehmen, dieses
Risiko einer Nichtanmeldung gegenüber den Kosten eines Prüfverfahrens selbst
abzuwägen (UK Department of Trade and Industry 2004). Zuallererst sollten die
Unternehmen demnach das wahrscheinliche Ergebnis einer Kommissionsprüfung bereits im Vorfeld abschätzen. Vollständige Sicherheit könnte nur die
Anmeldung der Beihilfe und das Abwarten der endgültigen Kommissionsentscheidung gewähren. Ist das Risiko jedoch gering, von der Kommission bemerkt
zu werden – etwa durch eine Konkurrentenbeschwerde –, und ist selbst in diesem Fall eine positive Entscheidung der Kommission wahrscheinlich, kann sich
die Nichtanmeldung einer Beihilfe lohnen. Auch in Fällen, in denen eine Beihilfe dringend benötigt wird, kann das Risiko einer Nichtanmeldung geringer sein
als die Kosten eines langen Prüfverfahrens.

In den meisten Fällen werden angemeldete Beihilfen von der Kommission
nach dem Vorprüfverfahren genehmigt; der Anteil der eingeleiteten Hauptprüfverfahren an allen Fällen schwankt um die Marke von 10% (genauer hierzu
Kapitel 2.2.4). Für die Mitgliedstaaten bestehen deutliche Anreize, den Informa-
tionswünschen der Kommission nachzukommen und gegebenenfalls auch Änderungen an der geplanten Beihilfemaßnahme vorzunehmen, um einen positiven
Abschluss des Vorprüfverfahrens zu erreichen. Dieser liefert Rechtssicherheit
bereits nach relativ kurzer Verfahrensdauer. Zudem ist die Kompromisssuche
im Vorprüfverfahren für Kommission und Mitgliedstaaten leichter, da informell
und ohne Beteiligung Dritter verhandelt werden kann. Umgekehrt kann die
Kommission bei mangelnder Kooperationsbereitschaft des betreffenden Mitgliedstaates das Verfahren durch Nachfragen in die Länge ziehen und damit
drohen, die Anmeldung als hinfällig zu betrachten oder ein Hauptprüfverfahren
einzuleiten.

Dass das Hauptprüfverfahren von der Kommission mitunter als Instrument
der Abschreckung gegenüber den Mitgliedstaaten eingesetzt wird, hat bereits
die Diskussion über die Durchsetzung des weichen Rechts als „zweckdienliche
Maßnahmen" gezeigt. Das Hauptprüfverfahren dauert in den meisten Fällen
nicht nur wesentlich länger als das Vorprüfverfahren, mit seiner Einleitung
wächst auch die Wahrscheinlichkeit einer negativen Entscheidung (vgl. Cini

2001: 197f.). Schon die Möglichkeit einer konditionalen Entscheidung, das heißt einer positiven Entscheidung mit Auflagen, erhöht das Drohpotenzial der Kommission. Der abschreckende oder gar strafende Charakter von Entscheidungen mit Auflagen (*compensatory measures*) wird teilweise sogar von der Kommission selbst eingeräumt. Nitsche und Heidhues kritisieren die Praxis in Rettungs- und Restrukturierungsfällen (2006: 22):

> „The problem with current compensatory measures is that these measures are often not tailored to the distortion of competition. [...] One aim of compensatory measures is to provide companies with a disincentive to ask for State aid in the first place, or a sort of punishment for having accepted State aid. Allowing State aid in order to support the rescue and restructuring efforts and then harming the firm by a punishment mechanism seems contradictory and difficult to justify."

Die öffentliche Aufmerksamkeit, die besonders kontroverse Fälle im Hauptprüfverfahren erhalten, kann für die Kommission problematisch werden, wenn dadurch politischer Druck entsteht, eine fragwürdige Beihilfe zu genehmigen. Gleichzeitig sind diese Fälle aber besonders wichtig für die Glaubwürdigkeit der Kommission und so verschlechtern sich aus Sicht der Mitgliedstaaten die Chancen, auf informellem Wege einen Kompromiss mit der Kommission zu erreichen.[89] Durch die Veröffentlichung des Falles und die Bitte um Stellungnahmen Dritter schwinden auch die Chancen der Beihilfegeber, „belastende" Informationen vor der Kommission zu verbergen. Überproportional viele Hauptprüfverfahren betreffen Fälle nicht angemeldeter Beihilfen.[90] Dies mag daran liegen, dass die Mitgliedstaaten gerade in diesen Fällen guten Grund für den Versuch hatten, die Beihilfekontrolle der Kommission zu umgehen – es ist jedoch auch als Warnung an die Mitgliedstaaten zu verstehen, sich gar nicht erst auf diesen Versuch einzulassen. Die Verfahrenskosten und das Risiko einer ungünstigen Kommissionsentscheidung sind für die Mitgliedstaaten im Hauptprüfverfahren eindeutig am größten. Im Wissen um diese drohenden Kosten besteht für die Mitgliedstaaten ein klarer Anreiz, Beihilfemaßnahmen mit geringen Aussichten auf eine schnelle Genehmigung selbst auszusortieren oder anzupassen.

Je mehr es der Kommission im Rahmen der Beihilfekontrolle gelungen ist, Regelverletzungen teuer zu machen, desto stärker wurde dieser Anpassungsdruck auf die Beihilfepolitik der Mitgliedstaaten. Entsprechend sind auch die

---

[89] Diese Dynamik wird in einem späteren Abschnitt anhand kontroverser Fälle aus den neuen Mitgliedstaaten näher beschrieben (siehe Kapitel 3.2). Während es der Tschechischen Republik in einigen Bankenfällen gelang, durch Zugeständnisse einer eingehenden Kommissionsprüfung aus dem Weg zu gehen, ziehen sich die Hauptprüfverfahren in den polnischen Werftenfällen bereits über mehrere Jahre hin. Für beide Seiten ist die Kompromissfindung schwerer geworden, da angesichts der großen öffentlichen Aufmerksamkeit ihre jeweilige Glaubwürdigkeit auf dem Spiel steht.

[90] Laut Beihilferegister der Kommission betrafen mehr als ein Drittel der Hauptprüfverfahren in Fällen aus den neuen Mitgliedstaaten nicht angemeldete Beihilfen.

Versuche der Mitgliedstaaten mit der Zeit vielfältiger geworden, die Beihilfe-kontrolle gänzlich zu umgehen und Unternehmen mit Mitteln zu begünstigen, die (vermeintlich) außerhalb der Reichweite der Kommissionskontrolle liegen. Die Kommission hat darauf reagiert und die europäische Beihilfekontrolle schrittweise auf immer neue Bereiche staatlicher Politik ausgedehnt.

2.2.3 Die zunehmende Reichweite der Beihilfekontrolle

2.2.3.1 Ausweitung des Kontrollbereichs oder des Beihilfebegriffs?

Das Spektrum an denkbaren Maßnahmen, mittels derer ein Staat bestimmte Unternehmen finanziell begünstigen kann, ist schier unerschöpflich. Die EU-Mitgliedstaaten haben von dieser Tatsache immer wieder Gebrauch gemacht, indem sie neuartige Formen der Begünstigung erfanden, die bis dahin nicht von der Beihilfekontrolle erfasst waren (Koenig/Kühling 1999: 518). Viele Beispiele erinnern nur noch entfernt an die klassische Begünstigung in Form von Subven-tionen: der verbilligte Verkauf von staatlichen Grundstücken oder die öffentli-che Versorgung mit Energie zu Preisen unter Marktwert, die unterlassene Ein-forderung von Steuern oder Sozialbeiträgen, die überteuerte Abnahme von Leis-tungen oder Unternehmensbeteiligungen durch staatliche Einrichtungen, staatli-che Wechselkursversicherungen für Exporteure oder die Gestaltung vordergrün-dig allgemeiner Regeln mit gezielten Steuervergünstigungen.[91]

Im Gegenzug auf die Umgehungsversuche der Mitgliedstaaten hat die Kommission diese Fälle jedoch wiederholt dazu genutzt, um den Beihilfecha-rakter der konkreten Maßnahmen festzustellen und die Reichweite der europäi-schen Beihilfekontrolle dadurch generell auszuweiten (vgl. Plender 2003: 5). Grundsätzlich, so wurde im Abschnitt zu den rechtlichen Grundlagen des Bei-hilfeverbots bereits ausgeführt, ist der Beihilfebegriff im Vertragsrecht sehr offen gehalten und weit auszulegen und wird von der Kommission auch bewusst nicht abschließend definiert. Der Beihilfebegriff in Art. 87 Abs. 1 EGV be-zeichnet zwar einen objektiven Tatbestand und räumt der Kommission daher formal kein Ermessen ein (Mestmäcker/Schweitzer 2004: 1057f.). In der Praxis der Beihilfekontrolle waren die Auslegung der Beihilfekriterien, die aus dem Artikel abgeleitet wurden, und damit die Reichweite der Beihilfekontrolle je-doch häufig Anlass grundsätzlicher Auseinandersetzungen zwischen der Kom-mission und den Mitgliedstaaten.

---

[91] Für einen Überblick über die Vielfalt staatlicher Maßnahmen mit Beihilfecharakter, siehe Kerber (1998: 53f.). Die konkreten Fälle, die mit den aufgezählten Beispielen gemeint sind, werden in den folgenden Abschnitten näher erläutert und belegt.

Umstritten ist, inwieweit die Kommission ihre Kontrollbefugnisse dabei lediglich besser verwirklichte durch eine „Ausweitung des Kontrollbereichs" auf zuvor nicht erfasste Bereiche staatlicher Politik (Gross 2003: 91). Umgekehrt wird auch argumentiert, dass die Kommission zunehmend gewillt war oder durch private Beschwerden dazu angetrieben wurde, in immer neuen Bereichen staatlicher Politik Maßnahmen mit Beihilfecharakter zu entdecken und dabei eine „Ausweitung des Beihilfenbegriffs" (Kerber 1998: 54; vgl. auch Färber 1995: 85f.) vorgenommen habe. Nimmt man die Rechtsprechung des EuGH als – eher kommissionsfreundlichen – Maßstab, so lassen sich im Folgenden Beispiele für beide Positionen anführen. In einer Vielzahl von Fällen wurde die von der Kommission vertretene Auslegung des Beihilfebegriffs bestätigt; in einigen Fällen hat der EuGH der Reichweite der europäischen Beihilfekontrolle hingegen klare Grenzen gesetzt.

2.2.3.2   Die Offenheit des Beihilfebegriffs

Als erstes und zentrales Kriterium des europäischen Beihilfebegriffs wurde oben die „begünstigende Wirkung" einer Maßnahme genannt. Daraus ergibt sich die große Offenheit des Beihilfebegriffs, da er nicht auf bestimmte Formen oder Ziele von Beihilfen beschränkt ist, sondern sich allein an der Wirkung orientiert (Mestmäcker/Schweitzer 2004: 1056). Auch die Kriterien der „Belastung des staatlichen Haushalts" und der „Selektivität" haben zu wichtigen Auseinandersetzungen über die Reichweite der Beihilfekontrolle geführt.

In Fällen, in denen der Staat als Nachfrager oder Anbieter von Leistungen auftritt oder sich unternehmerisch engagiert (vgl. Mestmäcker/Schweitzer 2004: 1058), ist oftmals umstritten, ob die staatliche Tätigkeit *begünstigende Wirkung* für bestimmte Unternehmen hat, oder ob sie dem „normalen" Verhalten unter Marktbedingungen entspricht. Die Frage der Begünstigung ist zum Beispiel zentral für die Bewertung staatlicher Kapitalzuführungen in öffentliche Unternehmen bzw. Unternehmen mit öffentlicher Beteiligung.[92] Für diese Fälle haben die Kommission und die Europäischen Gerichtshöfe seit den 1980er Jahren den so genannten *Test des privaten Investors*[93] entwickelt (vgl. Slocock 2002). Hätte

---

[92] Nach Art. 295 EGV „bleibt die Eigentumsordnung in den verschiedenen Mitgliedstaaten unberührt", das heißt unternehmerische Tätigkeit des Staates ist erlaubt. Gemäß Art. 86 Abs. 1 EGV unterliegen öffentliche Unternehmen aber grundsätzlich den gleichen Wettbewerbsregeln – und somit auch der europäischen Beihilfekontrolle – wie private Unternehmen (Lübbig 2007: 26f.).

[93] Häufig wird dieser Begriff in der deutschen Literatur nicht übersetzt und als „private investor test" (Gross 2003: 8), „market investor test" (Plender 2003) oder „market economy investor principle" (Slocock 2002) wiedergegeben. Im Deutschen werden synonym auch „Test des marktwirtschaftlich

sich ein hypothetischer privater Investor unter vergleichbaren Umständen ebenso verhalten wie die betreffende staatliche Einrichtung, so die Grundidee des
Tests, liegt keine Begünstigung und somit keine staatliche Beihilfe vor. Der Test
des privaten Investors wird heute angewendet auf ein breites Spektrum an finanziellen Beziehungen zwischen dem Staat und seinen Beteiligungsunternehmen:
bei Zinserleichterungen, Darlehen, Bürgschaften, Garantien oder bei der Privatisierung von Unternehmen (vgl. Hansen/Van Ysendyck/Zuhlke 2004: 183, 185;
Grühn 2006: 45). Analog wird in Fällen, in denen staatliche Einrichtungen als
Gläubiger gegenüber Unternehmen auftreten, insbesondere wenn diese ihrer
Zahlung von Steuerschulden oder Sozialversicherungsbeiträgen nicht nach-
kommen, der so genannte Test des privaten Kreditgebers angewendet.[94] Setzt
der Staat seine Forderungen gegenüber einem Unternehmen nachlässiger durch
als ein hypothetischer privater Kreditgeber dies täte, ist das Kriterium der Begünstigung ebenfalls erfüllt (vgl. Soltész/Makowski 2003).

Die grundlegende Idee des Privatinvestorentests wird noch allgemeiner als
Prinzip der *marktrelativen Günstigkeit* (Müller-Graff 1988: 403, 418; Mestmä-
cker/Schweitzer 2004: 1058) oder der *marktgerechten Gegenleistung* (Heidenhain 2003: 30f.) formuliert und auch jenseits öffentlicher Unternehmensbeteiligungen vielfältig von der Kommission angewendet. Danach ist in allen
Fällen, in denen ein öffentlicher Akteur für eine Leistung mehr als den marktüblichen Preis bezahlt bzw. für die eigene Leistung weniger als den marktüblichen
Preis verlangt, das Beihilfekriterium der Begünstigung erfüllt (Mestmä-
cker/Schweitzer 2004: 1060). Ein typisches Beispiel aus dem Bereich der kommunalen Wirtschaftsförderung ist etwa der verbilligte Verkauf von öffentlichen
Grundstücken oder Gebäuden. Der Beihilfecharakter solcher Maßnahmen wurde
erstmals 1986 in einem Fall untersucht[95] und die darauf aufbauende Entscheidungspraxis der Kommission 1997 in einer Mitteilung kodifiziert.[96] Danach
erfüllt der Verkauf eines öffentlichen Grundstücks oder Gebäudes nicht den
Beihilfetatbestand, wenn der Verkaufspreis mindestens dem Wert entspricht, der
in einem unabhängigen Wertgutachten ermittelt wurde. Weitere Fälle (vgl.
Gross 2003: 90-101), in denen das Kriterium der Begünstigung ausschlaggebend war für eine Ausweitung der europäischen Beihilfekontrolle auf neue Bereiche staatlicher Politik, betrafen 1985 etwa verbilligte Energiepreise eines

---

handelnden Kapitalgebers" oder „Test des normalumsichtigen Privatinvestors" verwendet (Lübbig
2007: 26).
[94] EuGH Slg. 1999, I-2459, Rdnrn. 46ff. – *Spanien/Kommission („Tubacex")* ; EuGH Slg. 1999, I-
3913 Rdnrn. 26ff. – *DM Transport.*
[95] Mitteilung (EWG) über die Verfahrenseröffnung im Fall *Daimler-Benz/Rastatt*, ABl. 1986 Nr. C
336/4.
[96] Mitteilung der Kommission betreffend Elemente staatlicher Beihilfe bei Verkäufen von Bauten
oder Grundstücken durch die öffentliche Hand, ABl. EG 1997 Nr. C 209/3.

staatlich kontrollierten Energieversorgers[97], 1989 das erste Beihilfeverfahren
wegen überhöhter Abnahmepreise durch ein öffentliches Unternehmen[98] oder
die Schulung von Arbeitnehmern für ein bestimmtes Unternehmen.[99]

Einen Sonderfall potenzieller Begünstigung stellen staatliche Ausgleichszahlungen für *Leistungen der Daseinsvorsorge* nach Art. 86 Abs. 2 EGV dar.
Danach gilt das europäische Wettbewerbsrecht für Unternehmen, „die mit
Dienstleistungen von allgemeinem wirtschaftlichem Interesse betraut sind [...]
soweit die Anwendung dieser Vorschriften nicht die Erfüllung der ihnen über-
tragenen besonderen Aufgabe rechtlich oder tatsächlich verhindert". Durch die
schrittweise Liberalisierung vormals staatlich dominierter Sektoren – z.B. Telekommunikation, Transport, Energie – fanden die Beihilferegeln auch in diesen
Bereichen zunehmend Anwendung, bei gleichzeitig gestiegenen Anreizen für
die Mitgliedstaaten, den eigenen bzw. frisch privatisierten Unternehmen einen
Wettbewerbsvorteil durch Beihilfen zu verschaffen (Paulweber/Weinand 2001:
235). Erst in den letzten Jahren konnte die Streitfrage größtenteils vor dem
EuGH geklärt werden, inwiefern Ausgleichszahlungen für Leistungen der Daseinsvorsorge der europäischen Beihilfekontrolle unterstehen (vgl. Immen-
ga/Mestmäcker 2007: 103-106). Im *Altmark Trans*-Urteil hat der EuGH entschieden, dass grundsätzlich keine Beihilfe vorliegt, wenn die staatliche Zahlung tatsächlich nur einen Ausgleich für die erbrachte Leistung darstellt, diese
aber nicht überkompensiert und somit keine Begünstigung in einem engeren
Sinne vorliegt.[100] Für den Nachweis, dass die staatliche Zahlung tatsächlich nur
eine Gegenleistung darstellt, hat der EuGH allerdings eine Reihe strikter Prüfkriterien aufgestellt – insbesondere muss das Unternehmen nach einer offenen
Ausschreibung beauftragt worden sein oder die Höhe der Gegenleistung muss
durch ein *benchmarking* ermittelt werden. Mit einer Entscheidung[101] nach Art.
86 Abs. 3 EGV hat die Kommission anschließend bestimmte Leistungen der
Daseinsvorsorge von der Beihilfekontrolle ausgenommen und in einem neuen
Gemeinschaftsrahmen[102] ihre Prüfkriterien für nicht ausgenommene Maßnahmen näher konkretisiert. Angetrieben wurde die Ausweitung der Beihilfekon-

---

[97] Entscheidung (EWG) Nr. 85/215 der Kommission vom 13. Februar 1985, ABl. 1985 Nr. L 97/49.
[98] Entscheidung (EWG) Nr. 90/215 der Kommission vom 3. Mai 1989, ABl. 1990 Nr. L 114/25.
[99] EuGH Slg. 1993, I-3203, 3257 Rdnr. 29 – *Matra/Kommission*.
[100] In dem Fall ging es um Ausgleichszahlungen, die ein Verkehrsunternehmen dafür erhalten sollte,
dass es auch unrentable Strecken bediente. EuGH Slg. 2003 I-7747, 7838 Rdnrn. 87ff. – *Altmark
Trans*.
[101] Entscheidung über die Anwendung von Artikel 86 Absatz 2 EGV auf staatliche Beihilfen, die
bestimmten mit der Erbringung von Dienstleistungen von allgemeinem wirtschaftlichem Interesse
betrauten Unternehmen als Ausgleich gewährt werden, ABl.EG 2005 Nr. L 312/67.
[102] Gemeinschaftsrahmen für staatliche Beihilfen, die als Ausgleich für die Erbringung öffentlicher
Dienstleistungen gewährt werden, ABl. EG 2005 Nr. C 297/4.

trolle auf Ausgleichszahlungen für Leistungen der Daseinsvorsorge oft weniger durch die Initiative der Kommission als durch private Konkurrenten der begünstigten Unternehmen. So haben sich private Rundfunkanstalten aus einer Vielzahl von EU-Mitgliedstaaten über die Finanzierung des öffentlich-rechtlichen Rundfunks beschwert, woraufhin die Kommission 1998 sogar wegen Untätigkeit verurteilt wurde.[103] Auf anhaltenden Druck privater Banken seit Mitte der 1990er Jahre wurde das System der Staatsgarantien für die öffentlich-rechtlichen Landesbanken und Sparkassen in Deutschland grundlegend reformiert (Grossman 2006).[104] Im Postsektor ordnete die Kommission die Rückforderung von 572 Mio. Euro staatlichen Beihilfen an, nachdem sich ein privater Konkurrent (UPS) der Deutschen Post AG beschwert hatte, diese nutze Beihilfen, die eigentlich für die Briefzustellung bestimmt seien, zur Quersubventionierung ihres Paketdienstes (Heidenhain 2003: 626-628).[105]

Das Kriterium, dass eine Beihilfe zu einer *Belastung des staatlichen Haushalts* führen muss, hat in zweierlei Hinsicht zu Auseinandersetzungen über die Reichweite der Beihilfekontrolle geführt: hinsichtlich der Frage, in welchen Fällen tatsächlich eine finanzielle Belastung vorliegt, und darüber, wann diese dem Staat zuzurechnen ist. Eine Belastung des staatlichen Haushalts muss nicht notwendigerweise in einem positiven Transfer von finanziellen Ressourcen bestehen, sondern kann auch im negativen Verzicht auf Gelder, die eigentlich dem Staat zuständen, bestehen. Dass *Steuern* Beihilfen im Sinne des europäischen Vertragsrechts darstellen können – etwa in Form von Steuerbefreiungen, ermäßigten Steuersätzen, Freibeträgen (Färber 1995: 127) – wurde daher bereits frühzeitig vom EuGH bestätigt.[106] Auch *parafiskalische Abgaben*, die außerhalb des allgemeinen staatlichen Haushalts erhoben und verteilt werden, sowie *Sozialversicherungsbeiträge* wurden mit dieser Begründung schon in den 1970er Jahren grundsätzlich der Beihilfekontrolle unterstellt (Mestmäcker/Schweitzer 2004: 1088; Gross 2003: 91f.). Dem Staat zuzurechnen sind nicht nur Maßnahmen, die unmittelbar von staatlichen Einrichtungen durchgeführt werden, son-

---

[103] Die ersten Beschwerden dieser Art wurden 1992 von spanischen TV-Anstalten eingereicht. In Deutschland hat der Verband Privater Rundfunk und Telekommunikation 1997 Beschwerde eingereicht. Für einen ausführlichen Überblick, siehe Bartosch (1999).

[104] Eine erste Konkurrentenbeschwerde des Bundesverbands deutscher Banken (BDB) richtete sich 1993 nur gegen die nordrhein-westfälische WestLB. Im Dezember 1999 reichte die Europäische Bankenföderation eine Beschwerde gegen das deutsche System der Staatsgarantien (Anstaltslast und Gewährträgerhaftung) bei der Kommission ein.

[105] Entscheidung (EG) 2002/753 der Kommission vom 19. Juni 2002. Nach der Einleitung des Hauptprüfverfahrens nahmen nicht nur der Beschwerdeführer UPS, sondern auch 12 weitere private Unternehmen zu dem Fall Stellung, Rdnr. 46. Siehe auch: „Deutsche Post muss 572 Mio. EUR zurückzahlen, die unzulässig zur Preisunterbietung im gewerblichen Paketdienst verwendet wurden", Presseerklärung der Kommission IP/02/890 vom 19. Juni 2002.

[106] EuGH Slg. 1973, 813 – *Kommission/Deutschland*. Ausführlich hierzu Schön (1999: 920).

dern auch mittelbar unter staatlichem Einfluss, z.B. durch *staatlich beauftragte Einrichtungen* oder durch *staatlich kontrollierte Unternehmen.*[107]

Das Kriterium der *Selektivität,* wonach eine Beihilfe nur dann vorliegt, wenn bestimmte Unternehmen oder Sektoren von einer Maßnahme begünstigt werden, hat insbesondere im Bereich der *Steuer- und Sozialpolitik* zu Konflikten über die Reichweite der Beihilfekontrolle geführt (Gross 2002). Allgemeine Maßnahmen, die alle Wirtschaftsteilnehmer eines Mitgliedstaates gleicherma-ßen betreffen, fallen demnach nicht unter die europäische Beihilfekontrolle. Diese Abgrenzung zwischen allgemeinen und spezifischen Maßnahmen ist in der Praxis aber oft sehr schwierig, da auch allgemein formulierte Maßnahmen in ihrer konkreten Anwendung oder in ihren Auswirkungen selektiv sein kön-nen.[108] Besonders kompliziert sind Fälle, in denen Maßnahmen zwar selektiv wirken, diese Differenzierung jedoch nach der Formel der europäischen Ge-richtshöfe „durch das Wesen oder die allgemeinen Zwecke des Systems [...] gerechtfertigt"[109] ist. Zu den wenigen unumstrittenen Beispielen, in denen diffe-renzierte Steuerregeln daher auch von der Kommission nicht als Beihilfen ange-sehen werden, gehören progressive Steuersätze sowie die Befreiung gemeinnüt-ziger Institutionen von der Körperschaftssteuer (vgl. Mestmäcker/Schweitzer 2004: 1081; Schön 1999: 928). Die Kommission hat selbst eingeräumt, dass die Unterscheidung zwischen allgemeinen und selektiven Maßnahmen in anderen Fällen schwierig bleibt.[110] Kritiker bemängeln, die Kommission überdehne den Beihilfebegriff in Steuerfragen und instrumentalisiere die Beihilfekontrolle zur Angleichung nationaler Steuerpolitiken (Quigley 2003b: 208, 217).

Auch im Hinblick auf staatliche *Infrastrukturmaßnahmen* steht das Kriteri-um der Selektivität im Mittelpunkt der Auseinandersetzung über die Reichweite der Beihilfekontrolle. Einerseits ist grundsätzlich anerkannt, dass eine gute

---

[107] EuGH Slg. 1977, 595, 612f. Rdnr. 21 – *Steinike und Weinlig/Deutschland;* EuGH Slg. 2002 I 4397, 4440 Rdnr. 38 – *Frankreich/Kommission (,,Stardust").* Näher hierzu Mestmäcker (2004: 1087f.).

[108] Beispielsweise bestätigte der EuGH eine Entscheidung der Kommission, wonach die Senkung der Krankenversicherungsbeiträge für Frauen eine selektive Begünstigung von Sektoren mit hohem Frauenanteil unter den Beschäftigten darstelle (vgl. Gross 2003: 10); EuGH Slg. 1983, 2525 – *Kommission/Italien.*

[109] EuG Slg. 2002, II-4221, 4243 Rdnr. 60 – *Disputación Foral de Guipúzcoa u.a./Kommission.* Leicht abgewandelt formulierte der EuGH in früheren Urteilen und sprach von Ausnahmen, die „durch das Wesen und die Struktur dieses Systems" (EuGH Slg. 1999, I-3671, 3697 Rdnr. 33f. – *Belgien/Kommission*) oder „durch die Natur oder den inneren Aufbau dieses Systems" (EuGH Slg. 1974, 709, 719 Rdnr. 33/35 – *Italien/Kommission*) gerechtfertigt seien. Ausführlicher hierzu, siehe Mestmäcker (2004: 1080f.).

[110] So zitiert Wishlade (2003) aus dem 24. Wettbewerbsbericht 1996, Rdnr. 172: „Es ist schwierig, im voraus allgemeingültige Kriterien aufzustellen, um diese beiden Begriffe gegeneinander abgren-zen zu können. Daher versucht die Kommission, diese Abgrenzung auf der Grundlage der ihr vorge-legten Einzelfälle zu verbessern".

regionale oder kommunale Infrastruktur wünschenswert ist und zu den legitimen Mitteln der Standortpolitik gehört. Andererseits sieht die Kommission solche Maßnahmen potenziell als Beihilfen an, die bestimmten Unternehmen oder Sektoren besonders zu Gute kommen (Plender 2003: 13; Mestmäcker/ Schweitzer 2004: 1078f.).

2.2.3.3   Die Grenzen des Beihilfebegriffs

Zum Teil hat die Kommission die Reichweite der Beihilfekontrolle selbst bereitwillig beschränkt, insbesondere um nicht durch Beschwerden Dritter in Fälle verwickelt zu werden, die aus wettbewerbspolitischer Sicht kaum von Bedeutung sind. So gilt das Beihilfekriterium einer potenziellen „Beeinträchtigung des Handels zwischen den Mitgliedstaaten" in den meisten Fällen als erfüllt, ohne dass es einer ausführlichen Begründung bedürfte (Gross 2003: 11). In einer Reihe von Fällen dagegen hat sich die Kommission ausdrücklich auf das fehlende grenzüberschreitende Element berufen, um sich für unzuständig zu erklären. Beispielsweise sah sie den Beihilfetatbestand im Fall des Freizeitbades Dorsten als nicht erfüllt an, da diesem mit einem Einzugsbereich von etwa 50 km nur lokale Bedeutung zukommt.[111]

Weitaus bedeutendere Grenzen haben jedoch die europäischen Gerichtshöfe der Beihilfekontrolle der Kommission gesetzt. So hat der EuGH wiederholt Maßnahmen die Beihilfequalität abgesprochen und die Kommission für unzuständig erklärt, da er das Kriterium der „Herkunft aus staatlichen Mitteln" als nicht erfüllt ansah.[112] Der Wortlaut des Art. 87 Abs. 1 EGV – „staatliche oder aus staatlichen Mitteln gewährte Beihilfen" – ließ nach Ansicht der Kommission eine weitere Auslegung zu, wonach eine Belastung des staatlichen Haushalts ein mögliches Element, jedoch kein notwendiges Kriterium staatlicher Beihilfen sei. Stattdessen sollten auch regulative Begünstigungen unter die Beihilfekontrolle fallen, die auf staatliches Handeln zurückzuführen sind, auch wenn dem Staat dabei keine Kosten entstehen (Koenig/Kühling/Ritter 2005: 121f.). Ein Beispiel wäre etwa die selektive Anwendung oder Durchsetzung von Umweltstandards, die eine Begünstigung für jene Unternehmen darstellt, die sich nur eingeschränkt an die Umweltstandards halten müssen (Koenig/Kühling 1999: 521). Diese Position fand auch in der Fachliteratur Unterstützung mit dem Argument,

---

[111] Kommission, Entscheidung vom 12.01.2001, Beihilfe N 258/00, *Freizeitbad Dorsten*. Lübbig nennt weitere eher kuriose Einzelfälle, in denen die Kommission sich ebenfalls für unzuständig erklärt hat (2007: 24; vgl. auch Heidenhain 2003: 73f.).

[112] Vgl. etwa EuGH Slg. 1978, 25 Rdnr. 26 – *Van Tiggele*; EuGH Slg. 1993, I-887 Rdnr. 19 – *Sloman Neptun*; EuGH Slg. 2001, I-2099 Rdnr. 58 – *Preussen Elektra*.

dass ansonsten bedeutende Umgehungsmöglichkeiten für die Mitgliedstaaten entstünden (Slotboom 1995; Koenig/Kühling 1999). Im *PreussenElektra*-Urteil[113] hat der EuGH jedoch endgültig geklärt, dass Beihilfen nur bei einer Belastung des staatlichen Haushalts vorliegen und dass die Beihilfekontrolle kein „generelles Instrument zur Korrektur aller wettbewerbslenkenden Maßnahmen des Staates" (Lübbig 2007: 18) ist. Durch diese Rechtsprechung ist die Kommission erheblich eingeschränkt, z.b. bei der Kontrolle der deutschen Rundfunkgebühren. Da die Gebühren erhoben und direkt an die Rundfunkanstalten weitergegeben werden, ohne in einem öffentlichen Haushalt verbucht zu sein, hat die Kommission keine beihilfekontrollpolitische Handhabe mehr (vgl. Koenig/Kühling/Ritter 2005: 123).

Eine weitere Einschränkung hinsichtlich des Kriteriums der Herkunft aus staatlichen Mitteln nahm der EuGH im *Stardust*-Fall vor.[114] Danach reicht es nicht aus, dass eine vermeintliche Beihilfe durch ein staatlich kontrolliertes Unternehmen gewährt wurde – der Staat muss seine Kontrolle in dem konkreten Fall auch tatsächlich ausgeübt haben (Koenig/Kühling/Ritter 2005: 119; Mestmäcker/Schweitzer 2004: 1089).

Das Kriterium der Wettbewerbsverfälschung wurde von der Kommission derart weit ausgelegt, dass es bei Vorliegen der anderen Merkmale keiner weiteren Begründung bedurft hätte, um den Beihilfecharakter einer Maßnahme festzustellen: „Ein äußeres selektives Einwirken muß den Wettbewerb verfälschen. Man kann daher davon ausgehen, daß eine beliebige, einem Unternehmen gewährte öffentliche Beihilfe den Wettbewerb verfälscht [...] soweit nicht außergewöhnliche Umstände vorliegen".[115] Wenngleich der EuGH keine hohe Beweishürde aufgestellt hat, so wurde die Kommission dennoch dazu verpflichtet, die Umstände einer drohenden Wettbewerbsverfälschung in ihrer Entscheidungsbegründung zumindest darzulegen.[116]

Offene Fragen, zu denen sich die europäischen Gerichtshöfe früher oder später werden äußern müssen, bestehen hinsichtlich des Kriteriums der Selektivität. Die Kommission legt dieses Kriterium sehr weit aus (Heidenhain 2003:

---

[113] EuGH Slg. 2001, I-2099 Rdnr. 54ff – *Preussen Elektra*. In dem konkreten Fall ging es darum, dass Stromversorger gesetzlich dazu verpflichtet wurden, Strom aus erneuerbaren Energien zu staatlich festgelegten Mindestpreisen abzunehmen, die deutlich über dem Marktpreis lagen. Dadurch wurden die Erzeuger von Strom aus erneuerbaren Energien begünstigt, jedoch auf Kosten der Abnehmer und nicht zu Lasten des staatlichen Haushalts. In seinem Urteil erkannte der EuGH zwar die Begünstigungswirkung an, sprach der Maßnahme dennoch den Beihilfecharakter ab, da keine Belastung des staatlichen Haushalts vorlag.

[114] Siehe oben, Fn. 107.

[115] Generalanwalt Capotorti im Schlussantrag zum Fall *Philipp Morris/Kommission* (EuGH Slg. 1980, 2671). Zitiert nach Mestmäcker (2004: 1093).

[116] EuGH Slg. 1985, 809 Rn. 24 – *Niederlande und Leeuwarder Papierwarenfabrik*. Näher hierzu Mestmäcker (2004: 1093) und Grühn (2006: 52).

59f.). Beispielsweise werden Maßnahmen als selektiv angesehen, die sich auf eine bestimmte Region beziehen, auch wenn sie von einer Regionalregierung für deren gesamten Zuständigkeitsbereich, d.h. allgemein, beschlossen wurden (vgl. Mestmäcker/Schweitzer 2004: 1077). Der EuGH hatte sich in dieser Frage bislang nicht zu äußern. Insbesondere im Bereich der Steuerpolitik bleibt die Abgrenzung zwischen selektiven Beihilfen und allgemeinen Maßnahmen noch offen (Heidenhain 2003: 63).

2.2.4 Die Fokussierung der Kontrollkapazitäten

2.2.4.1   Die zunehmende Arbeitsbelastung der Kommission

Eine andersartige Beschränkung der Beihilfekontrolle besteht in der chronischen personellen Unterbesetzung der Kommission bei wachsenden Aufgaben. Mit der Verschärfung der Beihilfekontrolle seit der Mitte der 1980er Jahre ist auch die Zahl der Beihilfefälle und -entscheidungen stark gewachsen. Kommission, Mitgliedstaaten und Unternehmen haben zu dieser Entwicklung beigetragen: Mit der Unterstützung der europäischen Gerichtshöfe war die Kommission die treibende Kraft der Durchsetzung und Ausweitung der europäischen Beihilfekontrolle (Smith 1996). Gerechtfertigt wurden Schritte zur Verschärfung der Beihilfekontrolle zumeist als Reaktion auf den gestiegenen Subventionsdruck in den Mitgliedstaaten oder auf ihre immer neuen Umgehungsversuche (Gross 2003: 43). Schließlich haben Konkurrenten in zunehmendem Maße von ihrer Beschwerdemöglichkeit Gebrauch gemacht und es der Kommission dadurch erschwert, die Beihilfekotrolle nach den eigenen Prioritäten weiter zu entwickeln (Smith 1998; Smith 2001b).

Die Initiativen der Kommission zur Durchsetzung und Ausweitung der europäischen Beihilfekontrolle wurden in den vorhergehenden Abschnitten ausführlich besprochen. Aus Sicht der Mitgliedstaaten erhöhte sich dadurch die Wahrscheinlichkeit, dass unangemeldete Beihilfen später entdeckt würden, und somit stieg das Risiko einer möglichen Rückforderungsentscheidung. Nachdem die Zahl der angemeldeten Beihilfen in der ersten Hälfte der 1980er Jahre noch rückläufig war, nahm sie mit der Straffung der Beihilfekontrolle in der zweiten Hälfte der 1980er Jahre sprunghaft zu (siehe Abbildung 2). Auch die besprochene Ausweitung der Beihilfekontrolle auf neue Formen der Begünstigung sowie auf frisch liberalisierte Sektoren führte zu einem Anstieg der angemeldeten Beihilfen (vgl. Rawlinson 1993: 56; Mederer 1996: 12f.). Schließlich wuchs die Arbeitsbelastung der Kommission mit den jeweiligen Erweiterungen der EU. Große Zunahmen an neuen Beihilfefällen sind zu verzeichnen für die Jahre

der deutschen Wiedervereinigung (1990) sowie die beiden Erweiterungsrunden
1995 und 2004.[117]

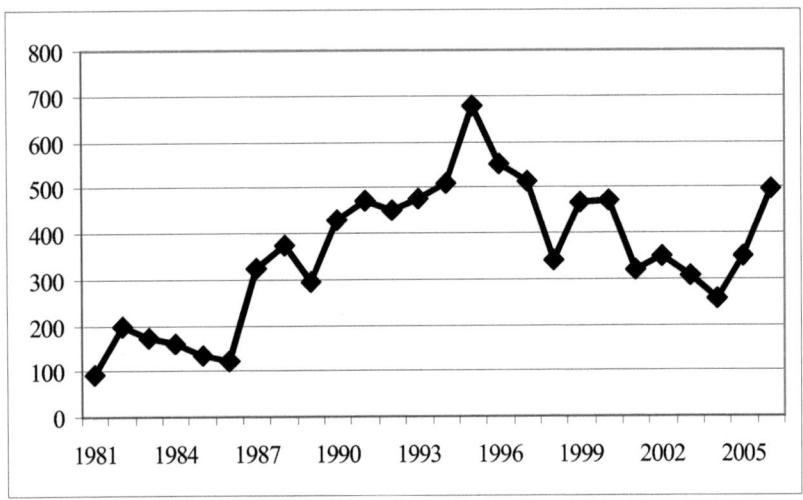

Abbildung 2: Angemeldete Beihilfen (1981-2006)[118]

Darüber hinaus sind auch die Beschwerden und Kommentare von Unternehmen
angestiegen, die sich durch Beihilfen an ihre Wettbewerber benachteiligt sehen
(Rawlinson 1993: 56; Mederer 1996: 13). Bereits Mitte der 1990er Jahre ließ
sich eine Zunahme von Kommentaren Dritter zu Beihilfefällen der Kommission
beobachten, der eine Abnahme von Kommentaren durch andere Mitgliedstaaten
gegenüberstand (Smith 1998: 71-73). Die öffentlich zugänglichen Daten erlau-

---

[117] Die Erweiterung 2004 hat sich offenbar erst mit einjähriger Verzögerung auf die Zahl der An-
meldungen ausgewirkt. Das liegt zum einen daran, dass die neuen Mitgliedstaaten viele geplante
Beihilfemaßnahmen noch unmittelbar vor ihrem Beitritt durchgeführt haben, um nicht der Kommissionskontrolle zu unterliegen (siehe Kapitel 3.1). Maßnahmen in den neuen Mitgliedstaaten, die
auch nach dem Beitritt fortgeführt werden, wurden zwar ähnlich behandelt wie neue angemeldete
Beihilfen, sie tauchen aber nicht in dieser Statistik auf. Im Jahr 2004 hatte die Kommission zusätzlich über 250 solcher Übergangsfälle zu entscheiden, im Jahr 2005 noch über 50. Siehe hierzu die
Kategorie „Andere Entscheidungen" im Annex I zu den Berichten über die Wettbewerbspolitik
XXXIV. (2004) und XXXV. (2005).
[118] Quellen: Berichte über die Wettbewerbspolitik XXII. (1992), Rdnr. 129/Tabelle 1, XXIII. (1993),
Rdnr. 208, XXVIII (1998), Schaubild 6 sowie Beihilfeanzeiger, Frühjahrsausgaben 2005, Tabelle
13, 2006, Tabelle 8 und 2006, Tabelle 8. Ausgeschlossen sind dabei jeweils die angemeldeten
Beihilfen in den Bereichen Landwirtschaft, Fischerei, Transport und Kohle.

ben keinen Vergleich, wie viele registrierte Beihilfefälle auf Konkurrentenbeschwerden zurückgehen. Allein im Zeitraum von 2000 bis 2005 ist die Zahl der
jährlichen Konkurrentenbeschwerden jedoch von 94 auf 204 angestiegen.[119]
Besonders beigetragen haben Konkurrenten auch zur wachsenden Zahl an Beihilfefällen vor den europäischen Gerichtshöfen (siehe Abbildung 3).

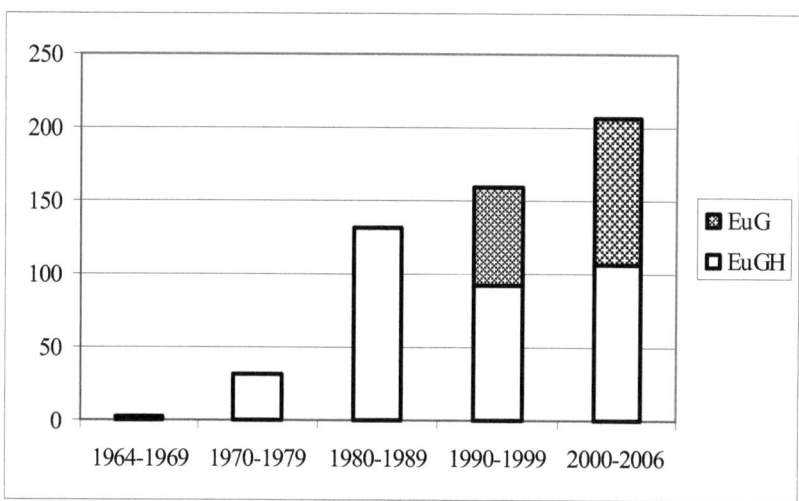

Abbildung 3: Urteile der europäischen Gerichtshöfe in Beihilfefällen[120]

Bis in die 1990er Jahre verfügte die Kommission über ein weites Ermessen,
welche Beschwerdefälle sie intensiver verfolgen wollte bzw. welche nicht. Immer weniger waren die Konkurrenten jedoch bereit, diese selektive Kontrollpraxis hinzunehmen und klagten gegen die Nachgiebigkeit oder gar Untätigkeit der
Kommission. In zwei Urteilen von 1998 verpflichteten sowohl der EuGH als
auch das EuG die Kommission jedoch, jede Beschwerde zu prüfen und heiklen
Fällen nicht dadurch auszuweichen, dass diese bereits nach einem kurzen Vorprüfverfahren für unproblematisch erklärt werden.[121] In den Artikeln 10 und 13
der Verfahrensverordnung von 1999 sind diese Pflichten der Kommission ausdrücklich festgelegt. Während bis 1980 nur wenige Beihilfefälle vor dem EuGH

---

[119] 35. Wettbewerbsbericht 2005, Tabelle 6.
[120] Vgl. online: http://ec.europa.eu/comm/competition/court/index.html [letzter Zugriff: 01.09.2008].
[121] EuGH Slg. 1998, I-1719 Rdnr. 62 – *Sytraval I*; EuG, Slg. 1998, II-3407 Rdnr. 53 – *Gestevisión Telecinco*.

landeten, hat sich die Zahl der Urteile in Beihilfefällen im Zeitraum von 2000 bis 2006 gegenüber den 1980er Jahren fast verdoppelt. Das EuG behandelt inzwischen etwa ebenso viele Beihilfefälle wie der EuGH. Zurückzuführen ist dies vor allem auf die starke Zunahme an Unternehmensklagen, entweder von Konkurrenten gegen die Genehmigung von Beihilfen oder von potenziellen Beihilfeempfängern gegen negative Entscheidungen der Kommission. Der Anteil der Klagen vor dem EuGH, zumeist entweder Klagen der Mitgliedstaaten gegen negative Entscheidungen oder Klagen der Kommission gegen die Nichtbefolgung ihrer Entscheidungen, hat sich seit der Einrichtung des EuG dagegen stabilisiert (Heidenhain 2003: 765).

2.2.4.2   Personalmangel und Arbeitsüberlastung

Der wachsenden Arbeitsbelastung der Kommission durch die europäische Beihilfekontrolle steht ein chronischer Personalmangel gegenüber. Zwar wurde das Personal der GD COMP schrittweise erweitert, jedoch auf vergleichsweise niedrigem Niveau. Während vor zehn Jahren noch etwa 400 Mitarbeiter sämtliche Bereiche der Kartell-, Fusions- und Beihilfekontrolle sowie der Liberalisierungspolitik abdecken mussten, sind es heute ca. 750 – knapp 190 Mitarbeiter davon im Bereich Beihilfekontrolle.[122] Das deutsche Bundeskartellamt dagegen beschäftigt alleine bereits 300 Mitarbeiter und klagt ebenfalls über Personalmangel, die niederländische Kartellbehörde verfügt sogar über 450 Mitarbeiter.[123]

Mit jedem Schritt zu einer Ausweitung der Beihilfekontrolle auf neue Bereiche oder zu ihrer verschärften Durchsetzung läuft die Kommission zugleich Gefahr, Opfer des eigenen Erfolgs zu werden und sich selbst zu überfordern: „Ultimately the entrepreneurship of the Commission not only augments its autonomy, but also limits it by mobilizing constituencies that make new demands on its resources" (Smith 1998: 57). Die beschränkten personellen Kapazitäten sind somit eine der größten Schwächen der GD COMP, das Bemühen um ihren möglichst effizienten Einsatz eine „organisational obsession" (Cini/McGowan 1998: 47). Die Mitgliedstaaten haben nur ein begrenztes Interesse, Abhilfe zu

---

[122] Vgl. (Cini/McGowan 1998: 47) und den GD COMP Annual Management Plan 2006, S. 9 – Online unter: http://ec.europa.eu/comm/competition/publications/annual_management_plan/amp_ 2006_en.pdf [letzter Zugriff: 01.09.2008].

[123] Siehe: „Bundeskartellamt klagt über fehlendes Personal; Der Präsident der Bonner Behörde, Bernhard Heitzer, stellt seinen ersten Tätigkeitsbericht vor", in: General-Anzeiger Bonn vom 11.07.2007, S. 16.

schaffen, da sie den Aktivismus der Kommission so zumindest indirekt unter Kontrolle halten können (Rawlinson 1993: 56).

Möchte die Kommission die Beihilfekontrolle somit in einem bestimmten Bereich verstärken oder auf einen neuen Bereich ausdehnen, muss die Arbeitsbelastung an anderer Stelle vermindert werden. Das Potenzial, das kommissionsinterne Abstimmungsverfahren zu straffen, ist begrenzt (Mederer 1996: 13). Darüber hinaus hat sich die Kommission in der Vergangenheit immer wieder gewisse Freiräume geschaffen, indem sie die Kontrolle relativ unproblematischer Beihilfefälle stärker verregelt und routinisiert hat. Vor allem das oben beschriebene weiche Recht dient neben der Rechtssicherheit und der Glaubwürdigkeit auch der Zeitersparnis im Prozess der Beihilfekontrolle. Durch weiches Recht werden allgemeine Prüfkriterien für bestimmte Beihilfen festgelegt, so dass sich die Beteiligten auf europäischer und nationaler Ebene nicht jeweils durch eine Vielzahl möglicher Präzedenzfälle arbeiten müssen, um sich die vorherige Kontrollpraxis der Kommission zu erschließen (Rawlinson 1993: 56). Auch können Konflikte mit den Mitgliedstaaten während der Fortbildung des weichen Rechts dauerhaft geklärt werden, so dass sie nicht mehr von Fall zu Fall ausgetragen werden müssen.

2.2.4.3   Dezentralisierung und Fokussierung als Auswege

Allein durch die Fortbildung des weichen Rechts ist das Problem der Arbeitsüberlastung der Kommission auf Dauer jedoch nicht zu beheben. Zum einen müssen alle Beihilfemaßnahmen, die unter das weiche Recht fallen, bei der Kommission angemeldet werden und zumindest ein Vorprüfverfahren durchlaufen, selbst wenn es sich um unproblematische Fälle handelt. Um ihre beschränkte Kapazität nicht für solche Fälle zu verschwenden, hat die Kommission die Überwachung bestimmter Kategorien von Beihilfen *dezentralisiert*. Zum anderen entstehen immer wieder neuartige oder besonders komplizierte Beihilfefälle, für die das bestehende weiche Recht nur begrenzt Orientierung bietet und die eine aufwändige Prüfung durch die Kommission erfordern. Ziel der Kommission ist es, die Zahl dieser Fälle niedrig zu halten und einen möglichst großen Teil der verfügbaren Ressourcen auf ihre Kontrolle zu *fokussieren*.

Das Instrument zur Dezentralisierung der Beihilfekontrolle, d.h. zur Rückübertragung von Kontrollaufgaben auf die nationale Ebene, sind die bereits erwähnten *Gruppenfreistellungsverordnungen* (GFV) der Kommission. Seit 1998 hat die Kommission solche GFV schrittweise in Bereichen erlassen, in denen sie Beihilfen grundsätzlich positiv gegenüber steht und ihre Erfahrung aus der Kontrollpraxis als ausreichend erachtet, um klare Regeln zu formulieren,

die einheitlich und korrekt in den Mitgliedstaaten angewendet werden können.
Zwar sind die Mitgliedstaaten verpflichtet, eine standardisierte Kurzbeschrei-
bung über freigestellte Beihilfemaßnahmen an die Kommission zu übermitteln
sowie Jahresberichte über alle diesbezüglichen Maßnahmen zu erstellen – die
wesentliche Neuerung der GFV besteht aber darin, dass bestimmte Beihilfemaßnahmen ohne *ex ante*-Kontrolle durch die Kommission durchgeführt werden können.

Wie der Evaluierungsbericht der Kommission (European Commission
2006a) über die erste Generation von Gruppenfreistellungen für KMU-, Ausbil-
dungs- und Beschäftigungsbeihilfen zeigt, hat die Zahl der genehmigungspflich-
tigen Maßnahmen in diesen Bereichen stark abgenommen, die Zahl der freigestellten Maßnahmen dementsprechend relativ kontinuierlich zugenommen (siehe Tabelle 11). Mit der Erweiterung hat sich diese Entwicklung noch verstärkt:
Im Jahr 2005 stammten bereits über 20% der freigestellten Maßnahmen aus den
neuen Mitgliedstaaten.

	2001	2002	2003	2004	2005	2006
KMU	102	123	139	149	197	183
Ausbildung	48	80	55	79	68	57
Beschäftigung	-	-	8	21	26	35
Landwirtschaft	-	-	-	72	88	119
Fischerei	-	-	-	1	22	24
Gesamt	150	203	202	322	401	418

Tabelle 11: Beihilfen unter Gruppenfreistellungsverordnungen (2001-2006)[124]

Die Freistellung weiterer Beihilfen durch die Kommission ist in vollem Gange:
Zusätzliche GFV für Regionalbeihilfen wurde 2006 verabschiedet, darüber
hinaus werden künftig Umweltbeihilfen freigestellt und schließlich sollen alle
Regelungen in einer allgemeinen GFV zusammengefasst werden.[125] In ihren
Kommentaren zum SAAP haben die Mitgliedstaaten eine Ausweitung der GFV
einhellig begrüßt.[126] Im Hinblick auf die *de minimis*-Verordnung drehte sich die

---

[124] Die Tabelle wurde übernommen aus dem Beihilfeanzeiger, Herbstausgabe 2007.
[125] Vgl. „Staatliche Beihilfen: Vereinfachte Regeln für Gruppenfreistellungen – Kommission leitet
Konsultationen ein", Presseerklärung der Kommission IP/07/549 vom 24. April 2007.
[126] Die konkreten Vorschläge einer allgemeinen GFV sowie einer Erhöhung der Obergrenze für *de
minimis*-Beihilfen gehörten zu den am häufigsten – dabei fast ausschließlich positiv – kommentier-
ten Punkten in den Konsultationen zum SAAP (European Commission 2006c: 6f.). Selbst Mitgliedstaaten wie Großbritannien, die traditionell eine strikte Beihilfekontrolle durch die Kommission
befürworten, haben sich dort für mehr Bereiche und höhere Obergrenzen ausgesprochen, unter

Diskussion nicht darum, ob, sondern wie weit die Obergrenze angehoben werden sollte. Letztlich wurde eine Verdopplung von €100.000 auf €200.000 beschlossen – nur einige Interessenvertreter kleiner und mittlerer Unternehmen hatten sich zum Schutz gegenüber größeren Konkurrenten für einen niedrigeren Betrag ausgesprochen.[127]

Durch die GFV entlastet, kann die Kommission ihre beschränkten Kontrollkapazitäten stärker auf *strittige Fälle* fokussieren. Unter besonderer Beobachtung der Kommission stehen traditionell Beihilfen an Unternehmen in so genannten „sensiblen" Sektoren und Beihilfen zur Rettung und Restrukturierung von Unternehmen in Schwierigkeiten, da diese als besonders wettbewerbsverzerrend gelten (Heidenhain 2003: 280f.; Koenig/Kühling/Ritter 2005: 191, 243). Für eine Reihe von Sektoren bestehen spezielle, zumeist restriktivere Regeln, um die besonderen Wettbewerbsverhältnisse in diesen Bereichen zu berücksichtigen (Koenig/Kühling/Ritter 2005: 193, 243-246). Zur Kontrolle von Restrukturierungsbeihilfen leitet die Kommission in der Regel Hauptprüfverfahren ein und trifft weit überdurchschnittlich viele negative oder an Auflagen geknüpfte Entscheidungen.[128] Nationale Beihilfeprogramme, die die Mitgliedstaaten von der Pflicht zur Anmeldung und Genehmigung aller einzelnen Maßnahmen entbinden, sind in diesem Bereich überhaupt nur für KMU zulässig. Auch große Beihilfesummen stehen stets im Verdacht, besonders wettbewerbsverzerrend zu sein, auch wenn sie für grundsätzlich willkommene Ziele eingeplant sind. So sehen der Gemeinschaftsrahmen für Forschungs-, Entwicklungs- und Innovationsbeihilfen sowie die Leitlinien für Regionalbeihilfen Schwellenwerte vor, ab denen alle Beihilfemaßnahmen einzeln angemeldet und genehmigt werden müssen und nicht im Rahmen eines Beihilfeschemas gewährt werden können.

Am größten ist der Arbeitsaufwand für die Kommission in Fällen, in denen sie nach einem Hauptprüfverfahren negativ entscheidet und diese Entscheidung, womöglich noch verbunden mit einer Rückforderung, vor Gericht zu verteidigen hat. Während der Anteil dieser Fälle im Laufe der 1990er Jahre stark zugenommen hat (vgl. hierzu Gross 2003: 41), sind durch die Erweiterung 2004 zumindest vorübergehend wieder mehr Routinefälle hinzugekommen (siehe Abbildung 4).

---

denen Beihilfen von der *ex ante*-Kontrolle freigestellt werden, auch wenn dies Missbrauch im Einzelfall ermögliche.

[127] Siehe hierfür etwa den Kommentar der Federation of Small Business zum SAAP.

[128] Für den Zeitraum von 2000 bis 2005 gibt die Kommission den Anteil negativer Entscheidungen in allen Rettungs- und Restrukturierungsfällen mit 26% an (Beihilfeanzeiger, Herbstausgabe 2006, Rdnr. 2.3.). Vgl. dazu die Zahlen für die gesamte Beihilfekontrolle in Abbildung 4.

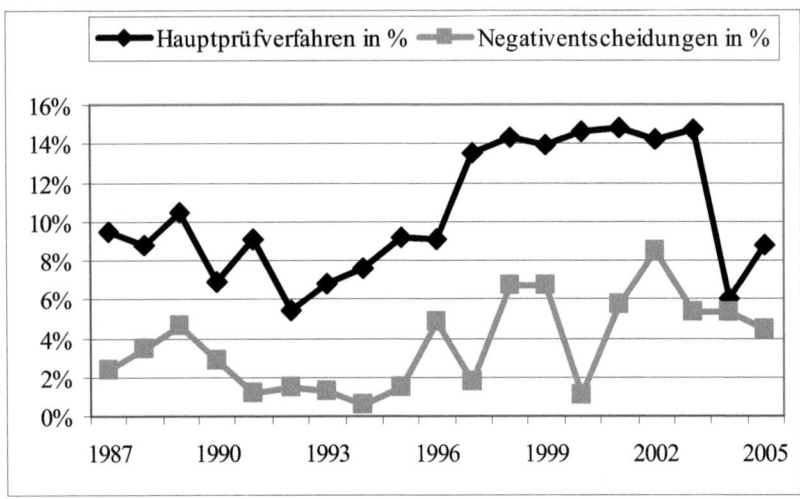

Abbildung 4: Anteil der Hauptprüfverfahren und Negativentscheidungen[129]

Die negative Integration im Bereich der Beihilfekontrolle ist heute weiter fort-
geschritten, als dies bei ihrer Verankerung im Vertragsrecht absehbar war; insbesondere die Kommission hat eine große Reichweite und wirksame Instrumente der Überwachung und Sanktionierung durchgesetzt. Selbst die Dezentralisierung von Kontrollaufgaben hat letztlich dazu beigetragen, den Handlungsspielraum der Kommission zu erhalten (vgl. Smith 2001b). Neben dem weichen
Beihilferecht ist in den letzten Jahren ein System von Gruppenfreistellungsverordnungen gewachsen. Nicht nur formal hat sich die Beihilfekontrolle damit
dem Bereich der positiven Integration angenähert, auch substanziell – so wird
im Folgenden gezeigt – drückt sich darin eine zunehmend detaillierte Position
der Kommission zu Fragen der Beihilfepolitik aus.

2.3 Die Durchdringung der Beihilfepolitik

Ein erster wesentlicher Unterschied der Beihilfekontrolle gegenüber anderen
Bereichen der europäischen Wettbewerbspolitik besteht darin, dass sie direkt

---

[129] Quellen: Berichte über die Wettbewerbspolitik XXIV. (1994), S.691-693, XXXIV (2004), Annex
I, 1-C-5, XXXV (2005), Annex I, 1-C-2. Ausgeschlossen sind dabei jeweils die Entscheidungen in
den Bereichen Landwirtschaft, Fischerei, Transport und Kohle.

auf staatliches Handeln gerichtet ist. Die Durchsetzung der europäischen Beihilfekontrolle bedeutet daher zwangsläufig eine Beschränkung staatlicher Beihilfepolitik und ist, so wurde gezeigt, entsprechend umstritten zwischen der Europäischen Kommission und den Mitgliedstaaten. Darüber hinaus zeichnet sich die Beihilfekontrolle durch eine zweite Besonderheit aus: Das Vertragsrecht ist nicht auf das negative Beihilfeverbot beschränkt, sondern sieht weit reichende positive Ausnahmen mit regulativen und sogar redistributiven Zielen vor (Ehlermann 1995: 3; Cini/McGowan 1998: 18; Friederiszick/Röller/Verouden 2006: 19). Wenngleich die Beihilfekontrolle eindeutig zum Schutz des Wettbewerbs eingerichtet wurde, hat die Kommission in der Kontrollpraxis daher oftmals – zumindest implizit – abzuwägen zwischen diesem negativen Ziel und den positiven Zielen staatlicher Beihilfepolitik. Mit zunehmender Durchsetzung der europäischen Beihilfekontrolle betreffen Auseinandersetzungen zwischen der Kommission und den Mitgliedstaaten daher auch die Frage, wie weit die Kontrolle zu einer Durchdringung der staatlichen Beihilfepolitik durch europäische Vorgaben führen darf.

Angesichts wachsender Kommissionsregeln zu den Ausnahmen vom Beihilfeverbot tragen die Mitgliedstaaten zunehmend die Beweislast, um die Vereinbarkeit ihrer Beihilfen mit europäischen Maßstäben zu begründen (Kapitel 2.3.1). Bereits innerhalb der Kommission werden bei der Vorbereitung einer Einzelentscheidung oder einer Neuregelung je nach Generaldirektion unterschiedliche Ziele neben dem des Wettbewerbsschutzes geltend gemacht (Kapitel 2.3.2). Relativ frei von einer vergleichbaren Kontrolle sind hingegen Gemeinschaftsbeihilfen, die aus dem EU-Haushalt vergeben werden und dabei Teile staatlicher Beihilfepolitik durch eine europäische Komponente ersetzen (Kapitel 2.3.3).

2.3.1 Nationale Beihilfepolitik im „gemeinsamen Interesse"

2.3.1.1   Das gemeinsame Interesse

Die europäische Beihilfekontrolle hatte nie das Ziel, nationale Beihilfepolitik gänzlich abzuschaffen. Daher gilt das Beihilfeverbot in Art. 87 Abs. 1 EGV auch nicht absolut, sondern es sind Ausnahmen in Art. 87 Abs. 2 und insbesondere in Abs. 3 EGV vorgesehen. Die darin aufgeführten Rechtfertigungen sind jedoch sehr allgemein gehalten (z.B. die „Förderung der Entwicklung gewisser Wirtschaftszweige oder Wirtschaftsgebiete") und können im Sinne unterschiedlicher Positionen zu Beihilfepolitik und -kontrolle interpretiert werden. In der Praxis verfügt die Kommission deshalb über einen weiten Ermessensspielraum, wenn sie über die Vereinbarkeit von staatlichen Beihilfen mit dem Binnenmarkt entscheidet (Heidenhain 2003: 196f.). Dabei hat die Kommission mögliche positive Ziele staatlicher Beihilfepolitik und das negative Ziel des Wettbewerbsschutzes gegeneinander abzuwägen – „also letztlich das nationale gegen das Gemeinschaftsinteresse" (Ebd.: 195). Die wirtschaftlichen und sozialen Wertungen, die sie dabei vornimmt, sind nach ständiger Rechtsprechung des EuGH auf die Gemeinschaft als Ganzes zu beziehen (Mestmäcker/Schweitzer 2004: 1106).

Obwohl die Beihilfekontrolle in erster Linie dem Wettbewerbsschutz dient, hatte sie somit schon immer auch eine positive, beihilfepolitische Dimension (Cini/McGowan 1998: 18). Die Ausnahmen vom Beihilfeverbot im Vertragsrecht und die Bereitschaft der Kommission, auch andere politische Ziele als den Wettbewerbsschutz zu berücksichtigen, waren entscheidend, um überhaupt das Vertrauen der Mitgliedstaaten in eine supranationale Beihilfekontrolle zu gewinnen (Lavdas/Mendrinou 1999: 28):

> „Competition Commissioner von der Groeben suggested a ‚pragmatic approach' in 1960, [...] taking into account ‚a whole series of conditions which strictly speaking do not come into the field of competition policy'. [...] The ‚pragmatic approach' was a cautious strategy of gaining acceptance and achieving a degree of consolidation for the Commission's role in competition policy".

Von den Anfängen des Integrationsprozesses bis heute hat die Kommission daher immer wieder versichert, die Beihilfekontrolle sei nicht geleitet von „wirklichkeitsfremden Wettbewerbsprinzipien"[130], sondern sehe auch die möglichen positiven Wirkungen staatlicher Beihilfen zur Verbesserung der allokativen Effizienz oder der Verteilungsgerechtigkeit (European Commission 2005: 4).

Angesichts der Unbestimmtheit des Vertragsrechts fehlte der Kommission zunächst jedoch ein Bezugsrahmen, um die Zulässigkeit von Beihilfen zu beurteilen.[131] Durch die schrittweise Fortbildung des weichen Rechts zu den Ausnahmen vom Beihilfeverbot sollten die Transparenz und Rechtssicherheit der Beihilfekontrolle erhöht werden (vgl. Kapitel 2.2.1., Rawlinson 1993). Ebenso wie die Durchsetzung und Ausweitung der Beihilfekontrolle jedoch nicht immer so von den Mitgliedstaaten vorhergesehen war, ging auch die Verregelung der Ausnahmen über den anfänglichen „pragmatischen Ansatz" hinaus. Was ursprünglich als Ausweg für die Mitgliedstaaten gedacht war, um trotz der europäischen Beihilfekontrolle noch eine eigenständige Beihilfepolitik betreiben zu können, erwies sich zunehmend als nationales Einfallstor für beihilfepolitische Vorstellungen der Kommission.

---

[130] 1. Wettbewerbsbericht 1971, Rdnr. 134.
[131] 1. Wettbewerbsbericht 1971, Rdnr. 138.

Beispielhaft hierfür ist die Interpretation des „gemeinsamen Interesses" in Art. 87 Abs. 3 EGV. Nur nach dem Wortlaut des Buchstaben b dieses Artikels können Beihilfen dadurch gerechtfertigt werden, dass sie ein „Vorhaben von gemeinsamem europäischem Interesse" fördern. Im Buchstaben a wird dagegen nicht auf ein gemeinsames Interesse verwiesen und in den Buchstaben c und d ist negativ formuliert, dass Beihilfen unter Umständen zulässig sein können, insofern sie Handel und Wettbewerb nicht in einer Art und Weise beeinträchtigen, die „dem gemeinsamen Interesse zuwiderläuft". Im Laufe der Zeit hat sich die Interpretation dieser Passagen durch die Kommission gewandelt. Das „gemeinsame Interesse" wurde zunehmend positiv definiert und somit weniger als *Grenze* staatlicher Beihilfepolitik, sondern vielmehr als europäischer *Bewertungsmaßstab* für eine „gute" staatliche Beihilfepolitik verstanden (Gross 2003: 64):

> „Stand früher noch die Frage im Vordergrund, ob eine nationale Beihilfe gegen das Gemeinschaftsinteresse verstößt, so wird heute in zahlreichen Leitlinien und Gemeinschaftsrahmen nur noch gefragt, ob eine Beihilfe im Gemeinschaftsinteresse liegt. Letzteres wird immer häufiger mit gemeinschaftlicher Sachpolitik gleichgesetzt".

Im SAAP wird ausdrücklich betont, dass sich staatliche Beihilfen nur im Hinblick auf ein positives und gemeinsames, d.h. europäisches Interesse rechtfertigen lassen: „State aid may be declared compatible with the Treaty provided it fulfils clearly defined *objectives of common interest* and does not distort intra-community competition and trade to an extent contrary to the common interest" (European Commission 2005: 4, Hervorhebung im Original, Anm. d. Verf.). In einem Arbeitsdokument der Kommission wird als erste Leitfrage einer stärker ökonomisch orientierten Beihilfekontrolle formuliert: „Is the objective worth pursuing?" (Nitsche/Heidhues 2006: 9). Ungestörter Wettbewerb, so wird argumentiert, sei kein Selbstzweck, sondern Mittel zum Zweck – die Beihilfekontrolle habe sich daher stärker an positiven, hier: wohlfahrtsökonomischen Maßstäben zu orientieren (Ebd.: 5).

2.3.1.2 Die Harmonisierung der Ausnahmen vom Beihilfeverbot

Der Aktionsplan der Wettbewerbskommissarin trägt den Untertitel: „Weniger und besser ausgerichtete staatliche Beihilfen – Roadmap zur Reform des Beihilferechts 2005-2009". Das einleitende Kapitel dieses Reformprogramms ist überschrieben mit: „Eine moderne Beihilfepolitik im Rahmen der Lissabon-Strategie für Wachstum und Beschäftigung". Im zweiten Kapitel werden unter dem Titel „Konzentration auf das Wesentliche" die vorrangigen Ziele einer derartigen Beihilfepolitik aufgeführt – die Ausrichtung auf Innovation, Forschung und

Entwicklung, die Förderung von Unternehmensgründungen, Investitionen in Humankapital, gezielte Regionalpolitik, umweltverträgliche Entwicklung und moderne Infrastruktur. Erst im dritten und letzten Kapitel zu Verfahrensfragen findet sich der Unterabschnitt 3.1 „Eine bessere Kontrolle in geteilter Verantwortung mit den Mitgliedstaaten". Der SAAP, so die Wettbewerbskommissarin Kroes bei seiner Vorstellung, ziele auf eine „comprehensive, coherent and far-reaching reform of state aid policy, as a direct contribution to the renewed Lisbon Strategy for economic growth and more and better jobs" (Kroes 2005: 387).

Das Reformprogramm ist somit offensichtlich weniger mit dem Beihilfeverbot befasst, als mit der positiven Definition seiner Ausnahmen. Dieses Bemühen der Kommission um die Verreglung der Ausnahmen vom Beihilfeverbot im Hinblick auf gemeinschaftspolitische Ziele ist nicht neu, sondern hat im SAAP nur einen vorläufigen Höhepunkt erreicht. Der Zentralverband des deutschen Handwerks (ZdH) kommentiert den SAAP:

> „Das Betreiben einer eigenen Förderpolitik durch die EU-Kommission mit den Mitteln der Beihilfeaufsicht ist formal unzulässig [...] Die Gefahr, dass die EU-Kommission mittels der Beihilfekontrolle doch zunehmend die nationalen Beihilfepolitiken koordiniert, wird um so größer, je mehr wirtschaftspolitische Ziele seitens der EU-Kommission an ihre Beihilfekontrolle geknüpft werden. Gerade letzteres strebt die EU-Kommission jedoch unter Verweis auf die Lissabon-Strategie ausdrücklich an".

Während sich die ersten weichen Regelwerke der Kommission noch stark an den Begriffen des Art. 87 Abs. 3 EGV orientierten, hat die Kommission in zunehmendem Maße eigene Ausnahmekategorien geprägt (Lübbig 2007: 50; Mestmäcker/Schweitzer 2004: 1110). Die in der Praxis weitaus wichtigste vertragsrechtliche Vorschrift ermöglicht die Genehmigung von Beihilfen zur „Förderung der Entwicklung gewisser Wirtschaftszweige oder Wirtschaftsgebiete" (Art. 87 Abs. 3 lit. c EGV). Die ersten weichen Regeln (siehe Kapitel 2.2.1) befassten sich allesamt entweder mit sektorspezifischen Beihilfen, insbesondere mit den Wettbewerbsbedingungen in den jeweiligen Sektoren („gewisse Wirtschaftszweige"), oder mit Regionalbeihilfen und dem Wettbewerb zwischen verschiedenen Regionen („gewisse Wirtschaftsgebiete").[132] Die heute als „horizontal" zusammengefassten Beihilfen wurden dagegen als vertragsrechtlich problematisch angesehen. Im Hinblick auf Beschäftigungsbeihilfen etwa heißt es im Wettbewerbsbericht der Kommission von 1979: „Ihrer Natur nach bereitet ihre Handhabung der Kommission Schwierigkeiten, da sie sich in keinen der

---

[132] Zunächst wurde das Vertragsrecht sogar derart interpretiert, dass die Ausnahmen vom Beihilfeverbot im Wesentlichen auf diese beiden Beihilfearten beschränkt seien. So wollte die Kommission „von den Mitgliedstaaten erreichen, daß sie die Beihilferegelungen künftig nur noch im Rahmen von Programmen mit sektoralem oder regionalem Charakter anwenden, der der vom Vertrag vorgeschriebenen Spezifität der Beihilfen entspricht", 4. Wettbewerbsbericht 1974, Rdnr. 166.

von Art. 92 Abs. 3 EWG-Vertrag [heute Art. 87 Abs. 3 EGV, Anm. d. Verf.] abgedeckten Ausnahmebereiche klar einordnen lassen".[133]

Horizontale Beihilfen wurden hauptsächlich seit den 1980er Jahren verregelt und auch systematisch unter diesem Begriff zusammengefasst[134]; die vertragsrechtlichen Bedenken wurden überwunden.[135] Der Europäische Rat von Stockholm 2001 bekundete die Absicht der Mitgliedstaaten, nicht nur „den Umfang der insgesamt gezahlten Beihilfen zu verringern", sondern auch „die Beihilfen auf horizontale Ziele von gemeinsamem Interesse" umzulenken.[136] Auf diese Entschließung beruft sich seither die Kommission unter anderem im SAAP und bezeichnet den Anteil horizontaler Beihilfen in ihrem Beihilfeanzeiger als „Stockholm ‚redirection' indicator".[137] Zunächst gelten horizontale Beihilfen als weniger wettbewerbsverzerrend als sektorale Beihilfen (Evans 1997: 323; Röller/Friederiszick 2006: 27). Vor allem sind horizontale Beihilfen aber schrittweise zu einem Synonym für „gute" Beihilfen im Sinne der Kommission und ihrer Gemeinschaftspolitiken geworden (Soltész 2005b). Eine gute bzw. „moderne" staatliche Beihilfepolitik wiederum, so das Einleitungskapitel des SAAP, hat sich an den Zielen der Lissabon-Agenda zu orientieren. Besonders deutlich wird diese Verknüpfung an den jüngsten Gruppenfreistellungsverordnungen der Kommission. Diese würden nicht zu einer Aufweichung der Beihilfekontrolle führen – stattdessen handle es sich darum „[to] facilitate the possibilities for Member States to grant subsidies that clearly fulfill horizontal objectives in line with the European Union's Lisbon objectives (such as environmental protection, or promotion of research and development)".[138]

Die im SAAP aufgeführten Prioritäten können somit als das positive Modell der Kommission einer modernen staatlichen Beihilfepolitik verstanden werden, auf die indirekt über die Beihilfekontrolle hingewirkt werden soll. Tra-

---

[133] 9. Wettbewerbsbericht 1979, Rdnr. 192.

[134] Im 15. Wettbewerbsbericht 1985 wurden erstmals Forschungs- und Entwicklungsbeihilfen, Umweltschutzbeihilfen und Beschäftigungsbeihilfen unter diesem Oberbegriff zusammengefasst. Seit dem 28. Wettbewerbsbericht 1998 werden horizontale Beihilfen sogar konsequent als erste Ausnahmekategorie vor regionalen und sektoralen Beihilfen geführt.

[135] Heute verweisen auch die meisten horizontalen Regeln auf Art. 87 Abs. 3 lit. c als ihre Grundlage, vgl. Mestmäcker (2004: 1103). Die Regeln für Umweltschutz- sowie Forschungs- und Entwicklungsbeihilfen verweisen zum Teil auf den Buchstaben b („Vorhaben von gemeinsamem europäischen Interesse"), hauptsächlich werden aber auch diese Ausnahmen über den Buchstaben c gerechtfertigt (Koenig/Kühling/Ritter 2005: 161).

[136] Schlussfolgerungen des Vorsitzes, Europäischer Rat Stockholm, 23./24. März 2001, online: http://europa.eu/european-council/index_de.htm [letzter Zugriff: 01.09.2008]. Siehe auch: 31. Wettbewerbsbericht 2001, Rdnr. 330.

[137] Online: http://ec.europa.eu/comm/competition/state_aid/studies_reports/k5_1.xls [letzter Zugriff: 01.09.2008].

[138] „State aid: Commission launches consultations on simplified rules for block exemptions – frequently asked questions", Mitteilung der Kommission Memo 07/151 vom 24. April 2007.

ditionell befürwortet die Kommission die Förderung kleiner und mittlerer Unternehmen (Lavdas/Mendrinou 1995). Viele Ausnahmeregeln zum Beihilfeverbot enthalten daher großzügigere Vorschriften hinsichtlich KMU (Mestmäcker/Schweitzer 2004: 1121). Unter Verweis auf das Lissabon-Ziel, Innovationen in Europa zu fördern, wurde der jüngste Gemeinschaftsrahmen für Forschungs- und Entwicklungsbeihilfen um so genannte Innovationsbeihilfen ergänzt.[139] Mitunter entsteht dabei der Verdacht, trotz der Betonung des horizontalen Charakters der Beihilfen treffe die Kommission eine implizite Unterscheidung zugunsten bzw. zulasten bestimmter Sektoren.[140] Gegenwärtig wird über eine neue Gruppenfreistellungsverordnung verhandelt, die die Gewährung von Umweltschutzbeihilfen vereinfachen soll. Die gemeinschaftliche Kohäsion gehört ebenfalls zu den Lissabon-Zielen und so werden Regionalbeihilfen häufig unter dem Begriff der horizontalen Beihilfen subsumiert.[141] Ähnlich wie im Falle von KMU-Beihilfen sind die meisten anderen Ausnahmeregeln auch an die Vorschriften für Regionalbeihilfen gekoppelt und erlauben höhere Beihilfesätze in Förderregionen (Mestmäcker/Schweitzer 2004: 1117).

Dabei zeigen die Leitlinien der Kommission für Regionalbeihilfen besonders deutlich, dass nicht nur die legitimen Ziele staatlicher Beihilfepolitik zunehmend auf europäischer Ebene definiert werden, sondern dass auch die letztlich angelegten Bewertungsmaßstäbe auf die gesamte EU bezogen sind. Regionalbeihilfen können zur nationalen oder gemeinschaftlichen Kohäsion beitragen, je nachdem, ob sie Regionen zugute kommen, die im nationalen oder im europaweiten Vergleich als wirtschaftlich unterentwickelt gelten. Traditionell hat die Kommission auch den reicheren Mitgliedstaaten einen Spielraum zugestanden, um ihre relativ schwachen Regionen mit Beihilfen zu fördern. Entscheidend ist hierfür die Unterscheidung zwischen Regionen, die als wirtschaftlich unterent-

---

[139] „State aid: new Framework for Research, Development and Innovation – frequently asked questions", Mitteilung der Kommission MEMO/06/441 vom 22. November 2006.

[140] Im SAAP heißt es: „Europe's future economic development depends on its ability to create and grow high-value, innovative and research-based sectors capable of competing with the best in the world" (European Commission 2005: 8). Im Kommentar zum SAAP kritisiert daher etwa der Deutsche Gewerkschaftsbund: „Beihilfen verlieren ihren Sinn, wenn sie ohne Betrachtung vorhandener Wirtschaftszweige nur noch für Forschung und neue Technologien gewährt werden dürfen. Es darf keine künstliche Konkurrenz zwischen angeblich ‚zukunftsträchtigen' und ‚traditionellen' Branchen gefördert werden. In Deutschland gibt es gerade in den neuen Bundesländern gute Beispiele dafür, wie man durch Innovationsförderung in ‚traditionellen' Branchen wie Stahl und Textil Arbeitsplätze zukunftsfähig sichern konnte".

[141] Naturgemäß stehen Regionalbeihilfen nicht allen Unternehmen gleichermaßen, sondern regional differenziert zur Verfügung. Der Begriff „horizontal" scheint daher zumindest irreführend. Umgekehrt werden die unerwünschten Rettungs- und Restrukturierungsbeihilfen, obwohl sie sektorenübergreifend – d.h. horizontal – geregelt sind, in den Statistiken der Kommission als sektoral aufgeführt. Die Absicht der Kommission, zwischen guten und schlechten Beihilfen zu unterscheiden, wird hier besonders deutlich. Zur Methode des Beihilfeanzeigers, siehe Fußnote 35.

wickelt im Vergleich zum gemeinschaftlichen bzw. zum nationalen Durch-schnitt gelten. Schon dabei reichten die Vorgaben der Kommission weit in die Gestaltung der staatlichen Regionalpolitik hinein. Im Hinblick auf die Vorstel-lung der Leitlinien für den Zeitraum 2000-2006 durch die Kommission bemerkt etwa Wishlade (2003: 89, Hervorhebung im Original, Anm. d. Verf.): „First, it makes no mention of the perceived need to control regional aid in the context of distortions of competition or trade between the Member states, nor of how the competition effects of aid are assessed [...] Second, it is very much concerned with the *substance* of regional policy". In den Neuverhandlungen der Leitlinien für Regionalbeihilfen nach der EU-Erweiterung ging die Kommission noch einen Schritt weiter und wollte die Fördermöglichkeit für Regionen, die ledig-lich im nationalen Vergleich als unterentwickelt gelten, gänzlich abschaffen.[142] Auch wenn dieser Vorschlag am Widerstand der reicheren Mitgliedstaaten scheiterte, wurden ihre Fördergebiete und die darin erlaubten Fördersummen dennoch erheblich begrenzt (vgl. Fothergill 2006, siehe auch Kapitel 3.3).

2.3.1.3   Die Verschiebung der Beweislast

Je nachdem, ob sich die Kommission hauptsächlich auf das Ziel des Wettbe-werbsschutzes beschränkt oder stärker in die positive Gestaltung der Beihilfepo-litik eindringt, verteilt sich auch die Beweislast im Rahmen der Beihilfekontrol-le unterschiedlich.

Formal hat die Kommission zu beweisen, dass eine bestimmte Maßnahme den Wettbewerb zu verfälschen droht, um überhaupt die Zuständigkeit der Bei-hilfekontrolle nach Art. 87 Abs. 1 EGV zu begründen. In der Praxis unterstellt die Kommission fast allen Beihilfen automatisch, eine Bedrohung des Wettbe-werbs darzustellen (Röller 2005: 44; Wishlade 2003: 10). Darüber hinaus trägt die Kommission nach Art. 88 Abs. 2 EGV die Beweislast, wenn sie die Unver-einbarkeit einer Beihilfe mit dem Binnenmarkt feststellt. Zwar werden negative Entscheidungen der Kommission regelmäßig juristisch angefochten und erfor-dern somit eine besonders fundierte Begründung, doch werden dabei die wirt-schaftlichen Einschätzungen der Kommission durch die europäischen Gerichts-höfe nur sehr eingeschränkt überprüft (Lübbig 2007: 49; Gross 2003: 58).

Mit der Verregelung der Ausnahmen vom Beihilfeverbot stehen faktisch zunehmend die Mitgliedstaaten in der Pflicht, die Vereinbarkeit ihrer geplanten

---

[142] „Review of the Regional Aid Guidelines. Non-Paper from the services of DG Competition for discussion at a first Multilateral Meeting with experts from the Member States", online: http://ec.europa.eu/comm/competition/state_aid/reform/archive.cfm [letzter Zugriff: 01.09.2008].

Beihilfen mit den Kriterien der Kommission zu beweisen.[143] Im SAAP heißt es: „It is for Member States to provide the necessary evidence in this respect, prior to any implementation of the envisaged measure" (European Commission 2005: 6).[144] Das Kontrollverfahren begünstigt dabei die Position der Kommission. Werden die angemeldeten Unterlagen als unzureichend erachtet, kann sie das Verfahren durch Nachfragen verzögern. Dadurch erhöht sich zwar der Arbeitsaufwand der Kommission – die Kosten aufgrund der zeitlichen Verzögerung trägt aber der Mitgliedstaat bzw. der potenzielle Beihilfeempfänger. Wird die Kommission zu einer abschließenden Entscheidung gedrängt, ohne dass sie die erwünschten Beweise erhalten hat, wächst das Risiko einer Negativentscheidung. In kritischen Fällen, so ein Interviewpartner (Interview 19), beharre die Kommission gegenüber den Mitgliedstaaten auf der Position: „You have to convince us!"

Zumindest rhetorisch ist die Beweishürde für die Mitgliedstaaten mit den Reformen des SAAP und dem dabei vorgeschlagenen „Abwägungstest" des Wettbewerbs-Chefökonomen noch höher geworden. Danach soll die Beihilfekontrolle typischerweise in drei Schritten ablaufen und folgende Fragen adressieren (vgl. Röller/Friederiszick 2006: 29):

> „(a) Liegt ein Marktversagen oder ein anderes gemeinschaftliches Interesse der EU vor (zum Beispiel soziale oder regionale Kohäsion)?
>
> (b) Ist die Maßnahme zielgerichtet, kann also das Marktversagen durch die Maßnahme behoben oder kann ein anderes gemeinschaftliches Interesse erreicht werden? Im Besonderen ist zu prüfen, i. ob die Hilfsmaßnahme das geeignete Instrument ist oder ob dem Staat alternative, bessere geeignete Mittel zur Verfügung stehen? […]
>
> (c) Sind die für den Fall der Beihilfegewährung erwarteten Verzerrungen des Wettbewerbs und des Handels so begrenzt, dass insgesamt gesehen die Bewertung der Maßnahme positiv ausfällt?"

Dabei beziehen sich die beiden ersten Prüfschritte ausdrücklich auf die positiven Wirkungen der Beihilfe (Ebd.: 29) und werden im Normalfall von dem Mitgliedstaat, der eine bestimmte Beihilfemaßnahme durchführen möchte, zu be-

---

[143] In einem Interview wurde die Beihilfekontrolle mit einem Strafverfahren verglichen, in dem die Kommission die Rolle der Anklage, der Mitgliedstaat die Rolle des Angeklagten einnimmt (Interview 7). In Strafverfahren gelten die Unschuldsvermutung und der Grundsatz, dass der Angeklagte nicht gezwungen werden darf, sich selbst zu belasten – in der Praxis der Beihilfekontrolle ist es allerdings in zunehmendem Maße der Mitgliedstaat, der seine ‚Unschuld', d.h. die Vereinbarkeit einer Maßnahme mit dem europäischen Beihilferecht, beweisen muss.
[144] Der deutsche Bundesverband der kommunalen Spitzenverbände kommentiert den SAAP diesbezüglich: „Gleiches [die Unvereinbarkeit mit dem Primärrecht, Anm. d. Verf.] gilt für die Feststellung, die Mitgliedstaaten müssten die Rechtmäßigkeit einer Beihilfemaßnahme nachweisen: Nach Artikel 88 Absatz 2 Satz 1 EGV ist es nämlich Aufgabe der Kommission, festzustellen, dass eine Beihilfe mit dem Gemeinsamen Markt unvereinbar ist".

antworten sein. Indem das Beheben eines Marktversagens systematisch zur Hauptbegründung für zulässige Beihilfen gemacht werden soll, entfernt sich die Kommission noch weiter vom Wortlaut des Vertragsrechts und entwickelt die eigenen beihilfepolitischen Kategorien fort.[145] Zudem soll sogar geprüft werden, ob Beihilfen effizient eingesetzt werden oder ob ein bestimmtes Ziel durch alternative staatliche Instrumente besser erreicht werden könnte. Nach Ansicht der deutschen Bundesregierung[146] überschreitet die Kommission damit ihre Kontrollkompetenzen:

> „Die Bundesregierung befürwortet eine Erfolgskontrolle staatlicher Beihilfen, ist jedoch der Ansicht, dass dies nicht die Aufgabe der Kommission, sondern der Mitgliedstaaten ist. Sie weist darauf hin, dass die europäische Beihilfekontrolle gemäß Art. 87 bis 89 EG-Vertrag allein dem Schutz des Gemeinsamen Marktes dient, nicht aber dem Schutz staatlicher Mittel noch deren effizienter Verwendung".

Wie bedeutend die Frage der Beweislast in der Praxis sein kann, zeigt das Beispiel der Privatisierung von Unternehmen in finanziellen Schwierigkeiten. Nach Art. 295 EGV bleiben die mitgliedstaatlichen Eigentumsordnungen vom EG-Vertrag unberührt. Für die Beihilfekontrolle bedeutet dies, dass die Privatisierung eines Unternehmens nicht zur Bedingung für die Genehmigung einer Beihilfe durch die Kommission gemacht werden kann. Indirekt nimmt die Kommission jedoch teilweise Einfluss in Richtung einer Privatisierung. So sind Restrukturierungsbeihilfen an die Bedingung geknüpft, dass sie das begünstigte Unternehmen im Rahmen eines Restrukturierungsplanes wieder zur Rentabilität führen. In der Praxis ist die Kommission eher bereit, den Beweis anzuerkennen, dass eine Beihilfe wieder zu Rentabilität des Unternehmens führen wird, wenn die Privatisierung Teil des Restrukturierungsplanes ist: „The Commission can of course take note of the commitment of a Member state to privatize the enterprise to be restructured. Through the viability condition, such a commitment can even become a binding element of the Commission's decision" (Ehlermann 1995: 7; vgl. auch Evans 1997: 127; Soltész/Bielesz 2004: 391f.). Deutlich zu beobach-

---

[145] Der französische Kommentar zum SAAP ist entsprechend kritisch: „Der Begriff des Marktversagens [...] darf nicht zum zentralen Kriterium für die Überprüfung staatlicher Beihilfen werden, zumal er in den Vorschriften des Artikels 87 EGV nicht vorkommt" (S. 2, eigene Übersetzung). Im Gegenteil dazu befürwortet Großbritannien, das Vorliegen eines Marktversagens sogar zur alleinigen Rechtfertigung zulässiger Beihilfen zu machen. Vgl. hierzu S. 2 des britischen Kommentars zum SAAP.

[146] Siehe S. 2 des deutschen Kommentars zum SAAP. Zu früheren Bestrebungen der Kommission in Richtung einer Effizienzkontrolle staatlicher Beihilfen, vgl. auch Wishlade (2003: 272): „It is important to draw a distinction between measures that distort competition in the internal market and those that are simply inefficient or ineffective. The Commission has the legal authority to control the former, but it is outwith the scope of competition policy for it to concern itself with the latter".

ten ist dieses Vorgehen der Kommission auch an den umstrittenen polnischen Werftenfällen (siehe hierzu Kapitel 3.2.2).

2.3.2 Zielkonflikte auf europäischer Ebene

2.3.2.1   Die Wettbewerbspolitik und andere Gemeinschaftspolitiken

Die Ausnahmemöglichkeiten vom Beihilfeverbot waren eine wesentliche Voraussetzung für die Bereitschaft der Mitgliedstaaten, sich überhaupt einer europäischen Beihilfekontrolle unterzuordnen. Ihren großen Beurteilungsspielraum hat die Kommission dazu genutzt, die Ausnahmen schrittweise zu verregeln und nur noch solche Ausnahmen zuzulassen, die sich im Hinblick auf ein gemeinsames, europäisches Interesse rechtfertigen lassen. Worin jeweils das gemeinsame Interesse besteht, ist aber nicht nur zwischen der Kommission und den Mitgliedstaaten umstritten, sondern auch auf Gemeinschaftsebene. Nach außen tritt die Kommission zwar zumeist als einheitlicher Akteur auf und wird in weiten Teilen der vorliegenden Arbeit auch so behandelt. Der Auseinandersetzung mit den Mitgliedstaaten oder Dritten geht jedoch ein Abstimmungsprozess innerhalb der Kommission voraus, in der die Beihilfekontrolle als Teil der Wettbewerbspolitik mit den anderen Gemeinschaftspolitiken koordiniert wird. Während die Kommission gegenüber den Mitgliedstaaten über außerordentliche Freiheiten in der Beihilfekontrolle verfügt, ist der innere Abstimmungsprozess für manche Beobachter sogar der umstrittenere Teil des Prozesses: „Where constraints *are* felt by the state aid directorate, these tend to originate within and not outside the Commission" (Cini/McGowan 1998: 156, Hervorhebung im Original, Anm. d. Verf.).

Das Vertragsrecht stellt die Beihilfekontrolle ausdrücklich in den Dienst des Wettbewerbsschutzes (siehe Kapitel 2.1.2) – das Verhältnis zwischen der Wettbewerbspolitik und anderen Gemeinschaftspolitiken ist jedoch weniger eindeutig. Teilweise von den Wettbewerbsregeln ausgenommen sind die Agrarpolitik nach Art. 36 EGV sowie die Verkehrspolitik nach Art. 73 EGV (Lübbig 2007: 3). Umgekehrt ist in Art. 157 Abs. 3 EGV eine ausdrückliche Überordnung der Wettbewerbspolitik gegenüber der Industriepolitik verankert.[147] In ihrer Analyse zum vertragsrechtlichen Verhältnis von Wettbewerbs-, Industrie- und Handelspolitik kommen Bourgeois und Demaret zu dem Ergebnis: „Taken together [...] competition policy enjoys a higher status than the two other poli-

---

[147] Dieser endet wie folgt: „Dieser Titel bietet keine Grundlage dafür, daß die Gemeinschaft irgendeine Maßnahme einführt, die zu Wettbewerbsverzerrungen führen könnte".

cies" (Bourgeois/Demaret 1995: 67). Mit den Verträgen von Maastricht und Amsterdam wurden die Gemeinschaftsziele in Art. 3 EGV erheblich erweitert, so dass das Verhältnis der Gemeinschaftspolitiken untereinander noch komplizierter geworden ist (Streit/Mussler 1995). Durch Querschnittsklauseln wurde die Bedeutung des wirtschaftlichen und sozialen Zusammenhalts (Art. 158 EGV), eines hohen Umweltschutzniveaus (Art. 174 Abs. 2 EGV) sowie eines hohen Beschäftigungsniveaus (Art. 127 Abs. 2 EGV) für alle Gemeinschaftspolitiken unterstrichen (vgl. Heidenhain 2003: 196). Die These, wonach das Vertragsrecht den marktintegrativen Zielen, darunter die Grundfreiheiten und der Wettbewerbsschutz, einen Vorrang gegenüber anderen Zielen einräumt, wird daher zunehmend angezweifelt (Gross 2003: 60). In der Debatte über eine europäische Verfassung bzw. eine Vertragsrevision hat sich der französische Präsident Sarkozy sogar mit der Forderung durchgesetzt, den Wettbewerbsschutz künftig nicht mehr ausdrücklich unter den Vertragszielen zu nennen. Zwar haben die Mitgliedstaaten anschließend ihr Bekenntnis zum Wettbewerbsschutz in einer Protokollnotiz festgehalten, doch bleiben die Folgen dieser Änderung noch unabsehbar.[148]

Da Beihilfen in ganz unterschiedlichen Formen und mit verschiedenen Zielen auftreten, verfügt die Beihilfekontrolle über besonders viele Berührungspunkte mit anderen Gemeinschaftspolitiken. Von den in Art. 3 EGV genannten Vertragszielen stehen insbesondere die Beschäftigungspolitik (lit. i), die Regional- und Kohäsionspolitik (lit. k), die Umweltpolitik (lit. l), die Industriepolitik (lit. m), die Forschungs- und Entwicklungsförderung (lit. n) und die Kulturpolitik (lit. q) in einem potenziellen Konflikt zur Wettbewerbspolitik (lit. g), da Beihilfen in allen genanten Bereichen einen positiven Beitrag leisten können. Nicht nur im SAAP geht die Kommission ausdrücklich davon aus, dass die Beihilfekontrolle indirekt zu diesen Zielen beitragen kann (European Commission 2005: 4). Bereits in früheren Wettbewerbsberichten hat die Kommission ihre Position zum Verhältnis von Wettbewerbspolitik und anderen Gemeinschaftspolitiken schrittweise geklärt[149] und dabei ihre Bereitschaft signalisiert,

---

[148] W. Mussler kommentiert in der FAZ: „Vor diesem Hintergrund hat es zumindest politische Signalwirkung, wenn die EU vom Wettbewerb als Ziel Abstand nimmt. Ob sich darüber hinaus auch die juristische Substanz ändert, kann heute niemand seriös beantworten". Allerdings sieht er die Kommission in der Mitverantwortung für diese Entwicklung, da sie „schon seit längerem selbst die Instrumentalisierung des Wettbewerbs betreibt. [...] der Wettbewerb soll nicht mehr voraussetzungslos geschützt werden, sondern als Instrument zur Erreichung anderer Ziele, vor allem der Konsumentenwohlfahrt und der effizienten Ressourcenallokation" dienen. Vgl. „Der instrumentalisierte Wettbewerb", in: FAZ vom 14. August 2007, S. 11.
[149] Im 21. bis 23. Wettbewerbsbericht 1991-1993 hat die Kommission dazu jeweils im Kapitel „Wettbewerbspolitik und andere Bereiche der Gemeinschaftspolitik" Stellung bezogen.

auch allgemeinpolitische Ziele über die Beihilfekontrolle zu verfolgen (Koenig/Kühling 1999: 519).

2.3.2.2   Interne Konfliktlösung

In der Praxis werden Konflikte zwischen der Wettbewerbspolitik und anderen Gemeinschaftspolitiken in Einzelfällen und bei der Erarbeitung allgemeiner Regeln bereits intern möglichst weitgehend geklärt, bevor die Kommission mit den Mitgliedstaaten verhandelt. Abgesehen von reinen Routinefällen werden Beihilfeentscheidungen nicht von einer bestimmten Generaldirektion oder der Wettbewerbskommissarin getroffen, sondern vom Kollegium der Kommissare. Vorbereitet werden die Entscheidungen in der Regel in zwei Stufen, zunächst innerhalb der verfahrensführenden Generaldirektion, dann in Abstimmung mit anderen Kommissionsdiensten und Generaldirektionen.

Was die möglichen internen Konflikte im Prozess der Beihilfekontrolle betrifft, so ist die Kommission ein Mikrokosmos der gesamten EU (vgl. Cini/McGowan 1998: 42). Die politischen Positionen können sich beispielsweise unterscheiden nach der administrativen oder politischen Funktion der Beteiligten, nach ihrer Nationalität oder nach ihrer fachlichen Herkunft. So verfügt der jeweilige Fallbearbeiter bei der Kontrolle einer Beihilfe bereits vor dem möglichen Auftreten von Konflikten über einen gewissen Entscheidungsspielraum. Als einziger mit sämtlichen Fakten des Falles vertraut, kann seine Einschätzung z.B. bei der Zusammenfassung eines komplizierten Geschäftsplans eines Unternehmens für den weiteren Verlauf des Verfahrens bedeutend sein (Cini/McGowan 1998). Dennoch ist die Rolle des Fallbearbeiters durch die zunehmende Verregelung der Ausnahmen vom Beihilfeverbot nicht mehr so entscheidend, wie in der Vergangenheit beschrieben (Evans/Martin 1991: 83f.; Thielemann 1999: 406).

Trotz korrekter rechtlicher und ökonomischer Analyse eines einzelnen Falles kommt es vor, dass andere Gründe gegen die vom Fallbearbeiter vorgeschlagene Linie eingewendet werden. Politische Erwägungen, etwa hinsichtlich der Vereinbarkeit der Entscheidung mit den Zielen anderer Generaldirektionen und ihre Durchsetzbarkeit nach außen werden nach oben hin in der Entscheidungshierarchie bedeutender (Interview 38). Auch kommt es immer wieder vor, dass Angehörige der Kommission ungeachtet ihres eigentlichen Ressorts, aber mit Blick auf ihre nationale Herkunft in einzelnen Beihilfefällen Partei ergreifen. Solange dies in beschränktem Umfang und möglichst informell geschieht, können sie zur Vermittlung zwischen europäischer Beihilfekontrolle und nationaler

Beihilfepolitik beitragen.[150] Kritisch, nicht nur im Hinblick auf die Überpartei-
lichkeit der Kommission, sondern auch im Bezug auf das Verhältnis der Mitgliedstaaten untereinander, wird es dagegen betrachtet, wenn sich Angehörige
einer Nationalität gegen die Genehmigung einer Beihilfe aus einem anderen
Land einsetzen (Interviews 6, 38).

Während die GD COMP traditionell als von Juristen dominiert galt (Ci-
ni/McGowan 1998: 50), wurden die Rolle und der Anteil der Ökonomen in den
letzten Jahren, insbesondere unter Kommissarin Kroes und ihrem Vorgänger
Monti, gestärkt. So wurde im Jahr 2003 die Funktion des „Chief Competition
Economist" (CCE) eingeführt. Einerseits soll ökonomische Expertise schon
frühzeitig unterstützend in die Bearbeitung einzelner Fälle eingebracht werden,
andererseits soll der CCE kritisch und unabhängig auf die Einhaltung ökonomischer Prinzipien hinwirken (Röller/Buigues 2005). In konkreten Fusions- oder
Beihilfefällen wird diese stärkere Einbindung ökonomischer Expertise auf der
Ebene der Fallbearbeiter als hilfreich, wenngleich noch nicht voll entwickelt,
beschrieben. Grundsätzlich wird aber immer wieder der Verdacht geäußert, die
stärkere „Ökonomisierung" der Beihilfekontrolle diene ihrer Aufweichung bzw.
ihrer Instrumentalisierung für gemeinschaftspolitische Zwecke jenseits des
Wettbewerbsschutzes (Koenig/Füg 2005; Mussler 2006).

Hauptsächlich werden politische Zielkonflikte über das Verhältnis von
Wettbewerbsschutz und anderen Gemeinschaftspolitiken zwischen den verschiedenen Generaldirektionen der Kommission ausgetragen (Cini/McGowan
1998: 45, 156). Viele potenzielle Konflikte zum Verhältnis der Beihilfekontrolle
und anderen Gemeinschaftspolitiken werden durch die Verregelung der Ausnahmen vom Beihilfeverbot geklärt – dennoch kann es in Einzelfällen immer
noch zu Auseinandersetzungen kommen. Nachdem sich die verfahrensführende
Generaldirektion auf eine (vorläufige) Linie festgelegt hat, können alle anderen
Generaldirektionen im weiteren internen Konsultationsverfahren ihre Positionen
geltend machen. In den meisten Beihilfefällen wird das Kontrollverfahren von
GD COMP geführt – eine teilweise abweichende Politik verfolgen die anderen
mit der Beihilfekontrolle betrauten Generaldirektionen in ihren Sektoren. Insbesondere GD TREN wurde immer wieder kritisiert nachlässiger gegenüber staatlichen Beihilfen zu sein, obwohl im Verkehrssektor weitgehend die gleichen
Regeln gelten, die auch sonst von GD COMP angewendet werden (Bishop
1997; Gross 2003: 64f.). Als Maßnahme zur Straffung der Beihilfekontrolle
wird daher teilweise gefordert, ausschließlich GD COMP mit der Leitung der

---

[150] Siehe z.B. „EC verdict on TZ won't affect aid to other steelworks – Spidla", in: CTK Business
News Wire vom 15. Dezember 2003.

Beihilfeverfahren, das heißt auch in den Bereichen Landwirtschaft sowie Verkehr, zu betrauen.[151]

Heftige Auseinandersetzungen zwischen Generaldirektionen betrafen in der Vergangenheit die Abstimmung zwischen der europäischen Beihilfekontrolle und der europäischen sowie nationalen Regionalpolitik. Aus einer Reihe von technischen Gründen, insbesondere aber unter Verweis auf die Wirksamkeit und Glaubwürdigkeit der gemeinschaftlichen Regionalpolitik drängte die GD REGIO (vormals GD XVI) gegenüber der GD COMP seit dem Ende der 1980er Jahre auf einheitliche Kriterien und einen gemeinsamen Zeitplan für die Bestimmung der Regionen, die nationale und/oder gemeinschaftliche Beihilfen erhalten können (Wishlade 1993; Wishlade 1998: 354f.; Wishlade 2003: 145-179). Seit 1998 wurden die regionalen Fördergebietskarten für nationale und europäische Beihilfen einander weitgehend angeglichen und ihre Geltungsdauer synchronisiert (Gross 2003: 106). Dies hat dazu geführt, dass die Mitgliedstaaten zunehmend auch ihre nationale Regionalpolitik im Hinblick auf gemeinschaftliche Kriterien rechtfertigen müssen (siehe Kapitel 2.3.1, Fothergill 2006: 20). Die These, wonach die Beihilfekontrolle regionalpolitische Belange vernachlässige und einseitig das Wettbewerbsziel privilegiere, trifft daher nicht zu (so etwa Thielemann 1999: 406; Widerspruch z.B. bei Cini/McGowan 1998: 147) – vielmehr stellt die Beihilfekontrolle einen Kompromiss im Zielkonflikt zwischen Wettbewerb und Kohäsion dar und hat sich immer stärker sogar zu einem „zweiten regionalpolitischen Standbein" der Kommission (Schindler 2005: 81) bzw. in Richtung einer „cohesion policy by the backdoor" (Wishlade 1998) entwickelt.

Ein junges Beispiel für potenzielle Zielkonflikte zwischen Wettbewerbs- und Industriepolitik ist der Gemeinschaftsrahmen für Forschungs- und Entwicklungsbeihilfen, der überarbeitet und um Ausnahmen für so genannte Innovationsbeihilfen ergänzt wurde. Diese Reform wurde maßgeblich von der Generaldirektion Unternehmen und Industrie (GD ENTR) befürwortet und mit Blick auf die Lissabon-Ziele gerechtfertigt. GD ENTR leitet selbst keine Beihilfeverfahren, verfügt aber über ein eigenes Referat, das sich mit den Unternehmensaspekten der Wettbewerbspolitik, darunter der Beihilfekontrolle, beschäftigt (Interviews 32, 33).[152] Einerseits unterstützt GD ENTR die Beihilfekontrolle durch sektorale Expertise aus den jeweiligen Referaten. Andererseits werden die eigenen Politikziele mit eingebracht. So wenden sich Lobbyisten teilweise an GD ENTR, um indirekt Unterstützung für bestimmte Beihilfemaßnahmen zu erhalten. Zur Unterstützung der eigenen Politik hat GD ENTR in der Vergangenheit

---

[151] So etwa die Kommentare der Rechtsfirma Linklaters oder der Fluglinie British Airways zum SAAP.
[152] Es handelt sich um die Einheit „ Enterprise Aspects of Competition", GD ENTR.B.5.

eine Reihe von Studien in Auftrag gegeben, die etwa die Wirksamkeit von Beihilfen für KMU untersuchen (Mosselman/Prince 2004) oder Kriterien für Innovationsbeihilfen entwickeln sollten (Oxera 2005). Die Kontrollpraxis der GD COMP im Hinblick auf Investitionsbeihilfen für innovative und riskante Projekte wurde als zu streng und zeitaufwändig und deshalb reformbedürftig kritisiert (vgl. Maincent/Navarro 2006: 46f.). Der inzwischen verabschiedete und am 1.1.2007 in Kraft getretene Gemeinschaftsrahmen ging auf diese Forderung der GD ENTR ein. Kritiker sehen in den neuen Regeln dagegen eine Aufweichung der Beihilfekontrolle zugunsten beihilfepolitischer Ziele und eine gestiegene Rechtsunsicherheit durch auslegungsbedürftige Begriffe wie „Innovation" oder „Marktversagen" (Frenz/Kühl 2007: 174; vgl. auch European Commission 2006b: 10).

In allen Bereichen der Beihilfekontrolle ist außerdem der Juristische Dienst von Bedeutung, dessen zentrale Aufgabe in der Überprüfung von Entscheidungs- bzw. Gesetzesentwürfen auf deren Vereinbarkeit mit geltendem Recht besteht. Der Generaldirektor des Juristischen Dienstes nimmt im Gegensatz zu anderen Generaldirektoren immer mit Rederecht an den Sitzungen der Kommissare teil; der Amtsweg nach ganz oben ist in strittigen Fällen dementsprechend kürzer.[153] In Zweifelsfällen verfügt der Juristische Dienst über die größte sektorenübergreifende Expertise in Rechtsfragen und kann darauf hinweisen, dass schließlich er es sei, der bei Klagen die Kommission vor den Europäischen Gerichtshöfen zu vertreten habe. Um seine Unabhängigkeit zu wahren, sind Kontakte des Juristischen Dienstes mit Lobbyisten unerwünscht. Auch nach Innen gilt seine Linie als vorsichtig und restriktiv (Cini/McGowan 1998: 45) – der Juristische Dienst dient somit auch als Korrektiv gegen eine Überdehnung der Beihilfekontrolle, etwa wenn der Kontrollbereich ausgeweitet oder andere Gemeinschaftsziele als der Schutz des Wettbewerbs verfolgt werden sollen. Interne Kritik an einer stärkeren „Ökonomisierung" der Beihilfekontrolle – z.B. durch die Betonung von Marktversagen als Rechtfertigung von Beihilfen oder durch die neuen Ausnahmen für Innovationsbeihilfen – wurde insbesondere vom Juristischen Dienst geäußert (Interviews 34-36). Mit Abstand die meisten Vorschläge zur Änderung von Entscheidungsentwürfen kommen vom Juristischen Dienst. Oftmals spiegelt sich darin die unterschiedliche Herangehensweise von Fallbearbeitern der Generaldirektion und Mitarbeitern des Juristischen Dienstes: Während Fallbearbeiter stärker rechtspolitisch vorgehen und danach fragen, wie ein bestimmtes Ergebnis im Rahmen des bestehenden Rechts begründet werden kann, verfolgt der Juristische Dienst einen rechtsdogmatischen

---

[153] Ein bemerkenswertes Detail ist auch die Tatsache, dass der Juristische Dienst aus vielen Konsultationen oder Foren im Intranet der Kommission schlichtweg nicht „weggeklickt" werden kann (Interviews 35, 36).

Ansatz, in dem durch klassische Subsumierung ein bestimmtes Ergebnis erlangt wird. Zu einem großen Teil handelt es sich bei den Änderungsvorschlägen um technische Aspekte – mitunter stellt sich der Juristische Dienst jedoch auch inhaltlich gegen politisch gewünschte, rechtlich jedoch schwer zu begründende Entscheidungen (Interviews 35, 38, 40).

2.3.2.3   Externe Konfliktleugnung

Nach außen ist die Kommission meist darauf bedacht, das Konfliktpotenzial der Beihilfekontrolle – insbesondere im Verhältnis zu anderen Gemeinschaftspolitiken – möglichst gering erscheinen zu lassen. In einem frühen Wettbewerbsbericht findet sich die generelle Aussage, „daß kein Widerspruch besteht zwischen der Wettbewerbspolitik und der Strukturpolitik auf gewerblichem, regionalem und sozialem Gebiet".[154] Ähnliche Stellungnahmen der Kommission finden sich in vielfacher Form auch für die Industriepolitik.[155] Ist intern einmal Einigkeit erreicht, werden Entscheidungen nach außen mit Verweis auf das gemeinsame Interesse gerechtfertigt. Mit der Betonung wohlfahrtsökonomischer Konzepte soll diese Rechtfertigung noch stärker werden, auch wenn die Praxistauglichkeit etwa des Konzepts des Marktversagens umstritten ist (vgl. Koenig/Füg 2005). Während der ehemalige Chefökonom der Wettbewerbskommissarin immer wieder auf die letztlich nicht mit den Mitteln der Ökonomie zu lösenden Zielkonflikte zwischen dem Beihilfeverbot und seinen Ausnahmen hingewiesen hat (Röller 2005: 45f.; Friederiszick/Röller/Verouden 2006: 15f.), verneint die Kommissarin gerade unter Verweis auf die Ökonomie diese Zielkonflikte: „My response is again based on economics rather than on politics" (Kroes 2006). Selbst im Fall von Regionalbeihilfen, die ein klares Umverteilungsziel verfolgen, wird der mögliche gemeinsame Nutzen größerer Kohäsion in den Vordergrund gestellt. Im SAAP ist die Rede von „win-win developments between richer and poorer regions" durch Regionalbeihilfen (European Commission 2005: 11).

In der Vergangenheit wurde die Verknüpfung der Beihilfekontrolle mit anderen gemeinschaftspolitischen Zielen interpretiert als ein Versuch der Kom-

---

[154] 2. Wettbewerbsbericht 1972, Rdnr. 78.

[155] „Es wäre [...] verfehlt, von einem Widerspruch zwischen den Zielen oder Instrumenten der Wettbewerbspolitik und denjenigen der Industriepolitik auszugehen", 21. Wettbewerbsbericht 1991, Rdnr. 45. Ganz ähnlich die gegenwärtige Kommissarin Kroes in einer Rede (2006): „This afternoon I would like us to try to rethink industrial policy! I think it makes no sense to speak of industrial policy and competition policy as distinct one from the other, let alone as antagonistic policies. [...] And I therefore have no qualms in saying that competition forms – or should form – a central plank in any industrial policy".

mission, ihren unterentwickelten Kontrollkapazitäten mehr Nachdruck zu verleihen (Smith 1998: 60). Inzwischen hat sich das Verhältnis zumindest teilweise
umgekehrt. Die Beihilfekontrolle ist zu einem mächtigen Instrument der Kommission geworden, das diese ausdrücklich auch zu anderen Zielen als dem
Schutz des Wettbewerbs einsetzt (vgl. etwa Kleiner 2005).

2.3.3 Gemeinschaftsbeihilfen

2.3.3.1   Arten und Umfang gemeinschaftlicher Beihilfeprogramme

Die Kommission hat aber nicht nur indirekt an Einfluss gewonnen auf die Vergabe staatlicher Gelder, sie ist auch direkt beteiligt an einer wachsenden Zahl
von distributiven oder redistributiven Politiken auf europäischer Ebene (Bache
2006). Als *Gemeinschaftsbeihilfen* werden solche Maßnahmen zugunsten von
Unternehmen bezeichnet, die aus Mitteln der Gemeinschaft bzw. aufgrund einer
gemeinschaftsrechtlichen Verpflichtung aus mitgliedstaatlichen Mitteln finanziert sind (Mestmäcker 2003: 1163; Cichy 2002: 53f.). Gemeinschaftsbeihilfen
werden prinzipiell mit den gleichen Begründungen vergeben wie staatliche Beihilfen. Auch können sie zu ähnlichen Wettbewerbsverfälschungen und Beein-
trächtigungen des zwischenstaatlichen Handels führen (Mestmäcker/Schweitzer
2004: 1163).
     Gemeinschaftspolitiken mit Beihilfeelementen finden sich reihenweise –
etwa in der Kulturpolitik, der Energiepolitik, der Umweltpolitik, bei der Förderung von Verbraucherschutz oder transeuropäischen Netzen, in den Rahmen-
programmen zur Forschungs- und Entwicklungspolitik (vgl. Cichy 2002: 66f.).
Mit Abstand die meisten Fördergelder aus dem EU-Haushalt betreffen jedoch
die Bereiche Landwirtschaft und Struktur- und Kohäsionspolitik. Durch den
Europäischen Ausrichtungs- und Garantiefonds für die Landwirtschaft, Abteilung Garantie (EAGFL-G) werden vor allem Ausfuhrsubventionen und Produk-
tions-, Pauschal- und Einkommensbeihilfen finanziert (Mestmäcker 2003:
1164). Ebenfalls den Bereichen Landwirtschaft bzw. Fischerei kommen zwei
Strukturfonds zugute – der Europäische Ausrichtungs- und Garantiefonds für
die Landwirtschaft, Abteilung Ausrichtung (EAGFL-A) sowie das Finanzie-
rungsinstrument für die Ausrichtung der Fischerei (FIAF). Davon abgesehen
werden Strukturmittel auch über den Europäischen Fonds für regionale Entwicklung (EFRE) sowie den Europäischen Sozialfonds (ESF) verteilt. Hinzu
kommen seit 1992 der Kohäsionsfonds (KF) sowie seit 2002 der Solidaritäts-
fonds (SF) (Allen 2005: 214f.).

Gemessen am BIP der EU-Mitgliedstaaten ist das Aufkommen dieser Maßnahmen relativ gering – ihr Anteil am EU-Haushalt ist dagegen enorm. Die Ausgaben für den EAGFL-A beliefen sich laut EU-Haushaltsplan für das Jahr 2005 auf €48,4 Mrd. oder 45,4% des Gesamthaushalts; die Mittel für die Struktur- und Kohäsionsfonds machten weitere €32,8 Mrd. bzw. 30,7% des Haushalts aus. Angesichts der geringen restlichen Ausgaben, etwa für Verwaltung (€6,2 Mrd. bzw. 5,8%), ist es daher zutreffend, den EU-Haushalt im Wesentlichen als „Subventionshaushalt" (Cichy 2002: 55) zu bezeichnen. Während die Landwirtschaft seit den frühen Anfängen der europäischen Integration den größten Posten im Gemeinschaftshaushalt einnimmt, wurde das Volumen der Struktur- und Kohäsionsfonds insbesondere seit der Einrichtung des EFRE 1975 stark ausgeweitet (vgl. Tabelle 12).

	Jahr	1970	1975	1980	1985
EAGFL-G	Mrd. RE/ECU/€	3,1 RE	4,3	11,3 ECU	19,7
	%EU-Haushalt	86,9	70,9	68,6	68,4
Struktur / Kohäsion	Mrd. RE/ECU/€	0,1 RE	0,4	1,8 ECU	3,7
	%EU-Haushalt	2,7	6,2	11,0	12,8

	Jahr	1990	1995	2000	2005
EAGFL-G	Mrd. RE/ECU/€	25,6	34,5	40,4 EUR	48,4
	%EU-Haushalt	56,1	50,4	49,2	45,4
Struktur / Kohäsion	Mrd. RE/ECU/€	9,6	19,2	25,5 EUR	32,8
	%EU-Haushalt	21,0	28,1	31,1	30,7

Tabelle 12: Gemeinschaftsbeihilfen [156]

Die Gelder, die über die Gemeinschaftsfonds vergeben werden, sind nicht alle – jedoch zu einem großen Teil – als „Beihilfen" analog zum europäischen Beihilferecht zu verstehen (Mestmäcker 2003: 1165f.). Interessant sind diese Zahlen und ihre Entwicklung im Vergleich zur staatlichen Beihilfepolitik. Den zusammen €81,2 Mrd. für Landwirtschaft, Struktur- und Kohäsionsfonds im Jahr 2005

---

[156] Vgl. hierzu die historische Übersicht über die Ausgaben der Gemeinschaft im Zeitraum 1958 bis 2005 im Finanzbericht der EU für das Jahr 2005, S. 154f, online unter: http://ec.europa.eu/budget/library/publications/fin_reports/fin_report_05_de.pdf [letzter Zugriff: 01.09.2008].

stehen insgesamt €63,8 Mrd. an Beihilfen in den 25 EU-Mitgliedstaaten gegenüber. Im Gegensatz zur Entwicklung der Gemeinschaftsbeihilfen waren staatliche Beihilfen seit Beginn der 1990er Jahre im Verhältnis zum Bruttoinlandsprodukt und sogar in absoluten Werten rückläufig. Betrachtet man die Entwicklung von staatlichen und Gemeinschaftsbeihilfen nebeneinander, so liegt sogar der Schluss nahe, dass erstere teilweise durch letztere ersetzt wurden (vgl. Tabelle 12 und Tabelle 13).

	1992	1993	1994	1995	1996	1997	1998
Mrd.€	76,0	81,8	78,6	78,1	76,7	97,1	65,1
%BIP	1,0	1,1	1,0	1,0	0,9	1,1	0,7

	1999	2000	2001	2002	2003	2004	2005
Mrd.€	56,4	60,2	61,5	68,0	56,6	59,1	58,7
%BIP	0,6	0,6	0,6	0,7	0,6	0,6	0,6

Tabelle 13: Beihilfeniveau EU-15 (1992-2005) [157]

2.3.3.2 Die Vergabe und Kontrolle von Gemeinschaftsbeihilfen

Gemeinschaftsbeihilfen werden aufgrund von europäischem Sekundärrecht, also mit Zustimmung des Ministerrates, vergeben (Mederer 2003: Rdnr. 5). Da die Mitgliedstaaten gerade in Haushaltsfragen zumeist offen ihre nationalen Positionen verteidigen, ist der „gemeinschaftliche" Charakter von Gemeinschaftsbeihilfen in der Literatur umstritten. Wie in anderen Bereichen der Europaforschung bewegt sich die theoretische Debatte hauptsächlich zwischen intergouvernementalistischen und supranationalistischen (oder neo-funktionalistischen) Positionen (Bache 2006: 398). Laut Pollack (1995) werden Struktur und Umsetzung der Gemeinschaftsbeihilfen letztlich durch intergouvernementale Verhandlungen bestimmt. Umgekehrt sieht etwa Hooghe (1996) die europäische Beihilfepolitik als Beleg für die Existenz eines Mehrebenensystems, in dem die Kommission und subnationale Akteure einen wesentlichen Anteil an der Entscheidungsfindung haben. Aus einer Mittelposition sind zwar Tendenzen zu einer Re-Nationalisierung der Regionalpolitik nicht zu bestreiten – gleichzeitig wird betont, dass die Kommission maßgeblichen Anteil hat an der Europäisierung nationaler Regionalpolitiken und der Einbeziehung subnationaler Akteure (Allen 2005). Selbst wenn es übertrieben erscheint, die Kommission als „Hauptentscheidungsorgan für die Vergabe von Gemeinschaftsbeihilfen" zu beschrei-

---

[157] Beihilfeanzeiger, Frühjahrsausgabe 2007. Die Ausreißer in 1997 und 2002 können größtenteils durch Einzelfälle erklärt werden; siehe Röller (2006).

ben (Gross 2003: 70), so ist sie doch direkt an der Planung und Implementierung von Gemeinschaftsbeihilfen beteiligt.

Im Gegensatz zu staatlichen Beihilfen unterliegen Gemeinschaftsbeihilfen
jedoch keiner vergleichbaren Kontrolle (Cichy 2002; Koenig/Kühling 1999:
519f.). Zunächst fallen Gemeinschaftsbeihilfen nicht unter den Beihilfebegriff
aus Art. 87 Abs. 1 EGV, da sie das Kriterium der „Herkunft aus staatlichen
Mitteln" nicht erfüllen. Selbst wenn sich eine Maßnahme staatlicher Gelder
bedient, so gilt sie nicht als dem Staat zurechenbar, wenn sie aufgrund einer
gemeinschaftsrechtlichen Verpflichtung erfolgt (Mestmäcker/Schweitzer 2004:
1166). Alternative Kontrollmechanismen innerhalb der Gemeinschaftspolitik
sind bei weitem nicht mit der Kontrolldichte der europäischen Beihilfekontrolle
vergleichbar (Cichy 2002: 158, 175; Mestmäcker/Schweitzer 2004: 1166). Hinzu kommt, dass die Kommission Gemeinschaftsbeihilfen grundsätzlich offener
gegenüber steht, da sie sich dadurch eine verbesserte Sichtbarkeit und Akzep-
tanz ihres Wirkens in der Bevölkerung verspricht (Mestmäcker/Schweitzer
2004: 1163). Diese Haltung ist etwa im Bereich der Regionalpolitik erkennbar
(Gross 2003: 70f.):

> „Besonders deutlich tritt der Wertungswiderspruch zwischen der restriktiven Praxis bei
> nationalen und der laxen Haltung bei Gemeinschaftsbeihilfen dort hervor, wo im Rah-
> men der inzwischen eingeführten nationalen Kofinanzierung der Beihilfen aus den
> Strukturfonds die Generaldirektion für Regionalpolitik die Gemeinschaftsmittel für ein
> Projekt zügig bewilligt, während der nationale Anteil durch die Generaldirektion Wett-
> bewerb dem aufwendigen Kontrollverfahren des Art. 88 unterworfen wird".

Obwohl die Mitgliedstaaten die gemeinschaftliche Beihilfepolitik nicht alleine
betreiben können, sondern unter dem direkten Einfluss der Kommission, bietet
ihnen dieses Vorgehen somit einen anderen Vorzug gegenüber staatlicher Beihilfepolitik. Dass Gemeinschaftsbeihilfen keiner systematischen Wettbewerbskontrolle unterliegen, führt zu dem paradoxen Ergebnis, dass sich der aus nationaler Sicht indirekte Weg über die EU-Ebene mitunter als weniger kompliziert
erweist als die direkte Vergabe staatlicher Beihilfen. Aus staatlicher Sicht bestehen demnach Anreize, einen gewissen Einfluss der Kommission auf die Gemeinschaftsbeihilfen hinzunehmen, weil gleichzeitig eine aufwändige Wettbewerbskontrolle wie im Falle nationaler Beihilfen erspart bleibt. Dies erklärt
zumindest teilweise den obigen Befund, wonach staatliche Beihilfen offenbar
über Zeit durch Gemeinschaftsbeihilfen substituiert wurden.

2.4 Zwischenstand: Von negativer zu positiver Integration?

Rein formal, so der Ausgangspunkt dieses Kapitels, scheint die Unterscheidung zwischen Beihilfekontrolle und Beihilfepolitik klar; ebenso die Aufgabenverteilung zwischen europäischer und nationaler Ebene. Die Kontrolle staatlicher Beihilfen hat den Schutz des Wettbewerbs im Binnenmarkt zum Ziel und ist alleinige Kompetenz der europäischen Kommission. Innerhalb des wettbewerbsrechtlichen Rahmens ist es ausschließlich nationale Kompetenz, über die Ausrichtung und Vergabe staatlicher Beihilfen zu entscheiden. Auf den ersten Blick passt diese Kompetenzverteilung in gängige Erklärungsmuster europäischer Integration: Um sich glaubwürdig auf eine wettbewerbskonforme Beihilfepolitik zu verpflichten, haben die Mitgliedstaaten eine supranationale Institution, die Kommission, mit der Beihilfekontrolle beauftragt (vgl. Moravcsik 1993). Sowohl das Ziel als auch die Instrumente der europäischen Beihilfekontrolle entsprechen der Beschreibung, wonach europäische Politik vorwiegend regulativ ist (vgl. Majone 1996).

Die geschilderten Entwicklungen allerdings – die schrittweise Durchsetzung der Beihilfekontrolle sowie die darauf aufbauende Durchdringung der Beihilfepolitik – stellen die Vorstellung einer klaren Aufgabenverteilung ebenso in Frage wie die genannten theoretischen Erklärungsansätze. Trotz der potenziell weit reichenden Rechte, die das europäische Vertragsrecht der Kommission im Bereich der Beihilfekontrolle einräumt, hat es über 30 Jahre gedauert, bis diese Rechte in der Praxis schrittweise und oftmals gegen den Widerstand der Mitgliedstaaten durchgesetzt werden konnten. Das Beihilfeverbot gilt aber nicht absolut, sondern es lässt Ausnahmen zu. Über die Verregelung der zulässigen Ausnahmen hat die europäische Beihilfekontrolle zunehmend auch den Bereich nationaler Beihilfepolitik durchdrungen.

Zunächst führt die Vorstellung einer klar begrenzten Delegation von Kontrollkompetenzen an die Kommission in die Irre (Kapitel 2.4.1). Tatsächlich ist die Geschichte der europäischen Beihilfekontrolle voller Entwicklungen, die von den Mitgliedstaaten so nicht vorhergesehen waren, die aber bereits in den offenen Formulierungen des Vertragsrechts ihren Ursprung haben. Überschritten wurde dabei auch die oftmals zwischen der EU und den Mitgliedstaaten verortete Grenze zwischen regulativer und (re)distributiver Politik (Kapitel 2.4.2). Die Beihilfekontrolle hat nicht nur erhebliche distributive Nebenwirkungen auf nationaler Ebene, sondern sie wird auch zunehmend im Dienst europäischer distributiver Ziele eingesetzt. Damit aber lässt sich die Beihilfekontrolle nicht mehr ausschließlich dem Bereich negativer Integration zuordnen (Kapitel 2.4.3). Vielmehr dient sie auch beihilfepolitischen Zielen, die positiv auf europäischer Ebene definiert und verregelt werden.

2.4.1 Delegation mit offenem Ausgang

Mitgliedstaaten der EU bzw. deren Regierungen, so intergouvernementalistische und funktionalistische Erklärungen, entschließen sich zur Delegation von Souveränitätsrechten an mehr oder weniger unabhängige Institutionen wie die Kommission, wenn sie sich Effizienzgewinne von deren Entscheidungen versprechen (Moravcsik 1993: 510). Insbesondere wird von der beauftragten Institution erwartet, dass sie besser in der Lage ist, die beteiligten Regierungen glaubwürdig auf eine vereinbarte Politik zu verpflichten und sie damit gleichzeitig von innenpolitischem Druck zu befreien (Ebd.: 507; 512).

Soweit scheint die europäische Beihilfekontrolle ein Musterbeispiel für die Delegation von bestimmten Souveränitätsrechten zu sein: Ihre Hauptbegründung (siehe Kapitel 2.1) liegt in der Vermeidung von Wettbewerbsverzerrungen oder gar Subventionswettläufen zwischen den Mitgliedstaaten. Die Unterordnung unter die Wettbewerbskontrolle der Kommission erhöht nicht nur die Glaubwürdigkeit einer geregelten Beihilfepolitik zwischen den Mitgliedstaaten, sondern auch die der jeweiligen Regierungen gegenüber innenpolitischem Druck. Das Risiko, sich im Einzelfall auch gegen konkrete Eigeninteressen einer Kommissionsentscheidung beugen zu müssen, haben die Mitgliedstaaten demnach bewusst in Kauf genommen, da der insgesamt erwartete Effizienzgewinn überwiegt. Im Falle einer groben Verletzung ihrer Eigeninteressen bliebe immer noch der letzte Ausweg eines offenen Verstoßes gegen die Beihilfeentscheidung der Kommission.

In einem zentralen Punkt unterscheiden sich Beihilferecht und Beihilfekontrolle jedoch von der intergouvernementalistischen Beschreibung: „Perhaps most important, the scope of delegation is explicitly limited by national governments" (Ebd.: 513). Wie die vorausgehende Analyse gezeigt hat, sind weder die Reichweite des Beihilfeverbots noch die Bedeutung seiner Ausnahmen im Vertragsrecht klar eingegrenzt. Nicht zuletzt aus Vorsicht vor einer allzu strikten Ausrichtung der europäischen Beihilfekontrolle am Wettbewerbsziel sollte eine Reihe von Ausnahmeregeln weiterhin Spielraum für die Gestaltung nationaler Beihilfepolitik garantieren. Bereits zum Zeitpunkt der ursprünglichen Delegation beruhte die Beihilfekontrolle somit auf einem vagen Kompromiss zwischen teilweise widersprüchlichen politischen Zielen – der Umfang der delegierten Kompetenzen blieb in vielerlei Hinsicht unbestimmt.

Die Anmeldepflicht für neue oder geänderte Beihilfen setzte die Kommission schrittweise durch; das wichtigste Druckmittel hierfür – die Rückforderung illegaler Beihilfen – ist im Vertragsrecht nicht einmal vorgesehen, sondern wurde erst durch die Rechtsprechung des EuGH ermöglicht. Das Vertragsrecht liefert auch keine umfassende Definition des Beihilfebegriffs und die seither entwickelten Beihilfekriterien werden von der Kommission bewusst offen gehalten, um ein möglichst breites Spektrum staatlicher Maßnahmen der Kontrolle zu unterstellen. Durch die Liberalisierung ehemals staatlich dominierter Sektoren fand das europäische Beihilferecht immer neue Anwendungsfelder. Das weiche Beihilferecht ist in den Vertragsartikeln ebenfalls nicht ausdrücklich vorgesehen. Die Begründung, wonach das weiche Recht zweckdienliche Maßnahmen nach Art. 88 Abs. 1 EGV darstellt, hat sich erst im Lauf der Zeit durchgesetzt und, obwohl es sich danach nur um unverbindliche Empfehlungen an die Mitgliedstaaten handelt, ist die faktische Bindungskraft des weichen Rechts beträchtlich.

Waren die Ausnahmeregeln vom Beihilfeverbot ursprünglich als Absicherung der Mitgliedstaaten gedacht, um sich Spielraum für eine eigenständige Beihilfepolitik zu erhalten, so wurden sie zunehmend zum nationalen Einfallstor für die beihilfepolitischen Vorstellungen der Kommission. Mit der Verregelung der Ausnahmen sorgte die Kommission nicht nur für mehr Transparenz und Rechtssicherheit, sondern entwickelte auch ein positives Modell aus ihrer Sicht wünschenswerter Beihilfepolitik. Weist das Vertragsrecht ausdrücklich der Kommission die Verantwortung zu, die Unvereinbarkeit von Beihilfen zu belegen, sind es faktisch häufig die Mitgliedstaaten, die die Kommission von der Vereinbarkeit ihrer Maßnahmen überzeugen müssen. Lehnten die Mitgliedstaaten ursprünglich Sekundärrecht zur Beihilfekontrolle ab, sind sie heute stärker bereit, die beihilfepolitischen Kriterien der Kommission zu akzeptieren, um im Gegenzug wieder im Verfahren der Beihilfekontrolle entlastet zu werden.

So haben sich die Kontrollpraxis und das europäische Beihilferecht in einer Weise entwickelt, die von den Mitgliedstaaten nicht vorhergesehen war und deren Umfang sie nicht immer kontrollieren konnten. Eine intergouvernementale Perspektive mag die Motive der Delegation richtig beschreiben – die tatsächliche Entwicklung der Kontrollpraxis und des dazugehörigen Beihilferechts erfasst sie nur ungenügend.

2.4.2 Regulative Politik mit distributiven Nebenwirkungen

In engem Zusammenhang dazu widerspricht die obige Darstellung über die Durchsetzung der Beihilfekontrolle und die Durchdringung der Beihilfepolitik auch der Literatur zum „Regulierungsstaat Europa" (Majone 1996).

Ähnlich wie Moravcsik sieht Majone das Hauptmotiv der EU-Mitgliedstaaten für die Delegation von Souveränitätsrechten in der höheren Glaubwürdigkeit unabhängiger Institutionen (Ebd.: 41). Majone geht aber insofern weiter, als er Regulierung als dominante Form des europäischen *policy-*

making identifiziert und ihr Ausmaß als hinreichend betrachtet, um von einem „Regulierungsstaat" zu sprechen. Den Hauptgrund für die „selektive Expansion" regulativer Instrumente auf der europäischen Ebene sieht er in den beschränkten finanziellen Mitteln der europäischen Kommission (Ebd.: 65f.). Entsprechend den eingesetzten Instrumenten ist auch die oberste Funktion europäischer Politik regulativ, d.h. sie dient in erster Linie der Behebung von Marktversagen und der Effizienzsteigerung, erst nachrangig der Umverteilung oder der makroökonomischen Stabilisierung (Ebd.: 54f.). Regulative Politik unterscheidet sich von traditionellen Ansätzen durch einen besonders starken Problemlösungsfokus und fachliche Expertise im Gegensatz zu politischem *bargaining*.

Wiederum scheint die Beihilfekontrolle weitgehend die Thesen Majones zu bestätigen. Mehr noch, die europäische Wettbewerbspolitik darf als eine der Hauptgrundlagen seiner Analyse gelten (Wallace/Wallace/Pollack 2005: 80). Die Beihilfekontrolle stützt sich auf das Vertragsrecht und den stetig wachsenden Apparat an weiterem Recht, Gerichtsurteilen und Einzelentscheidungen. Die Beihilfen werden von den Staaten selbst vergeben; die Verwaltungskosten der Kommission sind ausgesprochen niedrig. Weitgehend frei von politischer Kontrolle durch das Europäische Parlament oder den Rat gründet sich die Legitimität der Wettbewerbspolitik alleine auf die „acceptance of its market economy approach and ultimately on how far it succeeds in creating greater efficiency and ensuring some degree of equitable access to benefit from the wealth created" (Wilks 2005: 134f.).

Doch auch diese Konzeptualisierung trägt der Entwicklung von Beihilferecht und Beihilfekontrolle nicht vollständig Rechnung. Zunächst sind die Instrumente der Beihilfekontrolle zwar ausschließlich regulativ, ihre Auswirkungen auf nationaler Ebene betreffen aber die budgetäre Politik. Offensichtlich begünstigt wird ein Unternehmen gegenüber seinen Konkurrenten, wenn es Beihilfen erhält. Wird eine geplante Beihilfe untersagt, verliert das Unternehmen relativ zu seinen Erwartungen und die Konkurrenten gewinnen gegenüber einer Situation ohne Beihilfekontrolle. Beihilfeentscheidungen haben somit stets verteilungspolitische Bedeutung und schaffen Gewinner und Verlierer – unabhängig davon ob eine Beihilfe vergeben oder durch eine Kontrollinstanz untersagt wird.

Darüber hinaus sind die (re)distributiven Nebenwirkungen der Beihilfekontrolle selten unintendiert, sondern sie werden in der Abwägung zwischen dem Beihilfeverbot und seinen Ausnahmen berücksichtigt. Am deutlichsten hat das Beispiel der Leitlinien für Regionalbeihilfen gezeigt, wie sehr die Beihilfekontrolle Stellung bezieht zu verteilungspolitischen Fragen und dabei europäische an die Stelle nationaler Maßstäbe setzt.

2.4.3 Von negativer zu positiver Integration?

Unlängst hat Majone verschiedene „Dilemmata europäischer Integration" identifiziert und dabei eine Beschreibung europäischer Politik geliefert, die sich erheblich von seinem Idealtyp des Regulierungsstaates unterscheidet (Majone 2005). Über lange Zeit hinweg seien die Kompetenzen der Gemeinschaft ohne entsprechende Vertragsänderungen (Ebd.: 73) und oftmals unter dem Deckmantel des Problemlösens ausgeweitet worden (Ebd.: 117-124). Insbesondere die Kommission habe dabei ihre Selbstbeschränkung aufgegeben und eine Vielzahl politischer Ziele gleichzeitig verfolgt (Ebd.: 148). Während die politische Verantwortung der Kommission dadurch gestiegen sei, bleibe ihre normative Basis beschränkt (Ebd.: 36). Majone empfiehlt eine Rückbesinnung: „away from the current emphasis on policy initiation and legal harmonization towards negative integration" (Ebd.: viii, Kapitel 5 und 7). Die tatsächliche Entwicklung im Beihilfebereich deutet jedoch eher auf einen anhaltenden Trend zur Harmonisierung der Ausnahmen vom Beihilfeverbot hin und lässt eine Beihilfekontrolle, die sich ausschließlich am Wettbewerbsziel orientiert, wenig realistisch erscheinen.

Die Unterscheidung zwischen negativer und positiver Integration ist nicht identisch mit jener zwischen regulativer und (re)distributiver Politik, auch wenn teilweise eine besondere Nähe zwischen regulativer Politik und negativer Integration festgestellt wird (Wallace 2005: 80f.). Die europäische Beihilfekontrolle verfolgt zuallererst ein negatives Integrationsziel, den Schutz des Wettbewerbs, mit regulativen Mitteln, dem Beihilferecht und den Entscheidungen der Kommission. Eine der umfassendsten rechtswissenschaftlichen Abhandlungen zur Beihilfekontrolle beginnt daher mit der Feststellung ihres negativen Charakters (Quigley 2003a: 2; ähnlich Grühn 2006: 38, 59; Mederer 2003: 987):

> „It should be noted at the outset that there has been no attempt to harmonize national rules governing the award of State aid. Aid is granted by the Member States in accordance with relevant national law and policy. EC law does not itself directly determine the content of national State aid provisions, so that it remains for each Member State to determine the circumstances in which it wishes to grant aid and the persons to whom such aid is to be paid. Rather, EC intervention in the field of State aid is largely negative in nature, although, the adoption of Community policies with respect to certain types of aid leaves a reduced margin of discretion to the Member states."

Die Kommission kann den Mitgliedstaaten über das Beihilferecht somit nicht direkt vorschreiben, wofür sie ihre Gelder einsetzen sollen; die budgetäre Politik bleibt, mit Ausnahme der Gemeinschaftsbeihilfen, nationales Prärogativ.

Dennoch, so haben die vorausgehenden Abschnitte gezeigt, trägt das europäische Beihilferecht inhärent auch Züge positiver Politik (Della Cananea 1993: 68; Färber 1995: 160; Mederer 2003: 987). Ohne die Ausnahmen vom Beihilfeverbot und den dadurch verbleibenden Spielraum für marktkorrigierende oder umverteilende Beihilfemaßnahmen hätten sich die Mitgliedstaaten nicht auf die Einrichtung einer europäischen Beihilfekontrolle geeinigt. Eine Delegation der Beihilfekontrolle an eine unabhängige Wettbewerbsbehörde ohne breitere politische Perspektive, wie sie der Argumentation Majones entspräche, fände daher keine Zustimmung der Mitgliedstaaten (vgl. schon Ehlermann 1995; Schütterle 1995). Im Gegenteil wurde mit jedem Schritt zur Durchsetzung der Beihilfekontrolle auch die Frage nach ihren Ausnahmen, d.h. nach dem verbleibenden Spielraum nationaler Beihilfepolitik, bedeutsamer.

Die positive Integration im Bereich der Beihilfekontrolle drückt sich aus in den weichen und harten Regeln zu den Ausnahmen vom Beihilfeverbot (vgl. Gross 2003: 154). Um sich zumindest gewisse Freiräume für nationale Beihilfepolitik zu erhalten, haben die Mitgliedstaaten die schrittweise Verregelung der zulässigen Ausnahmen durch die Kommission akzeptiert. Gegenüber einer rein fallbezogenen Kontrolle der Kommission erhöhte das weiche Recht für die Mitgliedstaaten Rechtssicherheit und Entscheidungstransparenz (Rawlinson 1993). Angesichts der zunehmend aufwändigen Beihilfekontrolle bietet das harte Recht auch den Mitgliedstaaten den Vorteil, bestimmte Beihilfen ohne vorherige Kontrolle gewähren zu können – insofern sie den Kriterien der Kommission entsprechen. Trotz ihres anfänglichen Widerstands gegen Sekundärrecht zur Beihilfekontrolle haben die Mitgliedstaaten daher die schrittweise Verregelung der zulässigen Beihilfen durch die Kommission als Strategie des „geringeren Übels" (vgl. hierzu Schmidt 2000: 50f.) hingenommen. Teilweise wird sogar der Umweg über Gemeinschaftsbeihilfen gewählt, um den Beschränkungen der europäischen Beihilfekontrolle zu entgehen. Im Hinblick auf die Kontrollpraxis der Kommission sieht Kerber (1998: 51) daher sogar die positiven, beihilfepolitischen Ziele als dominant an:

> „Insofern kann die Beihilfenkontrolle nur begrenzt verstanden werden als eine Politik, die für einen von staatlichen Eingriffen freien Wettbewerb im Binnenmarkt sorgt. Vielmehr führt sie vor allem dazu, den Mitgliedstaaten die nationalen Kompetenzen für Subventionspolitik zu entziehen, um diese Kompetenzen für staatliche Eingriffe in den Wettbewerb auf die europäische Ebene zu verlagern. Im Ergebnis läuft die Beihilfekontrolle aufgrund der umfangreichen, aber zunehmend detaillierter werdenden Ausnahmeregelungen der Kommission weniger auf einen Abbau wettbewerbsverfälschender Beihilfen, sondern vielmehr auf deren systematische Harmonisierung innerhalb der EU hinaus."

Anders als Majone erscheint Kerber somit eine einseitige Rückbesinnung auf die negative Integration im Beihilfebereich wenig wahrscheinlich. Konsequent zu Ende gedacht, so Kerbers Argument (1998: 50f.), erfordert der ursprüngliche Kompromiss des Vertragsrechts, welches zwar ein Beihilfeverbot aber auch weit reichende Ausnahmen vorsieht, zwangsläufig eine positive Integration der Beihilfepolitik auf europäischer Ebene.

Tatsächlich, so wurde in diesem Kapitel gezeigt, geht die Kommission in der Praxis weit über eine rein negative Kontrolle hinaus, ohne jedoch eine vollständige Harmonisierung der staatlichen Beihilfepolitiken anzustreben. Die europäische Beihilfekontrolle hat sich zu einer bemerkenswerten *Zwischenform auf dem Weg von negativer zu positiver Integration* entwickelt (vgl. Tabelle 14).

negative Integration	↔ *europäische Beihilfekontrolle*	positive Integration
• Beihilfeverbot • Ausnahmen höchstens bei Beihilfen ohne Wettbewerbseffekt	*← Beihilfeverbot (jedoch nicht absolut); Verregelung der zulässigen Ausnahmen →*	• Harmonisierung nationaler Beihilfepolitiken • Gemeinschaftsbeihilfen

Tabelle 14: Beihilfekontrolle zwischen negativer und positiver Integration

Wäre die Beihilfekontrolle rein negativ integriert, so hätte sie sich ausschließlich an den Wettbewerbseffekten staatlicher Beihilfen zu orientieren. Vom Beihilfeverbot ausgenommen wären demnach nur solche Beihilfen, die den Wettbewerb im Binnenmarkt nicht spürbar verzerren. Art. 87 Abs. 1 EGV sieht zwar ein Verbot wettbewerbsverzerrender Beihilfen vor – dienen staatliche Beihilfen aber anderen Zielen, die von den Ausnahmeregeln erfasst werden, so müssen diese gegen das Ziel des Wettbewerbsschutzes abgewogen werden. Eine positiv integrierte, europäische Beihilfepolitik könnte dagegen so aussehen, dass die Mitgliedstaaten über europäisches Sekundärrecht zur Vergabe bestimmter staatlicher Beihilfen verpflichtet wären oder dass die Beihilfen direkt aus dem Gemeinschaftshaushalt vergeben würden. Im Agrarbereich ist letzteres seit langem der Fall; die Struktur- und Kohäsionsfonds wurden ebenfalls stark ausgeweitet. Ansonsten werden Beihilfen aber weiterhin zu einem Großteil aus staatlichen Mitteln vergeben und die Staaten können zur Vergabe von Beihilfen nicht durch die Kommission verpflichtet werden. Die Kommission kann zwar die Möglichkeiten der Beihilfegewährung gezielt erschweren bzw. erleichtern, die Hoheit über die finanziellen Mittel bleibt letztlich aber in den Händen der Mitgliedstaaten.

Daraus ergeben sich zwei mögliche Erwartungen im Hinblick auf die nationalen Auswirkungen der europäischen Beihilfekontrolle. Entweder wirkt sich die Beihilfekontrolle doppelt, das heißt negativ und positiv, in den Mitgliedstaaten aus: bestimmte staatliche Beihilfen können nicht mehr gewährt werden; die übrige Beihilfepolitik orientiert sich an den Maßstäben der Kommission. Oder die negativen und positiven Effekte der Beihilfekontrolle heben sich gegenseitig auf und machen sie somit wirkungslos: die Mitgliedstaaten müssen ihre ohnehin geplante Beihilfepolitik nur mit Blick auf die Ausnahmeregeln der Kommission rechtfertigen und können so das Beihilfeverbot aushebeln. Inwiefern und nach welchen Mechanismen es der Kommission gelingt, die Beihilfepolitik der neuen Mitgliedstaaten einerseits einzuschränken und andererseits im Sinne ihrer eigenen Vorstellungen zu beeinflussen, ist der Hauptgegenstand des folgenden Kapitels.

3 Die Europäisierung der Beihilfepolitik in den neuen Mitgliedstaaten

Nachdem im vorausgehenden Kapitel die Integration im Beihilfebereich analysiert wurde, steht im Folgenden die Europäisierung nationaler Beihilfepolitik im Vordergrund: *Welche Auswirkungen hat die europäische Beihilfekontrolle in den neuen Mitgliedstaaten?*

Die abhängige Variable der Untersuchung – „nationale Auswirkungen" – ist dabei bewusst offener gehalten als in anderen Europäisierungsstudien. Diese konzentrieren sich häufiger auf den Aspekt der nationalen Übernahme (*implementation*) bzw. der Einhaltung (*compliance*) europäischer Regeln als auf die allgemeinere Frage nach dem dadurch induzierten politischen Wandel (Treib 2006; Börzel/Risse 2007: 486). Denkbar wäre auch, die Auswirkungen der europäischen Beihilfekontrolle an ihren verfolgten Zielen zu messen. Der tatsächliche *Outcome* europäischer Regulierung ist jedoch oftmals schwer zu bestimmen (Schmidt 2004: 20); im Beihilfebereich beschränken sich Evaluierungsstudien ausschließlich darauf, nach dem konkreten Erfolg von Beihilfen – z.B. bei der Restrukturierung von Unternehmen in finanziellen Schwierigkeiten – zu fragen, nicht aber nach der generellen Wirkung der Beihilfekontrolle auf den Grad des Wettbewerbs, die Wettbewerbsfähigkeit oder die Kohäsion (vgl. Mosselman/Prince 2004). Der indirekte Beitrag der Beihilfekontrolle im Hinblick auf diese Ziele wäre demnach noch schwerer zu ermitteln. Im Folgenden wird daher offener danach gefragt, inwieweit Veränderungen in der Beihilfepolitik der neuen Mitgliedstaaten festzustellen und auf den Einfluss der europäischen Beihilfekontrolle zurückzuführen sind.

Der Schwerpunkt der Untersuchung liegt auf der *policy*-Dimension, wenngleich zu Beginn auch der institutionelle Wandel in der Beihilfepolitik der neuen Mitgliedstaaten besprochen wird. Der offene Ansatz bietet einerseits die Chance, Auswirkungen jenseits der Implementierung von Sekundärrecht zu erfassen – stellt andererseits jedoch vor die Herausforderung, derartige Auswirkungen aufzuspüren und sie auf einen europäischen Einfluss zurückzuführen. Zunächst ist es daher notwendig, mit der Analyse jeweils so früh wie möglich in der Interaktion von Beihilfepolitik und Beihilfekontrolle anzusetzen und gegebenenfalls auch scheinbar rein nationale Vorgänge mit einzubeziehen, die der frühzeitigen Anpassung an europäische Erfordernisse dienen. Um tatsächlich von europäischen Ursachen sprechen zu können, müssen zudem alternative, nationale oder globale, Erklärungen ausgeschlossen werden.

Genauer betrachtet hat eine Antwort auf die Frage nach den nationalen Auswirkungen europäischer Beihilfekontrolle zwei Teile: Zunächst ist zu klären, inwiefern überhaupt ein eigenständiger europäischer Einfluss auf die Beihilfepolitik vorhanden ist. Zudem erfordert eine umfassende Erklärung auch die Benennung der jeweils wirksamen Einflussmechanismen und der dafür notwendigen Rahmenbedingungen. Schon den ersten Nachweis zu erbringen, fällt vielen Europäisierungsstudien schwer. Über den konkreten Einzelfall hinaus wird die Untersuchung aber erst relevant durch die theoretische Beschreibung der beobachteten Wirkungsmechanismen und ihrer Wirkungsvoraussetzungen.

Die Beantwortung der zentralen Forschungsfrage erfolgt in vier Teilschritten: Zunächst wird am Vergleich der Beihilfepolitiken der neuen Mitgliedstaaten *vor und nach dem EU-Beitritt* gezeigt, dass die europäische Beihilfekontrolle zweifelsfrei wichtige nationale Auswirkungen hat (Kapitel 3.1). Anschließend differenzieren zwei weitere Vergleiche die Auswirkungen der Beihilfekontrolle nach *Ländern* (Kapitel 3.2) und nach *Politikfeldern* (Kapitel 3.3). Zu einer umfassenden Erklärung zusammengeführt werden diese Erkenntnisse in Kapitel 3.4.

3.1 Vergleich nach Zeitraum: Beihilfepolitiken vor und nach dem Beitritt

Der EU-Beitritt der MOEL im Jahr 2004 erfolgte nicht abrupt wie etwa die Eingliederung der ostdeutschen Bundesländer 1990, sondern nach einem langen Vorbereitungsprozess (Avery/Cameron 1998; Avery 2004). Die Europäisierung der neuen Mitgliedstaaten begann demnach längst vor ihrem Beitritt. Der vorher-nachher-Vergleich der Beihilfepolitiken in den MOEL darf daher nicht missverstanden werden als der Versuch einer sauberen Trennung zwischen einer Situation ohne und einer Situation mit europäischem Einfluss.

Die Bedingungen, unter denen sich die europäische Beihilfekontrolle auf die Politik der neuen Mitgliedstaaten auswirkt, haben sich mit dem Datum der Erweiterung aber entscheidend verändert. Auf der einen Seite hat die EU das Instrument der Beitrittskonditionalität verloren, das sich zuvor als besonders wirksam erwiesen hatte (Schimmelfennig/Sedelmeier 2004). Auf der anderen Seite wurde die Beihilfekontrolle zunächst noch von den Kandidatenstaaten selbst ausgeübt und erst mit dem Beitrittsdatum auf die Kommission übertragen (Kapitel 3.1.1). Dieser institutionelle Umbruch 2004 spiegelt sich auch in großen beihilfepolitischen Veränderungen in den neuen Mitgliedstaaten, gemessen an Schlüsselindikatoren zur Höhe und zu den Zielen staatlicher Beihilfen, wider (Kapitel 3.1.2). Weder nationale noch globale Faktoren können die Veränderungen erklären, die sich systematisch über die verschiedenen neuen Mitgliedstaaten hinweg für den kurzen Zeitraum vor und nach ihrem Beitritt beobachten lassen.

Dieser Befund erlaubt eine Reihe theoretischer Schlüsse hinsichtlich der eingangs diskutierten Literatur (Kapitel 3.1.3). Erstens bieten die neuen Mitgliedstaaten und der Vergleich ihrer Politik vor und nach dem Beitritt die einzigartige, wenn auch nicht unproblematische Gelegenheit, ein zentrales methodisches Problem der Europäisierungsforschung zumindest teilweise zu beheben: die Isolierung nationaler Entwicklungen mit spezifisch europäischen Ursachen (Haverland 2006). Zweitens lässt sich die Entwicklung des europäischen Einflusses nur teilweise mit den Erklärungen der Erweiterungsliteratur (Schimmelfennig/Sedelmeier 2004) erfassen – für die Anpassung der Beihilfepolitik in den MOEL war die reguläre Kontrolle der Kommission wichtiger als die Beitrittskonditionalität. Schließlich lassen sich deutliche Hinweise dafür finden, dass der europäische Einfluss im Bereich der Beihilfekontrolle über die Gewährleistung von Marktmechanismen hinausgeht und zu einer beschränkten nationalen Konvergenz in Richtung eines impliziten, positiven Modells von Beihilfepolitik beiträgt.

3.1.1 Institutioneller Wandel im Beitrittsprozess

3.1.1.1   Beitrittsvorbereitungen: Nationale Beihilfekontrolle „auf Probe"

In der Literatur zur EU-Osterweiterung wurde die Erfüllung des dritten Kopenhagener Kriteriums zum *acquis communautaire* weitgehend als Prozess der Regelübernahme verstanden (Schimmelfennig/Sedelmeier 2005b: 7; Schimmelfennig/Sedelmeier 2004). Auch die nationalen Beihilfepolitiken in den MOEL mussten an die europäischen Regeln angepasst werden. Der Begriff „Regelübernahme" darf hier jedoch nicht wörtlich verstanden werden im Sinne einer Übertragung von europäischem ins nationale Recht. Erstens besteht das europäische Beihilferecht zu einem Großteil aus weichen Kommissionsregeln, die weder direkt anwendbar sind wie Verordnungen noch einen Akt der nationalen Umsetzung vorsehen wie Richtlinien. Die Übernahme des europäischen Beihilferechts ist somit nur bedingt vergleichbar mit der Transposition und Implementierung von herkömmlichem Sekundärrecht. Zweitens ist die Beihilfekontrolle und damit auch die Anwendung des Beihilferechts in der EU ausschließliche Kompetenz der Kommission. Diese Aufgabe, so wurde eingangs begründet, haben die Mitgliedstaaten gerade deshalb an die Kommission übertragen, weil eine nationale Selbstkontrolle ungeeignet erschien, das Gefangenendilemma in der Beihilfepolitik zu überwinden. Das europäische Beihilferecht ist daher gar nicht dazu bestimmt, ins nationale Recht übertragen zu werden. Ziel ist vielmehr die Berücksichtigung bzw. die Einhaltung des europäischen Beihilferechts bei der Planung und Durchführung nationaler Beihilfemaßnahmen und deren Überwachung durch die Kommission.

Definiert wurde der *acquis communautaire* zur Beihilfekontrolle in den jeweiligen Durchführungsbestimmungen des Assoziationsrates[158] äußerst umfassend als die „Kriterien, die sich aus Art. 87 des Vertrages zur Gründung der Europäischen Gemeinschaft ergeben, einschließlich der derzeitigen und künftigen abgeleiteten Rechtsvorschriften, Rahmenregelungen, Leitlinien und sonstigen in der Gemeinschaft geltenden einschlägigen Verwaltungsakte, der Rechtsprechung des Gerichts Erster Instanz und des Gerichtshofes der Europäischen Gemeinschaften".[159] Eine tatsächliche Übernahme dieses komplexen Rechtssystems, inklusive großer Mengen an weichem Recht sowie Gerichtsurteilen, in nationales Recht erschien von Anfang an unrealistisch (Schütterle 2002: 582):

> „It is, however, impossible for any national legislature to transpose completely into national law all non-codified substantive State aid acquis elements (e.g. the definition of the notion of State aid – given that a binding and exhaustive substantive Community definition does not exist) including all relevant Commission guidelines [...], frameworks [...], codes [...] and the rapidly increasing number of State aid judgements of the Luxembourg Courts."

Ins nationale Recht übernommen wurden daher nur Kernbestandteile des europäischen Beihilferechts und auch diese nur vorübergehend bis zum Beitritt. Bis zu diesem Datum war die Kommission nicht zur Beihilfekontrolle in den MOEL befugt. Um die Kandidatenstaaten dennoch auf eine Angleichung ihrer Beihilfepolitiken an das europäische Beihilferecht zu verpflichten, wurden sie aufgefordert, eine eigene nationale Beihilfekontrolle einzurichten. Diese Forderung zielte jedoch weniger auf eine vollständige Übertragung des europäischen Systems der Beihilfekontrolle und all seiner Regeln, sondern eher auf eine probeweise Imitation der europäischen Beihilfekontrolle auf nationaler Ebene: „Harmonisation in this context takes on a specific character, one that is more about

---

[158] Der Assoziationsrat war das in allen Europaabkommen vorgesehene Hauptorgan für die Beitrittsverhandlungen zwischen der Gemeinschaft, den Mitgliedstaaten und dem jeweiligen Beitrittskandidaten (Thinam/Schröter 2003: Rdnrn. 19-29).

[159] Vgl. beispielsweise Art. 2 Abs. 1 der mit Estland vereinbarten Durchführungsbestimmungen, ABl.EG 2002 Nr. L 299. Die Durchführungsbestimmungen lauten für alle MOEL gleich und wurden zum Teil mit erheblicher Verspätung nach dem ursprünglich vorgesehenem Datum 31.12.1997 verabschiedet (Schütterle 2001: 712). Für die entsprechenden Fundstellen im Amtsblatt der Europäischen Gemeinschaften siehe Schütterle (2003: 30, Fußnote 13).

learning to play the game than about borrowing the rules" (Cremona 2003b: 287).

Der Anpassungsbedarf im Beihilfebereich zu Beginn des Annäherungsprozesses der MOEL an die EU Mitte der 1990er Jahre war denkbar groß: eine systematische staatliche Beihilfepolitik war gerade erst im Entstehen; eine Beihilfekontrolle nach europäischem Vorbild existierte auf nationaler Ebene vor Beginn der Beitrittsvorbereitungen nicht. Im frühen Stadium der wirtschaftlichen Transformation wurden Beihilfen in den MOEL größtenteils *ad hoc*, intransparent und zur Rettung von Unternehmen in akuten Schwierigkeiten eingesetzt (Hashi/Balcerowicz 2004: 10). Vielfach geschah dies nicht über die Vergabe direkter Subventionen, sondern über die schwieriger nachvollziehbare Stundung oder den Erlass von Steuerschulden oder Sozialbeiträgen (Atanasiu 2001; Atanasiu 2005).[160] Erst schrittweise wurden Beihilfen auch als Instrument einer stärker geplanten Politik eingesetzt, insbesondere als Investitionsanreiz in Form von Steuervergünstigungen.

Ausgangspunkt einer stärkeren Institutionalisierung der Beihilfepolitik sowie deren Annäherung an die Prinzipien der europäischen Beihilfekontrolle war das Inkrafttreten der Europaabkommen in den MOEL.[161] Sämtliche dieser Abkommen enthalten eine Passage, die eng an das allgemeine Verbot wettbewerbsverzerrender Beihilfen in Artikel 87 Abs. 1 EGV angelehnt ist und die im Hinblick auf Ausnahmen von diesem Verbot auf die Kriterien des Vertrages und des daraus abgeleiteten Rechts verweist.[162] Den EU-Bestimmungen vergleichbare Verfahrensregeln sind in den Europaabkommen hingegen nicht enthalten und wurden erst mit dem Erlass von Durchführungsbestimmungen durch den jeweiligen Assoziationsrat konkretisiert. Zwei wesentliche Verpflichtungen wurden den Kandidatenstaaten darin auferlegt: die Einrichtung nationaler Beihilfebehörden sowie die Anwendung des *acquis* zur Beihilfekontrolle, verankert in nationalen Beihilfegesetzen. Im Laufe der Beitrittsverhandlungen kam als drittes

---

[160] Den Rückgang direkter Subventionen führt Atanasiu (2001: 262f.) unter anderem auf die wirtschaftliche Liberalisierung z.B. der Preise in den MOEL zurück sowie auf die begrenzten finanziellen Spielräume. Gleichzeitig erwarteten aber viele Unternehmen noch, dass ihnen in finanziellen Schwierigkeiten selbstverständlich der Staat aushelfen werde und so stiegen die indirekten Subventionen, indem Steuern und Sozialbeiträge nur verspätet oder gar nicht gezahlt wurden (vgl. Atanasiu 2001: 265f.; Atanasiu 2005: 597-599). Siehe auch Fußnote 26, oben.

[161] Für die entsprechenden Fundstellen im Amtsblatt der Europäischen Gemeinschaften, siehe Schütterle (2001: 712, Fußnote 1). Eine Auflistung der Abkommen und der Zeitpunkte ihres Inkrafttretens, online unter: http://web.archive.org/web/20050207153517/http://europa.eu.int/comm/enlarg ement/pas/europe_agr.htm [letzter Zugriff: 01.09.2008].

[162] Vgl. beispielsweise die Art. 63(1)(iii) und 63(2) des Europaabkommens mit Polen, ABl.EG 1993 Nr. L 348, und die Art. 64(1)(iii) und 64(2) des Europaabkommens mit der Tschechischen Republik, ABl.EG 1994 Nr. L 360.

Kriterium der glaubwürdige Nachweis der Durchsetzung des europäischen Beihilferechts durch die nationalen Behörden hinzu.

Zwischen 1997 und 2001 verabschiedeten alle MOEL *Beihilfegesetze*, die sowohl Kernbestandteile der Substanz des europäischen Beihilferechts als auch Vorschriften zum Verfahren der Beihilfekontrolle regelten.[163] Die Verfahrensregeln orientierten sich an jenen der europäischen Verfahrensverordnung; die zentrale Kontrollfunktion übernahmen die nationalen Beihilfebehörden. Substanziell konzentrierten sich alle Gesetze auf Formulierungen, die sich am Beihilfeverbot und den zulässigen Ausnahmen aus Art. 87 EGV anlehnten. Ausführlicher als das europäische Vertragsrecht waren die nationalen Gesetze dabei teilweise insofern, als sie Beispielkataloge möglicher Beihilfeformen oder ausdrückliche Definitionen zentraler Begriffe enthielten.[164] Während die Beihilfedefinition und andere Begriffe im Europarecht bewusst offen gehalten sind, sollte dies dazu dienen, die Lesbarkeit der Gesetze und die Rechtssicherheit für einigermaßen rechtskundige Unternehmer zu erhöhen (Grühn 2006). Aus Sicht der nationalen Beihilfebehörden waren diese konkreteren nationalen Vorschriften oftmals leichter anzuwenden als die entsprechenden europäischen Regeln (Interviews 10, 11, 12). Ergänzt wurden die nationalen Beihilfegesetze durch weitere Verwaltungsakte, die jedoch je nach Beitrittsland sehr unterschiedliche Form und Umfang annahmen.[165]

Die zentrale Rolle im Verfahren der Beihilfekontrolle, wie sie auf europäischer Ebene der Kommission zufällt, wurde bis zum Beitritt von den *nationalen Beihilfebehörden* ausgeübt. In den meisten Fällen wurden die Behörden bereits vor der Verabschiedung der Durchführungsbestimmungen eingerichtet – teilweise als eigenständige Einrichtungen, teilweise als Unterabteilungen der Finanzministerien.[166] Vor der Gewährung einer Beihilfe musste sie dieser Behörde

---

[163] Einen Überblick über die Beitrittsvorbereitungen in den einzelnen MOEL gibt eine Artikelserie im European State Aid Law Quarterly (Hargita/Remetei Filep 2004; Jagodic-Lekoveciv 2004; Pelka 2004; Vosu 2004; Bednár 2005; Lagzdina 2005; Cemnolonskis 2005; Andreou 2005).

[164] Vgl. etwa Art. 2 sowie Art. 7 des polnischen Beihilfegesetzes von 2002, in deutscher Übersetzung bei Grühn (2006). Art. 2 betonte zwar, dass Beihilfen in *jeder* Form vorkommen können, listete aber unter anderem Subventionen, Steuervergünstigungen, -befreiungen, Darlehen, Kredite, Bürgschaften, Garantien auf. In Art. 7 wurden etwa die Begriffe „öffentliche Mittel", „Beihilfegeber", „Beihilfeprogramm", „Unternehmer" bzw. „öffentlicher Unternehmer" und „neue Investition" definiert.

[165] In Ungarn etwa deckte ein Regierungserlass von 2001 sämtliche Ausnahmen vom Beihilfeverbot ab (Hargita/Remetei Filep 2004: 585). Die slowenische Regierung erließ darüber hinaus auch genauere Regeln zum Kontrollverfahren und zur Datenerhebung für den jährlichen Beihilfebericht (Jagodic-Lekoveciv 2004: 375). Während Polen eine größere Zahl zusätzlicher Verordnungen über die Ausnahmen vom Beihilfeverbot beschloss, genügte in Tschechien der Verweis auf das bestehende weiche und harte europäische Recht (vgl. Kapitel 3.2).

[166] Für eine Übersicht der einzelnen Einrichtungen, siehe online: http://web.archive.org/web/*/http://europa.eu.int/comm/competition/enlargement/candidate_countries [letzter Zugriff: 01.09.2008].

gemeldet und von ihr geprüft sowie gegebenenfalls genehmigt werden. Die Daten zu den Beihilfeentscheidungen der nationalen Behörden sind aufgrund sehr unterschiedlicher Ansätze kaum vergleichbar (Schütterle 2003: 31). Beispielsweise wurden Beihilfeprogramme in einigen Ländern jeweils als eine einzige Entscheidung gezählt, während etwa Ungarn sämtliche unter einem solchen Programm durchgeführten Maßnahmen einzeln registrierte (Hargita/Remetei Filep 2004: 585f.). In Tschechien wiederum wurden nur individuelle Beihilfen vergeben, was zu ähnlich hohen Fallzahlen wie in Ungarn führte (Bednár 2005: 266). Auch bestanden offenbar Unterschiede dahingehend, inwieweit nicht angemeldete Beihilfen von den Wettbewerbsbehörden entdeckt und in den Fallstatistiken überhaupt aufgeführt wurden (Schütterle 2003: 31). Insgesamt lässt sich feststellen, dass negative oder gar Rückforderungsentscheidungen nur in einer kleinen Minderheit von Fällen getroffen wurden (Schütterle 2004: 489). Eine weitere Aufgabe der nationalen Beihilfebehörden bestand darin, Daten über das Volumen und die Ziele der staatlichen Beihilfen zu erheben und an die Kommission zu melden. Während für die Zeit vor 2000 so gut wie keine entsprechenden Daten zu den MOEL vorliegen, wurden die Zahlen seither genauer und schrittweise an die von der Kommission verwendete Systematik angepasst.

Die Beitrittsverhandlungen zum Wettbewerbskapitel gehörten zu den langwierigsten und wurden alle erst Ende 2001 oder im Laufe des Jahres 2002 vorläufig geschlossen, im Falle Polens und Ungarns sogar erst im Dezember 2002. Im Beitrittsvertrag 2003 wurden eine Reihe von *Übergangsregeln* zugelassen (vgl. Känkänen 2003; Schütterle 2004: 488f.): Übergangsfristen wurden für Steuervergünstigungen in Polen, Ungarn, Malta, Zypern und der Slowakei vereinbart. Sektorspezifische Ausnahmen wurden für Restrukturierung der Stahlindustrie in Polen und Tschechien sowie den Schiffbau in Malta zugelassen. Polen konnte zudem eine Reihe von Ausnahmen für Umweltschutzbeihilfen durchsetzen. Nur mit Slowenien und den baltischen Staaten wurden keine Übergangsregeln vereinbart.

Beihilfemaßnahmen, die erst nach der Unterzeichnung des Beitrittsvertrages beschlossen wurden („granted before accession") und auch nach erfolgtem Beitritt Bestand haben sollten („applicable after accession"), mussten in dem so genannten *Interimverfahren* zunächst von den nationalen Beihilfebehörden genehmigt werden und durften zudem auf keine ernsten Bedenken der Kommission stoßen. Zumindest implizit brauchten diese Maßnahmen also bereits die Zustimmung der Kommission (Roebling 2003; Rapp 2005: 411f.). Dieser Ansatz der Kommission unterscheidet sich von früheren Erweiterungen – in der Vergangenheit waren alle vor einer Erweiterung eingeführten Maßnahmen bis auf weiteres als bestehende Beihilfen anerkannt worden (Rapp 2005: 411; Van de Casteele 2005: 41). Insgesamt wurden 559 Beihilfemaßnahmen der neuen Mitgliedstaaten im Interimverfahren gemeldet und es dauerte – abgesehen von jenen Fällen, in denen die Kommission ein Hauptprüfverfahren einleitete – bis Dezember 2005, bis die letzten dieser Übergangsfälle abgeschlossen werden konnten.

3.1.1.2 Bewertungen der Beitrittsvorbereitungen

Die rückblickenden Bewertungen der Beitrittsvorbereitungen fallen gespalten aus. Während Kritiker den Versuch einer vorübergehenden nationalen Beihilfe-kontrolle als prätentiös aburteilen, sieht die Kommission das erstmalig ange-wandte Verfahren als insgesamt erfolgreich und nur teilweise korrekturbedürftig an. Hinter diesen gegensätzlichen Bewertungen stehen nicht zuletzt unterschied-liche Vorstellungen, was das eigentliche Ziel der Beitrittsvorbereitungen war.

Die Hauptkritik an der beschriebenen Heranführung der MOEL an das eu-ropäische System der Beihilfekontrolle zielt auf die dabei klaffende Lücke zwi-schen Anspruch und Wirklichkeit. Streng genommen wurde von den MOEL im Beihilfebereich nicht nur mehr verlangt als bei früheren Erweiterungsrunden, sondern auch mehr als von den Mitgliedstaaten selbst. Die alten Mitgliedstaaten waren nie zur Einrichtung nationaler Beihilfebehörden verpflichtet; die im As-soziationsrat (das heißt von Kommission, Mitgliedstaaten und dem jeweiligen Beitrittskandidaten) vereinbarten Durchführungsbestimmungen definierten dagegen weiches und hartes Recht gleichermaßen als Bestandteile des *acquis* und forderten seine effektive Durchsetzung von den Kandidatenstaaten ein.

Gleichzeitig bestand mangels Erfahrung der EU kein klares Modell für ein Kontrollverfahren auf nationaler Ebene. So entwickelten die MOEL ganz unter-schiedliche institutionelle Lösungen für ihre nationalen Beihilfebehörden, die teilweise in Ministerien angesiedelt, als unabhängige Behörden oder als Abtei-lungen umfassender Wettbewerbsbehörden eingerichtet wurden (vgl. Cremona 2003a: 268). Die Entscheidung, inwieweit das weiche Recht der Kommission ins nationale Recht übertragen werden sollte, oder ob ein Verweis im nationalen Recht für seine Einbindung genügte, wurde den MOEL selbst überlassen. So wurde als mögliche Verbesserung für künftige Erweiterungen der Vorschlag einer europäischen Gesetzesvorlage diskutiert, welche dann von den Beitritts-kandidaten tatsächlich übernommen werden könnte.[167] Auch die Kommission entschied nicht immer konsistent und im Sinne größtmöglicher Rechtssicherheit

---

[167] Redebeitrag von Peter Schütterle bei der Konferenz zur Vorstellung des SAAP, Brüssel, 14. Juni 2005.

– ihren Ansatz hinsichtlich des Interimverfahrens etwa entwickelte die Kommission erst im Lauf der Beitrittsvorbereitungen (Rapp 2005: 415). Die Fortdauer vieler Beihilfemaßnahmen nach dem Beitritt wurde an die Zustimmung der alten Mitgliedstaaten zum Beitrittsvertrag bzw. an die Genehmigung durch die Kommission im Interimverfahren geknüpft – gleichzeitig waren weder ausreichend Zeit noch Informationen für ihre angemessene Prüfung vorhanden (Interview 1). Auch wurde in verschiedenen Hintergrundgesprächen bestätigt, dass die Kommission gegenüber den nationalen Beihilfebehörden gelegentlich eher die zügige Durchführung einer fragwürdigen Beihilfemaßnahme vor dem Beitritt befürwortete, als deren gründlichere Planung und Überprüfung, die sich dann möglicherweise in den Zeitraum nach dem Beitritt erstreckt hätte (Interviews 2, 8, 40). So sei die Vorstellung, staatliche Behörden könnten das europäische Beihilferecht wider die eigenen nationalen Interessen durchsetzen, realitätsfern und das Interimverfahren der Kommission letztlich der Versuch „of controlling the uncontrollable".[168] Eine mögliche Schlussfolgerung wäre demnach, den Versuch einer nationalen Beihilfekontrolle vor dem Beitritt zu unterlassen und das Beihilferecht wie in früheren Erweiterungsrunden erst mit dem Beginn der EU-Mitgliedschaft anzuwenden.

Wesentlich positiver fällt die Beurteilung der Beitrittsvorbereitungen – insbesondere aus Sicht der Kommission (Känkänen 2003; Burson-Marsteller 2003) – aus, wenn ein anderer Maßstab angelegt wird. Nicht die Übernahme des europäischen Beihilferechts ins nationale Recht und die Errichtung einer nationalen Selbstkontrolle waren demnach das Ziel der Beitrittsvorbereitungen, sondern die Vorbereitung auf die „Spielregeln" der Kommission sowie die Anpassung inkompatibler Maßnahmen zum Zeitpunkt des Beitritts. Vor allem der erste Aspekt wird in der Kommission durchweg positiv eingeschätzt; die Sachkompetenz der ehemaligen Beihilfebehörden in den neuen Mitgliedstaaten ausnahmslos betont (vgl. Schütterle 2004: 489). Verbesserungspotenzial wird eher im Hinblick auf die rechtzeitige Anpassung inkompatibler Beihilfemaßnahmen vor dem Beitritt gesehen. Aufgrund dieser Erfahrungen wurden die Konditionen gegenüber späteren oder künftigen Beitrittsländern, etwa Rumänien oder Kroatien, verschärft (Van de Casteele 2005). So wurden im Fall Rumäniens keine Beihilfemaßnahmen in den Beitrittsvertrag aufgenommen, die auch nach dem Beitritt als bestehende Beihilfen Rechtssicherheit genießen sollten und für einen begrenzten Zeitraum wurde der Kommission sogar die Möglichkeit gegeben, die Rückforderung illegaler Beihilfen aus der Zeit vor dem Beitritt anzuordnen (Ebd.: 41f.). In den neuen Mitgliedsländern lautet die häufigste Antwort auf die Frage, welchen Ratschlag man künftigen Beitrittskandidaten geben würde, dass

---

[168] Redebeitrag von Prof. Piet J. Slot bei der Konferenz zur Vorstellung des SAAP, Brüssel, 14. Juni 2005.

diese möglichst frühzeitig mit der Anpassung ihrer Beihilfepolitik beginnen sollten, um somit eine weniger abrupte Umstellung mit dem Beitrittsdatum zu ermöglichen (Interviews 18, 25).

3.1.1.3   Beitritt: Unterordnung unter die europäische Beihilfekontrolle

Mit dem Beitrittsdatum wurden weite Teile des nationalen Beihilferechts obsolet und zumeist durch wesentlich knappere und auf Verfahrensfragen beschränkte Beihilfegesetze ersetzt. Die nationalen Beihilfebehörden verloren ihre zentrale Funktion und übertrugen die alleinige Kompetenz zur Überprüfung und Gewährung staatlicher Beihilfemaßnahmen auf die Kommission. Zwar wurden die Behörden in unterschiedlicher Form erhalten, jedoch größtenteils auf koordinierende Aufgaben im Austausch mit der Kommission beschränkt. So wirken die Beihilfebehörden an der Vorbereitung von Notifizierungen mit, erstatten der Kommission Bericht über die Entwicklung der staatlichen Beihilfepolitik, geben unverbindliche Bewertungen zu geplanten Beihilfemaßnahmen ab und tragen zur Wissensvermittlung über das europäische Beihilferecht auf nationaler Ebene bei. Ein wichtiger Nebeneffekt der Beitrittsvorbereitungen bestand auch in der Ausbildung sachkundigen Verwaltungspersonals (vgl. Schütterle 2004: 489).

Mit dem Verlust der Kontrollfunktion ging für die nationalen Beihilfebehörden aber auch ein radikaler Rollenwandel einher. So standen die Behörden vor dem Beitritt gegenüber der Kommission in der Pflicht, eine glaubwürdige Kontrollpraxis nachzuweisen und wurden daher von nationalen Beihilfegebern wie -empfängern vielfach kritisiert, sich dabei „päpstlicher als der Papst" zu verhalten (Interviews 9, 20, 24). Nach dem Beitritt hingegen besteht ihre Aufgabe darin, die Durchsetzung nationaler Beihilfepolitik gegenüber der Kommission zu unterstützen und in zweifelhaften Fällen Argumentationshilfen gegen ein drohendes Beihilfeverbot zu liefern (Interviews 9, 23). So werden negative Bewertungen der nationalen Beihilfebehörden weitgehend intern und informell behandelt und dienen der Vorbereitung auf mögliche Einwände der Kommission sowie der Risikoabschätzung eines langwierigen Prüfverfahrens. Gleichzeitig wird auch das Kommunikationsverhalten der Kommission in den Behörden als verändert wahrgenommen. Während die Fallbearbeiter auf nationaler Ebene vor dem Beitritt vielfach Unterstützung von Seiten der Kommission zur Durchsetzung ihrer Kontrollaufgaben erhielten, mangelt es nun in kritischen Fällen an auskunftsbereiten Ansprechpartnern innerhalb der Kommission.

Dieser institutionelle Wandel spiegelt sich auf eindrucksvolle Weise in der Beihilfepolitik der neuen Mitgliedstaaten wider. Im Folgenden wird dies anhand

von Schlüsselindikatoren zur Beihilfepolitik der MOEL für die Jahre unmittelbar vor sowie nach dem Beitritt gezeigt.

3.1.2 Schlüsselindikatoren nationaler Beihilfepolitik

„Weniger und besser ausgerichtete staatliche Beihilfen" – so lautet die Zielsetzung des SAAP der Kommission (siehe oben, Kapitel 2.3.1). Der erste Aspekt,
die Senkung des allgemeinen Beihilfeniveaus, entspricht dabei dem negativen
Ziel des Wettbewerbsschutzes. Der zweite Aspekt, die stärkere Ausrichtung der
verbleibenden Maßnamen am gemeinsamen Interesse, geht auf die Abwägung
zwischen Wettbewerbsschutz und positiven beihilfepolitischen Zielen zurück.
Auch wenn diese Zielvorgaben rechtlich unverbindlich sind und daher nicht als
Maßstäbe der Regeleinhaltung oder Regelverletzung missverstanden werden
dürfen (siehe dazu Kapitel 3.1.3), liefern sie dennoch nützliche Indikatoren für
die nationalen Auswirkungen europäischer Beihilfekontrolle.

3.1.2.1   Beihilfeniveau

Als *Beihilfeniveau* wird das Verhältnis der gesamten Beihilfensumme zum Bruttoinlandsprodukt (BIP) bezeichnet. Verlässliche und vergleichbare Zahlen zur
Beihilfepolitik in den neuen Mitgliedstaaten existieren erst ab dem Jahr 2000
und nur für die Bereiche der Beihilfekontrolle, die der GD COMP unterstehen,
das heißt ausgenommen sind die Sektoren Landwirtschaft, Fischerei und Transport.

Der Unterschied zwischen alten Mitgliedstaaten und MOEL für die Jahre
vor ihrem Beitritt ist offensichtlich (vgl. Abbildung 5). Im Zeitraum von 2000
bis 2003 betrug das durchschnittliche Beihilfeniveau in den MOEL 1,36% ihres
BIP im Vergleich zu 0,45% des BIP in den alten Mitgliedstaaten. Während der
Unterschied unmittelbar vor der EU-Erweiterung, also im Jahr 2003, seine
stärkste Ausprägung hatte, ist danach eine deutliche und sehr schnelle Annäherung des Durchschnitts in den neuen an die alten Mitgliedstaaten zu beobachten.

Trotz – oder gerade wegen – der oben beschriebenen Beitrittsvorbereitungen haben die neuen Mitgliedstaaten ihre Beihilfepolitik somit nicht kontinuierlich an das europäische Beihilferecht angepasst. Vielmehr lassen sich gegensätzliche Entwicklungen für die Zeit vor und nach dem Beitritt feststellen. Offenbar
war hierfür der institutionelle Wandel, der mit dem Beitritt einherging, insbesondere die Übertragung der Kontrollkompetenz auf die Kommission ausschlaggebend.

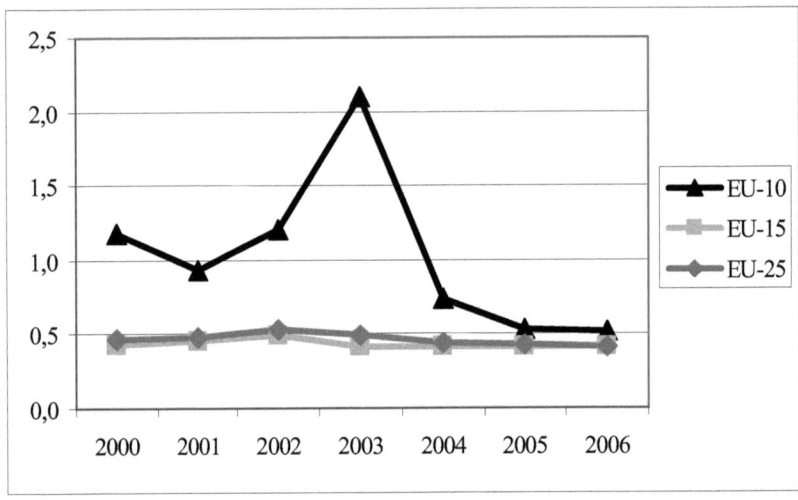

Abbildung 5: Beihilfeniveau (2000-2006)[169]

Für die Zeit vor dem Beitritt ist ein deutlich höheres durchschnittliches Beihilfeniveau in den MOEL zu beobachten und keine Annäherung an den Durchschnitt der alten Mitgliedstaaten feststellbar. Im Gegenteil, unmittelbar vor dem Beitritt war der Unterschied am größten; das durchschnittliche Beihilfeniveau lag in den MOEL mehr als dreimal höher als in den alten Mitgliedstaaten. Zwar hatten die Kandidatenstaaten im Zuge der Beitrittsverhandlungen einen glaubwürdigen Nachweis der Durchsetzung des europäischen Beihilferechts zu erbringen. Möglicherweise lässt sich der leichte Abwärtstrend in den Jahren 2000 und 2001 als Ergebnis dieser Bemühungen verstehen. Spätestens mit dem Abschluss der Beitrittsverhandlungen 2002 und der Unterzeichnung des Beitrittsvertrages Anfang 2003 war die Erweiterung aber unumkehrbar geworden und so nutzten eine Reihe von MOEL die letzte Gelegenheit, hauptsächlich staatseigene Betriebe in Krisenbranchen mit beträchtlichen Summen zu unterstützen. Insbesondere die Unterstützung des tschechischen Bankensektors 2002 und des polnischen Kohlesektors 2003 sind für den enormen Anstieg des durchschnittlichen Beihilfeniveaus verantwortlich.

Im ersten Jahr der EU-Mitgliedschaft, und damit dem endgültigen Übergang zur europäischen Beihilfekontrolle, ist das durchschnittliche Beihilfeni-

---

[169] Eigene Darstellung, basierend auf den statistischen Tabellen zum Beihilfeanzeiger, Frühjahrsausgabe 2008.

veau in den MOEL stark gesunken. In den Jahren 2005 und 2006 hat sich dieser Trend sogar noch verstärkt, so dass der zwischenzeitliche, durch den bevorstehenden Beitritt induzierte Anstieg nicht nur ausgeglichen, sondern deutlich unterboten wurde. Das durchschnittliche Beihilfeniveau in den neuen Mitgliedstaaten lag 2006 weiter unter der Hälfte von 2000 und der Unterschied zwischen alten und neuen Mitgliedstaaten hat sich fast aufgelöst.

Andere Erklärungsfaktoren für die Entwicklung des Beihilfeniveaus als die EU-Mitgliedschaft erscheinen wenig plausibel. Äußere Einflüsse, etwa globaler Art, scheiden aus, da es kaum vorstellbar ist, dass diese nur in den neuen, nicht aber in den alten Mitgliedstaaten ihre Wirkung entfalten. In den alten Mitgliedstaaten ist für den beobachteten Zeitraum nämlich keine entscheidende Veränderung des Beihilfeniveaus zu beobachten. Ebenso unwahrscheinlich erscheint es, dass die MOEL ausschließlich aus innenpolitischen Gründen, aber systematisch über Ländergrenzen hinweg ausgerechnet zum Jahr 2004 ihre Beihilfepolitiken neu ausgerichtet haben.[170]

Bemerkenswert bleibt zuletzt noch der bescheidene Einfluss der neuen Mitgliedstaaten auf den EU-25-Durchschnitt. Dass sich EU-15- und EU-25-Durchschnitt trotz der großen Schwankungen im Beihilfeniveau der MOEL kaum unterscheiden, ist auf das vergleichsweise geringe absolute Beihilfevolumen der neuen Mitgliedstaaten zurückzuführen. Dieses belief sich von 2000 bis 2006 auf 36,7 Milliarden Euro gegenüber einem Gesamtvolumen von 313,3 Milliarden Euro im gleichen Zeitraum in den Ländern der EU-15.

3.1.2.2   Beihilfeziele

Die im SAAP geforderte „besser Ausrichtung" der Beihilfepolitik ist synonym mit der Umlenkung staatlicher Beihilfen auf horizontale Ziele. Als groben Indikator für die Ausrichtung nationaler Beihilfepolitiken verwendet die Kommission daher selbst den Anteil horizontaler Beihilfen am Gesamtaufkommen. Auch in dieser Hinsicht sind die Daten für die neuen Mitgliedstaaten frühestens seit dem Jahr 2000 und ausschließlich der Sektoren Landwirtschaft, Fischerei und Transport vergleichbar.

Vor dem Beitritt unterschieden sich die MOEL von den alten Mitgliedstaaten durch einen deutlich niedrigeren Durchschnitt an horizontalen Beihilfen; die höchste Ausprägung dieses Unterschiedes lässt sich wiederum für das Jahr 2003

---

[170] Die fortbestehenden Unterschiede zwischen einzelnen Mitgliedstaaten werden im folgenden Kapitel 3.2 ausführlich diskutiert. Eine ausschließlich auf innenpolitische Faktoren konzentrierte Analyse (vgl. Gwiazda 2007) wird durch die parallele Entwicklung in den unterschiedlichen MOEL aber in Frage gestellt.

feststellen. Seither hat sich der Durchschnittswert für die neuen Mitgliedstaaten jenem der alten Mitgliedstaaten rasch angenähert, den Unterschied jedoch noch nicht gänzlich aufgelöst.

Die zwei Phasen der Europäisierung der Beihilfepolitik in den MOEL vor und nach deren EU-Beitritt werden an der Darstellung der Beihilfeziele noch deutlicher (vgl. Abbildung 6).

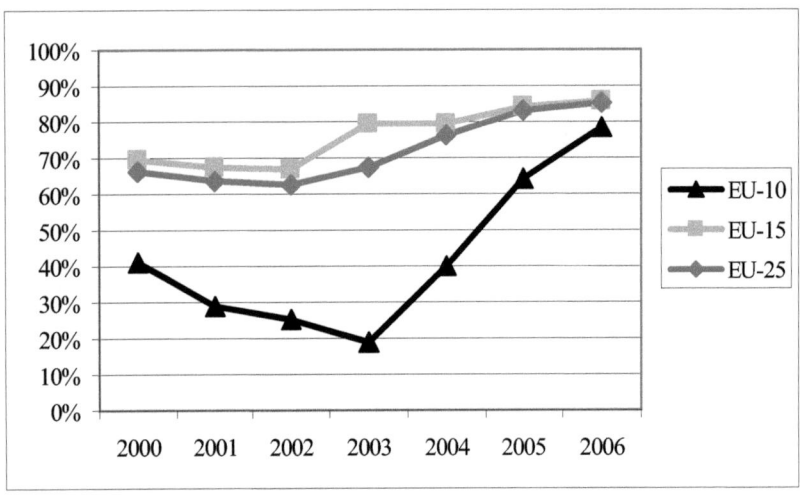

Abbildung 6: Anteil horizontaler Beihilfen (2000-2006)[171]

Entgegen der Zielvorgabe einer stärker horizontalen Beihilfepolitik stieg der Anteil sektorspezifischer Beihilfen in den Jahren vor dem Beitritt kontinuierlich an. Eine wichtige Erklärung für den generell hohen Anteil sektoraler Beihilfen in den MOEL ist der größere Bedarf an solchen Maßnahmen im Prozess der wirtschaftlichen Transformation. So werden Restrukturierungsbeihilfen immer wieder als legitimes Mittel im Vorfeld der Privatisierung staatlicher Unternehmen in problematischen Sektoren und zur Milderung der sozialen Nebeneffekte, insbesondere im Hinblick auf die Beschäftigung, befürwortet (vgl. Ellison 2005a). Der Trend zu einer schrittweisen Steigerung des Anteils sektoraler Beihilfen bis 2003 und der abrupte Umschwung 2004 können damit alleine aber nicht erklärt werden. Dies würde bedeuten, dass sich die wirtschaftliche Lage in

---

[171] Eigene Darstellung, basierend auf den statistischen Tabellen zum Beihilfeanzeiger, Frühjahrsausgabe 2008.

problematischen Sektoren der MOEL bis 2003 kontinuierlich verschärft, und so den Einsatz sektoraler Beihilfen nötig gemacht hätte, um sich 2004 schlagartig zu entspannen. Vielmehr war auch hier die Antizipation der bevorstehenden Unterordnung unter die europäische Beihilfekontrolle ausschlaggebend. Im Wissen darum, dass diese den Spielraum für sektorale Beihilfen besonders einschränken, horizontale Beihilfen aber weiterhin möglich sein würden, nutzen eine Reihe von MOEL ihre letzte Gelegenheit für sektorale Zuwendungen in größerem Umfang.

In den Jahren 2004 bis 2006 lässt sich hingegen ein klarer Umschwung zugunsten horizontaler Beihilfen in den neuen Mitgliedstaaten beobachten und obwohl auch in den alten Mitgliedstaaten der Anteil horizontaler Beihilfen noch gestiegen ist, hat sich der Unterschied zwischen den beiden Gruppen deutlich verringert. Während die Kommission ihr Einflusspotenzial auf die Reduzierung des Beihilfeniveaus, eine Auswirkung negativer Integration, womöglich ausgeschöpft hat, trägt die stärkere Ausrichtung staatlicher Beihilfepolitik an horizontalen Zielen auch positive Züge und bietet noch Entwicklungsspielraum für die Politik der Kommission. Lässt man das Jahr 2002 unberücksichtigt, das aufgrund enormer sektoraler Beihilfen in Frankreich abweicht, zeigt sich ein relativ stabiler Trend im Sinne der Zielvorgabe in den alten Mitgliedstaaten. Die neuen Mitgliedstaaten haben sich somit einem beweglichen Ziel anzunähern. Der dortige Anstieg des durchschnittlichen Anteils horizontaler Beihilfen ist nicht nur auf das Wegfallen sektoraler Beihilfen zurückzuführen – auch absolut lag die Summe horizontaler Beihilfen in acht der zehn MOEL 2006 höher als vor dem Beitritt und das trotz insgesamt deutlich gesunkenen Beihilfeniveaus.[172]

Auch wenn sich eine erneute Trendwende derzeit nicht abzeichnet, ist dagegen zumindest eine Entwicklung denkbar, die einer noch stärkeren Ausrichtung der Beihilfepolitik in den neuen Mitgliedstaaten an horizontalen Zielen entgegen wirken könnte. So sind einige geplante sektorale Beihilfemaßnahmen bereits seit dem Beitritt unter der Prüfung der Kommission und könnten bei einer abschließenden positiven Entscheidung ausgeführt werden. Erst die mittel- und langfristige Entwicklung wird somit vollständige Sicherheit darüber geben, wie nachhaltig die nationalen Auswirkungen der europäischen Beihilfekontrolle in den neuen Mitgliedstaaten sind.

---

[172] Nur in Malta und Slowenien ist die absolute Summe horizontaler Beihilfen gesunken bzw. gleichbleibend; vgl. die länderspezifischen Tabellen des Beihilfeanzeigers, online: http://ec.europa. eu/comm/competition/state_aid/studies_reports/stat_tables.html [Stand 31.03.2007].

3.1.3   Zwischenergebnisse

3.1.3.1   Europäisierungsforschung und das „no-variance problem"

Der Vergleich der Institutionen der Beihilfekontrolle sowie der Schlüsselindikatoren der Beihilfepolitik vor und nach dem Beitritt der MOEL liefert eine Reihe
übereinstimmender Zwischenergebnisse, die sich im Hinblick auf die eingangs
diskutierte Literatur zur Europäisierung, zur Erweiterung und zur europäischen
Governance interpretieren lassen. Während sich die Frage, ob die europäische
Beihilfekontrolle Auswirkungen in den neuen Mitgliedstaaten hat, danach eindeutig positiv beantworten lässt, stellt sich die Frage nach den dazugehörigen
Wirkungsmechanismen umso mehr.

Zunächst kann die Untersuchung von Ländern vor und nach ihrem EU-
Beitritt teilweise Abhilfe schaffen gegen ein wesentliches Problem der Europäisierungsforschung: Woher wissen wir, dass nationale Veränderungen tatsächlich
auf europäische und nicht auf andere, globale oder nationale, Faktoren zurückgehen? Haverland hat die Europäisierungsforschung dafür kritisiert, den europäischen Einfluss in den Mitgliedstaaten häufig zulasten anderer Erklärungen zu
überschätzen und sieht die Ursache im „no-variance problem" der Fallauswahl:
„research is typically confined to EU member states" (Haverland 2006: 135). Er
plädiert daher für die Einbeziehung von Nicht-Mitgliedstaaten in die Europäisierungsforschung – trotz möglicher anderweitiger Nachteile dieser Forschungs-
strategie: So mögen Länder aus anderem politischen, wirtschaftlichen oder kulturellen Kontext kaum für einen Vergleich geeignet sein, während enge EU-
Nachbarn wie die Schweiz oder Norwegen keine sauberen Kontrollfälle frei von
europäischem Einfluss darstellen (Ebd.: 139f.). Obwohl die gleichen Vorbehalte
auch gegenüber dem Vergleich der MOEL vor und nach ihrem EU-Beitritt gemacht werden können, hat sich dieses Vorgehen am obigen Beispiel dennoch als
nützlich erwiesen, um Variation in die Europäisierungsforschung zu bringen.

Eine bloße Untersuchung der alten Mitgliedstaaten hätte für den gleichen
Zeitraum vermutlich zu der Feststellung geführt, die europäische Beihilfekontrolle habe keine oder nur geringe nationale Auswirkungen. Trotz der Zielvorgaben und zahlreicher Reformanstrengungen auf europäischer Ebene blieb das
nationale Beihilfeniveau dort über die letzten Jahre fast konstant und auch die
stärkere Ausrichtung an horizontalen Beihilfezielen kommt nur bescheiden
voran. Umgekehrt ließe sich argumentieren, dass der europäische Einfluss beträchtlich sei, wenn man die Daten für einen längeren Zeitraum hinzunimmt. So
werden deutliche Rückgänge im durchschnittlichen Beihilfeniveau der alten
Mitgliedstaaten in den 1980er- und 1990er Jahren auf den Einfluss der europäischen Beihilfekontrolle zurückgeführt (Wolf 2005). In jedem Fall bleibt jedoch

das Problem, dass sich die Bedeutung spezifisch europäischer Erklärungen mangels Varianz in der Länderauswahl nicht von anderen Erklärungsfaktoren unterscheiden lässt. Auch bei einer stärker qualitativen Befragung von langjährigen Beteiligten der Beihilfepolitik und -kontrolle ist oftmals nicht mehr festzustellen, ob bestimmte Routinen ursprünglich auf europäische Einflüsse zurückgingen.

An den Schlüsselindikatoren zur Beihilfepolitik der neuen Mitgliedstaaten vor und nach ihrem Beitritt wurde hingegen demonstriert, wie sich europäische Einflüsse zumindest teilweise von nationalen oder globalen Faktoren isolieren lassen. Insbesondere der abrupte und systematisch über die MOEL hinweg beobachtbare Wandel für das erste Jahr ihrer EU-Mitgliedschaft deuten auf einen spezifisch europäischen Einfluss hin. Das Argument, „that perhaps formal integration in the form of membership is just that, a formality" (Zahariadis 2002: 296), das am Beispiel früherer Erweiterungsrunden im Hinblick auf die Beihilfepolitik gemacht wurde, ist damit zumindest für die jüngste Erweiterung widerlegt. Auch wird der institutionelle Wandel durch den Übergang zur europäischen Beihilfekontrolle in Hintergrundgesprächen in den MOEL sehr bewusst reflektiert.

Ohne Probleme ist gleichwohl auch dieser vorher-nachher-Vergleich nicht. So lässt sich sicher nicht behaupten, die MOEL seien vor der Erweiterung und unter dem Steuerungsinstrument der Beitrittskonditionalität keinem europäischen Einfluss ausgesetzt gewesen. Vielmehr muss differenziert werden zwischen einem Lerneffekt vor der Erweiterung und dem tatsächlichen Politikwandel seit dem Beitritt.

3.1.3.2   Die Übernahme des *acquis* und das Ende der Konditionalität

Die Forschung zur EU-Erweiterung, so wurde einleitend dargestellt, hat an die Europäisierungsliteratur dadurch guten Anschluss gefunden, dass sie den Beitrittsprozess als nationale Übernahme europäischer Regeln konzeptualisiert und sich Regeleinhaltung zum Erklärungsziel gemacht hat. Als Besonderheit der Europäisierung der MOEL wurde zudem immer wieder hervorgehoben, dass die EU mit der Beitrittskonditionalität über ein außerordentlich wirksames Instrument verfügte, um diese Staaten auf die Regelübernahme und -einhaltung zu verpflichten.

Die obige Analyse zeigt allerdings, dass sich die Beitrittsvorbereitungen im Beihilfebereich nur mit Einschränkungen als Prozess der Regelübernahme beschreiben lassen. Die europäischen Beihilferegeln wurden nur unvollständig und vorübergehend in das nationale Recht der MOEL übertragen. Die nationalen

Beihilfegesetze beschränkten sich größtenteils auf die Übertragung der Vertragsartikel und wesentliche Verfahrensvorschriften – das überwiegend weiche Kommissionsrecht zu den Ausnahmen vom Beihilfeverbot hingegen wurde nur in Bruchstücken und in sehr unterschiedlicher Form ins nationale Recht integriert. Gleichzeitig wurden die MOEL zu Regelungen verpflichtet, für die es auf europäischer Ebene oder in den alten Mitgliedstaaten kein Vorbild gibt. Weder die Einrichtung nationaler Beihilfekontrollbehörden noch die Verabschiedung nationaler Beihilfegesetze ergeben sich aus dem *acquis* der EU-15. Sie waren jedoch Bestandteil der Vereinbarungen zwischen der Gemeinschaft, den Mitgliedstaaten sowie dem jeweiligen Beitrittskandidaten und somit notwendige Voraussetzung für den Abschluss der Beitrittsverhandlungen. Mit dem Beitritt verlor das nationale Beihilferecht größtenteils seine Gültigkeit.

Auch entwickelte sich die Beihilfepolitik in den MOEL anders, als es die Vorstellung einer schrittweisen Regelübernahme suggeriert. So zeigen die Schlüsselindikatoren zum Beihilfeniveau und den Beihilfezielen keine kontinuierliche Anpassung der Kandidatenstaaten, sondern es lässt sich eine klare Umorientierung für das Beitrittsjahr 2004 feststellen. Auf den ersten Blick scheint damit die Wirksamkeit der Beitrittskonditionalität in Frage zu stehen: Trotz des Beitrittsanreizes entfernte sich die Beihilfepolitik der MOEL vor dem Beitritt sogar von den Zielvorgaben der Kommission. Umgekehrt ist der europäische Einfluss auf die neuen Mitgliedstaaten, anders als in Teilen der Erweiterungsliteratur vermutet (Schimmelfennig/Sedelmeier 2004: 669, 676; Dimitrova 2002: 186), im Beihilfebereich seit dem Beitritt offensichtlich gewachsen. Das Rätsel löst sich jedoch auf, sobald wir uns von der Vorstellung einer schrittweisen Regelübernahme verabschieden und zwischen zwei Phasen mit stark unterschiedlichen Funktionen unterscheiden: (1) der nationalen Regelanwendung „auf Probe" vor dem Beitritt, die eher auf einen Lerneffekt abzielte, sowie (2) der Unterstellung unter die Kommissionskontrolle mit dem Beitritt, die seither zu einer tatsächlichen Anpassung der Beihilfepolitik geführt hat.

Die Wirkung der Beitrittskonditionalität beschränkte sich entsprechend auf einen Lerneffekt. Ironischerweise lassen sich die wachsenden Beihilfeausgaben vor dem Beitritt als Beleg für wirksame Europäisierung interpretieren. Im Laufe der Beitrittsvorbereitungen machten sich nicht nur die nationalen Beihilfebehörden mit den europäischen Spielregeln vertraut, sondern auch die beihilfegewährenden staatlichen Einrichtungen. Sie wurden sich dabei zunehmend bewusst, wie sehr die europäische Beihilfekontrolle künftig ihre Handlungsmöglichkeiten beschränken würde. So nutzten sie häufig ihre letzte Chance, der künftigen Kommissionskontrolle aus dem Weg zu gehen und gewährten höhere, nicht geringere Beihilfesummen. Im Zweifelsfall hatte selbst die Kommission ein Interesse daran, dass vor dem Beitritt Zugeständnisse in der nationalen Beihilfekontrolle gemacht wurden, wenn dadurch Konflikte nach dem Beitritt und mögliche Präzedenzfälle für eine Aufweichung ihrer Regeln vermieden werden konnten.

Mit der Erweiterung hat die Kommission nicht nur das Instrument der Beitrittskonditionalität verloren, sondern sie kann ihre gewöhnlichen Durchsetzungsinstrumente nun auch in den neuen Mitgliedstaaten anwenden. Offensichtlich sind die Aussicht auf ein langes Kontrollverfahren durch die Kommission oder die Drohung mit der Rückforderung illegaler Beihilfen im konkreten Einzelfall wirksamer, als es die allgemeine Beitrittskonditionalität sein konnte.[173] Die Beihilfepolitiken der neuen Mitgliedstaaten haben sich in kurzer Zeit dem Durchschnitt der EU-15 angenähert; systematische Unterschiede zwischen den Beihilfepolitiken der alten und neuen Mitgliedstaaten existieren kaum noch. Der tatsächliche Wandel in den Beihilfepolitiken der MOEL hat sich somit erst mit der Übertragung der Kontrollkompetenz auf die Kommission vollzogen.

3.1.3.3   Negative und positive Steuerung durch die Beihilfekontrolle

Schließlich hat der Vergleich der Beihilfepolitiken in den neuen Mitgliedstaaten vor und nach ihrem Beitritt gezeigt, dass die europäische Beihilfekontrolle sowohl Einfluss hat auf das Beihilfeniveau als auch auf die Beihilfeziele. Im Hinblick auf beide Schlüsselindikatoren konvergiert der Durchschnitt der neuen in Richtung auf den der alten Mitgliedstaaten. Somit wirkt sich nicht nur die negative Integration im Beihilfebereich, das Beihilfeverbot, in den Mitgliedstaaten aus, sondern auch die teilweise positive Integration, die Harmonisierung seiner Ausnahmen.

Die Reduzierung des Beihilfeniveaus entspricht dem negativen Ziel, den Wettbewerb im Binnenmarkt zu schützen (*negativer Europäisierungseffekt*). In den MOEL war die Verringerung des Beihilfeniveaus nach dem Beitritt gegenüber der Zeit vor dem Beitritt besonders drastisch. Über einen längeren Zeitraum betrachtet hat sich das Beihilfeniveau auch in den alten Mitgliedstaaten deutlich verringert (vgl. Wolf 2005) – in den letzten Jahren jedoch kaum. Möglicherweise deutet dies darauf hin, dass das negative Integrationspotenzial der Beihilfekontrolle zum größten Teil ausgeschöpft ist und sie sich zwar weiterhin auf die nationale Beihilfepolitik auswirkt, jedoch auf gleich bleibendem Niveau.

---

[173] In diesem Zusammenhang sind auch die Reformen hinsichtlich der jüngsten Beitrittsländer Rumänien und Bulgarien zu sehen. Inwieweit die angedrohte Verschiebung des Beitritts Rumäniens letztlich glaubwürdig war, ist fraglich. Im Kontext der Beihilfekontrolle hat die Kommission aber ihre Möglichkeiten vergrößert, auch Maßnahmen aus der Zeit vor dem Beitritt zu kontrollieren und gegebenenfalls sogar zurückzufordern.

Die stärkere Ausrichtung an horizontalen Beihilfezielen entspricht der Förderung positiver, beihilfepolitischer Ziele von gemeinsamem Interesse (*positiver Europäisierungseffekt*). Der Effekt in den neuen Mitgliedstaaten, so wurde gezeigt, geht dabei eindeutig über eine bloß relative Zunahme horizontaler Beihilfen durch die Reduzierung sektoraler Beihilfen hinaus. Da auch in den alten Mitgliedstaaten ein anhaltender Trend zu mehr horizontalen Beihilfen zu beobachten ist, haben sich die Durchschnittswerte jedoch noch nicht ganz angeglichen. Die Kommission betont diesen Trend[174] und scheint auch ihr eigenes unausgeschöpftes Potenzial, auf die nationale Beihilfepolitik einzuwirken, vor allem in diesem Bereich zu sehen. Das Übergewicht positiver, beihilfepolitischer Erwägungen im SAAP wurde bereits ausführlich diskutiert. Auch in Hintergrundgesprächen mit Mitarbeitern der Kommission wurde fast ausschließlich der Aspekt der „besseren Ausrichtung" gegenüber „weniger" Beihilfen betont (Interviews 29, 31-33, abweichend 38).

3.2   Vergleich nach Ländern: Polen und die Tschechische Republik

Trotz der beobachteten Konvergenz der durchschnittlichen Beihilfeniveaus und der Beihilfeziele in den alten und neuen Mitgliedstaaten, bestehen weiterhin Unterschiede zwischen den Beihilfepolitiken einzelner Länder. So lassen sich die neuen Mitgliedstaaten in drei Untergruppen mit unterschiedlicher beihilfepolitischer Ausrichtung einteilen (Kapitel 3.2.1). Zwei Länder, Polen (Kapitel 3.2.2) und die Tschechische Republik (Kapitel 3.2.3), die aus Sicht der Kommission vor dem Beitritt zur gleichen Gruppe von Ländern mit besonders problematischer Beihilfepolitik gehörten, die sich nach dem Beitritt jedoch unterschiedlich verhalten haben, werden eingehender untersucht.

Zwei theoretische Zwischenergebnisse lassen sich aus dem folgenden Ländervergleich gewinnen (Kapitel 3.2.4). Zunächst gilt die Erkenntnis der Europäisierungsforschung auch im Bereich negativer Integration, dass eine gewisse Inkongruenz (*misfit*) zwischen europäischer und nationaler Politik eine notwendige Voraussetzung für nationalen Anpassungsdruck und damit die Möglichkeit von Europäisierungseffekten ist. Zwar führt Inkongruenz nicht automatisch zu nationaler Anpassung, eine Vorhersage über die wahrscheinliche Anpassungsrichtung lässt sie aber zu. Trotz bleibender Unterschiede lässt sich eine teilweise Konvergenz der Beihilfepolitiken in den neuen Mitgliedstaaten beobachten. Die Grenzen möglicher Divergenz zeigt der Ländervergleich zwischen Polen und

---

[174] Siehe z.B. den Beihilfeanzeiger, Herbstausgabe 2005: „Downward trend in the overall volume of State aid has leveled off ...though the vast majority of Member States have heeded the call to favour horizontal objectives". Ähnlich auch der Beihilfeanzeiger, Herbstausgabe 2006.

Tschechien. Obwohl beide Länder nach dem Beitritt in ganz unterschiedlichem
Maße bereit waren, sich an die Vorgaben der Kommission anzupassen, ähneln
sich im Ergebnis doch ihre Beihilfepolitiken. Eine staatliche Beihilfepolitik, die
systematisch von den beihilfepolitischen Vorstellungen der Kommission abweicht, ist auf Dauer zu teuer für die betroffenen Unternehmen.

3.2.1 Unterschiedliche Beihilfepolitiken in den neuen Mitgliedstaaten

3.2.1.1   Eine Einteilung der MOEL nach ihrer Beihilfepolitik

Anhand der oben diskutierten Schlüsselindikatoren, dem Beihilfeniveau und
dem Anteil horizontaler bzw. sektoraler Beihilfeziele, lassen sich prinzipiell vier
Varianten staatlicher Beihilfepolitik unterscheiden. Ähnlich wie in den alten
Mitgliedstaaten, wo sich unterschiedliche beihilfepolitische Traditionen entwickelt haben, sind auch in den neuen Mitgliedstaaten zumindest drei dieser Varianten vertreten. Während einige der neuen Mitgliedstaaten bereits vor ihrem
EU-Beitritt geradezu idealtypisch einen bestimmten Typ repräsentierten, sind
andere noch damit beschäftigt, ihre längerfristige beihilfepolitische Ausrichtung
zu finden.

		Beihilfeniveau	
		(relativ) hoch	**niedrig**
Anteil	**hoch**	(I)	(II)
horizontaler		Slowenien, Schweden	Estland, Niederlande
Beihilfen	**niedrig**	(III)	-
		Polen,	
		(Ost)Deutschland	

Tabelle 15: Idealtypen staatlicher Beihilfepolitik

Zunächst machen einige Länder relativ umfangreich von Beihilfemaßnahmen
Gebrauch, richten diese aber klar an horizontalen, d.h. von der Kommission
befürworteten Beihilfezielen aus (Gruppe I, vgl. Tabelle 15). Bereits für die Zeit
vor dem EU-Beitritt lassen sich Slowenien und etwas weniger ausgeprägt auch
die Slowakei dieser Gruppe zuordnen. Parallelen bestehen etwa zur Beihilfepolitik Schwedens oder Dänemarks.[175] Die Beihilfepolitik dieser Länder ist der

---

[175] Schweden hat seit seinem EU-Beitritt 1995 ausschließlich horizontale Beihilfen, insbesondere
zum Zwecke des Umweltschutzes, gewährt. Das Beihilfeniveau lag zwischen 2000 und 2005 bei

Beleg dafür, dass trotz der negativen Zielvorgabe, die Beihilfeausgaben zu senken, relativ hohe Beihilfeniveaus mit der europäischen Beihilfekontrolle vereinbar sind, solange die Kommission die dabei verfolgten, positiven Ziele billigt.
Letztlich entspricht diese Beihilfepolitik am ehesten der Balance zwischen
Wettbewerbsschutz auf der einen Seite sowie Förderung von Wettbewerbsfähigkeit und Kohäsion auf der anderen Seite, wie sie die Kommission selbst
anstrebt.

Andere Länder verzichten größtenteils auf staatliche Beihilfen und setzen
diese, wenn überhaupt, fast ausschließlich für horizontale Ziele ein (Gruppe II).
Die baltischen Länder sind die besten Beispiele für diese Gruppe. Estland hatte
bereits vor dem Beitritt ein extrem niedriges Beihilfeniveau und vergibt ausschließlich horizontale Beihilfen; Lettland und Litauen verfolgen spätestens seit
dem Beitritt eine vergleichbare Beihilfepolitik. Unter den alten Mitgliedstaaten
entsprechen dieser beihilfepolitischen Ausrichtung am ehesten die Niederlande
oder Luxemburg.[176] Die liberale Politik dieser Länder ist weitgehend im Einklang mit dem Ziel des Wettbewerbsschutzes im Binnenmarkt; auf staatliche
Intervention mittels Beihilfen wird aber sogar in jenen Bereichen verzichtet, in
denen die Kommission ihnen durchaus einen positiven Beitrag zutraut.

Schließlich verfügen jene Länder über das höchste Beihilfeniveau, die auch
gleichzeitig einen hohen Anteil an sektoralen Beihilfen vergeben (Gruppe III).
Vor dem Beitritt fiel die größte Zahl von MOEL in diese Gruppe. Tschechien,
Ungarn und Polen haben insbesondere vor dem Beitritt große Summen sektoraler Beihilfen gewährt und dabei Beihilfeniveaus erreicht, die in den alten Mitgliedstaaten nicht mehr vorkommen; Zypern und Malta sind weiterhin eindeutig
dieser Gruppe zuzuordnen. Parallelen zu den alten Mitgliedstaaten existieren am
ehesten im Hinblick auf die Beihilfepolitik Deutschlands in den Jahren nach der
Wiedervereinigung sowie mit Einschränkungen zu den Kohäsionsländern Portugal oder Spanien.[177] Die Beihilfepolitik dieser Länder steht im Widerspruch
zum Ziel des Wettbewerbsschutzes und interveniert zudem in jenen Bereichen,

---

0,45% des BIP und damit leicht über dem EU-Durchschnitt; im Jahr 2005 stieg es sogar auf 0,91%
des BIP. Vgl. die statistischen Tabellen zum Beihilfeanzeiger, Frühjahrsausgabe 2007.

[176] In den Niederlanden lag das durchschnittliche Beihilfeniveau zwischen 2000 und 2005 bei nur
0,19% des BIP und damit weniger als halb so hoch als der EU-Durchschnitt; 95,3% der niederländi-
schen Beihilfen wurden für horizontale Ziele gewährt. Vgl. die statistischen Tabellen zum Beihilfeanzeiger, Frühjahrsausgabe 2007.

[177] In der ersten Hälfte der 1990er Jahre (1992-1995) lag das Beihilfeniveau in Deutschland mit
1,49% des BIP sehr hoch; der Anteil horizontaler Beihilfen am gesamten Beihilfeaufkommen betrug
aber nur 34,0%. Maßgeblich waren hierfür die hohen Beihilfesummen, die im Zuge der Privatisierung ostdeutscher Betriebe unter anderem durch die Treuhandanstalt vergeben wurden (vgl. Schüt-
te/Hix 1995). Vgl. die statistischen Tabellen zum Beihilfeanzeiger, Frühjahrsausgabe 2007.

in denen nach Ansicht der Kommission am wenigsten positive Effekte von Beihilfen zu erwarten sind. Prinzipiell wäre noch eine vierte Gruppe von Ländern denkbar, die zwar wenige Beihilfen vergeben, jedoch vorwiegend mit sektoraler Zielsetzung. Allerdings wäre eine solche Politik, die einerseits weitgehend auf staatliche Intervention verzichtet – wenn sie interveniert, dann aber in der stärksten Form – kaum ideologisch zu vereinbaren. Tatsächlich gibt es keine alten oder neuen Mitgliedstaaten, die eine solche Politik verfolgen.

3.2.1.2   Die entsprechende Anpassung der Beihilfepolitiken

Die Beihilfepolitik der drei beschriebenen Gruppen von neuen Mitgliedstaaten stimmt in unterschiedlichem Maße mit den Vorstellungen der Kommission von einer Balance zwischen negativen und positiven Integrationszielen im Beihilfebereich überein. Dementsprechend müsste der Anpassungsdruck durch die europäische Beihilfekontrolle je nach Gruppe unterschiedlich ausfallen. Tatsächlich lassen sich unterschiedliche Anpassungsverläufe beobachten (siehe Abbildung 7 und Abbildung 8).

Zunächst bestätigen die beiden Abbildungen die Europäisierungseffekte, wie sie im vorausgehenden Kapitel 3.1 für den Durchschnitt der neuen Mitgliedstaaten beschrieben wurden: in neun von zehn MOEL ist das Beihilfeniveau nach dem Beitritt gesunken, nur die Slowakei hat ihr durchschnittliches Beihilfeniveau leicht erhöht; alle Länder haben den Anteil horizontaler Beihilfen gesteigert. Abgesehen davon zeigt sich aber durchaus beihilfepolitische Variation, die sich mit der Unterscheidung der drei Gruppen besser erfassen lässt.

Der geringste Anpassungsdruck ist für die Länder der ersten Gruppe zu erwarten, da ihre Beihilfepolitik bereits weitgehend den Vorstellungen der Kommission entspricht. Unter den alten Mitgliedstaaten werden etwa Schweden oder Dänemark immer wieder als Beispiele für eine gute Beihilfepolitik aus Sicht der Kommission hervorgehoben (Interviews 29, 37, 38). Tatsächlich hat sich die Beihilfepolitik der MOEL aus dieser Gruppe mit dem Beitritt nur geringfügig und ohne klare Tendenz geändert. Slowenien ist dem EU-25 Durchschnitt etwas näher gekommen, die Slowakei weicht nach dem Beitritt sogar etwas nach oben ab.

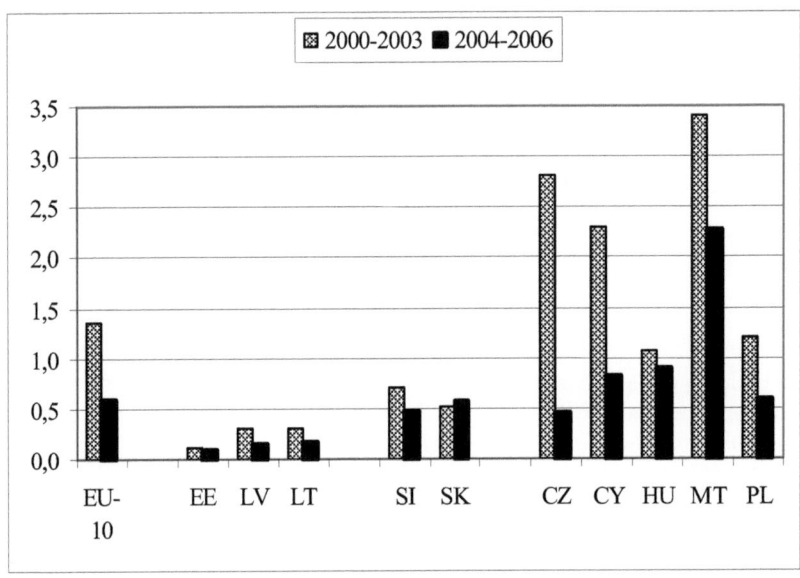

Abbildung 7: Beihilfeniveau nach Ländern[178]

Die zweite Gruppe von Ländern ist mit Blick auf den Wettbewerbsschutz vollkommen unproblematisch für die Kommission. Die Beitrittsverhandlungen über das Wettbewerbskapitel wurden mit den baltischen Ländern relativ frühzeitig und ohne Vereinbarung von Übergangsregeln abgeschlossen (vgl. Känkänen 2003). Möglicherweise sind diese Länder beim Wettbewerbsschutz aber über das Ziel hinausgeschossen (Interview 1), da sie staatliche Beihilfen auch für gemeinschaftspolitisch erwünschte, positive Zwecke kaum einsetzen. Noch weniger Beihilfen sind fast nicht möglich – eine stärkere Förderung horizontaler Beihilfeziele könnte aber zu einer Erhöhung des allgemeinen Beihilfeniveaus führen. Die Zielvorgaben „weniger und besser ausgerichteter" Beihilfen bieten diesen Ländern somit keine eindeutige Handlungsanweisung. Der durch die europäische Beihilfekontrolle erzeugte Anpassungsdruck auf ihre Beihilfepolitik ist angesichts dieses latenten Widerspruchs offenbar gering. Einige Anzeichen sprechen jedoch dafür, dass der positive Europäisierungseffekt sogar überwiegt. Das Beihilfeniveau in Estland ist seit dem Beitritt sogar zwischenzeitlich leicht gestiegen. In Lettland und Litauen ist das Beihilfeniveau zwar gesunken, weil

---

[178] Eigene Darstellung, basierend auf den statistischen Tabellen zum Beihilfeanzeiger, Frühjahrsausgabe 2008.

einige sektorale Beihilfemaßnahmen von geringem Umfang mit dem Beitritt ausliefen – absolut sind die Ausgaben für horizontale Beihilfen aber auch in diesen Ländern gestiegen.

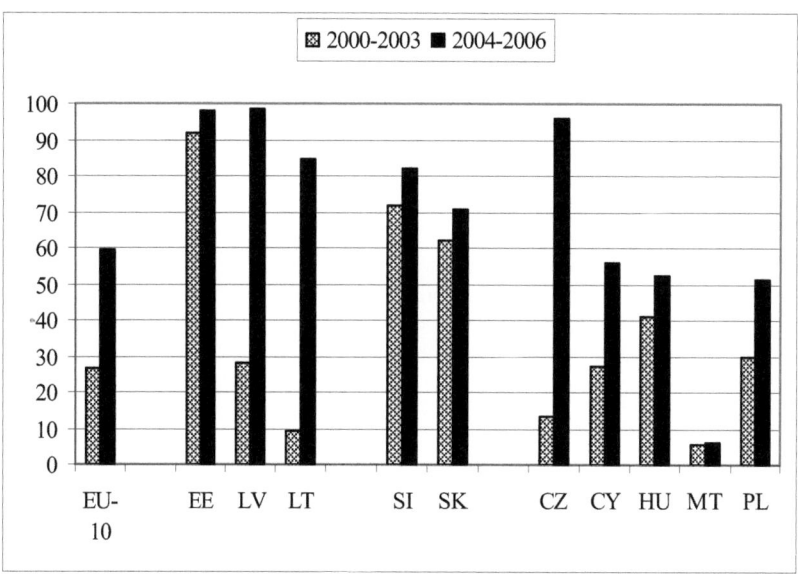

Abbildung 8: Anteil horizontaler Beihilfen nach Ländern[179]

Am stärksten ist der durch die europäische Beihilfekontrolle erzeugte Anpassungsdruck in der dritten Gruppe von Ländern, die durch hohe Beihilfeniveaus und einen niedrigen Anteil horizontaler Beihilfen gekennzeichnet sind. Beide Merkmale stehen im Gegensatz zur Zielsetzung der Kommission. Die Beitrittsverhandlungen mit diesen MOEL führten zu den größten Auseinandersetzungen über das Wettbewerbskapitel und mit allen wurden Übergangsregelungen vereinbart. Die negativen und positiven Ziele der Kommission sind in diesem Fall zudem miteinander vereinbar, d.h. eine Stärkung der horizontalen Beihilfeziele bei gleichzeitiger Senkung des Beihilfeniveaus ist in diesen Ländern möglich: durch die teilweise Neuausrichtung von Beihilfemaßnahmen einerseits, ihre teilweise Streichung andererseits. Tatsächlich hat sich die europäische Beihilfekontrolle in dieser Gruppe von Ländern am stärksten ausgewirkt. Lediglich

---

[179] Eigene Darstellung, basierend auf den statistischen Tabellen zum Beihilfeanzeiger, Frühjahrsausgabe 2008.

Malta verharrt auf einem außergewöhnlich hohen Beihilfeniveau mit vorwiegend sektoralen Beihilfen. Am deutlichsten hat sich die tschechische Beihilfepolitik gewandelt in Richtung eines mittleren Beihilfeniveaus bei überdurchschnittlich hohem Anteil horizontaler Beihilfen.

3.2.1.3   Fallauswahl: Polen und Tschechien

Aufbauend auf dieser Analyse wurden Polen und die Tschechische Republik für einen eingehenden Ländervergleich ausgewählt. Einerseits gehörten beide vor ihrem Beitritt zur Gruppe jener postkommunistischen Länder, deren Beihilfepolitik sich im Gegensatz zu den Zielen der europäischen Beihilfekontrolle befand. Andererseits schien sich die Beihilfepolitik in den beiden Ländern nach dem Beitritt zunächst unterschiedlich weiter zu entwickeln. Während Tschechien versuchte, Konflikten mit der Kommission aus dem Weg zu gehen und dafür eher zu Zugeständnissen bereit war, hat Polen stärker auf seiner beihilfepolitischen Autonomie beharrt und dafür mitunter langwierige Prüfverfahren der Kommission in Kauf genommen. Somit stellt sich die Frage, inwieweit der Anpassungsdruck durch die europäische Beihilfekontrolle in zwei Ländern mit ursprünglich ähnlicher Beihilfepolitik unterschiedlich gefiltert werden kann.

In der Compliance-Literatur wird die Größe der Mitgliedstaaten als ein zentraler Faktor diskutiert, um die Häufigkeit von Regelverstößen zu erklären. Neben mangelhafter administrativer Kapazität sei die Macht großer Staaten die beste Erklärung regelwidrigen Verhaltens, so Börzel et al.: „Politically powerful member states are most likely to violate European law while the best compliers are small countries with highly efficient bureaucracies" (Börzel, et al. 2007: 1). Je mächtiger ein Staat, so die Erklärung, desto weniger sensibel reagiere dieser auf mögliche Sanktionskosten (Ebd.: 5f., 16f.). Analog scheint dieses Argument zunächst auch auf die allgemeine Frage nach den nationalen Auswirkungen der europäischen Beihilfekontrolle anwendbar. Die Kommission kann den Anpassungsdruck durch die Beihilfekontrolle schrittweise erhöhen, insbesondere durch die Verzögerung des Prüfverfahrens und die Drohung mit der Rückforderung illegaler Beihilfen (vgl. Kapitel 2.2.2). Kleinere Staaten, so die Erwartung, müssten daher eher einlenken und ihre Beihilfepolitik anpassen. So liegt etwa der Anteil illegaler Beihilfen in den kleineren alten Mitgliedstaaten deutlich unter dem EU-Durchschnitt.[180] Auch die bereits erwähnten Unterschiede Polens und Tschechiens in ihrer Verhandlungsstrategie mit der Kommission sprechen

---

[180] Beihilfeanzeiger, Frühjahrsausgabe 2007, Rdnr. 1.2.4.

vorläufig dafür, dass die Größe der Mitgliedstaaten einen Einfluss auf ihre beihilfepolitische Anpassungsbereitschaft hat. Die beiden Länderstudien werden in jeweils vergleichbaren Schritten dargestellt: Zunächst werden die Beitrittsvorbereitungen, insbesondere die Beihilfekontrolle durch die nationalen Wettbewerbsbehörden, geschildert. Die Ähnlichkeiten zwischen den beiden Ländern überwiegen in dieser Phase. Anschließend wird die polnische und tschechische Beihilfepolitik unter europäischer Kontrolle geschildert. Trotz unterschiedlicher Bereitwilligkeit, auf die Forderungen der Kommission einzugehen, haben beide Länder ihre Beihilfepolitik mittlerweile in ähnlicher Weise angepasst. Besonders kontroverse Einzelfälle illustrieren die verschiedenen Herangehensweisen Tschechiens und Polens in ihrer Auseinandersetzung mit der Kommission – sie zeigen aber auch, weshalb letztlich beide Mitgliedstaaten ihre Beihilfepolitik in ähnlichem Maße angepasst haben: die Kosten einer konfrontativen Haltung gegenüber der Kommission haben letztlich die Unternehmen zu tragen – unabhängig davon, ob sie aus einem großen oder kleinen Mitgliedstaat kommen.

3.2.2 Polen

3.2.2.1   Die Beitrittsvorbereitungen Polens

Die Erprobung der Beihilfekontrolle auf nationaler Ebene und der Übergang zur europäischen Beihilfekontrolle erfolgten in Polen nach den weiter oben skizzierten Schritten des institutionellen Wandels in allen MOEL, allerdings zumeist mit deutlicher Verspätung gegenüber dem ursprünglich vorgesehenen Zeitplan. Das Europaabkommen mit Polen trat im Februar 1994 in Kraft; die Durchführungsbestimmungen zur Beihilfekontrolle hätten innerhalb von drei Jahren vom Assoziationsrat beschlossen werden sollen, was aber erst 2001 geschah.[181] Die Einrichtung einer nationalen Beihilfekontrolle erfolgte bereits zuvor, innerhalb des Amtes zum Schutz des Wettbewerbs und der Verbraucher (UOKiK), und erhielt ihre gesetzliche Grundlage mit den polnischen Beihilfegesetzen von 2000 und 2002.[182] Das Wettbewerbskapitel wurde erst zeitgleich mit dem allgemeinen Ende der Beitrittsverhandlungen mit Polen im Dezember 2002 geschlossen (vgl. Ambroziak/Kaliszuk 2004: 161f.).

---

[181] Entscheidung Nr. 3/2001 des EU-Polen Assoziationsrates vom 23. Mai 2001; ABl.EG 2001 Nr. L 215.

[182] Gesetz vom 30. Juni 2000 über die Bedingungen der Zulässigkeit und die Aufsicht über öffentliche Beihilfen für Unternehmer (ABl. Polen Nr. 60, Punkt 704) und seine überarbeite Fassung vom 27. Juli 2002 (ABl. Polen Nr. 141, Punkt 1177).

Das erste „Gesetz über die Bedingungen der Zulässigkeit und die Aufsicht über öffentliche Beihilfen für Unternehmer" vom 30. Juni 2000 war der Versuch, den Kern des *acquis* zum Beihilferecht – das Beihilfeverbot aus dem Vertragsrecht sowie die wichtigsten horizontalen, regionalen und sektoralen Ausnahmen, hauptsächlich aus dem weichen Recht der Kommission – in 48 Artikeln und zusätzlichen Verordnungen ins polnische Recht zu übernehmen. Obwohl auch eine Reihe rein innerstaatlicher Gründe schon früher für die Verabschiedung eines solchen Gesetzes gesprochen hätten, geschah dies erst unter dem Eindruck der Beitrittsvorbereitungen und, soweit möglich, orientiert am *acquis* der EU (Sowa 2003: 8f.). In mehrerlei Hinsicht erwies sich das Gesetz selbst für die Übergangszeit bis 2004 als zu ungenau und teilweise inkompatibel mit dem europäischen Recht, so dass es 2002 durch ein gleichnamiges Gesetz ersetzt wurde (Ebd.: 10).[183] Beispielsweise wurde darin der Unternehmensbegriff neu gefasst und eine Unterscheidung zwischen individuellen Beihilfen und Beihilfeschemen eingeführt. So konnten die meisten Ungenauigkeiten beseitigt und, da ein bloßer Verweis auf das weiche Recht der Kommission für das polnische Recht unzureichend war, durch die Ermächtigung zum Erlass zusätzlicher Verordnungen ergänzt werden (Grühn 2006: 116f.). Während das Gesetz durch die Definition zentraler Begriffe oder einen Beispielkatalog von Beihilfeformen auf möglichst einfache Verständlichkeit ausgerichtet war, blieben viele Details des Beihilfe-*acquis*, etwa durch nicht vorhandene Übersetzungen der EuGH-Rechtsprechung, unerschlossen. Mit dem Beitritt zum 1. Mai 2004 verlor das Gesetz seine Gültigkeit und wurde durch das „Gesetz über das Verfahren hinsichtlich öffentlicher Beihilfen" ersetzt.[184] Das Gesetz beschränkt sich auf Verfahrensfragen; substanzielle Bestimmungen zum Beihilfebegriff und zur Kompatibilität von Beihilfen sind somit ausschließlich auf europäischer Ebene geregelt.

Das Aufsichtsorgan der nationalen Beihilfekontrolle war bis zum EU-Beitritt der direkt dem polnischen Ministerpräsidenten untergeordnete UOKiK-Präsident. Dessen Kompetenzen entsprachen weitgehend denen der Europäischen Kommission, bis hin zum Recht auf Rückforderung illegal gewährter Beihilfen, von dem jedoch kein Gebrauch gemacht wurde (Sowa 2003: 10). Angesichts einer Vielzahl von potenziellen Beihilfegebern, inzwischen ca. 4000 öffentliche Einrichtungen (darunter 2800 Gemeinden), und dem zumeist individuellen Charakter der Beihilfemaßnahmen hatte das Wettbewerbsamt zwischen

---

[183] Für eine deutsche Übersetzung des Gesetzes, siehe den Anhang 1 in Grühn (2006: 195f.).
[184] Gesetz vom 30. April 2004 über das Verfahren hinsichtlich öffentlicher Beihilfen (ABl. Polen Nr. 123, Punkt 1291). Eine englische Übersetzung des Gesetzes findet sich auf der Internetseite von UOKiK: http://www.uokik.gov.pl/en/legal_regulations/national_legal_acts/state_aid/ [letzter Zugriff 01.09.2008].

2001 und 2004 mehr als 2500 Beihilfeentscheidungen zu treffen (Paczkowska-Tomaszewska/Jaros/Winiarski 2006: 670). Von besonderer Bedeutung waren die Entscheidungen im Interimverfahren, die jene Maßnahmen betrafen, die erst nach dem Abschluss der Beitrittsverhandlungen beschlossen wurden und auch nach dem EU-Beitritt noch weiter gelten sollten. Alle diese 64 Maßnahmen wurden vom UOKiK-Präsidenten positiv beurteilt und zu einem beträchtlichen Teil erst am 29. und 30. April 2004 an die Kommission gemeldet (Ambroziak/Kaliszuk 2004: 166). Nach der Erweiterung obliegt die endgültige Genehmigung von Beihilfemaßnahmen zwar der Kommission, doch besteht auch nach dem neuen Gesetz die Verpflichtung, vor allen neuen Beihilfemaßnahmen oder Änderungen bestehender Beihilfen zunächst eine nicht bindende Beurteilung durch das Wettbewerbsamt einzuholen (Pelka 2004: 381). Neben diesem so genannten Prä-Notifizierungsverfahren vertritt der Präsident des Wettbewerbsamtes in Beihilfefällen Polen vor den Gemeinschaftsgerichten, sammelt die Daten zu Art und Höhe der gewährten Beihilfen und nimmt Stellung bei der Ausarbeitung neuer europäischer oder nationaler Beihilferechts (Paczkowska-Tomaszewska/Jaros/Winiarski 2006: 675f.).

In ihren Fortschrittsberichten zu den Beitrittsvorbereitungen Polens kritisierte die Kommission bis zum Jahr 2000 vorwiegend den Mangel eines angemessenen administrativen und rechtlichen Rahmens für die Beihilfekontrolle, d.h. die nationale Beihilfebehörde und das polnische Beihilfegesetz.[185] Andere Bereiche der Wettbewerbspolitik waren wesentlich früher positiv bewertet worden (Gwiazda 2007). Die folgenden Berichte betonen hingegen die Notwendigkeit einer verbesserten Durchsetzungsbilanz des Beihilferechts und bewerten diese auch 2003 noch als nicht völlig zufrieden stellend.[186] Zudem wird wiederholt auf besonders problematische Bereiche, insbesondere Rettungs- und Restrukturierungsbeihilfen und Steuervergünstigungen in Sonderwirtschaftszonen hingewiesen. Im Beitrittsvertrag wurden mit keinem anderen der MOEL so viele Übergangsregeln vereinbart, wie mit Polen: hinsichtlich der Restrukturierung der Stahlindustrie, der Steuervorteile in den Sonderwirtschaftszonen sowie bestimmter Beihilfen für den Umweltschutz (vgl. Känkänen 2003; Schütterle 2004).

---

[185] Vgl. die Fortschrittsberichte Polen 1999, S. 34 und 2000, S. 48.
[186] Vgl. die Fortschrittsberichte Polen 2001, S. 56f., 2002, S. 75 und 2003, S. 32.

3.2.2.2   Die polnische Beihilfepolitik unter europäischer Kontrolle

Polen zählte somit vor der Erweiterung aus Sicht der Kommission zu den Problemfällen in der Beihilfepolitik und das hat sich auch nach dem Beitritt zunächst nicht geändert. Vom Beitrittsdatum bis zum Ende 2006 hat die Kommission in 90 polnischen Beihilfefällen entschieden. In 75 Fällen wurden die Maßnahmen nach dem Vorprüfverfahren genehmigt. In 15 Fällen – das sind 17% der Fälle und damit deutlich mehr als der EU-25 Durchschnitt – leitete die Kommission ein Hauptprüfverfahren ein.[187] Nur eines von fünf Hauptprüfverfahren, die bis Ende 2006 abgeschlossen wurden, endete mit einer positiven Entscheidung – selbst dieses Verfahren wurde mittlerweile aber wieder neu eröffnet (vgl. unten Tabelle 17).[188]

Zum Teil gehen die Konflikte zwischen polnischer Beihilfepolitik und europäischer Beihilfekontrolle auf die Zeit vor dem Beitritt zurück. Die Durchsetzungsbilanz der polnischen Beihilfekontrolle, so wurde oben bereits festgestellt, galt aus Sicht der Kommission bis zum Beitrittsdatum als nicht zufrieden stellend. Für die Beihilfepolitik hatte dies den Effekt, so die einhellige Bewertung in Hintergrundgesprächen mit Beteiligten auf nationaler und europäischer Ebene, dass die nahenden Beschränkungen der europäischen Beihilfekontrolle in der Gestaltung der polnischen Beihilfepolitik lange nicht ausreichend beachtet und problematische Maßnahmen nicht rechtzeitig vor dem Beitritt abgeschlossen wurden (Interviews 4, 18, 25, 30). Die Sonderbehandlung Polens während der Beitrittsverhandlungen, insbesondere das deutsche Drängen, Polen unbedingt in der ersten Erweiterungsrunde mit aufzunehmen, so ein Kommissionsmitglied, sei mitverantwortlich dafür, dass der Anpassungsdruck in Polen erst relativ spät wahrgenommen wurde (Interview 38). Die Kommission drängte Polen im Interimverfahren dazu, Maßnahmen möglichst frühzeitig zu melden, um diese auch nach dem Beitritt ununterbrochen anwenden zu können (Interviews 4, 19) – tatsächlich wurden viele dieser Maßnahmen aber erst Ende April 2004 gemeldet und mussten nach dem Beitrittsdatum bis zu ihrer Überprüfung durch die Kommission, teilweise bis Dezember 2005, ausgesetzt werden (Ambroziak/Kaliszuk 2004: 166).

Darüber hinaus sind nach dem Beitritt weitere Konflikte über die Beihilfepolitik zwischen der Kommission und Polen hinzugekommen. In einem Strategiepapier zur beihilfepolitischen Ausrichtung für die Jahre 2005 bis 2010, das vom polnischen Ministerrat im März 2005 beschlossen wurde, werden Beihilfen

---

[187] Eigene Auswertung anhand des Beihilferegisters der Kommission.

[188] Siehe hierzu: „State aid: Commission reopens investigation into restructuring of Polish machinery producer Huta Stalowa Wola", Presseerklärung der Kommission IP/07/1481 vom 11. Oktober 2007.

zur Restrukturierung von Unternehmen in Krisensektoren als eine der bleibenden Prioritäten benannt (Polish Ministry of Economy 2005).[189] Auch im polnischen Kommentar zum SAAP wird die Europäische Kommission deutlich kritisiert, sie müsse die besonderen Anforderungen der wirtschaftlichen Transition in Polen stärker berücksichtigen und dürfe die Rettung und Restrukturierung von Unternehmen in Schwierigkeiten als legitimes Ziel staatlicher Beihilfepolitik nicht marginalisieren.[190] Ein weiteres Charakteristikum der polnischen Beihilfepolitik, das aus den Daten des Beihilfeanzeigers nicht hervorgeht, jedoch aus den UOKiK-Beihilfeberichten, ist die Struktur der Beihilfeempfänger und -geber. Demnach kommt mehr als die Hälfte polnischer Beihilfen Großunternehmen zu Gute, während die Kommission die Förderung kleiner und mittlerer Unternehmen befürwortet. Nach einem zwischenzeitlichen Höhepunkt von 80% der Beihilfen im Jahr vor dem EU-Beitritt, hat sich der Anteil der Beihilfen für Großunternehmen danach bei 60% eingependelt.[191] Aus Sicht der Kommission stellt die Beihilfepolitik der Kaczynski-Regierung sogar eher einen Rückschritt gegenüber bereits erreichten Reformen dar (Interview 38). In mehreren Gesprächen mit Mitarbeitern der Kommission wurde betont, dass man gerade gegenüber Polen keine Zugeständnisse in Beihilfefällen machen solle, da man sonst widerspenstiges Verhalten belohne (Interviews 30, 34, 38). Beispielhaft für diese Konfrontation sind die im Anschluss diskutierten polnischen Werftenfälle.

Trotz dieser anhaltenden Auseinandersetzungen nach dem EU-Beitritt lässt sich hinsichtlich Beihilfeniveau und Beihilfezielen einer klare Annäherung der polnischen Beihilfepolitik an die Zielvorgaben der Kommission feststellen (vgl. Tabelle 16). Das polnische Beihilfeniveau lag 2005 sogar erstmals leicht unter dem EU-25 Durchschnitt. Der Anteil horizontaler Beihilfen ist zunächst nur leicht gestiegen, hat mittlerweile aber 85% erreicht. Auch die Tatsache, dass die Zahl geplanter Einzelbeihilfen deutlich abgenommen hat, während immer stär-

---

[189] Das Strategiepapier trägt den polnischen Titel „Program polityki w zakresie pomocy publicznej na lata 2005 -2010" (Politisches Programm über den Umfang staatlicher Beihilfen für die Jahre 2005-2010). Für einen eingehenden Vergleich der polnischen Beihilfestrategie und des SAAP der Kommission, siehe Ambroziak (2005).

[190]   Online: http://ec.europa.eu/comm/competition/state_aid/others/action_plan/consult/36391.pdf [letzter Zugriff: 01.09.2008]. Bemerkenswerterweise waren diese kritischen Kommentare in einem ersten Entwurf der polnischen Position, die vom Wettbewerbsamt und vom Büro des Ausschusses für Europäische Integration (UKIE) erarbeitet worden war, nicht enthalten und wurden erst auf Drängen des Schatzministeriums hinzugefügt. Auch in Hintergrundinterviews wurde bestätigt, dass im Wettbewerbsamt oder im Finanzministerium oftmals eine restriktivere Beihilfepolitik befürwortet wird als etwa im Wirtschaftsministerium oder dem Schatzministerium (Interview 19, 23).

[191] Vgl. hierfür die Beihilfeberichte der polnischen Wettbewerbsbehörde 2003, S. 17, 2004, S. 18 und 2005, S. 17.

ker allgemeine Beihilfeschemen genutzt werden, spricht für eine zunehmende Anpassung an die Vorgaben der Kommission.[192]

	2000	2001	2002	2003	2004	2005	2006
Beihilfen (in Mio. €)	2028	1482	1014	6195	2185	921	1230
- Anteil am BIP in %	0,95	0,63	0,45	2,99	1,03	0,37	0,45
davon horizontal	1391	453	398	932	530	649	1045
- Anteil horizontal in %	68,6	30,6	39,3	15,0	24,2	70,4	85,0

Tabelle 16: Indikatoren zur polnischen Beihilfepolitik (2000-2006)[193]

3.2.2.3   Kontroverse Einzelfälle

Die größte Kontroverse hinsichtlich Beihilfemaßnahmen in den MOEL aus der Zeit der Beitrittsverhandlungen betraf die Sonderwirtschaftszonen in Polen und Ungarn. Seither betreffen die Auseinandersetzungen zwischen der Kommission und Polen insbesondere Rettungs- und Restrukturierungsmaßnahmen, die zumeist vor dem Beitritt eingeleitet, jedoch nicht abgeschlossen wurden. Sicherlich auch aufgrund des Umfangs der betroffenen Maßnahmen, teilweise aber wegen der konfrontativen Haltung Polens haben polnische Fälle bislang größere öffentliche Aufmerksamkeit erlangt, als die Fälle aus anderen neuen Mitgliedstaaten.

➢ Sonderwirtschaftszonen (SWZ): Im Jahr 1994 wurde in Polen der rechtliche Rahmen[194] zur Einrichtung von SWZ mit dem Ziel geschaffen, inländische und ausländische Investoren anzuziehen (vgl. Ambroziak/Kaliszuk 2004: 174f.). Insgesamt 14 solcher SWZ wurden auf dieser Grundlage eingerichtet, um insbesondere durch Steuervergünstigungen Investoren anzulocken.[195] In seiner ur-

---

[192] Paczkowska-Tomaszewska et al. (2006: 673) beziffern den Anteil von Beihilfeschemen an den vom Wettbewerbsamt beurteilten Maßnahmen für das Jahr 2003 auf 20%, für 2005 hingegen auf 80%.

[193] Eigene Darstellung, basierend auf den statistischen Tabellen zum Beihilfeanzeiger, Frühjahrsausgabe 2008.

[194] Gesetz vom 20. Oktober 1994 über die Sonderwirtschaftszonen (ABl. Polen Nr. 123, Punkt 600).

[195] Einen Überblick über die verschiedenen Sonderwirtschaftszonen gibt die Polnische Agentur für Information und Auslandsinvestitionen (PAIiIZ), siehe online: http://www.paiz.gov.pl/index/?id=a3f390d88e4c41f2747bfa2f1b5f87db [letzter Zugriff: 01.09.2008].

sprünglichen Form war das polnische Gesetz über die SWZ aus Sicht der Kommission mehrfach beihilferechtlich problematisch: Die SWZ diskriminierten regional, ohne Einbindung in einen breiteren regionalpolitischen Kontext, und die Gewährung von Steuerbeihilfen lag zudem im Ermessen des Wirtschaftsministers, während nach anderen Kriterien, etwa der Größe oder dem Wirtschaftssektor der begünstigten Unternehmen nicht differenziert wurde. Vor allem aber wurde keine Obergrenze für die schwer zu beziffernden Steuervorteile festgelegt (Grühn 2006: 176).

Die Kontroverse zu den SWZ wurde bereits in frühen Fortschrittsberichten der Kommission erwähnt, jedoch erst ganz zu Ende der Beitrittsverhandlungen beigelegt. Zum Januar 2001 hatte Polen das Gesetz über die SWZ geändert[196], wonach Obergrenzen entsprechend der europarechtlichen Vorschriften für regionale Beihilfen eingeführt wurden. Besonders umstritten blieb jedoch der Umgang mit Investoren, die vor diesem Datum Steuervergünstigungen zugesagt bekommen hatten. Im Wissen um die bevorstehende Gesetzesänderung wurden über das Jahr 2000 noch großzügige Zusagen gemacht, so dass auch diese Unternehmen noch in den Genuss einer Übergangsregelung kamen. Entgegen ihrer Ausgangsposition stimmte die Kommission letztlich einer Übergangsregelung mit Polen zu, wonach die Steuervergünstigungen zwar nicht wie ursprünglich gesetzlich vorgesehen bis 2017 weiter gelten, aber bis 2011 schrittweise auslaufen dürfen.

Aus polnischer Sicht wird diese Regelung insofern als sehr positiv bewertet, als man die eigene Beihilfepolitik in wesentlichen Punkten durchgesetzt hat. Die Attraktivität der SWZ gilt unter anderem durch das weiterhin bestehende Instrument der Steuervergünstigungen als ungebrochen. Die Rechte der Investoren aus der Zeit vor 2001 wurden weitgehend geschützt: Kleine und mittlere Unternehmen, denen vor 2001 Zusagen gemacht wurden, können bis 2011 bzw. 2010 voll von den Vorteilen aus dem ursprünglichen Gesetz über die Sonderwirtschaftszonen von 1994 profitieren. Große Unternehmen mussten zwar Obergrenzen für die Steuervergünstigungen hinnehmen, wurden aber unter anderem durch administrative Erleichterungen und die Aussicht auf weitere Beihilfen für neue Investitionen entschädigt (vgl. Ambroziak/Kaliszuk 2004: 179). Während etwa die baltischen Länder ihre Bemühungen um vergleichbare Übergangsregeln frühzeitig einstellten, konnten sich Ungarn, Malta und Zypern neben Polen ebenfalls durchsetzen. Unlängst hat Polen angekündigt, die Sonderwirtschafts-

---

[196] Gesetz vom 16. November 2000 über die Ergänzung des Gesetzes über die Sonderwirtschaftszonen (ABl. Polen Nr. 117, Punkt 1228).

zonen wieder ausweiten zu wollen, notfalls auch in einem offenen Konflikt mit Brüssel.[197]

Eingehender untersucht haben Bohle und Husz (2005) den Verhandlungsprozess vergleichbarer Übergangsregeln für Ungarn. Auch dort waren Investoren seit 1998 Unternehmenssteuerbefreiungen ohne Obergrenze und somit im Widerspruch zum europäischen Beihilferecht zugesagt worden. Entgegen ihrer ursprünglichen Position, die eine Anpassung der ungarischen Maßnahmen bereits zum Jahr 2001 forderte, stimmte die Kommission letztlich einer Änderung zum Jahr 2003 und Übergangsregeln ähnlich den polnischen zu. Bohle und Husz führen dieses Ergebnis auf den Einfluss großer, multinationaler Konzerne auf die ungarische Regierung sowie auf die Kommission zurück. Diese hätten die ungarische Regierung überzeugt, dem Schutz der zugesagten Vergünstigungen Vorrang einzuräumen, trotz hoher Belastungen des Haushalts und entgegen ihrer Verpflichtungen im Rahmen der EU-Beitrittsvorbereitungen (Ebd.: 94f.). Die Kommission war letztlich bereit, besser eine Übergangsregelung als gar keinen Verhandlungsabschluss zu erreichen (Ebd.: 95).

Fall-Nr.	Unternehmen	Art	Ziel	Entscheidung
C 20/2004	Huta Częstochowa	individuell	R&R	gemischt
C 03/2005	Daewoo / FSO	individuell	R&R	konditional
C 17/2005	Stocznia Gdynia	individuell	R&R	
C 18/2005	Stocznia Gdanska	individuell	R&R	
C 19/2005	Stocznia Szczecinska Nowa	individuell	R&R	
C 21/2005	Poczta Polska	individuell	andere	
C 22/2005	Poczta Polska	Schema	andere	zurückgezogen
C 43/2005	PSE/Stromabnahmevereinbarungen	individuell	andere	
C 44/2005	Huta Stalowa Wola	individuell	R&R	positiv
C 49/2005	Chemobudowa Krakow	individuell	R&R	zurückgezogen
C 23/2006	Technologie Buczek	individuell	R&R	
C 32/2006	Huta Cynku Miasteczko Slaskie	individuell	R&R	
C 51/2006	Arcelor Huta Warszawa	individuell	R&R	
C 52/2006	Odlewni Zeliwa Srem	individuell	R&R	
C 55/2006	Bison-Bial	individuell	R&R	

Tabelle 17: Hauptprüfverfahren in polnischen Beihilfefällen (Ende 2006)

Seit dem Beitritt hat die Kommission bis Ende 2006 insgesamt 15 Hauptprüfverfahren in polnischen Fällen eingeleitet – mehr als hinsichtlich aller anderen

---

[197] Siehe „Brussels may object to Special Economic Zones expansion", in: PNB vom 2. Oktober 2007. In dem Artikel heißt es: „Poland keeps enlarging special economic zones, although earlier it promised the EU not to do so any more. On Monday the deputy head of PM's chancellery Jacek Koscielniak said Poland expects resistance from the EU, but the authorities are ready for an open conflict".

neuen Mitgliedstaaten zusammen. Angesichts der Größenunterschiede zwischen den neuen Mitgliedstaaten mag dies wenig überraschend erscheinen. Im Gegensatz zu den meisten anderen MOEL beschränken sich die polnischen Fälle jedoch nicht auf die Übergangszeit des Beitritts, sondern es kommen weiterhin neue problematische Fälle hinzu, und in einigen der Übergangsfälle hat Polen bislang wenig Bereitschaft gezeigt, auf die Forderungen der Kommission einzugehen. Fast alle Hauptprüfverfahren betreffen individuelle Maßnahmen zur Rettung und Restrukturierung von Unternehmen in Schwierigkeiten (siehe Tabelle 17). Zwei besonders kontroverse Fälle im Stahl- und im Automobilsektor wurden bereits abgeschlossen, drei laufende Fälle hinsichtlich der größten polnischen Werften reichen bis in die Zeit vor dem Beitritt zurück.

➢ Huta Częstochowa (HC): Die erste Entscheidung der Kommission nach einem Hauptprüfverfahren in einem Fall aus den neuen Mitgliedstaaten betraf den polnischen Stahlproduzenten HC.[198] Laut Protokoll 8 des Beitrittsvertrages durften nur eine Reihe ausdrücklich aufgelisteter Stahlproduzenten bis Ende 2006 von polnischen Beihilfen profitieren; HC befand sich nicht auf dieser Liste und war ursprünglich zur Liquidierung vorgesehen. Im Gegensatz dazu entschloss sich die polnische Regierung 2003 zur Restrukturierung und anschließenden Privatisierung des Unternehmens.

Obwohl HC dabei beträchtliche öffentliche Schulden erlassen wurden, kam die Kommission zu dem weitgehend positiven Schluss, dass die Restrukturierung ohne Beihilfen erfolgte und lediglich die Summe von € 4 Mio. aus der Zeit vor dem Beitritt zurückgezahlt werden müsse. Die Entscheidung wurde in Polen als großer beihilfepolitischer Erfolg bewertet; das Unternehmen konnte anschließend an den ukrainischen Investor Donbass verkauft werden. Möglicherweise ist die für Polen recht günstige Entscheidung der Kommission auch darauf zurück zu führen, dass der Fall sehr speziell gewesen ist und wohl keine Präzedenzwirkung für andere Fälle zu erwarten ist (Interviews 25, 26). Trotz der vergleichsweise geringen Summe, deren Rückforderung die Kommission angeordnet hat, haben HC[199] und der ukrainische Investor Donbass[200] vor dem EuG geklagt, um eine Annullierung der Rückforderung zu erreichen. Ihr Hauptargument bezieht sich darauf, dass die Kommission nicht die Kompetenz habe, die Rückforderung von Beihilfen aus der Zeit vor dem Beitritt anzuordnen. Ein

---

[198] Siehe hierzu: „State aid: Commission concludes no aid involved in restructuring of Polish steel company Huta Czestochowa, but orders recovery of €4 million restructuring aid", Presseerklärung der Kommission IP/05/842 vom 06.07.2005.

[199] *Huta Częstochowa/Kommission*, Rechtssache T-288/06, ABl.EG 2006 Nr. C 294.

[200] ISD Polska and Industrial Union of Donbass/Kommission, Rechtssache T-273/06, ABl.EG 2006 Nr. C 294.

Antrag auf einstweilige Aussetzung der Rückforderung wurde abgewiesen; das endgültige Urteil steht noch aus.

➤ Daewoo / FSO: Der polnische Automobilfabrikant FSO geriet 2000 durch den Bankrott des südkoreanischen Mutterkonzerns Daewoo an den Rand des Konkurses. Mit Hilfe staatlicher Beihilfen wurde das Unternehmen jedoch gerettet und seit 2005 vom ukrainischen Investor AwtoZAZ/UkrAwto geführt. Nachdem die Produktion zwischenzeitlich von 200.000 Autos (1999) auf nur mehr 25.000 Autos gesunken war und die Zahl der Beschäftigten abgenommen hatte, werden inzwischen wieder Arbeitsplätze geschaffen und im Jahr 2007 voraussichtlich 140.000 Fahrzeuge hergestellt.[201]

Das Hauptprüfverfahren der Kommission dauerte fast zwei Jahre und endete, nachdem man zwischenzeitlich sogar mit einer negativen Entscheidung rechnete[202], zwar mit einer positiven Entscheidung, jedoch unter strengen Auflagen.[203] Polen habe die Bedingungen für die Gewährung von Restrukturierungsbeihilfen erfüllt, unter anderem eine Beschränkung der Beihilfen auf das notwendige Minimum sowie die Vorlage eines langfristig tragfähigen Restrukturierungsplans, doch herrschten Überkapazitäten in der Automobilproduktion. Die jährliche Produktion von FSO müsse daher bis zum Jahr 2011 auf die bereits fast erreichten 150.000 Fahrzeuge beschränkt bleiben.

Unterstützt vom polnischen Schatzministerium hat FSO jedoch Klage gegen diese Auflagen der Kommission vor dem EuG eingereicht.[204] Die von der Kommission geforderten Produktionsbeschränkungen seien unverhältnismäßig und gründeten auf mangelhafter ökonomischer Analyse, so das Argument. Die Entscheidung des EuG steht noch aus. Darüber hinaus hat inzwischen General Motors (GM) 40% der Anteile an FSO erworben und steht offenbar vor einem Joint Venture mit AwtoZAZ/UkrAwto, um das Werk künftig zur Hauptproduktionsstätte für bis zu 400.000 Chevrolets jährlich zu machen.[205] Hierfür, so der GM Europa Vorstandsvorsitzende Forster, wäre man sogar bereit, die polnischen Beihilfen zurückzuzahlen.[206]

➤ Stocznia Szczecinska Nowa / Stocznia Gdynia / Stocznia Gdańska: Die größte öffentliche Aufmerksamkeit aller Beihilfefälle aus den neuen Mitgliedstaaten hat bislang die Prüfung dreier polnischer Werften erhalten. Sie wurden

[201] „Die Auferstehung der Polonez-Fabrikanten", in: Tages Anzeiger vom 28. November 2006.
[202] „Polska prosi o czas dla FSO", in: Gazeta Wyborcza vom 22. Juni 2006.
[203] Siehe hierzu: „State aid: Commission authorises under conditions restructuring aid to Polish car manufacturer FSO", Presseerklärung der Kommission IP/06/1847 vom 20.12.2006.
[204] FSO/Kommission, Rechtssache T-88/07, ABl.EG 2007 Nr. C 117. Vgl. auch: „Treasury to Support FSO", in: PNB vom 20. Februar 2007.
[205] „Poland industry: GM may make FSO plant European base for Chevrolets", in: EIU ViewsWire vom 26. September 2007.
[206] „GM Prepared to Pay Back State Aid to Make More Cars in Zeran", in: PNB vom 18.9.2007.

durch 1,3 Milliarden Euro an staatlichen Beihilfen begünstigt.[207] Die Fälle sind noch nicht abgeschlossen; sie wurden bereits bis auf Ebene der Wettbewerbskommissarin und des polnischen Premierministers verhandelt und waren Gegenstand einer Anhörung im Europäischen Parlament.[208]

Einerseits steht für die Kommission wie immer in solchen Fällen mit hoher öffentlicher Aufmerksamkeit die Glaubwürdigkeit der europäischen Beihilfekontrolle auf dem Spiel. Die Beihilfesumme ist sehr hoch und im Schiffbausektor wurden auch in der Vergangenheit Beihilfen an strenge Auflagen geknüpft.[209] Die Kommission beruft sich bei ihren Forderungen daher konstant auf das Gleichbehandlungsgebot.[210] Andererseits würde ein möglicher Bankrott der polnischen Werften dem Ansehen der EU in Polen vermutlich schwer schaden.[211] Während auf Ebene der Fallbearbeiter in der Kommission der Aspekt der Glaubwürdigkeit der Beihilfekontrolle klar Vorrang besitzt (Interviews 30, 40), müssen die politischen Verantwortungsträger auch die politische Lage in Polen berücksichtigen (Interview 38). Unmittelbar vor den Verhandlungen über einen künftigen EU-Vertrag und den Neuwahlen zum polnischen Parlament, so der letzte Stand, werde die Kommission auf keinen Fall ihre Entscheidung zu den Werftenfällen veröffentlichen.[212] Hinzu kommen Interessenkonflikte innerhalb der Kommission entlang nationaler Grenzen. Polens Schiffbauindustrie ist nach der deutschen die zweitgrößte in Europa. Wenngleich formal keinerlei Einmischung von Seiten der deutschen Regierung oder des Kommissars Verheugen in den polnischen Werftenfällen erfolgt, besteht auf deutscher Seite zweifellos ein großes Interesse an einem strengen Vorgehen der Kommission gegenüber Polen, das kommissionsintern auch artikuliert wird (Interviews 34, 38).

---

[207] Dieser Betrag wird von der Kommission genannt; aus polnischer Sicht lag die Beihilfesumme niedriger. Vgl. „Poland promises speedy response to EU's shipyard restructuring ultimatum", in: AFP vom 20. Juli 2007.

[208] Siehe hierzu: „Der Dienstag im Plenum: Portugals Staatspräsident, EU-Haushalt 2008, Danziger Werft", Presseerklärung des Europäischen Parlaments vom 05. September 2007.

[209] Die Restruktuierung der ostdeutschen Werften nach 1990 erfolgte unter ähnlichen Auflagen wie sie nun von Polen gefordert werden. Siehe hierzu: „Poland all at sea as German shipbuilders sail into profit", in: FT vom 11. Oktober 2006, S. 5.

[210] „(EU) EP/SOCIAL: All Polish and EU shipyards must be treated equitably, Commission says" in: Agence Europe vom 5. September 2007.

[211] In Anspielung auf die historische Rolle der Danziger Werft bei der Überwindung des Kommunismus in Osteuropa etwa berichtete die NZZ vom 25. August 2007 unter dem Titel: „Der zweite Kampf um die Danziger Werft". Polnische Werftarbeiter demonstrierten in Brüssel mit Slogans wie „Schafft Brüssel, was Moskau nicht gelungen ist?", in: AFP vom 4. September 2007.

[212] Siehe „Brussels Postpones Difficult Decisions Until After Elections", in: PNB vom 13. September 2007. In dem Artikel wird ein Mitarbeiter der EU anonym zitiert: „At present, Brussels cannot risk making decisions which would disappoint the Kaczynski brothers, as they could still take revenge by paralysing the functioning of the EU".

Aus polnischer Sicht ist die Rettung der drei Werften zunächst politisch bedeutsam aufgrund der Größe des eigenen Schiffbausektors und aufgrund der gefährdeten Arbeitsplätze: Eine negative Entscheidung der Kommission würde aller Wahrscheinlichkeit nach den Bankrott der Werften bedeuten und direkt 16.000 Arbeiter in den Werften sowie indirekt 80.000 Beschäftigte in anderen Unternehmen betreffen.[213] Darüber hinaus hat insbesondere die Danziger Werft als Wiege der Gewerkschaft Solidarnosc eine hohe symbolische Bedeutung. So hat der polnische Ministerpräsident Kaczynski seine Entschlossenheit signalisiert, die Werften auch gegen eine mögliche negative Entscheidung der Kommission zu retten: „The European Commission acts within the framework of European law [...] But if you ask me the question: am I ready to defend – at all costs – the shipyards where I spent weeks as a Solidarity demonstrator? The answer is, I am ready to defend them. At all costs".[214] Eine ähnlich konfrontative Position gegenüber der Kommission hat auch der frühere Präsident Walesa bezogen.[215] Innerhalb der polnischen Regierung variiert die Kooperationsbereitschaft mit der Kommission, etwa zwischen dem Wirtschaftsministerium oder der Wettbewerbsbehörde einerseits und dem Schatzministerium andererseits bzw. der vom Schatzministerium mit der Privatisierung betrauten Agentur für industrielle Entwicklung (ARP), die Anteilseigner der Danziger Werft ist.[216]

Befasst ist die Kommission mit den polnischen Beihilfefällen bereits seit der Zeit vor dem Beitritt. Schon im Fortschrittsbericht 2003 wurden Bedenken gegenüber der Restrukturierung der Werften geäußert. Nach dem Beitritt bestand die Herausforderung für die Kommission zunächst darin, zwischen Beihilfemaßnahmen vor dem Beitritt (und somit außerhalb ihrer Kontrollkompetenz) und solchen nach dem Beitritt zu unterscheiden. Insbesondere lehnte die Kommission es dabei ab, kurz vor dem Beitritt getroffene informelle Beihilfezusagen bis hin zu mündlichen Versprechen auf polnischer Ebene als ausreichend zu erachten, um diese Maßnahmen als tatsächlich vor dem Beitritt erfolgt einzustufen (Cierna 2005). Dementsprechend eröffnete die Kommission Mitte 2005 drei

---

[213] „That sinking feeling – Polish shipyards need profits not public patronage", in: FT vom 30. August 2006, S. 12.
[214] Zitiert nach: „Polish shipyards' survival threatened as EU eyes state aid", in: Irish Times vom 6. September 2006, S. 11.
[215] „Walesa fights the EU to save Gdansk shipyard", in: The Sunday Times vom 12. August 2007.
[216] „EU sets Feb deadline for Polish shipyard plan", in: Reuters News vom 7. Februar 2007. Darin wird eine polnische Regierungsquelle zitiert: „whereas Poland's economy ministry was doing all it could to try to solve the problem, the treasury ministry appeared not to care. There is no coordination, contacts are difficult at a technical level." Diese Unterscheidung deckt sich mit den allgemeinen Aussagen zur Beihilfepolitik und Beihilfekontrolle in Hintergrundinterviews mit Mitarbeitern der unterschiedlichen Einrichtungen.

Hauptprüfverfahren und hat diese seither angesichts ständig neuer Entwicklungen und zögerlicher Informationspolitik Polens nicht abgeschlossen.[217]

Immer wieder ist das Hauptprüfverfahren der Kommission ins Stocken geraten. Später als von der Kommission ursprünglich eingefordert, wurden im September 2006 Pläne zur allgemeinen Restrukturierung der polnischen Schiffbauindustrie sowie zu den einzelnen Werften eingereicht.[218] Als von polnischer Seite im Dezember 2006 ein erstes Übereinkommen mit der Kommission über die Restrukturierung und Privatisierung der Unternehmen verkündet wurde, äußerten sich Vertreter der Kommission zurückhaltender.[219] Auch wenn die Kommission die Privatisierung der Werften formal nicht zur Bedingung für die Genehmigung der Beihilfen machen kann – sie ist nach Art. 295 EGV zur Neutralität gegenüber unterschiedlichen Eigentumsordnungen verpflichtet – wurde seither nur über eine Restrukturierung inklusive Privatisierung der Werften verhandelt. In einer Presseerklärung zum Stand der Verhandlungen etwa betont die Kommission, dass die Privatisierung eine Entscheidung der polnischen Regierung sei – macht aber im gleichen Zug Druck in dieser Hinsicht: „Commissioner Kroes fully supports the decision of the Polish Government to privatise all three yards [...] Commissioner Kroes is concerned about the timing of privatisation and further delays in the process. She underlined that mere promises of privatisation will not be sufficient, but that real progress is necessary."[220] Auf polnischer Seite wird die Privatisierung der Werften daher faktisch als notwendige Bedingung seitens der Kommission aufgefasst.[221]

Anfang 2007 mehrten sich die Hinweise auf eine positive Entscheidung der Kommission, doch wurden neue Differenzen hinsichtlich der möglichen Konditionen deutlich. Die Kommission verlangt zum Schutz des Wettbewerbs – und damit im Interesse der Konkurrenten, etwa aus Deutschland – eine deutliche Produktionsminderung der Werften. Aus polnischer Sicht wird damit jedoch das Ziel, die Werften wieder langfristig rentabel zu machen, unterminiert und zudem der Wert der Unternehmen vor ihrer Privatisierung erheblich gemindert.[222] So forderte die Kommission Polen dazu auf, bis Ende Februar 2007 ihre Pläne

---

[217] Siehe hierzu: „State aid: restructuring of Polish shipyards under Commission scrutiny", Presseerklärung der Kommission IP/05/644 vom 01.06.2005.

[218] „EU/STATE AID: Commission still waiting for shipyard restructuring plans", in: Agence Europe vom 5. September 2006.

[219] „Poland says EU initially OKs shipyards sale plan", in: Reuters News vom 7. Dezember 2006.

[220] „State aid: Commissioner Kroes discusses Polish shipyard subsidies with Polish Prime Minister", Mitteilung der Kommission MEMO/07/138 vom 18.04.2007. Allein schon die Tatsache, dass die Kommission eine Presseerklärung über einen laufenden Beihilfefall abgibt, ist außergewöhnlich und zeigt dessen politische Bedeutung für beide Seiten.

[221] Vgl. „Treasury: Talks with EC Much More Friendly", in: PNB vom 24. August 2007.

[222] „Shipyard Production Divides Poland and EU", in: PNB vom 16. März 2007.

zur Verringerung der Produktionskapazitäten in den Werften vorzulegen und verwies auf das Beispiel ostdeutscher Werften, die ihre Produktion um 40% zu senken hatten.[223] Hinsichtlich der Werften in Gdingen und Stettin verkündete die Kommission im Juli 2007 eine informelle Einigung auf eine Produktionsverringerung.[224]

In Bezug auf die Danziger Werft konnten sich beide Seiten bislang jedoch auf keine Verringerung der Produktionskapazität einigen. Die Kommission besteht darauf, dass zwei von drei bestehenden Werftteilen in Danzig geschlossen werden und setzte der polnischen Regierung erneut eine Frist. Bis zum 21.8.2007 sollte die polnische Regierung Pläne zur Umsetzung der Produktionsverringerung vorlegen; ansonsten drohte die Kommission mit einer negativen Entscheidung.[225] Stattdessen besteht Polen aber darauf, mindestens zwei der drei Werftteile zu erhalten und strebt mittelfristig sogar an, Investoren für die Ausweitung der Produktion zu gewinnen.[226] Polnische Gewerkschafter und Europaparlamentarier erhöhen unterdessen den Druck auf die Kommission. Ende August demonstrierten 100 Werftarbeiter aus Danzig vor dem Kommissionsgebäude in Brüssel und einige ihrer Vertreter wurden von den Kommissaren Kroes und Spidla empfangen.[227] In einer Befragung vor dem Europäischen Parlament am 4.9.2007 warfen polnische Abgeordnete aus unterschiedlichen Parteien dem Binnenmarkt-Kommissar McCreevy vor, die Kommission berücksichtige nur unzureichend die historische Bedeutung der Danziger Werft und die sozialen Folgen ihrer Forderungen für die betroffenen Werftarbeiter.[228] Mitte Oktober schließlich verkündete der Firmenchef der Danziger Werft den Verkauf der ARP-Anteile an der Danziger Werft an das ukrainische Unternehmen Donbass.[229] Donbass hatte zuvor jedoch mehrfach angekündigt, keine Verringerung

---

[223] „EU sets Feb deadline for Polish shipyard plan", in: Reuters News vom 7. Februar 2007. Die mangelnde Kooperation der polnischen Seite wird in dem Artikel von einem Mitarbeiter der Kommission folgendermaßen kritisiert: „It is chaotic, promises are not kept, things are said and then not followed up".

[224] „State aid: Commission welcomes capacity reductions at Szczecin and Gdynia shipyards in Poland, but requires more information on Gdansk shipyard", Presseerklärung der Kommission IP/07/1145 vom 20. Juli 2007.

[225] „Brussels Sets Deadline for Polish Gov't over Stocznia Gdansk", in: PNB vom 23. Juli 2007.

[226] „Poland's iconic shipyard fights EU cutback", in: FT vom 22. August 2007.

[227] „Gdansk shipyards: Commission holds its ground but tries to reassure Solidarnosc", in: Europolitics Social vom 19. September 2007. Auch die Kommission hat zu diesem Anlass erneut eine Presseerklärung über das laufende Verfahren veröffentlicht, in dem sie ihre Position rechtfertigt und beteuert, nicht an einer Schließung der Danzier Werft interessiert zu sein, vlg. „Kroes and Social Affairs Commissioner Vladimir Špidla meet workers' representatives", Mitteilung der Kommission MEMO/07/339 vom 31. August 2007.

[228] „(EU) EP/SOCIAL: All Polish and EU shipyards must be treated equitably, Commission says", in: Agence Europe vom 5. September 2007.

[229] „Gdansk Shipyard to announce shares owner Oct. 16", in: PAP vom 11. Oktober 2007.

der Produktionskapazitäten in Danzig hinnehmen zu wollen, so dass der Ausgang des Konflikts mit der Kommission weiterhin offen bleibt.

3.2.3 Tschechische Republik

3.2.3.1 Die Beitrittsvorbereitungen Tschechiens

In der Tschechischen Republik erfolgte die Einführung einer nationalen Beihilfekontrolle etwas zügiger als in Polen – sie gehörte aber ebenfalls bis über das Ende der Beitrittsverhandlungen hinaus zu den schwierigsten Bereichen der nationalen Anpassung an das europäische Recht. Das Europaabkommen mit der Tschechischen Republik trat im Februar 1995 in Kraft und der Assoziationsrat beschloss die Durchführungsbestimmungen zur Beihilfekontrolle, in diesem Fall ausnahmsweise rechtzeitig, im Jahr 1998.[230] Das erste Beihilfegesetz verabschiedete Tschechien etwa zeitgleich mit Polen 2000. Darin wurde das Amt für den Schutz des wirtschaftlichen Wettbewerbs (ÚOHS) mit der nationalen Beihilfekontrolle betraut.[231] Das Verhandlungskapitel zum Bereich Wettbewerb wurde mit der Tschechischen Republik erst im Oktober 2002 geschlossen.[232]

Im Gegensatz zum polnischen Beihilfegesetz hat Tschechien nicht den Versuch unternommen, die wichtigsten Ausnahmen vom Beihilfeverbot, wie sie im weichen Recht und der Entscheidungspraxis der Kommission ihren Ausdruck finden, ins nationale Recht zu übernehmen. Stattdessen stellte §5 des tschechischen Beihilfegesetzes eine weitgehende Kopie von Art. 87 Abs. 3 EGV dar und lieferte somit die Grundlage für die Anwendung des Beihilfen-*acquis* in den Kontrollentscheidungen und die Veröffentlichung von Merkblättern durch das Wettbewerbsamt. Im Fortschrittsbericht 2001 der Kommission[233] heißt es dazu:

> „Was die Durchführungsvorschriften angeht, hat die Tschechische Republik bestätigt, dass nach tschechischem Recht eine direkte Bezugnahme auf den gemeinschaftlichen Besitzstand über das Europa-Abkommen und dessen Durchführungsbestimmungen zulässig ist. Demnach ist es nicht notwendig, dass die Tschechische Republik neue Rechtsverordnungen im Bereich der staatlichen Beihilfen erlässt. Aus Gründen der Transparenz hat das OPC eine Reihe von Merkblättern herausgegeben, in denen der gemeinschaftliche Besitzstand in verschiedenen Bereichen der Beihilfekontrolle erläutert wird.“

---

[230] Fortschrittsbericht Tschechien 1998, S. 29.
[231] Gesetz Nr. 59/2000 GBl. über Staatliche Beihilfen.
[232] http://web.archive.org/web/20040724001845/europa.eu.int/comm/enlargement/negotiations/chapters/chap6/ [letzter Zugriff: 01.09.2008].
[233] Fortschrittsbericht Tschechien 2001, S. 60.

Viele Ungenauigkeiten oder Widersprüche wie im ersten polnischen Beihilfegesetz konnten durch diese direkte Bezugnahme auf den *acquis* vermieden werden. Von einer tatsächlichen Übertragung des europäischen Beihilferechts in das nationale Recht kann demnach nicht die Rede sein. Auch deckten die Merkblätter der Wettbewerbsbehörde nur einige Bereiche des Beihilfen-*acquis* ab, z.B. die Kriterien für KMU- oder Ausbildungsbeihilfen.[234] Von der Möglichkeit, nationale Gruppenfreistellungsverordnungen zu bestimmten Ausnahmen vom Beihilfeverbot zu erlassen, die im tschechischen Beihilfegesetz von 2000 vorgesehen war, wurde kein Gebrauch gemacht (Bednár 2005: 265). Die tschechische Beihilfegesetzgebung beschränkte sich somit bereits während der Beitrittsvorbereitungen weitgehend auf Verfahrensaspekte. Mit dem Beitrittsdatum wurde das Gesetz von 2000 durch ein neues Beihilfegesetz ersetzt, das die wichtigsten nationalen Verpflichtungen aus der europäischen Verfahrensverordnung übernimmt und insbesondere die neue, nurmehr koordinierende Rolle des Wettbewerbsamtes regelt.[235]

Das Amt für den Schutz des Wettbewerbs hatte bis zum EU-Beitritt der Tschechischen Republik ähnlich der Kommission innerhalb der EU alle neuen oder geänderten Beihilfemaßnahmen positiv, konditional oder negativ einzustufen (vgl. Bednár 2005). Die Entscheidungspraxis des ÚOHS ist in den Jahresberichten von 2000 bis 2004 gut dokumentiert (vgl. Tabelle 18). Die Zahlen sind jedoch nur schwer interpretierbar und nicht mit der Kommissionspraxis vergleichbar. Insgesamt traf die tschechische Wettbewerbsbehörde von 2000 bis 2004 688 Entscheidungen über Beihilfemaßnahmen. Die Kommission genehmigt allgemein etwa 90% der Beihilfen ohne Einwände nach dem Vorprüfverfahren (siehe oben, Abbildung 4); in diesem informellen Stadium aufgestellte Bedingungen und frühzeitige Anpassungen seitens der Beihilfegeber tauchen in den Statistiken nicht auf. Die tschechischen Behörden hatten im Gegensatz dazu während der Beitrittsvorbereitungen ein Interesse daran, ihre Entscheidungspraxis möglichst strikt erscheinen zu lassen und so wurde der mit Abstand größte Teil der Entscheidungen als Genehmigungen unter Auflagen erfasst. Tatsächlich handelte es sich dabei aber meist um eher kosmetische Veränderungen, die von den Beihilfegebern zu erfüllen waren (Interviews 8, 9). Die insgesamt sehr hohe Zahl an Entscheidungen sowie an Maßnahmen, die der Kommission im Interimverfahren gemeldet wurden, kam dadurch zustande, dass Tschechien vor dem Beitritt sämtliche Investitionsanreize unter dem entsprechenden Gesetz als indi-

---

[234] Vgl. die Jahresberichte der tschechischen Wettbewerbsbehörde von 2002, S. 24 und 2003, S. 26.
[235] Gesetz Nr. 215/2004 GBl. über die Beziehungen im Beihilfebereich und über die Ergänzung des Gesetzes für Forschungs- und Entwicklungsbeihilfen. Eine englische Übersetzung des Gesetzes findet sich auf der Internetseite der tschechischen Wettbewerbsbehörde: http://www.compet.cz/en/state-aid/legislation/ [letzter Zugriff: 01.09.2008].

viduelle Beihilfen und nicht als ein Beihilfeschema behandelt hat (vgl. Schütterle 2003).[236]

Jahr / Art der Entscheidung	2000	2001	2002	2003	2004	gesamt
positiv	12	6	5	4	6	33
konditional	49	75	91	92	91	398
negativ	2	4	4	5	7	22
sonstige	29	52	58	57	39	235
gesamt	92	137	158	158	143	688

Tabelle 18: Beihilfeentscheidungen der tschechischen Wettbewerbsbehörde[237]

Nach der Erweiterung ist das Wettbewerbsamt weiterhin für die Datensammlung zur tschechischen Beihilfepolitik zuständig und arbeitet mit Beihilfegebern sowie der Europäischen Kommission zusammen. Das tschechische Wettbewerbsamt ist jedoch insofern schwächer als die meisten Behörden in den anderen MOEL, als es über kein Monopol zur Notifizierung von Beihilfemaßnahmen verfügt bzw. keine Verpflichtung zu einer nationalen Prä-Notifizierung besteht (Interviews 1, 8).

In ihren Fortschrittsberichten zu den Beitrittsvorbereitungen Tschechiens äußerte sich die Kommission bis zum Jahr 2000 trotz der frühen Verabschiedung der Durchführungsbestimmungen äußerst kritisch hinsichtlich der personellen Ausstattung der Wettbewerbshüter und des fehlenden gesetzlichen Rahmens.[238] Erst mit dem Beihilfegesetz und der Verlagerung der Beihilfekontrolle aus dem Finanzministerium auf das unabhängige Wettbewerbsamt verzeichnete die Kommission Fortschritte. Die folgenden Berichte fallen insgesamt etwas positiver als im Falle Polens aus, bezeichnen die Durchsetzungspraxis aber auch 2003 noch als nicht ganz zufrieden stellend.[239] Als problematisch werden einerseits Beihilfen im Banken- und Stahlsektor erwähnt, sowie wiederholt der übermäßige Arbeitsaufwand für die Einzelprüfung einer Vielzahl von Maßnahmen zur Investitionsförderung. Übergangsregeln wurden mit der Tschechischen

---

[236] Allein 120 von insgesamt 222 Beihilfemaßnahmen, die im Anhang des Beitrittsvertrags aufgeführt sind, stammen aus Tschechien (Dias 2004); im Interimverfahren wurden weitere 347 Maßnahmen (z.B. gegenüber 57 Maßnahmen aus Polen) gemeldet (Bednár 2005: 265; Pelka 2004: 380).

[237] Vgl. die Jahresberichte der tschechischen Wettbewerbsbehörde 2000, S. 22, 2001, S. 26, 2002, S. 27, 2003, S. 29 und 2004, S.30. Die Kategorie „sonstige" Entscheidungen erfasst vor allem Kontrollverfahren, die vorzeitig eingestellt wurden.

[238] Vgl. die Fortschrittsberichte Tschechien 1999, S. 38 und 2000, S. 56.

[239] Vgl. den Fortschrittsbericht Tschechien 2003, S. 28f.

Republik nur hinsichtlich des Stahlsektors, vergleichbar zu Polen, vereinbart (vgl. Känkänen 2003; Schütterle 2004).

3.2.3.2   Die tschechische Beihilfepolitik unter europäischer Kontrolle

Anders als im polnischen Fall hat die tschechische Beihilfepolitik nach dem Beitritt kaum zu weiteren Auseinandersetzungen mit der Kommission geführt. Vom Beitrittsdatum bis zum Ende 2006 hat die Kommission in 64 tschechischen Beihilfefällen entschieden. In 61 Fällen wurden die Maßnahmen bereits nach dem Vorprüfverfahren genehmigt. In 3 Fällen und damit in knapp 5% der tschechischen Fälle (gegenüber 17% der polnischen Fälle) leitete die Kommission ein Hauptprüfverfahren ein. Beide bisher abgeschlossenen Hauptprüfverfahren wurden positiv entschieden; eine Entscheidung steht noch aus (vgl. unten Tabelle 20).

Zunächst hat Tschechien die Anpassung seiner Beihilfepolitik zumindest teilweise schon vor dem Beitritt eingeleitet. Das höchste Beihilfeniveau wurde 2002 in Tschechien erreicht; im Jahr vor dem Beitritt war es – wenngleich immer noch auf hohem Niveau – bereits rückläufig. Das komplizierte System der Investitionsförderung wurde mit Gültigkeit ab dem Beitrittsdatum durch ein vereinfachtes Beihilfeschema ersetzt (siehe Kapitel 3.3.3, vgl. auch Bednár 2005: 266). Zu einem Großteil wurden Maßnahmen, die auch nach dem Beitritt noch fortlaufen sollten, der Kommission rechtzeitig gemeldet, so dass das Interimverfahren in tschechischen Fällen früher abgeschlossen werden konnte als etwa in polnischen Fällen (Interviews 8, 19). Die Restrukturierung des Bankensektors mittels Beihilfen wurde mit dem Beitrittsdatum abgeschlossen; die Übergangsregeln für den Stahlsektor liefen Ende 2006 aus.

Seit dem Beitritt hat Tschechien seine Beihilfepolitik auf die Vorgaben der Kommission eingestellt. Die Kommission wird im Beihilfebereich als übermächtig beschrieben (Interviews 8, 9, 13, 14). Anstatt sich auf größere Konflikte mit der Kommission einzulassen, passt Tschechien die eigene Beihilfepolitik daher im Zweifelsfall an und versucht, wie etwa der hohe Anteil regionaler Beihilfen zeigt, den verbleibenden Spielraum im Einklang mit den beihilfepolitischen Vorstellungen der Kommission zu nutzen. Auch in den wenigen Einzelfällen, die bisher zwischen der Kommission und Tschechien umstritten waren, zeigt sich diese Herangehensweise. Anders als etwa in der offiziellen polnischen Beihilfestrategie sind sektorale Maßnahmen seither aus dem Instrumentarium der tschechischen Beihilfepolitik verschwunden. Die tschechischen Kommentare zur Ausrichtung der europäischen Beihilfekontrolle der Kommission sind durchweg positiv – zumindest öffentlich sind keine Differenzen oder kritische Bemerkungen zu finden.[240]

Gemessen an den Schlüsselindikatoren von Beihilfeniveau und Beihilfezielen hat sich die Beihilfepolitik in keinem anderen der neuen Mitgliedstaaten derart schnell und deutlich gewandelt wie in der Tschechischen Republik. Größere Beihilfesummen, auch oder gerade mit sektoraler Zielsetzung, gehörten vor dem Beitritt fest zum Instrumentarium der tschechischen Wirtschaftspolitik (vgl. Bohata 2003). Seit 2004 hat sich die Situation umgekehrt (vgl. Tabelle 19). Das Beihilfeniveau hat sich im Mittelfeld eingependelt und in den Jahren 2005 und 2006 wurden fast zu 100% horizontale Beihilfen gewährt. Dabei hat Tschechien insbesondere Gebrauch gemacht von den breiten Ausnahmen für Regionalbeihilfen, die den wirtschaftlich schwächeren neuen Mitgliedstaaten zur Verfügung stehen. Über 50% der horizontalen Beihilfen wurden in Tschechien 2005 für regionale Ziele eingesetzt. Zum Vergleich: in der EU-25 waren 22,3% der horizontalen Beihilfen für regionale Ziele bestimmt, in Polen 29,5%.[241]

	2000	2001	2002	2003	2004	2005	2006
Beihilfen (in Mio. €)	1702	1460	3377	2454	324	460	584
- Anteil am BIP in %	2,40	1,92	3,94	2,86	0,36	0,45	0,51
davon horizontal	245	276	390	290	275	458	582
- Anteil horizontal in %	14,4	18,9	11,5	11,8	84,9	99,6	99,6

Tabelle 19: Indikatoren zur tschechischen Beihilfepolitik (2000-2006)[242]

3.2.3.3 Kontroverse Einzelfälle

Die größten Beihilfesummen flossen im Vorfeld des EU-Beitritts der Tschechischen Republik in den Bankensektor. Während von tschechischer Seite noch unmittelbar vor dem Beitritt Anpassungen an den betreffenden Beihilfemaßnahmen gemacht wurden, verzichtete die Kommission mit einer Ausnahme im

---

[240] Vgl. den Jahresbericht der tschechischen Wettbewerbsbehörde 2005, S. 23. Der Kommentar selbst ist nicht öffentlich zugänglich.
[241] Vgl. online: http://ec.europa.eu/comm/competition/state_aid/studies_reports/k5_4.xls [letzter Zugriff: 01.09.2008].
[242] Eigene Zusammenstellung, basierend auf den statistischen Tabellen zum Beihilfeanzeiger, Frühjahrsausgabe 2008.

Gegenzug darauf, sich als zuständig zur Kontrolle dieser Maßnahmen zu erklären. Auch das erste abgeschlossene Hauptprüfverfahren in einem tschechischen Fall, der Restrukturierung des Stahlproduzenten Trincecke Zelezarny, trägt Züge eines Kompromisses. Abgesehen von einem Verfahren unter Leitung der GD TREN sind seit der Erweiterung keine weiteren Kontroversen zwischen Tschechien und der Kommission in Beihilfefragen aufgetreten.

Fall-Nr.	Unternehmen	Art	Ziel	Entscheidung
C 12/2006	Förderung kombinierter Verkehr	Schema	R&R	
C 45/2004	Trinecke Zelezarny	individuell	R&R	positiv
C 27/2004	Agrobanka	individuell	R&R	positiv

Tabelle 20: Hauptprüfverfahren in tschechischen Beihilfefällen (Ende 2006)

➢ Fälle im Bankensektor: Ende der 1990er Jahre war der tschechische Bankensektor in eine schwere Krise geraten, da viele der noch jungen Banken sich mit faulen Krediten übernommen hatten. In der Folge flossen große Mengen staatlicher Beihilfen – zunächst wurden die Kredite gegen langfristige Staatsanleihen getauscht, um die Banken am Leben zu halten und später wurden den Banken großzügige staatliche Garantien gegeben, um Anreize für private Investoren zu schaffen (Kiehlborn 2004). Vielfach erstreckten sich diese Garantien über das Beitrittsdatum hinaus und so wurden der Kommission zwischen 2002 und 2004 insgesamt 16 Restrukturierungsmaßnahmen im tschechischen Bankensektor im Interimverfahren gemeldet. Formal betrachtet unterzog die Kommission 15 dieser Fälle jedoch keiner Überprüfung, sondern erklärte sich nach deren Abänderung für nicht kontrollberechtigt, da die Maßnahmen bereits vor dem Beitritt eingeführt worden und „nach dem Beitritt nicht anwendbar" seien.[243]

Im Zuge der Beitrittsvorbereitungen hat die Kommission eine Systematik entwickelt, die danach unterscheidet, a) ob eine Beihilfemaßnahme vor oder nach dem Beitritt eingeführt wird und b) ob sie nach dem Beitritt weiterhin angewendet wird (vgl. Schütterle 2004; Cierna 2005). Beihilfemaßnahmen, die nach dem Beitritt eingeführt oder geändert werden, unterliegen der vollen Kontrolle durch die Kommission – solche Maßnahmen jedoch, die vor dem Beitritt eingeführt wurden, fallen nur dann und erst mit dem Beitrittsdatum unter die europäische Beihilfekontrolle, wenn sie auch nach dem Beitritt noch weiter geführt werden, d.h. noch „anwendbar" sind.

In den tschechischen Bankenfällen sind im Vorfeld des Beitritts Änderungen auf Anraten der Kommission gemacht worden und dafür mit einer zumin-

---

[243] Siehe hierzu „Formal investigation concerning State aid measures in favour of Czech bank Agrobanka", Presseerklärung der Kommission IP/04/904 vom 14.07.2004.

dest originellen Interpretation der obigen Systematik durch die Kommission belohnt worden. Nach der Notifizierung der Bankenfälle im Interimverfahren verlangte die Kommission eine rückwirkende Rechtfertigung der Maßnahmen durch die Erarbeitung von Restrukturierungsplänen sowie die nachträgliche Einführung von Obergrenzen für die Beihilfedauer und -summen. In einigen Fällen wurden diese Bedingungen gerade rechtzeitig zum 30.04.2004 erfüllt; in einem Fall sogar erst nach dem Beitritt, am 28.06.2004 (Rapp 2005: 414). Obwohl die Banken auf dieser Grundlage auch nach dem Beitritt noch Beihilfen erhielten, entschied die Kommission im Gegenzug, dass sie zur Prüfung der Maßnahmen nicht berechtigt sei, da diese vor dem Beitritt eingeführt und durch die Festlegung von Obergrenzen auch vor dem Beitritt abgeschlossen seien. In dem einzigen Fall, in dem ein Hauptprüfverfahren eingeleitet wurde (Agrobanka), galt eben die Bedingung einer klaren Beihilfeobergrenze als nicht erfüllt. Auch diese Beihilfe wurde letztlich von der Kommission genehmigt unter ausdrücklichem Hinweis darauf, dass sie nur deshalb zur Prüfung der Maßnahme befugt sei, weil die Maßnahme vor dem Beitritt nicht hinreichend definiert worden war.[244]

Die restriktive Auslegung der eigenen Kontrollkompetenzen durch die Kommission – wider frühere Praxis (Schütterle 2004: 487) – ist als wechselseitiger Kompromiss zu verstehen (vgl. Rapp 2005: 413f.). Von tschechischer Seite wurden die wichtigsten Auflagen der Kommission noch rechtzeitig vor dem Beitritt erfüllt. Die Kommission konnte sich dadurch lange und komplizierte Hauptprüfverfahren ersparen und in Tschechien wurde die *de facto* positive Entscheidung der Kommission als großer Erfolg für die eigene Beihilfepolitik gewertet.[245]

➤ Trinecké Zelezárny (TZ): Auch im zweiten tschechischen Fall, in dem die Kommission ein Hauptprüfverfahren eingeleitet hat, wurde ein Kompromiss gefunden. Die Kommission leitete 2004 ein Hauptprüfverfahren ein, da sie versteckte Restrukturierungsbeihilfen für den tschechischen Stahlproduzenten TZ vermutete.[246]

Ähnlich wie im Fall des polnischen Stahlproduzenten Huta Częstochowa waren auch hier durch ein Protokoll zum Beitrittsvertrag Restrukturierungsbeihilfen an nicht ausdrücklich erwähnte Unternehmen untersagt (vgl. Lienemeyer

---

[244] Siehe „Staatliche Beihilfen: Kommission genehmigt Beihilfe für die tschechischen Banken Agrobanka und GE Capital", Presseerklärung der Kommission IP/07/1110 von 18. Juli 2007.
[245] Siehe dazu die Stellungnahme des tschechischen Vize-Premierministers Sobotka vom 14. Juli 2004, online: http://web.archive.org/web/20050201101836/http://wtd.vlada.cz/scripts/detail.php?id=6464 [letzter Zugriff: 01.09.2008].
[246] Siehe hierzu: „State aids: Commission launches probe into Czech steel company Třinecké železárny", Presseerklärung der Kommission IP/04/1475 vom 14.12.2004. Ausführlicher zu dem Fall: Szymanska (2005).

2005). Tschechien hatte zunächst ohne Erfolg versucht, auch TZ auf die Liste der Unternehmen zu setzen, die Beihilfen erhalten dürfen. Die Kommission hatte sich aber dagegen gewehrt, da TZ nicht in finanziellen Schwierigkeiten steckte und deshalb nicht für Restrukturierungsbeihilfen in Frage kam. So sah sich TZ aber gegenüber seinen Konkurrenten benachteiligt und für die eigenen, erfolgreichen Restrukturierungsbemühungen nicht hinreichend entschädigt.[247] Daraufhin wurden Maßnahmen beschlossen, die zum Teil aber keine Beihilfen darstellen, so die Entscheidung des tschechischen Wettbewerbsamtes, und die zum anderen Teil als Umwelt-, Forschungs- oder Ausbildungsbeihilfen gerechtfertigt wurden.[248] In der tschechischen Presse hingegen wurde der Beihilfecharakter der Maßnahmen vielfach betont sowie die Rechtfertigung in Form horizontaler Beihilfen als Vorwand bezeichnet.[249]

In ihrer abschließenden Entscheidung kam die Kommission zu dem positiven Schluss, dass ein Teil der Maßnahmen tatsächlich keine Beihilfen darstellte und ein anderer Teil korrekt als kompatible Ausbildungsbeihilfen eingestuft wurde. Eine darüber hinaus geplante Maßnahme von geringerem Umfang (ca. 140.000 Euro), an der ebenfalls Zweifel seitens der Kommission bestanden hatten, sei dagegen nicht ausgeführt worden.[250] Auch wenn in diesem Fall kein eindeutiger Beleg gegeben werden kann, sprechen das tschechische Verhalten – der Verzicht auf eine Maßnahme sowie die Rechtfertigung der verbleibenden Maßnahmen mit horizontalen Zielen – sowie die positive Entscheidung der Kommission für einen Kompromiss beider Seiten.

3.2.4 Zwischenergebnisse

3.2.4.1   *Misfit* als notwendige Voraussetzung von Europäisierung

Der Vergleich der Beihilfepolitiken in den MOEL bestätigt zwei wesentliche Erkenntnisse der Europäisierungsforschung: die nationalen Auswirkungen europäischer Integration variieren nach Mitgliedliedstaaten und das Vorliegen eines gewissen *misfit* (Dunia 1999) zwischen europäischer und nationaler Ebene ist

---

[247] Siehe: „Ziskové železárny čekají na státní pomoc" (Profitables Eisehüttenwerk wartet auf staatliche Beihilfe), in: Hospodarske Noviny vom 8. Januar 2004 sowie „Vláda schválila plán na podporu Třinci" (Regierung verabschiedete den Plan für die Beihilfe für TZ), in: Hospodarske Noviny vom 15. April 2004.

[248] Vgl. den Jahresbericht der tschechischen Wettbewerbsbehörde 2004, S. 28.

[249] Vgl. beispielsweise „Není soutěž jako soutěž" (Wettbewerb ist nicht gleich Wettbewerb), in: Lidove Noviny vom 25.11.2003.

[250] Siehe hierzu: „State aid: Commission concludes Czech steel producer Třinecké železárny received no illegal aid", Presseerklärung der Kommission IP/06/1532 vom 09.11.2006.

eine notwendige Voraussetzung für das Auftreten von Europäisierungseffekten (vgl. Börzel/Risse 2007: 486, 490-492). In den meisten Europäisierungsstudien bezeichnet (*policy*) *misfit* den Unterschied zwischen europäischem Sekundärrecht und seiner Umsetzung im nationalen Recht (vgl. Risse/Green Cowles/Caporaso 2001: 6). *Misfit* wird dann synonym gebraucht zu Problemen der Regeleinhaltung (Börzel/Risse 2007: 490). Teilweise wurde sogar argumentiert, das *misfit*-Konzept eigne sich nur für den Bereich positiver Integration, da den Mitgliedstaaten nur in diesem Bereich ein konkretes europäisches Modell vorgeschrieben werde. Im Bereich negativer Integration hingegen sei der Anpassungsdruck geringer; der europäische Einfluss beschränke sich darauf, die Möglichkeitsstrukturen der Akteure zu verändern (Knill/Lehmkuhl 1999: 3).

Die vorliegende Analyse zeigt, dass das *misfit*-Konzept auch in dem komplexeren Fall einer Mischform von negativer Integration mit positiven Elementen trägt. Zunächst beschreibt *misfit* immer „nur" eine Möglichkeitsstruktur. Erst dadurch, dass Akteure sich ihrer bedienen, entsteht Anpassungsdruck (Jacquot/Woll 2003). Auch im Bereich positiver Integration muss bei Widerstand erst Anpassungsdruck erzeugt werden, indem etwa die Kommission ein Vertragsverletzungsverfahren gegen einen Mitgliedstaat einleitet (Börzel/Risse 2007: 492). Darüber hinaus kann der Anpassungsdruck im Bereich negativer Integration durchaus größer sein als in positiv integrierten Feldern (vgl. auch Schmidt 2004: 81). Während die Mitgliedstaaten im Bereich positiver Integration über den Ministerrat in die Gesetzgebung eingebunden sind, haben sie bei Beihilfeentscheidungen der Kommission oder bei der Fortbildung des Beihilferechts weitaus weniger Mitwirkungsrechte.

Der Integrationsbestand im Beihilfebereich, an dem sich die Beihilfepolitik der neuen Mitgliedstaaten messen und ein möglicher *misfit* bestimmen lässt, wurde im Kapitel 1 ausführlich analysiert. Die Beihilfekontrolle, so das Argument, befindet sich auf einer Zwischenstufe zwischen negativer und positiver Integration. Die Kommission strebt daher keine völlige Abschaffung staatlicher Beihilfen an, sondern definiert zunehmend detailliert, was sie unter guter, „horizontaler" Beihilfepolitik versteht. Ausgehend von diesem beihilfepolitischen Modell der Kommission lassen sich Anpassungsstärke und Anpassungsrichtung in den neuen Mitgliedstaaten weitgehend erklären. Die stärkste Anpassung hat in jenen Staaten mit ursprünglich hohem Beihilfeniveau und niedrigem Anteil horizontaler Beihilfen stattgefunden; das Beihilfeniveau in diesen Ländern ist gesunken und der Anteil horizontaler Beihilfen wurde gesteigert. Geringer war der Anpassungsdruck in Ländern mit ohnehin sehr niedrigem Beihilfeniveau. Die Ausgaben für horizontale Beihilfeziele sind dort anteilsmäßig und absolut gestiegen, so dass es mittelfristig sogar zu einem steigenden Beihilfeniveau kommen könnte. Kaum verändert hat sich die Beihilfepolitik in Ländern mit einem mittleren Beihilfeniveau und einem hohen Anteil horizontaler Beihilfen, da diese Politik bereits den Vorstellungen der Kommission entsprach.

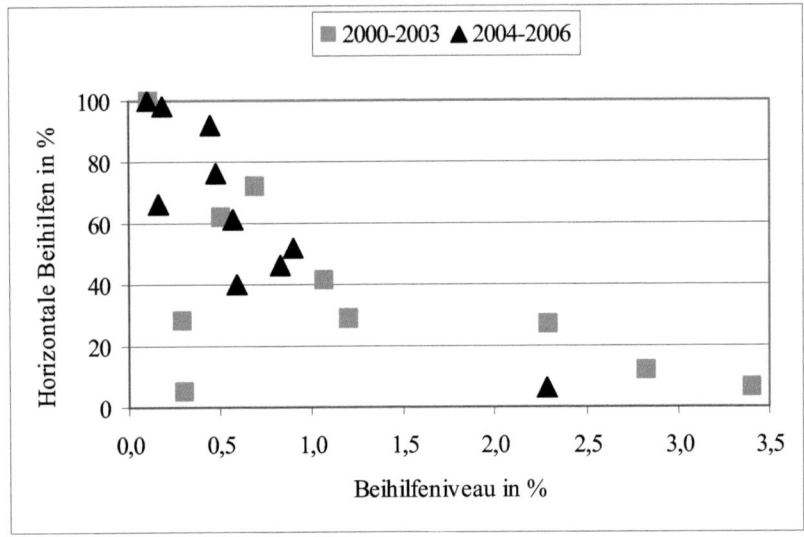

Abbildung 9: Konvergierende Beihilfepolitik[251]

Im Ergebnis haben die unterschiedlichen Anpassungsprozesse zu einer beachtlichen Konvergenz der Beihilfepolitiken in den neuen Mitgliedstaaten geführt. Abgesehen von Malta überschreitet mittlerweile kein neuer Mitgliedstaat mehr ein Beihilfeniveau von 1% des BIP und der Anteil horizontaler Beihilfen beträgt sonst überall fast 50% oder deutlich mehr. Auch die Beihilfepolitik aller alten Mitgliedstaaten bewegt sich innerhalb dieses Rahmens. Abbildung 9 veranschaulicht nochmals anhand der beiden Schlüsselindikatoren, dass das Spektrum unterschiedlicher Beihilfepolitiken vor dem Beitritt (2000-2003) deutlich breiter war als nach der Erweiterung (2004-2006). Noch deutlicher werden die Grenzen möglicher beihilfepolitischer Divergenz unter europäischer Kontrolle aber am Ländervergleich zwischen Polen und Tschechien.

---

[251] Eigene Darstellung, basierend auf den statistischen Tabellen zum Beihilfeanzeiger, Frühjahrsausgabe 2008.

3.2.4.2   Die Grenzen möglicher Divergenz

Polen und Tschechien gehörten vor dem Beitritt zu der Gruppe von MOEL mit sehr hohem Beihilfeniveau und einem niedrigen Anteil horizontaler Beihilfen. Nach dem Beitritt kooperierten beide Länder zunächst in sehr unterschiedlichem Maße mit der Kommission – dennoch haben sie ihre Beihilfepolitik inzwischen in ähnlicher Weise angepasst.

Zwei unterschiedliche Strategien im Umgang mit der europäischen Beihilfekontrolle werden von Polen und Tschechien geradezu idealtypisch vertreten. Auf der einen Seite können Mitgliedstaaten versuchen, die *Sicherheit zu maximieren*, die Zustimmung der Kommission für geplante Beihilfemaßnahmen zu erhalten und zu diesem Zweck können sie auch bereit sein, frühzeitig Anpassungen an ihrer Beihilfepolitik vorzunehmen. Auf der anderen Seite können Mitgliedstaaten danach streben, die *Eigenständigkeit ihrer Beihilfepolitik zu maximieren*, wenn sie dafür bereit sind, die Kosten langer Prüfverfahren mit oftmals unsicherem Ausgang hinzunehmen und ihre Politik in Konflikten mit der Kommission zu verteidigen (vgl. Modzelewska-Wachal 2003).

Die tschechischen Bankenfälle stellen einen Kompromiss dar, in dem nationale Anpassungen gegen die Zustimmung der Kommission getauscht wurden. In mehreren Interviews haben Vertreter Tschechiens einen Mangel an Selbstbewusstsein gegenüber der Kommission eingeräumt und im Zweifelsfall eine Strategie des voreilenden Gehorsams befürwortet (Interviews 8, 9, 13, 14). Im Jahr 2005 wurden 7 von 28 notifizierten Beihilfemaßnahmen bereits vor einer Entscheidung der Kommission von tschechischer Seite wieder zurück genommen.[252] Selbst in Bereichen, in denen das europäische Beihilferecht nationalen Interpretationsspielraum lässt, so ein tschechischer Interviewpartner, bekäme man die Politik am liebsten „von der Kommission diktiert", um Rechtsunsicherheit und mögliche Konflikte von vorneherein zu minimieren (Interview 13). Das Gesetz zur Investitionsförderung wurde rechtzeitig so angepasst, dass es nur einmal von der Kommission als Beihilfeschema genehmigt werden musste und seither ohne weitere Intervention der Kommission, gleichzeitig aber auch ohne nationalen Entscheidungsspielraum, angewendet werden kann.

Im Gegensatz dazu sind die polnischen Werftenfälle das beste Beispiel für eine konfrontative Strategie gegenüber der Beihilfekontrolle der Kommission. Auf Seite Polens wurde in diesen Fällen von höchster Ebene eine strikte Verfolgung nationaler beihilfepolitischer Ziele vorgegeben. In Interviews mit polnischen Vertretern auf Verwaltungsebene äußerten diese einerseits Unbehagen über die eigene konfrontative Haltung, andererseits Unverständnis für die be-

---

[252] Vgl. den Jahresbericht der tschechischen Wettbewerbsbehörde von 2005, S. 24.

reitwillige Anpassung der Beihilfepolitik in anderen Staaten, etwa in der Tschechischen Republik (Interviews 8, 19). In den bereits abgeschlossenen Hauptprüfverfahren konnte Polen negative Entscheidungen verhindern, musste aber eine Teilrückforderung von Huta Czestochowa und strenge Auflagen im FSO-Fall hinnehmen. Gegen beide Entscheidungen haben die betroffenen Unternehmen mit polnischer Unterstützung vor dem EuG geklagt. Auch in den Werftenfällen scheut die Kommission eine negative Entscheidung, da sie für diesen Fall mit offener Nichteinhaltung von Seiten Polens zu rechnen hätte – sie versucht aber zumindest, ihre Zustimmung an möglichst strenge Bedingungen zu knüpfen. Diese Bedingungen dienen offiziell dazu, die entstehenden Wettbewerbsverzerrungen zu minimieren und die langfristige Rentabilität der Unternehmen wieder herzustellen. Tatsächlich haben sie aber auch einen strafenden Charakter für das nicht-kooperative Verhalten Polens bzw. sollen abschreckend wirken für künftige Beihilfeempfänger (vgl. Nitsche/Heidhues 2006: 22). Polen wiederum wird sein vorrangiges Ziel, die Rettung der drei Werften, aller Voraussicht nach erreichen – jedoch zu einem hohen Preis: Die Prüfung der Beihilfen zieht sich mittlerweile ins vierte Jahr der polnischen Mitgliedschaft. Die Rechtsunsicherheit angesichts des laufenden Verfahrens sowie die von der Kommission auferlegten Konditionen erschweren die Suche nach langfristigen Investoren. Der Reputationsverlust gegenüber der Kommission könnte sich auch in künftigen Fällen negativ auswirken auf deren Bereitwilligkeit, Beihilfen zu genehmigen (Interviews 29, 30).

Letztlich hat aber nicht nur Tschechien, sondern auch Polen seine Beihilfepolitik in weiten Teilen eindeutig an die Vorgaben der Kommission angepasst. Eine synchrone Betrachtung der Beihilfeniveaus in beiden Ländern zeigt, dass die Anpassung im Fall Polen verzögert stattfindet (siehe Abbildung 10). Die beiden Kurven entsprechen sich größtenteils und scheinen lediglich zeitlich verschoben. In den Fortschrittsberichten der Kommission wurden die tschechischen Bemühungen im Beihilfebereich meist etwas positiver bewertet und auch an den kontroversen Einzelfällen hat sich gezeigt, dass Tschechien die meisten Fälle noch vor dem Beitritt abschließen konnte, während Polen eine ganze Reihe von unabgeschlossenen Maßnahmen mit in die EU importiert hat. Von Seiten der Kommission wurde die Sonderbehandlung Polens im Beitrittsprozess als Grund genannt, weshalb die Anpassung an das europäische Recht dort langsamer erfolgt (Interview 38). Die Anpassung an den *acquis communautaire*, so haben Schimmelfennig und Sedelmeier (2004: 672) bereits für die Zeit vor dem Beitritt argumentiert, ließe sich in einzelnen Ländern nur aufhalten, insbesondere durch die Vetomacht von Regierungen, nicht aber verhindern. Eine neue polnische Regierung wird möglicherweise konfrontativ gegenüber der Kommission auftreten. Bereits die alte Regierung konnte sich dem Anpassungsdruck aber offenbar nicht entziehen.

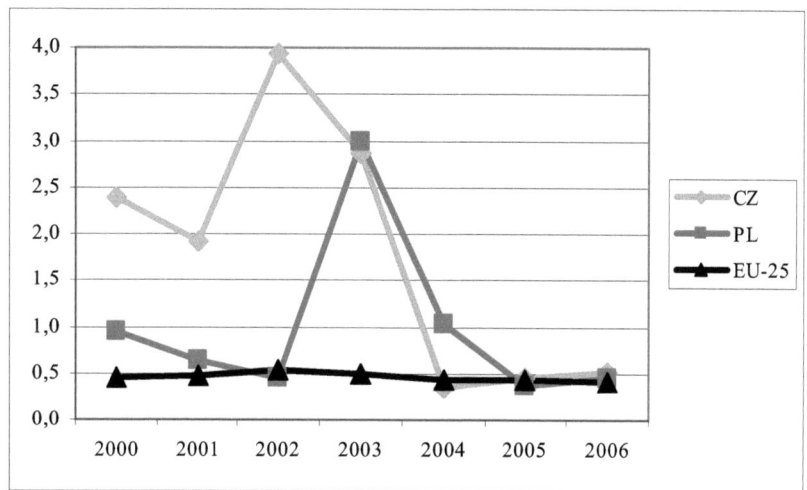

Abbildung 10: Beihilfeniveau Tschechiens und Polens (2000-2006)[253]

Die Erwartung, wonach die nationalen Auswirkungen der Beihilfekontrolle in großen und kleinen Mitgliedstaaten unterschiedlich ausfallen müssten, selbst wenn diese vor dem Beitritt eine ähnliche Beihilfepolitik verfolgt hatten, hat sich somit nur teilweise erfüllt. Größere Staaten, so die Erwartung, würden stärker auf einer eigenständigen Beihilfepolitik beharren und weniger sensibel auf die Kosten reagieren, die die Kommission über die europäische Beihilfekontrolle verursacht. Börzel et al. sprechen von der „Macht der Widerspenstigkeit" größerer Staaten(„power of recalcitrance", Börzel, et al. 2007: 5f.). Wie gezeigt wurde, hat sich Polen bislang tatsächlich „widerspenstiger" gegenüber der Kommission verhalten, Tschechien hingegen hat Konflikte mit der europäischen Beihilfekontrolle möglichst vermieden. Aus Widerspenstigkeit folgt aber nicht immer auch Macht, sich dem Anpassungsdruck der europäischen Beihilfekontrolle zu entziehen.

Beide Länder, Tschechien und Polen, haben ihre Beihilfepolitik letztlich in ähnlichem Maße angepasst. Zunächst lässt sich die Kommission durch die Grö-

---

[253] Eigene Darstellung, basierend auf den statistischen Tabellen zum Beihilfeanzeiger, Frühjahrsausgabe 2008.

ße der Mitgliedstaaten in ihrer Beihilfekontrolle nicht abschrecken – die diskutierten Beispiele liefern keine Hinweise darauf, dass Beihilfen aus großen Mitgliedstaaten systematisch wohlwollender geprüft würden. Die polnischen und tschechischen Fälle zeigen, dass die Kommission konfrontatives Verhalten mit einer schrittweisen Verschärfung des Prüfverfahrens beantwortet, bei Zugeständnissen hingegen ihrerseits kompromissbereit ist. Passend hierzu verwerfen Börzel et al. die Hypothese, wonach große Staaten über eine besondere „Macht der Abschreckung" gegenüber der Kommission verfügten („power of deterrence", Börzel, et al. 2007: 6, 17).

Der Hauptgrund, weshalb auch Polen seine Beihilfepolitik weitgehend anpassen musste, ist jedoch ein anderer: Der Großteil der Kosten, den die europäische Beihilfekontrolle verursacht, muss nicht von den Mitgliedstaaten getragen werden, sondern von den betroffenen Unternehmen – ganz gleich, ob sie aus großen oder kleinen Mitgliedstaaten stammen. Die Rechtsunsicherheit, die ein laufendes Prüfverfahren mit ungewissem Ausgang erzeugt, kann den Vorteil, den sich ein Unternehmen von Beihilfen erhofft, erheblich schmälern (Hansen/Van Ysendyck/Zuhlke 2004: 182). In den polnischen Streitfällen etwa wurde die Suche nach zahlungskräftigen Investoren verzögert, solange Ungewissheit über die Beihilfeentscheidung der Kommission bestand. Fordert die Kommission eine illegale Beihilfe zurück, trägt das Unternehmen die Kosten, der Schaden für den Mitgliedstaat hält sich in Grenzen. Er profitiert sogar insofern, als Gelder in den staatlichen Haushalt zurückfließen, die eigentlich schon ausgegeben waren. Als Sündenbock kann die europäische Beihilfekontrolle dienen (Interviews 7, 19). Wird eine Beihilfe unter Auflagen genehmigt, so hat der Mitgliedstaat eine geplante Beihilfe zwar grundsätzlich durchgesetzt – das Unternehmen ist in der Folge jedoch an die teilweise sehr strengen Auflagen der Kommission gebunden. Besonders deutlich wurde dies am Beispiel des polnischen Automobilherstellers FSO, in dem der Investor mittlerweile die Bereitschaft signalisierte, die Beihilfe zurückzuzahlen, wenn dafür die Auflage einer Produktionsbeschränkung aufgehoben würde.[254]

Zusammenfassend lässt sich somit eine beträchtliche Konvergenz der Beihilfepolitiken in den neuen Mitgliedstaaten feststellen. Selbst Staaten wie Tschechien und Polen, die vor dem Beitritt deutlich von den Vorstellungen der Kommission abwichen, sind innerhalb relativ kurzer Zeit dem EU-25 Durchschnitt hinsichtlich Beihilfeniveau und dem Anteil horizontaler Beihilfen nahe gekommen.

---

[254] Siehe oben, Fußnote 206.

3.3 Vergleich nach Politikfeld: Restrukturierungs- und Regionalbeihilfen

Neben der Variation zwischen Ländern wird in der Europäisierungsliteratur immer wieder der unterschiedliche europäische Einfluss nach Politikfeldern betont (vgl. Börzel/Risse 2007: 486; Sedelmeier 2006a: 14). Im vorliegenden Fall haben wir es mit nur einer europäischen Politik zu tun, der Beihilfekontrolle – von ihr betroffen sind aber unterschiedliche Politikfelder auf nationaler Ebene. Die Kommission ist verpflichtet, das Beihilferecht gegenüber allen Mitgliedstaaten gleich anzuwenden. Sie legt jedoch unterschiedliche Maßstäbe an, je nachdem in welchen Politikfeldern staatliche Beihilfen eingesetzt werden (Kapitel 3.3.1). Bei der Rettung und Restrukturierung von Unternehmen in Schwierigkeiten bedeutet die europäische Beihilfekontrolle für viele der neuen Mitgliedstaaten eine erhebliche Einschränkung (Kapitel 3.3.2). In der Gestaltung staatlicher Regionalbeihilfen lässt ihnen die Kommission hingegen mehr Spielraum als sie angesichts begrenzter finanzieller Möglichkeiten überhaupt nutzen können. Teilweise wirkt die europäische Beihilfekontrolle sogar in Richtung einer Erhöhung regionaler Beihilfen in den neuen Mitgliedstaaten (Kapitel 3.3.3).

Der Vergleich bestätigt, dass die nationalen Auswirkungen der europäischen Beihilfekontrolle nach Politikfeldern variieren (Kapitel 3.3.4). Rechtsunsicherheit macht die Vergabe von Rettungs- und Restrukturierungsbeihilfen teuer; Rechtssicherheit und vereinfachte Verfahren erleichtern die Vergabe von Regionalbeihilfen. Voraussetzung für einen nationalen Einfluss ist aber in jedem Fall, dass sich die Kommission ihrer eigenen Ziele sicher ist. Aufschlussreich ist der Vergleich außerdem, da er zeigt, dass das europäische Beihilferecht nicht zwangsläufig weniger kompatibel mit den politischen Zielen der neuen Mitgliedstaaten sein muss, obwohl es bis vor kurzem ausschließlich nach den Vorstellungen der alten Mitgliedstaaten entwickelt wurde.

3.3.1 Sektorale, horizontale und regionale Beihilfen

3.3.1.1   Staatliche Beihilfen in unterschiedlichen Politikfeldern

Europäisierungseffekte lassen sich nach Politikfeldern vergleichen, indem beispielsweise die nationale Umsetzung von Sekundärrecht aus verschiedenen Bereichen untersucht wird. So vergleichen Falkner et al. (2008) die Integration und Europäisierung in den Bereichen Umwelt- und Sozialpolitik. Die nationale und europäische Umwelt- bzw. Sozialpolitik werden hierbei selbstverständlich als jeweils ein Politikfeld verstanden. Nicht immer entsprechen sich nationale und europäische Politikfelder aber so eindeutig. Gerade von negativen Integrationsnormen, so wurde im Einleitungskapitel festgestellt, ist oft eine Vielzahl nationaler Politiken betroffen. Der europäischen Warenverkehrsfreiheit steht keine nationale „Warenpolitik" gegenüber – Produkte können mit umweltpolitischen, sozialpolitischen oder anderen Zielen reguliert werden.

Auch wenn der europäischen Beihilfekontrolle in dieser Arbeit sonst die nationale Beihilfepolitik gegenüber gestellt wird, ist „Beihilfepolitik" letztlich nur ein Oberbegriff für Maßnahmen aus ganz unterschiedlichen Politikfeldern. Staatliche Beihilfen können eingesetzt werden zu industriepolitischen, regional-, umwelt-, sozial-, kulturpolitischen etc. Zielen. Folglich sind auch von der europäischen Beihilfekontrolle verschiedene Politikfelder betroffen. Der Beihilfebegriff wird im europäischen Recht umfassend verstanden, d.h. Beihilfen zeichnen sich nicht durch eine bestimmte Form oder politische Zielsetzung aus, sondern alleine durch ihre begünstigende Wirkung (vgl. Kapitel 2.2.3). Auch innerhalb der Kommission hat sich die Beihilfekontrolle daher in vielen Fragen mit anderen Gemeinschaftspolitiken auseinander zu setzen (vgl. Kapitel 2.3.2).

Auf die Unterscheidung der Kommission in sektorale, horizontale und regionale Beihilfen wurde bereits verwiesen. Grob lassen sich diesen Kategorien auch unterschiedliche Politikfelder zuordnen (vgl. Tabelle 21). Sektorale Beihilfen, etwa zur Restrukturierung einzelner Unternehmen oder ganzer Krisensektoren, sind traditionell Bestandteil staatlicher Industriepolitik. Die Kommission steht diesen Beihilfen am ablehnendsten gegenüber und möchte sie möglichst verringern. Horizontale Beihilfen werden in unterschiedlichen Bereichen staatlicher Politik eingesetzt, etwa der Umwelt- oder Forschungspolitik. Aus Sicht der Kommission sind diese Beihilfen „besser gezielt" als sektorale Beihilfen. Schließlich werden Beihilfen zu regionalpolitischen Zwecken eingesetzt, insbesondere zur Förderung von Investitionen. Die Kommission strebt einerseits eine Verringerung regionaler Beihilfen an, andererseits bewertet sie regionale Beihilfen durchaus positiv, wenn diese gezielt in den am wenigsten entwickelten Gebieten eingesetzt werden.

	sektoral	horizontal	regional
Ziele der Kommission	negativ (weniger Beihilfen)	positiv (gezieltere Beihilfen)	negativ & positiv (weniger & gezieltere Beihilfen)
Politikfeld	Industriepolitik	z.B. Umweltpolitik	Regionalpolitik
Beihilfen	Rettungs- und Restrukturierungsbeihilfen	Umwelt-, FuE-, KMU-Beihilfen	Regionale Investitionsbeihilfen

Tabelle 21: Staatliche Beihilfen in unterschiedlichen Politikfeldern

3.3.1.2   Fallauswahl: Restrukturierungs- und Regionalbeihilfen

Vor diesem Hintergrund werden die Auswirkungen der Beihilfekontrolle auf die Vergabe von Rettungs- und Restrukturierungsbeihilfen sowie Regionalbeihilfen in den neuen Mitgliedstaaten verglichen. Der Vollständigkeit halber hätte noch ein Beispiel horizontaler Beihilfen in den Vergleich mit einbezogen werden können. Zunächst besteht in der Literatur aber Einigkeit darüber, dass Rettungs- und Restrukturierungsbeihilfen sowie Regionalbeihilfen in der Beihilfepraxis der MOEL von besonderer Bedeutung sind (vgl. Atanasiu 2001; Ellison 2005a). Sowohl während der Beitrittsvorbereitungen als auch nach erfolgter Erweiterung bezogen sich die meisten kritischen Verhandlungen auf einen der beiden Bereiche. Die meisten Fälle von eingehenden Kommissionskontrollen betreffen Rettungs- und Restrukturierungsbeihilfen; die Überarbeitung der Leitlinien für staatliche Regionalbeihilfen war stärker umstritten als alle anderen legislativen Neuerungen seit 2004.

Darüber hinaus genügen die beiden Bereiche, um die Auswirkungen der Beihilfekontrolle im Hinblick auf eine Frage zu untersuchen: Wie kohärent sind die Ziele, die die Kommission mit der Beihilfekontrolle verfolgt und inwiefern hängt ihre Durchsetzungskraft davon ab? Je widersprüchlicher die Kommission selbst bestimmte Beihilfen bewertet, so die Vermutung, desto geringer ist ihr Einfluss auf die Politik der Mitgliedstaaten.

Die vorausgehenden Kapitel haben gezeigt, dass die Kommission durchaus in der Lage ist, einen negativen Europäisierungseffekt in den neuen Mitgliedstaaten zu erreichen, die Verringerung des allgemeinen Beihilfeniveaus, und mit einem positiven Europäisierungseffekt zu vereinbaren, der Umlenkung der restlichen Beihilfen auf horizontale Ziele. Regionalbeihilfen sind jedoch ein besonderer Fall, da die Kommission *gleichzeitig* auf ihre Verringerung und gezieltere Ausrichtung hinwirken möchte. Die Förderung schwacher Regionen mittels Beihilfen besteht aber gerade darin, den Wettbewerb zu ihren Gunsten zu verzerren. Dadurch steht die Kommission in einem ständigen Zielkonflikt zwischen dem Schutz des Wettbewerbs und der Förderung der Kohäsion. In der Vergangenheit wurde wiederholt kritisiert, durch ihre positive Grundhaltung gegenüber Regionalbeihilfen biete die Kommission den Mitgliedstaaten ein „Schlupfloch" und unterwandere somit ihre eigene Kontrolle (Dylla 1998; Dylla 1997). Der Versuch, mit der Beihilfekontrolle gleichzeitig Wettbewerbs- und Regionalpolitik zu betreiben, führe dazu, „dass keines der beiden Ziele konsequent verfolgt werden kann" (Schindler 2005: 88).

Anders ist die Situation im Bereich sektoraler Beihilfen, insbesondere zur Rettung und Restrukturierung von Unternehmen in Schwierigkeiten. Auch in diesem Bereich wird die Kommission kritisiert, sich gegenüber den Mitgliedstaaten immer wieder zu nachgiebig zu verhalten (vgl. Koenig/Kühling 1999; Nicolaides/Kekelekis 2004; Nicolaides/Kekclekis 2005). Dabei geht es aber eher um Fälle, in denen die Kommission es nicht schafft, sich vom politischen Druck der betroffenen Mitgliedstaaten frei zu machen. Dass die Kommission selbst bei der Prüfung dieser Fälle dem Wettbewerbsziel klaren Vorrang einräumt und eine Verringerung von Rettungs- und Restrukturierungsbeihilfen anstrebt, wird hingegen kaum in Frage gestellt: „It is arguably in the assessment of rescue and restructuring aid that it is clearest that state aid control is a ‚branch‘ of EC competition law." (Hansen/Van Ysendyck/Zuhlke 2004: 190). Die Kontrolle von Rettungs- und Restrukturierungsbeihilfen müsste sich demnach auch in den neuen Mitgliedstaaten besonders stark auswirken.

Die Beihilfevergabe in den beiden Politikfeldern wird jeweils in drei Schritten untersucht. Zunächst werden die maßgeblichen weichen Beihilferegeln der Kommission besprochen, danach die Besonderheiten der Kontrollpraxis in dem jeweiligen Bereich vorgestellt und schließlich die vorhandenen Daten zu den Beihilfen in den MOEL untersucht. Nach der Vorstellung der Leitlinien für Regionalbeihilfen wird zudem in einem Exkurs auf deren Neuverhandlung nach der Erweiterung eingegangen.

3.3.2   Rettungs- und Restrukturierungsbeihilfen

3.3.2.1   Die Leitlinien für R&R-Beihilfen

Das maßgebliche Regelwerk der Kommission sind die Leitlinien für staatliche Beihilfen zur Rettung und Restrukturierung von Unternehmen in Schwierigkeiten.[255] Die Regeln gelten für Unternehmen in allen Sektoren, mit Ausnahme der Sektoren Kohle und Stahl, und werden teilweise durch zusätzliche sektorale Regeln ergänzt, etwa in den Bereichen Schiffbau oder Luftverkehr (Rdnr. 18 der Leitlinien). Obwohl die Kommission die R&R-Regeln horizontal anwendet, das heißt sektorenübergreifend, führt sie R&R-Beihilfen in ihren Statistiken als sektorale Beihilfen, da sie in der Regel einzelnen Unternehmen oder Sektoren zukommen.[256] Die derzeit geltenden Leitlinien sind seit 2004 in Kraft und stellen im Wesentlichen eine Fortsetzung früherer Regeln und der Kommissions-

---

[255] Leitlinien für staatliche Beihilfen zur Rettung und Umstrukturierung von Unternehmen in Schwierigkeiten, ABl.EG 2004 Nr. C 244, S. 2-17 (im Folgenden: Leitlinien für R&R-Beihilfen).

[256] „When comparing horizontal and sectoral objectives, aid for rescue and restructuring has been included under particular sectors as it is deemed to have a similar distortive effect on competition", aus den Erläuterungen zur Methode des Beihilfeanzeigers, siehe Fußnote 35.

praxis dar (Nicolaides/Kekelekis 2004; Ehricke 2005: 75; Soltész/Marquier 2005: 244).

Um überhaupt für R&R-Beihilfen in Frage zu kommen, muss es sich demnach bei einem potenziellen Beihilfeempfänger um ein „Unternehmen in Schwierigkeiten" handeln (Rdnrn. 9-13). Auf eine gemeinschaftsrechtliche Definition dieses Begriffes hat die Kommission unter anderem mit Blick auf die Eigenheiten des jeweiligen nationalen Insolvenzrechts verzichtet, so dass sie sich bei ihrer Bewertung stattdessen an einem Katalog möglicher Krisensymptome orientiert (Ehricke 2005: 72f.; Nicolaides/Kekelekis 2005: 19). Als mögliche Indizien für die Schwierigkeiten eines Unternehmens gelten etwa steigende Verluste, sinkende Umsätze und wachsende Lagerbestände (Rdnr. 11). Die Unterscheidung zwischen Rettungsbeihilfen und Restrukturierungsbeihilfen ist vor allem eine Unterscheidung zwischen kurz- und längerfristigen Maßnahmen, hat aber auch Folgen für den Prozess der Beihilfekontrolle. Rettungsbeihilfen dürfen nur für eine Höchstdauer von sechs Monaten gewährt werden, um die Erarbeitung eines längerfristigen Restrukturierungs- oder Liquidationsplanes für das betroffene Unternehmen zu ermöglichen (Rdnrn. 25-30). Restrukturierungsbeihilfen können nur dann genehmigt werden, wenn dies auf der Grundlage eines Restrukturierungsplans geschieht, der wieder zu langfristiger Rentabilität des Unternehmens führen wird (Rdnrn. 34-37). Um Wettbewerbsverzerrungen zu beschränken wird die Genehmigung von Restrukturierungsbeihilfen zudem an Auflagen der Kommission, so genannte Ausgleichsmaßnahmen (Rdnrn. 38-42), geknüpft, z.B. an den Abbau von Produktionskapazitäten. Zudem gilt das „one time, last time"-Prinzip, wonach ein Unternehmen innerhalb von zehn Jahren, mit einigen Ausnahmen, nur einmal Rettungs- und Restrukturierungsbeihilfen erhalten darf (Rdnrn. 72-77).

Abgesehen von den Kommissionsleitlinien existiert eine weitere Möglichkeit für die Mitgliedstaaten, um Hilfe für Unternehmen in Schwierigkeiten zu rechtfertigen: der bereits erwähnte Test des privaten Kreditgebers. Hat ein Unternehmen Schulden gegenüber öffentlichen Einrichtungen, insbesondere durch die Nichtzahlung von Steuern und Sozialversicherungsbeiträgen, und besteht die öffentliche Hand nicht auf deren Zahlung, so liegt in der Regel eine verdeckte Form staatlicher Beihilfen vor (Soltész/Makowski 2003: 74). In Ausnahmefällen jedoch, so die Rechtfertigung, würde auch ein privater Kreditgeber vorübergehend auf die Durchsetzung seiner Forderungen verzichten, wenn er sich dadurch längerfristig erhofft, einen größeren Teil seiner Forderungen eintreiben zu können bzw. geringere Verluste zu erleiden. Kann ein Mitgliedstaat nachweisen, dass die Nichtdurchsetzung von Forderungen gegenüber einem Unternehmen in Schwierigkeiten auf einem vergleichbaren Kalkül beruht, gilt der Test des privaten Kreditgebers als erfüllt: es liegt keine staatliche Beihilfe vor. Insbesondere in Fällen, in denen keine Aussicht auf die Genehmigung von R&R-Beihilfen bestünde, bietet der Test somit eine letzte Option für die Kommission und die Mitgliedstaaten, um Einzelfälle der Beihilfekontrolle zu entziehen (Nicolai-des/Kekelekis 2005).

In engen Grenzen bleibt den Mitgliedstaaten somit weiterhin die Möglichkeit, Unternehmen in Schwierigkeiten zu retten und ihre Restrukturierung zu ermöglichen. Sie haben diese letzte Option erhalten, obwohl die Kommission R&R-Beihilfen möglichst umfassend abschaffen möchte (Mestmäcker/ Schweitzer 2004: 1126).[257] Neben ihrer besonders wettbewerbsverzerrenden Wirkung (Hansen/Van Ysendyck/Zuhlke 2004: 190) gilt auch die Effektivität, insbesondere von Rettungsbeihilfen, als fragwürdig (London Economics 2004: 35f.; Glowicka 2006). Ausführlich nimmt der SAAP dazu Stellung, wo die Kommission einen positiven Beitrag von staatliche Beihilfen jenseits des reinen Wettbewerbsschutzes sieht – R&R-Beihilfen finden dabei aber keinerlei Erwähnung (European Commission 2005: 8-12). In mehreren Interviews äußerten Vertreter der Generaldirektion Wettbewerb die Ansicht, erstrebenswert wäre eine Situation, in denen die Anmeldung und Prüfung von R&R-Beihilfen obsolet geworden sei, da keine Aussicht auf Genehmigung mehr bestünde (Interviews 30, 40). Die oben erwähnte polnische Beihilfestrategie (Ambroziak 2005) hingegen ist nur ein Beispiel dafür, dass nicht alle Mitgliedstaaten dazu bereit wären, auf R&R-Beihilfen als politisches Instrument gänzlich zu verzichten. Relativ junge Beispiele aus den alten Mitgliedstaaten sind etwa die eingangs erwähnten Fälle Holzmann in Deutschland oder Alstom in Frankreich (Sol-tész/Marquier 2005: 244). Neben ihrer technischen Komplexität zeichnen sich die entsprechenden Regeln und die Entscheidungspraxis der Kommission daher auch durch die politische Balance zwischen einer möglichst strikten Beihilfekontrolle und Ausnahmen in Einzelfällen aus.

Obwohl die Leitlinien der Kommission für R&R-Beihilfen noch bis Oktober 2009 angewendet werden sollen, hat die Kommission bereits 2007 Konsultationen zu ihrer Überarbeitung eingeleitet. Mit einem Fragebogen wurden Mitgliedstaaten und Unternehmen aufgefordert, über ihre Erfahrungen in der Anwendung der Leitlinien zu berichten und Vorschläge zu ihrer Überarbeitung zu machen.[258] Schon aus dem Fragebogen geht hervor, dass die Kommission mit

---

[257] Mestmäcker (2004: 1125) verweist auf den Neunten Beihilfebericht der Kommission (KOM(2001) 403 endgültig) vom 18. Juli 2001. Darin heißt es: „However in contrast with the former [horizontal, Anm. d. Verf.] objectives, the highly distortive effects of rescue and restructuring aid are normally not matched by important positive externalities. Such aid has, therefore, to be very strictly controlled", Rn. 76, online: http://ec.europa.eu/comm/competition/state_aid/studies_reports/archive/scoreboard_arch.cfm [letzter Zugriff: 01.09.2008].

[258] Der Fragebogen ist auf der GD COMP Internetseite einzusehen, online: http://ec.europa.eu/ comm/competition/state_aid/reform/rescue_questionnaire_de.pdf [letzter Zugriff: 01.09.2008].

der kommenden Überarbeitung der Leitlinien die Bedingungen für R&R-Beihilfen erschweren und die zulässigen Ausnahmen auch in diesem Bereich stärker positiv verregeln möchte. Darin heißt es:

> „Gemäß dem Aktionsplan ‚staatliche Beihilfen' muss die Kommission bei der Prüfung der Vereinbarkeit einer Beihilfe mit dem Gemeinsamen Markt eine Abwägung vornehmen. Ein wichtiger Aspekt bei dieser Abwägung ist die Existenz eines genau bestimmten Ziels von gemeinsamem Interesse. In der überarbeiteten Fassung der Leitlinien für Rettungs- und Umstrukturierungsbeihilfen wird daher genau festgelegt werden müssen, welche Ziele die Mitgliedstaaten zur Rechtfertigung von Rettungs- und Umstrukturierungsbeihilfen anführen können. Welche Ziele sind Ihrer Ansicht nach zulässig bzw. eine Rechtfertigung für Rettungs- und Umstrukturierungsbeihilfen?"

3.3.2.2   Die schwierige Kontrolle von R&R-Beihilfen

In der Praxis sind die Bedingungen für die Gewährung von R&R-Beihilfen bereits jetzt sehr schwer für die Mitgliedstaaten zu erfüllen. Die Regeln für R&R-Beihilfen werden in Interviews mit Vertretern aus den neuen Mitgliedstaaten einhellig und in den polnischen Kommentaren zum SAAP als die stärkste Einschränkung nationaler Beihilfepolitik durch die Kommission beschrieben (Interviews 7-9, 17-22, 25-27). Dass ein „abschreckender" oder „entmutigender" Effekt der Prüfung von R&R-Beihilfen durchaus gewollt ist, wird auch von Kommissionsvertretern eingeräumt (Interview 30). Selbst angesichts spezifischer Probleme im Restrukturierungsprozess der neuen Mitgliedstaaten wurden kaum Ausnahmen oder gar Neuregelungen zugelassen. Darüber hinaus sind die Regeln an verschiedenen Stellen relativ unklar und erfordern zusätzliches Wissen über die Entscheidungspraxis der Kommission, was vor allem anfangs zu erheblicher Unsicherheit auf Seiten der neuen Mitgliedstaaten geführt hat.

Zuletzt wurden die Leitlinien für R&R-Beihilfen von der Kommission bereits vor 2004 überarbeitet und es gibt keinerlei Hinweise, dass dabei spezifische Änderungen mit Blick auf die bevorstehende Erweiterung vorgenommen wurden. Zwar waren die Beitrittsländer bereits formal in den Konsultationsprozess mit einbezogen, doch wird ihre Rolle dabei sowohl von Seiten der Kommission als auch in der eigenen Darstellung als eine weitgehend passive beschrieben (Interviews 2, 7, 29). Das polnische Anliegen, das erwähnte „one time, last time"-Prinzip erst ab dem Inkrafttreten des ersten nationalen Beihilfegesetzes anzuwenden, da für die Zeit zuvor oftmals die notwendigen Unterlagen fehlten, wurde von der Kommission abgelehnt. In Hintergrundgesprächen mit Vertretern der Kommission wurde zwar eingeräumt, dass es zu Schwierigkeiten bei der Anwendung des Prinzips kommen könne – die Ablehnung wurde jedoch damit begründet, dass ansonsten jene Länder „belohnt" worden wären, die erst

spät die Beitrittsvoraussetzungen, darunter die Verabschiedung nationaler Beihilfegesetze, erfüllten (Interviews 30, 40). Lediglich die Übergangsregeln hinsichtlich des polnischen und tschechischen Stahlsektors stellen Ausnahmen im
Bereich der Rettung und Restrukturierung von Unternehmen in Schwierigkeiten
dar, da in diesem Sektor sonst keine derartigen Beihilfen erlaubt sind. Weiter
gehende Ausnahmen, wie sie etwa im Zuge der Privatisierung ostdeutscher
Staatsbetriebe gemacht wurden (vgl. Schütte/Hix 1995), wurden hingegen ausgeschlossen. Während polnische und tschechische Vertreter die Restrukturierung ihrer Unternehmen immer wieder mit der Situation in Ostdeutschland nach
1990 vergleichen (Interviews 20-22), werden derartige Parallelen von Kommissionsvertretern mit dem Verweis auf die langen Beitrittsvorbereitungen der
MOEL zurückgewiesen (Interviews 30, 35, 39).

Hinzu kommt, dass die Leitlinien alleine noch viele Fragen unbeantwortet
lassen und in der Praxis vielfältige Anwendungsschwierigkeiten auftreten. Zunächst hat die Kommission bei der Einschätzung von „Unternehmen in Schwierigkeiten" noch einigen Spielraum, da in den Leitlinien keine abschließende
Definition für diese Voraussetzung gegeben wird (Ehricke 2005: 72f.; Nicolai-
des/Kekelekis 2005: 19). Weitgehend unklar bleibt auf der Grundlage der Leitlinien, wie im konkreten Fall negative, wettbewerbsverzerrende und positive
Effekte von R&R-Beihilfen gegeneinander abgewogen werden sollen: „If rescue
and restructuring aid is exceptionally allowed when the competition, regional or
social benefits from a firm's survival outweigh the distortion of competition,
then the guidelines should introduce an explicit method for performing that
comparison" (Nicolaides/Kekelekis 2005: 22; vgl. auch Nicolaides/Kekelekis
2004: 583). Damit Restrukturierungsbeihilfen von der Kommission genehmigt
werden, müssen sie geeignet sein, das Unternehmen zur langfristigen Rentabilität zurückzuführen. In ihrem Fragebogen zur Überarbeitung räumt die Kommission jedoch ein: „In den Leitlinien werden keine präzisen Finanzkennzahlen
dafür angeführt, was mit ‚langfristiger Rentabilität' gemeint ist. Sollten Ihrer
Ansicht nach präzise Indikatoren in die Leitlinien aufgenommen werden?".[259]
Auch ist die Bestimmung geeigneter Ausgleichsmaßnahmen sehr stark einzel-
fallbezogen und selbst für die Kommission kaum vor der eingehenden Prüfung
einer geplanten Beihilfe abzusehen. Zwar werden die Ausgleichsmaßnahmen
damit begründet, dass sie die wettbewerbsverzerrende Wirkung von R&R-
Beihilfen mildern – tatsächlich dienen sie aber vor allem der Abschreckung:
„Die ‚Gegenleistungen' werden so zur Verhandlungsmasse in der Hand der
Kommission. Sie sind jedoch kein geeignetes Instrument, um die durch die
Beihilfe verursachte Wettbewerbsverfälschung selbst zu beseitigen" (Mestmä-

---

[259] Siehe oben, Fußnote 258.

cker/Schweitzer 2004: 1128; Nitsche/Heidhues 2006: 22). Die Kriterien für den Test des privaten Kreditgebers schließlich sind in keinem Regelwerk der Kommission zusammengefasst, sondern müssen aus Gerichtsurteilen und Einzelentscheidungen erschlossen werden. Die Kritik an dem Test (vgl. Nicolaides/Kekelekis 2005: 22-25) wurde in Hintergrundinterviews von Vertretern der Kommission und aus den neuen Mitgliedstaaten geteilt – eine Alternative, die mit der Zustimmung beider Seiten rechnen könnte, ist jedoch unwahrscheinlich (Interviews 7, 19, 35, 38). Eine Abschaffung des Tests würde die Mitgliedstaaten ihrer letzten Rückfalloption in besonderen Fällen berauben; eine Erleichterung des Tests könnte die Kontrolle der Kommission aushöhlen.

Im Ergebnis haben diese Unklarheiten zu Beginn der Mitgliedschaft der MOEL die beschränkende Wirkung der Kontrolle von R&R-Beihilfen oft noch gesteigert. Angesichts mangelnder Erfahrung mit der Anwendungspraxis der Leitlinien durch die Kommission wussten die Vertreter der neuen Mitgliedstaaten häufig nicht, welche Maßnahmen und Informationen nötig sind, um die Zustimmung der Kommission zu R&R-Beihilfen zu erhalten (Interviews 7, 19, 20). Hat die Kommission Zweifel hinsichtlich einer geplanten R&R-Beihilfe und fordert zusätzliche Informationen an, so verzögert sich dadurch das Prüfverfahren in der Regel um zwei Monate je Nachfrage. Gerade in R&R-Fällen ist die Zeit jedoch oft knapp, so dass die Beschränkungen aus dem Kontrollverfahren der Kommission besonders spürbar werden. Die Rechtsunsicherheit, die für die potenziellen Empfänger von R&R-Beihilfen durch die Kommissionskontrolle entsteht, muss zwar nicht von der Kommission intendiert sein, sie verleiht ihr aber in jedem Fall zusätzliche Verhandlungsmacht (vgl. Mestmäcker/Schweitzer 2004: 1128). Die beschriebenen Unsicherheiten entstehen vor allem aufgrund der Komplexität vieler R&R-Fälle und durch den Widerstand der Mitgliedstaaten, klarere und zugleich strengere Leitlinien zu akzeptieren, so die Argumentation der Kommission (Interviews 29, 35, 38). Die Kosten dieser Unsicherheit tragen aber in erster Linie die potenziellen Beihilfeempfänger.

3.3.2.3   R&R-Beihilfen in den neuen Mitgliedstaaten

Dass die Kommission R&R-Beihilfen in den neuen Mitgliedstaaten weitgehend ablehnend gegenübersteht, ist nicht überraschend. Der hohe Anteil sektoraler Beihilfen in den MOEL vor dem Beitritt ging zu einem großen Teil auf R&R-Beihilfen zurück (vgl. Atanasiu 2001; Hashi/Balcerowicz 2004; Ellison 2005a). Die Überwachung und, wenn möglich, die Vermeidung solcher Beihilfen gehört seit jeher zu den Prioritäten der europäischen Beihilfekontrolle. Die Eindämmung von R&R-Beihilfen werde daher, so die Erwartung zum Zeitpunkt des

Beitritts, auch in den neuen Mitgliedstaaten zu den Kernaufgaben der Kommission gehören (Kuik 2004: 370).

Deutliche Hinweise auf eine anhaltende Bedeutung von R&R-Beihilfen in den MOEL bei gleichzeitig besonderer Aufmerksamkeit der Kommission in diesen Fällen lassen sich an den Entscheidungszahlen der Kommission ablesen. Betrachtet man nur die alten Mitgliedstaaten, so lässt sich eine Abnahme von Beihilfemaßnahmen zur Rettung und Restrukturierung von Unternehmen in Schwierigkeiten über die letzten Jahre feststellen. Aufschlussreich ist dabei, dass der Großteil der Fälle, 76 von insgesamt 124 Entscheidungen, deutsche Beihilfen betrifft, die wiederum größtenteils Unternehmen in Ostdeutschland gewährt wurden.[260] Dass auch in den neuen Mitgliedstaaten ein anhaltender Bedarf an R&R-Beihilfen gesehen wird, belegen die Zahlen zu den abschließenden Kommissionsentscheidungen seit 2004. Im Jahr 2004 traf die Kommission zwar noch keine Entscheidung hinsichtlich der MOEL, da dort viele Maßnahmen unmittelbar vor dem Beitritt abgeschlossen wurden und anschließend eine zeitliche Lücke zwischen den ersten Neuanmeldungen und dem Abschluss der Kommissionsprüfungen entstand. Seither, so die Schätzung von Kommissionsvertretern, die im Einklang mit den Fallzahlen steht, machen die neuen Mitgliedstaaten etwa die Hälfte der Kommissionsarbeit in R&R-Fällen aus (Interview 40, vgl. Tabelle 22).

	2000	2001	2002	2003	2004	2005	2006	Gesamt
EU-15	26	25	23	15	17	9	9	124
NMS	-	-	-	-	0	7	12	19

Tabelle 22: Kommissionsentscheidungen über R&R-Beihilfen[261]

Dass die Kommission bei der Genehmigung von R&R-Beihilfen besonders kritisch ist, zeigen die Zahlen zu eingeleiteten Hauptprüfungsverfahren. Von insgesamt 29 Hauptprüfverfahren in Fällen aus den neuen Mitgliedstaaten betreffen 20 (vermutete) R&R-Beihilfen. Negative und konditionale Entscheidungen in Fällen aus den MOEL hat die Kommission bislang jeweils zwei getroffen – allesamt in R&R-Fällen; eine weitere Maßnahme wurde von Polen vor einer Entscheidung zurückgezogen. Ende 2006 standen 13 abschließende Entscheidungen in Hauptprüfverfahren hinsichtlich solcher Fälle aus.

Die Daten des Beihilfeanzeigers lassen bisher leider nur indirekt auf die Entwicklung der Beihilfesummen für R&R-Ziele in den neuen Mitgliedstaaten

---

[260] Beihilfeanzeiger, Herbstausgabe 2006, Rdnr. 2.3.
[261] Quellen: Beihilfeanzeiger, Herbstausgabe 2006, Tabelle 16 und eigene Ergänzung anhand des Beihilferegisters der Kommission.

schließen. In der Herbstausgabe 2006 des Beihilfeanzeigers mit einem Themenschwerpunkt auf R&R-Beihilfen wurden die neuen Mitgliedstaaten mangels vergleichbarer Daten noch weitgehend ausgeklammert. Nach der einzigen darin gemachten Angabe entsprach das Volumen an R&R-Beihilfen in den MOEL zwischen 2000 und 2005 etwas mehr als 50% des Volumens der alten Mitgliedstaaten.[262] Das gesamte Beihilfevolumen der neuen Mitgliedstaaten machte in diesem Zeitraum hingegen nur ca. 12% jenes der alten Mitgliedstaaten aus.[263] In den weiteren Statistiken des Beihilfeanzeigers werden R&R-Beihilfen zu den sektoralen Beihilfen gezählt, welche wiederum nur nach Sektoren aufgeschlüsselt erscheinen. Der jeweilige Anteil an R&R-Beihilfen wird dabei nicht angegeben – dass sektorale Beihilfen nach dem Beitritt der MOEL stark abgenommen haben, so lässt sich allerdings schließen, dürfte auch auf die strengere Kontrolle von R&R-Beihilfen durch die Kommission und darauf zurückzuführen sein, dass sich öffentliche Geldgeber in den neuen Mitgliedstaaten mit Verweis auf die Kommission eher dem Phänomen der „soft budget constraints" entziehen können (Moravcsik/Vachudova 2003: 47; Atanasiu 2005). Am Beispiel Polens, in dessen Beihilfeberichten zur Beihilfepolitik auch genauere Zahlen zu R&R-Beihilfen enthalten sind, bestätigt sich diese Vermutung eindrucksvoll: Demnach erreichte der Anteil an R&R-Beihilfen im Jahr vor dem Beitritt 76,5% der gesamten polnischen Beihilfen und sank in den Folgejahren auf 46,8% (2004) bzw. nur mehr 2,1% (2005).[264]

3.3.3 Regionalbeihilfen

3.3.3.1   Die Leitlinien für staatliche Beihilfen mit regionaler Zielsetzung

Regionalbeihilfen werden nicht primär mit ökonomischen Effizienzerwägungen begründet, sondern mit Blick auf Fragen der Verteilungsgerechtigkeit. So wird im SAAP zwar das Konzept des Marktversagens in den Mittelpunkt der beihilfepolitischen Erwägungen gestellt, daneben aber wiederholt auf die bleibende Bedeutung „sozialer und wirtschaftlicher Kohäsion" verwiesen (vgl. European Commission 2005: 7f.). Während selbst R&R-Beihilfen mitunter aufgrund von Marktversagen gerechtfertigt werden, etwa als Maßnahmen gegen die Entstehung zu großer Marktmacht, dienen Regionalbeihilfen, so die klare Begründung der jüngsten Leitlinien für staatliche Beihilfen mit regionaler Zielsetzung, „zum

---

[262] Beihilfeanzeiger, Herbstausgabe 2006, Fußnote 30.
[263] Beihilfeanzeiger, Herbstausgabe 2006, berechnet aus Tabelle 2.
[264] Eigene Berechnungen auf der Grundlage der Beihilfeberichte der polnischen Wettbewerbsbehörde 2003 (Tabelle 2), 2004 (Tabelle 3) und 2005 (Tabelle 3).

Ausgleich regionaler Unterschiede".[265] Weiter heißt es: „Indem die einzelstaatlichen Regionalbeihilfen speziell für Probleme benachteiligter Gebiete Abhilfe schaffen, fördern sie den wirtschaftlichen, sozialen und territorialen Zusammenhalt der Mitgliedstaaten und der Europäischen Union insgesamt" (Rdnr. 2 der Leitlinien).

Zwei wesentliche Fragen sind durch die Leitlinien für Regionalbeihilfen verregelt: (1) In welchen Gebieten dürfen Regionalbeihilfen gewährt werden? (2) Wie hoch dürfen die Regionalbeihilfen in diesen Gebieten sein? Im Hinblick auf diese Fragen unterscheidet die Kommission grundsätzlich zwischen drei Arten von Regionen: Die a-Regionen (so genannt, weil sie mit Art. 87 Abs. 3 lit. a EGV begründet werden) gelten mit einem Bruttoinlandsprodukt pro Kopf von weniger als 75% des EU-Durchschnitts als wirtschaftlich unterentwickelt im europaweiten Vergleich, weshalb dort die jeweils höchsten Beihilfeintensitäten zulässig sind. Demgegenüber gelten c-Regionen (Art. 87 Abs. 3 lit. c EGV) zwar als etwas leistungsstärker, im nationalen Maßstab aber immer noch als unterentwickelt und folglich dürfen dort Regionalbeihilfen von geringerer Intensität vergeben werden. In allen anderen Regionen sind Regionalbeihilfen unzulässig. Der Großteil der Leitlinien regelt die beiden Fragen, wie die entsprechenden Regionen einzuteilen (Rdnrn. 12-32) und welche Beihilfeintensitäten jeweils erlaubt sind (Rdnrn. 33-41). Die Gebiete und die erlaubten Beihilfeintensitäten werden pro Mitgliedstaat in so genannten Fördergebietskarten zusammengefasst und müssen von der Kommission geprüft und genehmigt werden (Rdnrn. 96-104).

Erstmalig mit den Leitlinien von 1998 (vgl. Wishlade 2003; Méndez/Wishlade/Yuill 2006) wurde eine Obergrenze eingeführt, wonach sämtliche Regionalfördergebiete nur maximal 42.7% der EU-Bevölkerung umfassen durften (vgl. Rdnr. 13). Regionalbeihilfen dürfen für Investitionen in neue oder erweiterte Produktionsanlagen gewährt werden (Rdnrn. 33f.), nur in seltenen Ausnahmen zur Unterstützung der laufenden Betriebskosten eines Unternehmens (Rdnr. 76). Besondere Regeln gelten für große Investitionsvorhaben, die nur bei verringerten Förderintensitäten und nach individueller Prüfung durch die Kommission genehmigt werden (Rdnrn. 60-70).

Durch die Erweiterung 2004 sind die regionalen Entwicklungsunterschiede innerhalb der EU größer geworden und der Maßstab, ab wann eine Region als wirtschaftlich unterentwickelt im europaweiten Vergleich gilt, hat sich verschoben (Battista 2005: 408f.). Neun von zehn Staaten erhielten bei ihrem Beitritt 2004 zu 100% den Status als besonders förderwürdige a-Regionen, Zypern immerhin zu 100% den Status einer ebenfalls förderwürdigen c-Region. Der

---

[265] Leitlinien für staatliche Beihilfen mit regionaler Zielsetzung 2007-2013, ABl.EG 2006 Nr. C 054, S. 13-44, Rdnr. 1.

Anteil der in förderfähigen Regionen lebenden EU-Bürger stieg dadurch weit über die ursprüngliche Obergrenze auf 52,2% der europäischen Gesamtbevölkerung. Aus Sicht der Kommission widersprach dieser Zustand dem Bestreben, Regionalbeihilfen gezielt auf wirtschaftlich besonders schwache Regionen zu konzentrieren. Eine einfache Neubestimmung der förderfähigen Regionen anhand der Kriterien aus den alten Leitlinien erschien jedoch kaum durchsetzbar, da dies dazu geführt hätte, dass weite Teile der Fördergebiete in den alten Mitgliedstaaten ihren bisherigen Status verloren hätten. Insbesondere die so genannten „statistischer Effekt"-Gebiete, die im EU-15 Durchschnitt unterhalb der genannten 75%-Schwelle lagen, im EU-25 bzw. EU-27 Durchschnitt jedoch darüber, wären vom Verlust ihres Status als a-Regionen betroffen gewesen.[266]

3.3.3.2   Exkurs: Die Neuverhandlung der Leitlinien nach der Erweiterung

Da die Gültigkeit der letzten Leitlinien für Regionalbeihilfen 2006 auslief, hätten Neuverhandlungen sowieso angestanden. Durch die EU-Erweiterung wurde jedoch eine grundlegende Überarbeitung notwendig. In mehreren Runden von Kommissionsentwürfen und Kommentaren der Mitgliedstaaten versuchte die Kommission einen möglichst breit getragenen Kompromiss zwischen den eigenen und den unterschiedlichen mitgliedstaatlichen Interessen zu vermitteln (ausführlich hierzu Wishlade 2004; Wishlade 2005; Wishlade 2007).[267]

Während der Neuverhandlungen lassen sich drei Gruppen von Mitgliedstaaten mit unterschiedlichen Interessen unterscheiden – die reicheren alten, die ärmeren alten, sowie die meist noch ärmeren neuen Mitgliedstaaten (ausführlicher hierzu Battista 2005: 8-9). Hinzu kam die Kommission mit einer eigenständigen, aber weitgehend mit den neuen Mitgliedstaaten deckungsgleichen Verhandlungsposition. Die reicheren alten Mitgliedstaaten, allen voran Deutschland, wollten erstens den Status ihrer eigenen Fördergebiete verteidigen und zweitens ein möglichst geringes Gefälle in den erlaubten Förderintensitäten zwischen alten und neuen Mitgliedstaaten.[268] Die bisherigen „Kohäsionsländer"

---

[266] Für eine hypothetische Anwendung der alten Kriterien unter den veränderten Bedingungen einer erweiterten EU, siehe Wishlade (2003: 223-243). Insbesondere in Deutschland und Italien, aber auch in Griechenland und Spanien hätten demnach große Teile der a-Regionen ihren Status verloren.

[267] Die unterschiedlichen Entwürfe in diesem Prozess sind weiterhin im Reformarchiv auf der Internetseite der GD COMP zugänglich, online: http://ec.europa.eu/comm/competition/state_aid/reform/archive.cfm [letzter Zugriff: 01.09.2008]. Im Einzelnen handelt es sich um ein erstes Konsultationspapier vom April 2004, ein „Non-Paper" vom Dezember 2004 sowie einen ersten Entwurf der Leitlinien vom Juli 2005 (vgl. auch Wishlade 2007: 1).

[268] An diesem Aspekt wird der Zwiespalt einer Beihilfekontrolle deutlich, die sich gleichzeitig an der Kohäsion und am Schutz des Wettbewerbs orientiert. So kritisiert Frankreich in seinem Kom-

(Ebd.: 8) waren nach den alten Leitlinien größtenteils Fördergebiete – Spanien zu 79,2%, Portugal und Griechenland jeweils zu 100% – und wollten diesen großzügigen Status möglichst behalten. Dass die neuen Mitgliedstaaten mit wenigen Ausnahmen auch nach den neuen Leitlinien als Fördergebiete gelten würden, war unstrittig – so dass ihr Interesse vor allem in hohen Förderintensitäten bestand. Das Ziel der Kommission, die Regionalbeihilfen zu beschränken und auf die nach europäischem Standard ärmsten Regionen zu konzentrieren kam dabei den neuen Mitgliedstaaten entgegen und stellte vor allem für die reicheren alten Mitgliedstaaten eine Herausforderung dar.

Fördergebiete	Beihilfeintensitäten		
	Leitlinien 2000-2006	„Non-paper" zu neuen Leitlinien	Leitlinien 2007-2013
a-Regionen (gemeinschaftliche Kohäsion)			
<75% EU-25 BIP pro Kopf	40%	30%	30%
<60% EU-25 BIP pro Kopf	50%	35%	40%
<45% EU-25 BIP pro Kopf	50%	40%	50%
‚statistischer Effekt'-Regionen	40%	30% (→15%)	30% (→20%)
c-Regionen (nationale Kohäsion)			
>75% EU-25 BIP pro Kopf mit hoher AL / national relativ niedrigem BIP	20%/10%	-	15/10%
Anteil der EU-Bevölkerung in Fördergebieten			
	52,2%	34,8%	43,1%

Tabelle 23: Die Neuverhandlung der Leitlinien für Regionalbeihilfen[269]

---

mentar zum SAAP, dass „das wachsende Gefälle zwischen den zulässigen Beihilfeintensitäten Wettbewerbsverzerrungen hervorruft, indem es die Attraktivität weniger geförderter Regionen zu Gunsten stärker geförderter Regionen verringert" (S.7, eigene Übersetzung). Eben diese Ungleichbehandlung unterschiedlich entwickelter Regionen ist es aber, mittels derer die Beihilfekontrolle zur europäischen Kohäsion beizutragen versucht.

[269] Die Tabelle basiert auf Battista (2005: 410).

Der Verhandlungsverlauf lässt sich sehr deutlich an einem Vergleich der unterschiedlichen Leitlinien und Entwürfe nachvollziehen (vgl. Tabelle 23). Ein erstes „Non-Paper" der Kommission vom April 2004 sah vor, die förderfähigen Gebiete radikal zu reduzieren auf etwa ein Drittel der EU-Bevölkerung, und sich bei der Auswahl der Gebiete ausschließlich an der wirtschaftlichen Entwicklung im europäischen Vergleich zu orientieren. Dementsprechend geteilt waren die Reaktionen auf diesen Plan. Die neuen Mitgliedstaaten hätten zwar geringere Förderintensitäten hinnehmen müssen, wären insgesamt aber im Wettbewerb mit den alten reicheren Mitgliedstaaten, die ihre Förderfähigkeit weitgehend verloren hätten, gestärkt worden. Dagegen wandten sich Deutschland, Frankreich, Großbritannien und Österreich in einem gemeinsamen Brief an die Wettbewerbskommissarin Kroes und betonten ihre Entschlossenheit zu einer eigenständigen nationalen Regionalpolitik.[270]

So musste die Kommission im Laufe der Verhandlungen Teile ihrer Ausgangsposition zurücknehmen, um eine breitere Unterstützung für die neuen Leitlinien zu erreichen. Es wurden wieder Möglichkeiten eingeführt, auch nach nationalem Standard unterentwickelte Regionen – insbesondere in den reicheren alten Mitgliedstaaten – zu fördern. Um dennoch eine deutliche Differenzierung zwischen mehr und weniger bedürftigen Regionen aufrecht zu erhalten, wurden die erlaubten Förderintensitäten in den ärmsten Regionen erhöht.

Die letztlich verabschiedeten Leitlinien liegen sowohl hinsichtlich der insgesamt förderfähigen Gebiete als auch in Bezug auf die erlaubten Förderintensitäten zwischen den alten Leitlinien und dem ersten Vorschlag der Kommission. Aus Sicht der alten Mitgliedstaaten war der Protest gegen das „Non-Paper" der Kommission wirksam. So kommentiert das österreichische Ministerium für Wirtschaft und Arbeit, die Leitlinien berücksichtigten „weitgehend die von Österreich und anderen Mitgliedstaaten vorgebrachten Forderungen nach Erhalt eines nationalen regionalpolitischen Handlungsspielraumes [...] und der Verringerung des Beihilfeintensitätsgefälles zwischen Regional- und Nicht-Regionalförderungsgebieten in der Europäischen Union".[271] Dennoch hat die Kommission die alten Mitgliedstaaten erheblich in ihren Möglichkeiten eingeschränkt, weiterhin Regionalbeihilfen zu vergeben. Fothergill (2006: 16) kommt zu dem Ergebnis, dass in den Regionen der alten Mitgliedstaaten, die nach den neuen Leitlinien ihren Status als Fördergebiete verlieren, etwa 40. Mio. EU-Bürger leben. Zwar habe die Kommission nicht die extreme Position des ersten „Non-Papers" durchsetzen können – dieses müsse man aber ohnehin eher als

---

[270] „Brussels state aid reform proposal could lead to big job losses, say governments", in: FT vom 01.02.2005.
[271] Vgl. den Kommentar des österreichischen Bundesministeriums für Wirtschaft und Arbeit zum SAAP, S.3.

geschickte Verhandlungstaktik denn als realistischen Vorschlag verstehen (Ebd.: 15, ebenso Interview 39). Die neuen Mitgliedstaaten hätte das „Non-Paper" der Kommission relativ besser gestellt als die schließlich verabschiedeten Leitlinien. Ihre Regionalförderung kann durch Beihilfen in den alten Mitgliedstaaten zum Teil konterkariert werden. Die Leitlinien lassen hohe Beihilfeintensitäten in fast allen Gebieten der neuen Mitgliedstaaten zu. Allerdings werden die MOEL von diesem beihilfepolitischen Handlungsspielraum angesichts der oftmals prekären Haushaltssituation nur eingeschränkt Gebrauch machen können. Mehrere Kommissionsvertreter meinten, letztlich wäre für die neuen Mitgliedstaaten eine stärkere Beschränkung regionaler Fördermöglichkeiten besser gewesen – von diesem wohlverstandenen Eigeninteresse hätten sie sich aber insbesondere durch die Überzeugungsarbeit der alten Kohäsionsländer, die ihren eigenen Förderstatus möglichst erhalten wollten, abbringen lassen (Interviews 31, 34, 38).

3.3.3.3   Die routinemäßige Kontrolle von Regionalbeihilfen

Die Neuverhandlung der Leitlinien für Regionalbeihilfen hat somit deutlich gemacht, wie sich die europäische Beihilfekontrolle inmitten grundlegender Interessenkonflikte zwischen den Mitgliedstaaten bewegt. Im Anschluss an die Verabschiedung der Leitlinien für den Zeitraum 2007-2013 mussten die Mitgliedstaaten noch ihre jeweiligen Fördergebietskarten der Kommission melden und genehmigen lassen. Auf dieser Grundlage ist die Kontrolle staatlicher Regionalbeihilfen jedoch – anders als im Fall der R&R-Beihilfen – weitgehend eine Routineangelegenheit. Dies soll im Folgenden am Beispiel des tschechischen Investitionsförderprogramms verdeutlicht werden. Darüber hinaus sind viele Regionalbeihilfen neuerdings durch eine Gruppenfreistellungsverordnung der Kommission geregelt und müssen gar nicht mehr *ex ante* gemeldet und genehmigt werden.

Die Reform des tschechischen Investitionsförderprogramms ist ein Beispiel dafür, wie nicht nur Konflikte mit der Kommission sondern längere Prüfverfahren durch Beihilfeschemen vermieden werden können. Vor dem Beitritt wurden in Tschechien Beihilfen als Anreiz für Investitionen in neue oder auszubauende Produktionsanlagen jeweils individuell vergeben und zuvor von der Wettbewerbsbehörde einzeln geprüft. Diese Praxis verursachte einen hohen Arbeitsaufwand für die tschechische Wettbewerbsbehörde sowie für die Kommission bei der Prüfung der Maßnahmen aus dem Interimverfahren. In ihren Fortschrittsberichten 2002 und 2003 hatte die Kommission eine Reform der tschechischen Investitionsförderung angemahnt, um die Arbeitsbelastung zu verringern und die Beihilfen in Einklang mit dem *acquis* zu bringen.[272] Auch die tschechische Wettbewerbsbehörde befürwortete aus diesen Gründen eine Reform der Investitionsförderung.[273]

Rechtzeitig zum Beitritt wurde das Gesetz über die Investitionsanreize in Anlehnung an die Kommissionsleitlinien für Regionalbeihilfen überarbeitet und als Beihilfeschema angemeldet.[274] Solange die Beihilfen unterhalb einer jeweils regional spezifischen Schwelle liegen, die in den Leitlinien geregelt ist[275], müssen die Maßnahmen danach nicht *ex ante* von der Kommission geprüft werden. Förderanträge müssen bei der Investitions- und Wirtschaftsförderungsagentur *Czechinvest* eingereicht werden und nach Prüfung verschiedener Ministerien sowie der Wettbewerbsbehörde entscheidet das Ministerium für Industrie und Handel abschließend über den Antrag. Bis zu einer ebenfalls regional spezifischen Obergrenze werden neue Investoren dann für fünf Jahre vollständig von der Körperschaftssteuer befreit; bereits ansässigen Unternehmen wird die Steuer teilweise erlassen.[276] Zudem können die Investoren in einigen Regionen Zuschüsse für Schulungsmaßnahmen sowie vergünstigte staatliche Grundstücke erhalten. Das Förderprogramm wird von den Beteiligten inzwischen weitgehend als Routine beschrieben, die Kommission müsse kaum noch konsultiert werden, und auch Unternehmer ziehen es vor, die Beihilfen ohne europäisches Prüfverfahren erhalten zu können (Interviews 8, 13-16). Für das Jahr 2006 hat *Czechinvest* einen Rekord bei der Vermittlung neuer Investitionen vermeldet, die unter anderem durch Beihilfezusagen in Höhe von 1,6 Mrd. Euro zu Stande kamen.[277] Damit ist künftig sogar wieder ein Anstieg des tschechischen Beihilfeniveaus zu erwarten, jedoch im Einklang mit den beihilfepolitischen Zielen der Kommission. Dem Automobilproduzenten Hyundai wurden alleine 111 Mio. Euro an Beihilfen für den Bau einer neuen Fabrik zugesagt. Aufgrund ihrer Höhe musste die Beihilfe zwar bei der Kommission angemeldet werden, wurde von dieser aber ohne Beanstandungen genehmigt: „Nach Auffassung der Kommission

---

[272] Siehe die Fortschrittsberichte Tschechien 2001, S. 75 sowie 2003, S. 28.

[273] Jahresbericht der tschechischen Wettbewerbsbehörde 2002, S. 24.

[274] Gesetz Nr. 72/2000 GBl. über Investitionsanreize, in der Fassung der Gesetze Nr. 453/2001 GBl., Nr. 320/2002 GBl., Nr. 19/2004 GBl., Nr. 436/2004 GBl., Nr. 62/2005 GBl., Nr. 443/2005 GBl. und Nr. 159/2007 GBl. Eine deutsche Übersetzung des Gesetzes findet sich im Anhang zum „Handbuch zu Investitionsanreizen", online: http://www.czechinvest.org/de/dwn-investitionsanreize [letzter Zugriff: 01.09.2008].

[275] Leitlinien für Regionalbeihilfen 2007-2013, Rdnr. 64.

[276] Für einen Überblick über das tschechische Investitionsförderprogramm, siehe: Zusammenfassung des „Handbuchs zu Investitionsanreizen", online: http://www.czechinvest.org/de/dwn-investitions-anreize [letzter Zugriff: 01.09.2008].

[277] „Tschechien förderte Rekordzahl an Investitionsprojekten", in: bfai – Länder und Märkte vom 21. Januar 2007.

entsprechen die Beihilfen der Kohäsionspolitik der Kommission sowie den Bedingungen für Regionalbeihilfen zugunsten großer Investitionsvorhaben".[278]
Gleichzeitig hat Tschechien aber formal keinen Entscheidungsspielraum mehr bei der Vergabe der einzelnen Beihilfen. Nur unter dieser Bedingung ist die Kommission bereit, Beihilfeschemen zu genehmigen, denn ansonsten könnten diese scheinbar allgemein formuliert, tatsächlich aber diskriminierend angewendet werden. Das Gesetz über Investitionsanreize nennt eine Reihe von allgemeinen Kriterien, die Beihilfeempfänger erfüllen müssen. Unter anderem muss die Investition je nach Region mindestens 50 bis 100 Mio. tschechischer Kronen betragen, zu mindestens 60% in neue Maschinenanlagen investiert werden, die geschaffenen Anlagen bzw. Arbeitsplätze müssen mindestens fünf Jahre aufrecht erhalten werden und die Produktion muss umweltfreundlich sein. Sind die genannten Bedingungen erfüllt, muss das Ministerium für Industrie und Handel den Förderantrag bewilligen.

Noch einen Schritt weiter ist die Kommission gegangen, als sie für den Zeitraum 2007-2013 erstmals eine Gruppenfreistellungsverordnung für Regionalbeihilfen erlassen hat. So genannte „transparente" Regionalbeihilfen bedürfen seither nicht einmal mehr der Genehmigung eines Beihilfeschemas, solange sie im Einklang mit der nationalen Fördergebietskarte stehen. „Intransparente" Regionalbeihilfen, bei denen sich die genaue Beihilfesumme schwerer bestimmten lässt – etwa bei öffentlichen Beteiligungen oder staatlichen Garantien – sind allerdings nicht freigestellt.[279]

3.3.3.4   Regionalbeihilfen in den neuen Mitgliedstaaten

Neben der Rettung und Restrukturierung von Unternehmen hatte die Beihilfepolitik in vielen MOEL vor dem Beitritt ein zweites Hauptziel: neue, insbesondere ausländische Investoren zu gewinnen. Als Anreiz dienten hierfür weniger direkte Subventionen als vielmehr, wie bereits im Bereich der R&R-Beihilfen, indirekte und wenig transparente Beihilfeinstrumente. So wurden neuen Investoren etwa in Polen, Ungarn und Tschechien für längere oder sogar unbegrenzte Zeit reduzierte Steuersätze bzw. Steuerfreiheit zugesagt (Atanasiu 2001: 267-269). Obwohl prinzipiell mit den oben diskutierten Zielen der europäischen Beihilfe-

---

[278] „State aid: Commission endorses €111 million aid to Hyundai Motor Manufacturing Czech for a new car manufacturing plant in the Czech Republic", Presseerklärung der Kommission IP/07/659 vom 11. Mai 2007.
[279] Siehe: „Staatliche Beihilfen: Kommission vereinfacht durch neue Gruppenfreistellungsverordnung Genehmigungsverfahren für Regionalbeihilfen", Presseeklärung der Kommission IP/06/1453 vom 24. Oktober 2006.

kontrolle vereinbar, wurden diese Steuervergünstigungen aber lange Zeit nicht entlang der Kommissionsleitlinien für Regionalbeihilfen gestaltet.[280] Aus diesem Grund und aufgrund der schwer zu berechnenden Beihilfesummen im Fall von Steuervergünstigungen sind die Zahlen über Regionalbeihilfen in den MOEL für die Zeit vor dem Beitritt nur bedingt aussagekräftig und lassen ihren Anteil eher unbedeutend erscheinen.

Für die Jahre 2000 bis 2003 betrug der durchschnittliche Anteil von Regionalbeihilfen am gesamten Beihilfevolumen der MOEL knappe 10%. Der vergleichsweise hohe Wert im Jahr 2000 geht auf eine außergewöhnlich hohe Summe von Regionalbeihilfen in Polen zurück; in den folgenden Jahren blieb das absolute Volumen der Regionalbeihilfen weitgehend unverändert – der fallende Anteil bis 2003 und der gewachsene Anteil 2004 sind jeweils nur indirekter Ausdruck der hohen sektoralen Beihilfen unmittelbar vor dem Beitritt bzw. ihres Wegfalls nach dem Beitritt. Im Jahr 2005 lag der Anteil regionaler Beihilfen in den neuen Mitgliedstaaten erstmals höher als in den alten Mitgliedstaaten; auch absolut hat die Bedeutung der Regionalbeihilfen in den neuen Mitgliedstaaten gegenüber den Vorjahren deutlich zugenommen (vgl. Abbildung 11).

An den regionalen Beihilfemaßnahmen der neuen Mitgliedstaaten, die seit 2004 bei der Kommission registriert und von ihr genehmigt wurden, fällt insbesondere der hohe Anteil von Beihilfeprogrammen auf im Gegensatz zu relativ wenigen individuellen Zuwendungen.[281] Offenbar machen die neuen Mitgliedstaaten zunehmend von dieser Möglichkeit Gebrauch, nur noch ein einziges Prüfverfahren der Kommission für eine ganze Reihe von Maßnahmen durchlaufen zu müssen. Durch die Ende 2006 verabschiedete Gruppenfreistellungsverordnung für bestimmte Regionalbeihilfen entfällt die *ex ante*-Genehmigungspflicht für transparente Beihilfen sogar gänzlich. Von der Kommission sind die regionalen Beihilfemaßnahmen in den neuen Mitgliedstaaten bislang mit einer Ausnahme ohne Einwände genehmigt worden. Lediglich hinsichtlich der Investitionsbeihilfe für eine slowakische Werft wurde ein Hauptprüfverfahren eingeleitet, da für den Schiffbau-Sektor strengere Zusatzregeln gelten. Letztlich wurde aber auch diese Beihilfe ohne Auflagen genehmigt.[282]

---

[280] So zeigt die Reform der polnischen Sonderwirtschaftszonen, dass die Kommission diesem beihilfepolitischen Instrument staatlicher Regionalpolitik nicht grundsätzlich ablehnend gegenüberstand, sondern nur einzelnen, mit dem europäischen Beihilferecht unvereinbaren Elementen (siehe oben Kapitel 3.2.2, vgl. auch Ambroziak 2004).

[281] Im Beihilferegister der Kommission sind bis Ende 2006 insgesamt 80 Entscheidungen über regionale Beihilfen in den neuen Mitgliedstaaten erfasst. In 56 Fällen handelte es sich um regionale Beihilfeschemen, nur 24 Maßnahmen betrafen individuelle Beihilfen.

[282] Da im Schiffbausektor bereits Überkapazitäten bestehen, dürfen Investitionsbeihilfen nur zur Modernisierung bestehender, nicht zur Errichtung neuer Anlagen gewährt werden. Zu dem Einzel-

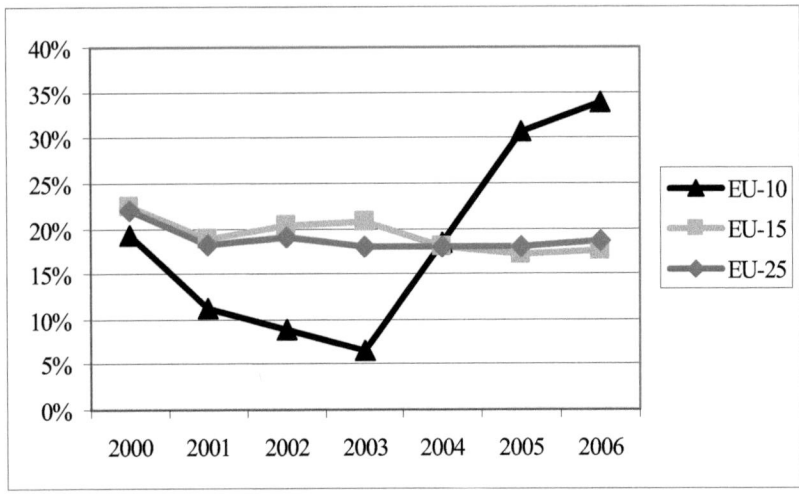

Abbildung 11: Anteil der Regionalbeihilfen (2000-2006)[283]

Alles in allem bestätigen die Zahlen übereinstimmende Aussagen aus Hintergrundinterviews, wonach die europäische Beihilfekontrolle keine wesentliche Beschränkung für die Regionalpolitik der neuen Mitgliedstaaten darstellt, sondern vor allem zu einer stärkeren Formalisierung der Vergabepraxis geführt hat (Interviews 13, 14, 25). Dieser Befund steht auch im Einklang mit früheren Untersuchungen zu den alten Mitgliedstaaten. So kommt Wishlade (2003: 216-222) im Hinblick auf die alten Mitgliedstaaten zu dem Ergebnis, der europäische Einfluss auf die Form der Beihilfen sei am größten gewesen, insbesondere durch das Beharren der Kommission auf quantifizierbaren und vergleichbaren Beihilfemaßnahmen – ein Einfluss auf die Höhe einzelner Regionalbeihilfen bzw. auf das gesamte Beihilfevolumen sei aber kaum nachzuweisen.

Der letzte Befund lässt sich mittlerweile differenzieren. In den alten Mitgliedstaaten ist der Anteil regionaler Beihilfen in den letzten Jahren deutlich gesunken; absolut wurden die Ausgaben für Regionalbeihilfen über die letzten zehn Jahre mehr als halbiert (vgl. Fothergill 2006: 8). Insbesondere die Möglichkeiten zur Förderung von Großinvestitionen wurden in dieser Zeit stark eingeschränkt (Soltész 2005a). In der kurzen Zeit seit 2000, für die einigerma-

---

fall, siehe: „Staatliche Beihilfen: Kommission genehmigt Beihilfe für Modernisierung der slowakischen Werft Komárno", Presseerklärung der Kommission IP/07/390 vom 22. März 2007.
[283] Eigene Darstellung, basierend auf den statistischen Tabellen zum Beihilfeanzeiger, Frühjahrsausgabe 2008.

ßen verlässliche Daten zu den neuen Mitgliedstaaten existieren, hat sich das Volumen dort kaum verändert – im Jahr 2005 ist sogar eine Zunahme zu verzeichnen. Die Vergabe von Regionalbeihilfen wird in den MOEL eher durch die jeweilige Haushaltslage beschränkt als durch das europäische Beihilferecht (Interviews 7, 24). Die Kommission scheint durch ihre relativ großzügige Genehmigungspraxis sogar dazu beizutragen, dass in den neuen Mitgliedstaaten verstärkt Regionalbeihilfen vergeben bzw. als solche deklariert werden (Interviews 32, 33).

3.3.4 Zwischenergebnisse

3.3.4.1   Weniger R&R-Beihilfen, mehr Regionalbeihilfen

Die nationalen Auswirkungen der Beihilfekontrolle, so die zu Beginn dieses Kapitels formulierte Erwartung, variieren nach Politikfeldern – je kohärenter die Position der Kommission, desto größer ihr Einfluss. Die Kommission wurde in der Vergangenheit immer wieder kritisiert, ihre Kontrolle von Regionalbeihilfen sei inkonsistent und schaffe Schlupflöcher für die Mitgliedstaaten. Die Vergabe von R&R-Beihilfen in den neuen Mitgliedstaaten müsste demnach unter einem stärkeren europäischen Einfluss stehen.

Tatsächlich wird die Kontrolle der Kommission im Bereich von R&R-Beihilfen als größte Beschränkung der Beihilfepolitik in den neuen Mitgliedstaaten wahrgenommen. Der Großteil der bisher eingeleiteten Hauptprüfverfahren in Fällen aus den MOEL bezieht sich auf R&R-Beihilfen. Besonders schmerzhaft wird die europäische Beihilfekontrolle in diesem Bereich aber auch deshalb wahrgenommen, weil R&R-Beihilfen in der Regel der letzte Ausweg sind, um den Bankrott eines Unternehmens in Schwierigkeiten zu verhindern. Die Kommission entscheidet in diesem Bereich oft über mehr als nur über die Zulässigkeit einer konkreten Beihilfe, sondern indirekt über den Fortbestand des betroffenen Unternehmens. Auch wird die lange Dauer der Kommissionsprüfung hier als besonders teuer empfunden, da Unternehmen bis zur Genehmigung durch die Kommission die dringend benötigten staatlichen Beihilfen nicht erhalten können und sie, solange keine Gewissheit hinsichtlich der Kommissionsentscheidung herrscht, auch für private Investoren weniger attraktiv sind.

Die europäische Beihilfekontrolle hat aber auch im Bereich der Regionalbeihilfen – offenbar in zunehmendem Maß – deutliche nationale Auswirkungen. In den alten Mitgliedstaaten ist das Volumen der Regionalbeihilfen rückläufig, insbesondere für große Investitionen, und durch die neuen Leitlinien dürfte sich diese Tendenz noch verschärfen. Da man den neuen Mitgliedstaaten in anderen

Aspekten, etwa im Hinblick auf die Lohnkosten sowieso unterlegen ist, wird diese Beschränkung regionaler Fördermaßnahmen umso stärker wahrgenommen. In den neuen Mitgliedstaaten hat die Beihilfekontrolle in erster Linie zu einer Formalisierung der Regionalbeihilfen geführt; sie werden überwiegend im Rahmen von allgemeinen Beihilfeschemen vergeben. Im Umfang wurden die Regionalbeihilfen in den neuen Mitgliedstaaten allerdings nicht beschränkt – möglicherweise hat die Beihilfekontrolle sogar einen positiven Lenkungseffekt hin zu mehr Regionalbeihilfen erzeugt.

Offenbar ist es für die Kommission durch die gewachsene Heterogenität der EU leichter geworden, ihre Ziele von weniger und gezielteren Regionalbeihilfen miteinander zu vereinbaren. „Weniger Regionalbeihilfen" bezieht sich inzwischen vor allem auf die alten Mitgliedstaaten, „gezieltere Regionalbeihilfen" ist fast gleichbedeutend mit Regionalbeihilfen in den neuen Mitgliedstaaten geworden. Ausschlaggebend ist aus Sicht der Kommission, inwiefern Regionalbeihilfen einen Beitrag zur gemeinschaftlichen Kohäsion, d. h. zwischen alten und neuen Mitgliedstaaten, leisten. Die reicheren alten Mitgliedstaaten verlieren dadurch zunehmend ihre Möglichkeiten, nach nationalem Maßstab unterentwickelte Regionen zu fördern. Auch innerhalb der neuen Mitgliedstaaten wird die europäische Beihilfekontrolle allenfalls geringe Kohäsionseffekte haben, da sie mit wenigen Ausnahmen als a-Regionen gelten und somit für fast alle Regionen die gleichen Vorteile gelten.

Maßgeblich verantwortlich für die unterschiedliche Wirkung der europäischen Beihilfekontrolle in den beiden untersuchten Politikfeldern ist der Grad an Rechts(un)sicherheit, der durch die Prüfung der Kommission entsteht. Die Prüfung von R&R-Beihilfen verursacht oft hohe Unsicherheitskosten und macht R&R-Beihilfen somit für potenzielle Beihilfeempfänger weniger attraktiv. Regionalbeihilfen können dagegen nach relativ klaren Kriterien und nach einem vereinfachten Prüfverfahren bzw. sogar ganz ohne *ex ante*-Prüfung der Kommission vergeben werden. Relativ zu anderen Beihilfearten besteht somit sogar ein positiver Anreiz für die neuen Mitgliedstaaten, Beihilfen verstärkt regional zu vergeben. Im anschließenden Kapitel 3.4 wird ausführlicher auf die jeweiligen Mechanismen eingegangen, über die die Kommission auf die Beihilfepolitik der Mitgliedstaaten einwirkt.

3.3.4.2   Alte Regeln in neuem Umfeld

Schließlich zeigt der Vergleich der beiden Politikbereiche, dass die neuen Mitgliedstaaten nicht zwangsläufig größere Schwierigkeiten mit europäischen Regeln haben müssen als die alten Mitgliedstaaten, auch wenn sie an deren Ent-

wicklung nicht beteiligt waren. Bisherige Ergebnisse der Implementierungs- und
Compliance-Forschung finden keine Belege für überdurchschnittliche Regelverletzungen in den neuen Mitgliedstaaten (Sedelmeier 2006b; Sedelmeier 2007).
Auch die Anwendung des europäischen Vertragsrechts in der erweiterten EU
hat bislang weniger zu direkten Konflikten zwischen neuen Mitgliedstaaten und
der Kommission oder dem EuGH geführt als vielmehr indirekt die alten Mitgliedstaaten betroffen, in ihrem Verhältnis zu den neuen Mitgliedstaaten und zur
europäischen Ebene (vgl. etwa Woolfson/Sommers 2006; van den Nouland
2007). Die Beispiele aus dem Bereich der Beihilfekontrolle verdeutlichen beide
möglichen Extreme.

Im Bereich der Rettungs- und Restrukturierungsbeihilfen wird die Anwendung des europäischen Beihilferechts als sehr strikt in den neuen Mitgliedstaaten empfunden und teilweise auch als unangemessen in Frage gestellt (Ambroziak 2005; Ellison 2005a). So wird darauf hingewiesen, dass die alten Mitgliedstaaten selbst lange Zeit von dieser Art von Beihilfen Gebrauch machten, um
eigene Krisensektoren zu restrukturieren, bevor die europäischen Regeln verschärft wurden und dass etwa im Agrarbereich eine gänzlich andere Linie verfolgt wird (Ellison 2005a: 24). Mit der Ausnahme von Polen wird Kritik aber
kaum öffentlich von Vertretern der neuen Mitgliedstaaten geäußert und potenzielle Konflikte wurden bislang meist frühzeitig, wie die tschechischen Beispiele zeigten, beigelegt. Die Kommission lehnt eine flexible Behandlung von
R&R-Beihilfen jenseits der vereinbarten Übergangsregeln ab und verweist auf
ihre Verpflichtung zur einheitlichen Auslegung des europäischen Rechts (Interviews 30-33, 35). Darüber steht sie auch unter dem Druck der alten Mitgliedstaaten, R&R-Beihilfen in den neuen Mitgliedstaaten möglichst streng zu kontrollieren (Interviews 17, 34, 38).

Die Überarbeitung der Kommissionsleitlinien für Regionalbeihilfen wurde
zwar aufgrund der Erweiterung notwendig, führte aber vor allem zu Auseinandersetzungen zwischen der Kommission und den alten Mitgliedstaaten. Eine
Neubestimmung der förderfähigen Regionen anhand der alten Kriterien hätte
dazu geführt, dass in den reicheren alten Mitgliedstaaten kaum noch Regionalbeihilfen zulässig gewesen wären. Obwohl sie an der Erarbeitung der alten Leitlinien für Regionalbeihilfen nicht beteiligt gewesen waren, kam den neuen Mitgliedstaaten die darin bereits angelegte Tendenz entgegen, die Bedürftigkeit von
Regionen zunehmend nach europäischen Maßstäben wirtschaftlicher Entwicklung zu bestimmen. Der erste Kommissionsentwurf neuer Leitlinien sah vor,
diese Tendenz noch zu verstärken – die Änderungen, die im Lauf der Anhörun-
gen von der Kommission vorgenommen wurden, waren vor allem Zugeständnisse an die alten Mitgliedstaaten.

3.4 Zwischenstand: Mechanismen selektiver Verstärkung

Die drei Vergleiche – nach dem Zeitraum, nach Ländern sowie nach Politikfeldern – haben gezeigt, dass sich die europäische Beihilfekontrolle deutlich auf die Beihilfepolitik der neuen Mitgliedstaaten auswirkt. Im Durchschnitt und in der großen Mehrheit der MOEL ist das Beihilfeniveau in den vergangenen Jahren gesunken (negativer Europäisierungseffekt) und die verbliebenen Beihilfen wurden in stärkerem Maße für horizontale Beihilfeziele ausgegeben (positiver Europäisierungseffekt). Dieser Anpassungsprozess wurde zwar mit den Beitrittsvorbereitungen eingeleitet, er führte aber erst nach der Erweiterung und der Unterordnung der staatlichen Beihilfepolitik unter die Kontrolle der Kommission zu wesentlichen Veränderungen. Auch wenn Unterschiede zwischen den Beihilfepolitiken der neuen Mitgliedstaaten fortbestehen, so sind diese doch kleiner geworden – in den meisten MOEL konvergiert die Beihilfepolitik in Richtung der Vorstellungen der Kommission. Auch Polen, das als größter neuer Mitgliedstaat erheblichen Widerstand gegen die europäische Beihilfekontrolle geleistet hat, musste letztlich seine Beihilfepolitik anpassen. Als besonders streng wird die Beihilfekontrolle im Bereich der R&R-Beihilfen wahrgenommen, während Regionalbeihilfen in den MOEL seit ihrem Beitritt sogar gestiegen sind.

Wie aber gelingt es der Kommission, mittels Beihilfekontrolle sowohl negativ als auch positiv steuernd auf die Beihilfepolitik der Mitgliedstaaten einzuwirken? Die Ziele von „weniger und besser ausgerichteten Beihilfen" dürfen nicht mit verbindlichen europäischen Vorgaben für die nationale Beihilfepolitik gleichgesetzt werden. Die Kommission kann weder eine allgemeine Obergrenze staatlicher Beihilfen festlegen noch die Vergabe bestimmter Beihilfen anordnen. Auch die abschließenden Entscheidungen der Kommission reichen als Erklärung nicht aus, da bislang kaum Beihilfen in den neuen Mitgliedstaaten verboten wurden und horizontale Beihilfen dort nicht nur relativ, sondern absolut zugenommen haben (Kapitel 3.4.1).

Stattdessen ist die Erklärung für die nationalen Auswirkungen der europäischen Beihilfekontrolle in den Anreizen – positiv wie negativ – zu suchen, die sie für potenzielle Beihilfegeber, -empfänger oder deren Konkurrenten bietet (Kapitel 3.4.2 und 3.4.3). Zwar sind die Kapazitäten der Kommission letztlich beschränkt, Beihilfeverbote durchzusetzen – doch kann sie zumindest mit aufwändigen Prüfverfahren drohen und damit Rechtsunsicherheit für potenzielle Beihilfeempfänger erzeugen. Diese Rechtsunsicherheit kann sowohl von den Mitgliedstaaten als auch von der Kommission ausgenutzt werden, um Beihilfeansprüche von Unternehmen abzuwehren. Umgekehrt bieten klare Regeln und vereinfachte Prüfverfahren für die Mitgliedstaaten einen Anreiz, ihre Beihilfepolitik stärker an den Zielen der Kommission auszurichten und liefern auch Unternehmen, die ein Interesse an diesen Beihilfen haben, die entsprechenden Argumente.

3.4.1 Weder Verbot noch verbindliche Anordnung

Das Ziel, die staatliche Beihilfepolitik auf „weniger und besser ausgerichtete staatliche Beihilfen" zu konzentrieren, wird kaum von den Mitgliedstaaten oder von Dritten in Frage gestellt. In ihrer eigenen Auswertung der Kommentare zum SAAP zählt die Kommission diese generelle Ausrichtung zu den am stärksten befürworteten Aussagen (European Commission 2006c: 7). Gleichwohl wird von verschiedenen Seiten darauf hingewiesen, dass es sich hierbei um unverbindliche Zielvorgaben handelt. So kommentiert etwa der ZdH:

> „Bei diesen Aussagen handelt es sich jedoch ausschließlich um generelle Appelle an die Mitgliedstaaten. Die Kommission hat einzig über die allgemeinen Grundsätze und im Einzelfall darüber zu befinden, ob eine bestimmte Beihilfe mit dem Gemeinsamen Binnenmarkt vereinbar ist [...] Sie besitzt demgegenüber keine Kompetenz bezüglich des Volumens und der konkreten Struktur der von den Mitgliedstaaten dabei einzeln und insgesamt gewährten Beihilfen."

Die Reform der Beihilfepolitik, wie sie die Kommission im SAAP formuliert hat, darf daher nicht als direkte Anordnung verstanden werden, die von den Mitgliedstaaten so umgesetzt werden muss. Zunächst kann die Kommission die Mitgliedstaaten nicht dazu verpflichten, ihre Beihilfeausgaben insgesamt zu reduzieren. Auf eine Verringerung des Beihilfeniveaus kann die Kommission nur indirekt hinwirken, indem sie individuelle Beihilfemaßnahmen untersagt. Der Vorschlag, allgemeine Obergrenzen für die pro Mitgliedstaat zulässigen Beihilfen festzulegen, wurde wiederholt gemacht (Gual 2000). Das Vertragsrecht bietet für ein solches Vorgehen aber keine Grundlage und selbst innerhalb der Kommission gilt dieser Vorschlag als undurchsetzbar (Interview 38). Ebenso wenig kann die Kommission die Mitgliedstaaten zu einer „besseren Ausrichtung" ihrer Beihilfen verpflichten, sondern nur indirekt – über die Harmonisierung der zulässigen Ausnahmen vom Beihilfeverbot – einwirken.

Hohe Beihilfeniveaus oder niedrige Anteile horizontaler Beihilfen können daher auch nicht automatisch mit mangelnder Regeleinhaltung gleichgesetzt werden (Interview 29, 38). D. Wolf (2005) etwa verwendet das Beihilfeniveau als solchen Maßstab von Compliance. Wie der Vergleich der Mitgliedstaaten untereinander gezeigt hat, ist ein relativ hohes Beihilfeniveau aber nicht grundsätzlich inkompatibel mit dem europäischen Beihilferecht. Beispielsweise Schweden oder Slowenien vergeben durchaus beträchtliche Beihilfesummen, die – da sie vorwiegend horizontal ausgerichtet sind – von der Kommission wohlwollend geprüft werden. Ein korrekter Indikator regelwidrigen Verhaltens wäre dagegen der Betrag illegal gewährter und trotz negativer Entscheidung der Kommission nicht zurückgeforderter Beihilfen. Eine solche Statistik hätte für die neuen Mitgliedstaaten noch wenig Aussagekraft: bis Ende 2006 wurden nur zwei negative Entscheidungen mit Rückforderung getroffen[284]; bis illegale Beihilfen tatsächlich zurückgezahlt werden, vergeht zudem meistens einige Zeit. Die allgemeinen Zielvorgaben des SAAP bieten uns somit nützliche Indikatoren für die nationalen Auswirkungen europäischer Beihilfekontrolle, erklären können sie diese jedoch nicht.

Darüber hinaus reichen auch die abschließenden Entscheidungen der Kommission in den konkreten Einzelfällen nicht aus, um die beobachteten Trends zu erklären. Eine Verringerung der Beihilfeniveaus könnte dadurch erreicht werden, dass die Kommission viele Beihilfen verbietet. Die beiden negativen Entscheidungen, die in den ersten drei Jahren der Mitgliedschaft der MOEL getroffen wurden, betrafen aber gerade einmal Beihilfen im Wert von ca. €15 Mio.[285] Der insgesamt niedrige Anteil negativer Beihilfeentscheidungen der Kommission hat seit jeher zwei gegensätzliche Interpretationen zugelassen: Entweder ist er ein Zeichen von Schwäche der Beihilfekontrolle, d.h. letztlich werden doch fast alle geplanten Maßnahmen von der Kommission genehmigt – oder die Beihilfekontrolle wirkt derart abschreckend auf die Mitgliedstaaten, dass wenig aussichtsreiche Maßnahmen bereits frühzeitig angepasst oder fallen gelassen werden (vgl. schon Smith 1996; Dylla 1997: 12f.). Der beobachtete Beihilferückgang in den neuen Mitgliedstaaten spricht klar für die zweite Interpretation.

Selbst wenn viele negative Entscheidungen der Kommission zu einer Verringerung der Beihilfeniveaus geführt hätten, könnte damit ein weiterer Befund aber immer noch nicht erklärt werden. In den meisten neuen Mitgliedstaaten ist der Anteil horizontaler Beihilfen nicht nur relativ gestiegen – durch das Verbot bzw. den Verzicht auf sektorale Beihilfen –, sondern auch absolut. Offenbar gelingt es der Kommission über die Beihilfekontrolle nicht nur negative Anreize zu setzen, auf staatliche Beihilfen zu verzichten, sondern darüber hinaus auch positive Anreize für die Vergabe erwünschter Beihilfen zu erzeugen.

Zusammenfassend lässt sich feststellen: Die Kommission kann die Mitgliedstaaten über die europäische Beihilfekontrolle letztlich nicht zur Vergabe

---

[284] Eine negative Entscheidung betraf den slowakischen Fall Frucona Kosice (ABl.EG 2007 Nr. L 112, S. 14-30); teilweise negativ entschied die Kommission im polnischen Fall Huta Czestochowa (ABl.EG 2006 Nr. L, S. 1-30).
[285] Das Unternehmen Frucona Kosice muss €11 Mio. an illegalen Beihilfen zurückzahlen, Huta Czestochowa €4 Mio.

bestimmter Beihilfen zwingen und auch ihre Möglichkeit eines Beihilfeverbots nutzt sie nur relativ selten. So scheint die Beihilfekontrolle „nur" die Opportunitätsstruktur nationaler Beihilfepolitik zu beeinflussen. Indem sie gezielt Anreize setzt, auf staatliche Beihilfen zu verzichten bzw. bestimmte Beihilfen zu gewähren, gestaltet die Kommission diese Opportunitätsstruktur aber mit beträchtlichem Erfolg im Sinne ihrer eigenen beihilfepolitischen Vorstellungen. Bereits vorhandene Anreize für oder gegen bestimmte Beihilfen werden selektiv verstärkt. Je stärker die Mitgliedstaaten dabei ihre Beihilfepolitik in vorauseilendem Gehorsam an die Vorstellungen der Kommission anpassen, desto weniger tritt der hierarchische Charakter dieser Steuerung zu Tage.

3.4.2 Negative Verstärkung durch Rechtsunsicherheit

Auf den ersten Blick erscheint das Verbot der nahe liegende Weg, um eine Verringerung wettbewerbsverzerrender Beihilfen zu erreichen. Das Vertragsrecht ermächtigt die Kommission, solche Beihilfen zu verbieten. In der Praxis kann die Kommission Verbote aber oft nur mit großem Aufwand oder gar nicht durchsetzen. Auf der Ebene der Beihilferegeln gibt es nur wenige Beispiele von Beihilfen, die ausnahmslos verboten sind.[286] Selbst für R&R-Beihilfen oder Beihilfen an Großinvestoren bestehen Ausnahmeregeln, obwohl die Kommission den Sinn dieser Maßnahmen bezweifelt. In konkreten Einzelfällen bedeuten Verbote eine große Arbeitsbelastung für die Kommission, da in der Regel entweder von dem betroffenen Mitgliedstaat vor dem EuGH oder dem Unternehmen vor dem EuG dagegen geklagt wird (Gross 2003: 41). Die Kapazitäten der Kommission, negative Entscheidungen zu treffen und auch durchzusetzen, sind daher beschränkt – eine Überdehnung dieser Kapazitäten könnte der Glaubwürdigkeit der Beihilfekontrolle letztlich mehr schaden als nützen.

Stattdessen versucht die Kommission, unerwünschte staatliche Beihilfen, schon lange bevor es zu einer Verbotsentscheidung kommt, möglichst unattraktiv für ihre potenziellen Empfänger zu machen. Die steigenden Kosten im Laufe der Beihilfeprüfung wurden bereits ausführlich in Kapitel 2.2.2 besprochen (vgl. dort Tabelle 10). Zunächst kann die Kommission ihre abschließende Entscheidung durch Nachfragen und durch die Einleitung des Hauptprüfverfahrens hinauszögern. Im Vergleich zur Kommission haben Unternehmen, die dringend auf eine Rettungsbeihilfe angewiesen sind oder vor eine Investitionsentscheidung

---

[286] So sind Betriebsbeihilfen, d. h. Beihilfen, die ausschließlich dazu dienen, die laufenden Kosten eines Unternehmens abzudecken, nur in wirtschaftlich besonders schwach entwickelten Regionen zulässig (Rdnr. 76 f. der Leitlinien für Regionalbeihilfen). R&R-Beihilfen sind im Stahl- und Kohlesektor grundsätzlich ausgeschlossen (Rdnr. 18 der Leitlinien für R&R-Beihilfen).

stehen, meist den kürzeren Zeithorizont und sind daher stärker von solchen Verzögerungen betroffen. Positive Entscheidungen können an Bedingungen geknüpft werden, die die begünstigende Wirkung einer Beihilfe entscheidend schmälern (Mestmäcker/Schweitzer 2004: 1128; Nitsche/Heidhues 2006: 22). Der polnische FSO-Fall hat gezeigt, dass es letztlich sogar günstiger für ein Unternehmen sein kann, auf eine Beihilfe ganz zu verzichten, als die an die Beihilfe geknüpften Konditionen zu erfüllen. Die Rückforderung illegaler Beihilfen schließlich hat das Ziel, ihre begünstigende Wirkung vollständig aufzuheben. Durch die Einbindung von Konkurrenten in die Überwachungsarbeit der Beihilfekontrolle bestehen außerdem geringe Chancen, als begünstigtes Unternehmen unbemerkt zu bleiben.

Die Mehrheit der positiven Beihilfeentscheidungen der Kommission erzeugt nur einen Bruchteil der beschriebenen Kosten. Um einer aufwändigen Prüfung auszuweichen, passen die Mitgliedstaaten ihre Beihilfemaßnahmen in vorauseilendem Gehorsam den Vorstellungen der Kommission an:

> „It is important to note that in reaching a positive (compatible) decision, the Commission does not necessarily approve the aid project as notified or presented by the Member State. After a first consultation, Member States often modify the aid measure in order to have it approved by the Commission".[287]

In kritischen Fällen dagegen, in denen sich eine Beihilfemaßnahme nicht so leicht in Einklang mit den Vorstellungen der Kommission bringen lässt, erzeugt die Beihilfekontrolle Rechtsunsicherheit für mögliche Beihilfeempfänger. Wollen sie eine staatliche Beihilfe trotz Einwänden der Kommission erhalten, müssen sie eine aufwändige Prüfung mit potenziell hohen Kosten und ungewissem Ausgang in Kauf nehmen. Über diese Rechtsunsicherheit kann die Kommission ohnehin vorhandene Anreize gegen die Vergabe unerwünschter Beihilfen verstärken.

Zunächst bietet die europäische Beihilfekontrolle und die damit verbundene Rechtsunsicherheit den neuen Mitgliedstaaten eine zusätzliche Ressource, sich gegen die Ansprüche möglicher Beihilfeempfänger zu wehren. In einem *two-level game* (Putnam 1988) können die Mitgliedstaaten auf ihre Handlungsbeschränkungen auf europäischer Ebene verweisen, um sich auf nationaler Ebene zu größerer Haushaltsdisziplin zu verpflichten (Friederiszick/Röller/Verouden 2006: 24-26). Das Beispiel der *soft budget constraints* hat gezeigt, dass die MOEL in der Vergangenheit Beihilfen oftmals deshalb vergeben haben, weil sich etwa Unternehmen in finanziellen Schwierigkeiten auf ihre Nachgiebigkeit bei der Einforderung von Steuerschulden verlassen konnten (Atanasiu 2001).[288]

---

[287] Beihilfeanzeiger, Herbstausgabe 2006, Punkt 2.3
[288] Siehe auch Fußnote 26.

Nun können die Mitgliedstaaten die Unwägbarkeiten der europäischen Beihilfe-kontrolle als Argument einsetzen, um potenzielle Beihilfeempfänger von ihren Ansprüchen abzubringen (Interviews 7, 8, 13, 19, abweichend Interview 20).

Selbst wenn ein Mitgliedstaat die feste Absicht signalisiert, eine bestimmte Beihilfe gegebenenfalls auch gegen den Widerstand der Kommission zu gewäh-ren, löst sich damit aber die Rechtsunsicherheit für das begünstigte Unterneh-men nicht vollständig auf.[289] Zweifel an der Verlässlichkeit oder der Durchset-zungsfähigkeit des staatlichen Beihilfegebers erhöhen die Unsicherheit und mindern die erhoffte Begünstigung. So hat die Kommission als Reaktion auf die konfrontative Haltung Polens ihre Prüfung der Werftenfälle immer wieder ver-längert und zumindest strenge Auflagen für eine mögliche positive Entschei-dung angekündigt. Als Antwort auf die mangelhaften Beitrittsvorbereitungen Rumäniens hat die Kommission zum Beitritt keine Beihilfen als „bestehende Beihilfen" eingestuft, wodurch sie vor Rückforderungen geschützt gewesen wären. In der Regel vermeidet es die Kommission, Rechtsunsicherheit im Rah-men der Beihilfekontrolle einzugestehen (Interviews 34, 38). Im rumänischen Fall wurde die Rechtsunsicherheit durch die europäische Beihilfekontrolle da-gegen ausdrücklich als Instrument der Abschreckung gegenüber potenziellen Beihilfeempfängern genannt (Van de Casteele 2005: 42):

> „The ‚suspension' of the existing aid mechanism is in fact the logical consequence of an unsatisfactory enforcement record [...] Not being able to have aid considered as ‚exist-ing aid' will act as a considerable disincentive for investors as it creates legal uncer-tainty."

Die Rechtsunsicherheit in Beihilfefällen liefert somit auf unterschiedlichen Wegen negative Anreize für potenzielle Beihilfeempfänger. Auf zwei anfangs erwähnte Kritikpunkte an der Europäisierungsliteratur soll vor dem Hintergrund dieser Ergebnisse nochmals eingegangen werden. Erstens handelt es sich zwei-fellos um Europäisierungseffekte, wenn bestimmte staatliche Beihilfen aufgrund der europäischen Beihilfekontrolle nicht wie ursprünglich geplant bzw. gar nicht mehr vergeben werden. Diese *non-decisions* kämen aus der vorherrschenden Europäisierungsperspektive, die sich an der nationalen Umsetzung von Sekun-därrecht orientiert, aber gar nicht in den Blick. Im konkreten Einzelfall lassen sich nicht vergebene Beihilfen schwer nachweisen, zumal es nur selten zu einem ausdrücklichen Verbot der Kommission kommt. Der starke Rückgang des Bei-

---

[289] Vgl. etwa den Kommentar des polnischen Arbeitgeberverbandes zum SAAP, S. 4. Darin wird ausdrücklich das Kontrollverfahren der Kommission für die Rechtsunsicherheit verantwortlich gemacht: „In our opinion care should be taken in the simplification of procedures that the granted aid is in accordance with the EU regulations; so that small and medium as well as large enterprises can be certain that the granted aid, either in the form of a guarantee or tax relief will not be taken back. We deem uncertainty as greatly unfavourable for investment."

hilfeniveaus in den neuen Mitgliedstaaten liefert aber einen entscheidenden Beleg für diesen negativen Europäisierungseffekt der Beihilfekontrolle. Zweitens macht die Betonung der Rechtsunsicherheit in Beihilfefällen deutlich, weshalb die Europäisierung der Beihilfepolitik in den neuen Mitgliedstaaten nur sehr unzureichend mit den Kategorien Compliance bzw. Non-Compliance beschrieben werden kann. Nur in zwei Einzelfällen aus den neuen Mitgliedstaaten hat die Kommission bislang eine Beihilfe zurückgefordert und nur, wenn die Rückforderung ausbleibt, handelt es sich überhaupt um Fälle von Non-Compliance. Unter dem Begriff Compliance dagegen verbirgt sich die ganze Vielfalt, angefangen mit unproblematischen Beihilfemaßnahmen über früher oder später vorgenommene Anpassungen der Mitgliedstaaten, Androhungen und Zugeständnissen der Kommission mit Blick auf die Durchsetzbarkeit ihrer Entscheidungen bis hin zu wechselseitigen Kompromissen zwischen der Kommission und den Mitgliedstaaten, zwischen Beihilfeempfängern und konkurrierenden Unternehmen.

3.4.3 Positive Verstärkung durch Rechtssicherheit

Weniger ausgeprägt, aber doch erkennbar ist der positive Europäisierungseffekt der Beihilfekontrolle auf die Beihilfepolitik der neuen Mitgliedstaaten. Die neuen Mitgliedstaaten vergeben in zunehmendem Maße – nicht nur relativ, sondern absolut – horizontale Beihilfen, die den beihilfepolitischen Vorstellungen der Kommission entsprechen. Insbesondere im Bereich der Regionalbeihilfen wurde ein solcher Zuwachs festgestellt.

Die Möglichkeiten der Kommission, positive Anreize für die Vergabe erwünschter Beihilfen zu bieten, sind allerdings beschränkter als bei der Vermeidung unerwünschter Beihilfen. Auch wenn selten davon Gebrauch gemacht wird, so besteht dort die Option des Beihilfeverbots und der Rückforderung. Eine vergleichbare „Beihilfepflicht", das hieße eine verbindliche Anordnung von staatlichen Beihilfen durch die Kommission, existiert dagegen nicht. So kann die Kommission bestimmte Beihilfen nur dadurch begünstigen, dass sie Rechtssicherheit durch klare Ausnahmeregeln schafft und für Beihilfegeber und Beihilfeempfänger die Kosten des Prüfverfahrens möglichst niedrig hält bzw. erspart.

Die wichtigsten Instrumente, um dies zu erreichen, sind die Genehmigung von Beihilfeschemen und der Erlass der Gruppenfreistellungsverordnungen. Am tschechischen Investitionsförderungsprogramm wurden beispielhaft die Vorteile von Beihilfeschemen besprochen. Das einmal von der Kommission genehmigte Schema gibt klare Kriterien vor, unter denen Investoren Beihilfen erhalten und

die Investoren bleiben normalerweise lieber im Rahmen dieser Kriterien, um
eine Prüfung der Kommission zu vermeiden. Noch einen Schritt weiter gehen
die zunehmend bedeutenden GFV. Da freigestellte Beihilfen nicht vorab von der
Kommission genehmigt werden müssen, entfallen größtenteils die beschriebenen Verfahrenskosten. Die Verordnungen sind zudem vergleichsweise klar
formuliert und bieten somit größere Rechtssicherheit für die beteiligten Akteure.
Die Kommission schließt zwar nicht prinzipiell aus, dass auch freigestellte Beihilfen bei Verstößen zurückgefordert werden könnten – bislang ist es aber zu
keinem derartigen Fall gekommen (Interview 38). Besonders interessant ist in
diesem Zusammenhang eine Neuerung, die von der Kommission in ihrem Entwurf zu einer allgemeinen Gruppenfreistellungsverordnung (AGFV) vorge-
schlagen wird. Für den Fall, dass ein Mitgliedstaat seinen Auskunftspflichten
über freigestellte Beihilfen nicht nachkommt, „it is now forseen that the Commission may *withdraw the benefit of the general block exemption regulation* for
the Member State concerned".[290] Deutlicher ausgedrückt droht die Kommission
hierbei mit den Kosten ihrer Prüfverfahren – die Freistellung von der Prüfung
wird als Nutzen (*benefit*) der Mitgliedstaaten bezeichnet.
    Fraglich bleibt, ob der Zuwachs horizontaler Beihilfen auf eine substanziel-
le Anpassung der Beihilfepolitik in den neuen Mitgliedstaaten zurückgeht, oder
ob es sich dabei eher um eine rhetorische Umwidmung von Beihilfemaßnahmen
handelt, um die Kosten einer strengeren Kontrolle zu umgehen. In der Vergangenheit wurden Regionalbeihilfen als ein solches Schlupfloch gesehen (Dylla
1997; Dylla 1998). Während der Spielraum der alten Mitgliedstaaten in diesem
Bereich deutlich verringert wurde, verfügen die neuen Mitgliedstaaten über
große regionale Fördermöglichkeiten und so besteht tatsächlich ein Anreiz,
mehrdeutige Beihilfen im Zweifelsfall als regional zu deklarieren (Interviews 7,
8). Verschiedene Vorsichtsmaßnahmen der Kommission sollen aber dafür sorgen, dass diese Anpassungen nicht rein rhetorisch bleiben. So wurde erläutert,
dass Beihilfeschemen den staatlichen Beihilfegebern keinen Entscheidungsspielraum mehr einräumen dürfen: alle Unternehmen, die die Kriterien eines
Beihilfeschemas erfüllen, müssen auch Beihilfen erhalten. Um den Überblick
über freigestellte Beihilfen nicht zu verlieren, hat die Kommission neuerdings
eine Unterscheidung zwischen transparenten und nicht transparenten Beihilfein-
strumenten eingeführt: nur erstere können unter die GFV für de minimis oder
Regionalbeihilfen fallen.[291] In ihrem ersten Entwurf einer AGFV schlägt die

---

[290] Mitteilung der Kommission, MEMO 07/151 über eine allgemeine Gruppenfreistellungsverordnung vom 24.4.2007, S.11, Hervorhebung im Original.
[291] Als Kriterium für die Transparenz eines Beihilfeinstruments gilt, ob der Beihilfebetrag im Voraus
genau bestimmt werden kann. In unterschiedlichem Maße von der Einstufung als intransparente
Beihilfeinstrumente sind Darlehen, Kapitalzuführungen, Risikokapital und Bürgschaften. Siehe

Kommission vor, bestimmte unerwünschte Beihilfen nicht freizustellen – z.B. Einzelbeihilfen für Großunternehmen, Beihilfen im Kohle-, Stahl- oder Schiffbausektor sowie R&R-Beihilfen.[292]

Darüber hinaus stärkt die Kommission aber auch Unternehmen, die an einer stärkeren Ausrichtung staatlicher Beihilfen an horizontalen Zielen interessiert sind. So legt die Kommission mit den GFV einen klaren rechtlichen Rahmen fest, auf den sich potenzielle Beihilfeempfänger gegenüber den Mitgliedstaaten berufen können und liefert in Dokumenten wie dem SAAP auch die Argumente für eine „moderne Beihilfepolitik im Rahmen der Lissabon-Strategie" (European Commission 2005). Mit dem Gemeinschaftsrahmen für Innovationsbeihilfen etwa hat die Kommission neue Freiräume für staatliche Beihilfen geschaffen, auf die sich Unternehmen gegenüber den Mitgliedstaaten berufen können (Interview 6).[293]

In beschränktem Umfang gelingt es der Kommission somit, über die Beihilfekontrolle Einfluss auf die positive Ausrichtung staatlicher Beihilfepolitik zu nehmen, indem sie günstigere Kontrollbedingungen für erwünschte Beihilfen schafft.

Die Rolle der Rechts(un)sicherheit als Anreiz für bzw. gegen bestimmte Beihilfen wirft ein neues Licht auf ein wichtiges Argument aus der Erweiterungsliteratur. Unsicherheit, so Grabbe, schmälere den europäischen Einfluss auf die Beitrittskandidaten (Grabbe 2003: 319). Auch Schimmelfennig und Sedelmeier sehen in der Bestimmtheit (*determinacy*) europäischer Vorgaben eine entscheidende Voraussetzung für ihre Europäisierungswirkung (Schimmelfennig/Sedelmeier 2004: 664).

Für die Beihilfekontrolle ist dieses Argument von besonderer Bedeutung, da – wie gezeigt wurde – Rechts(un)sicherheit hier eine große Rolle spielt. Weder klare Verbote noch Vorgaben bestimmen die Kontrollpraxis der Kommission, sondern die Abwägung zwischen dem sehr allgemein gehaltenen Beihilfeverbot und seinen Ausnahmen. Im Bereich zwischen den Idealtypen relativ klarer negativer bzw. positiver Integrationsnormen ist der Interpretationsspielraum der Kommission somit am größten, die Rechtssicherheit aber am niedrigsten (vgl. Abbildung 12).

---

auch: „Neue De-minimis-Verordnung: Staatliche Beihilfen unter 200 000 EUR sind fortan vom Meldeverfahren freigestellt", Presseerklärung der Kommission IP/06/1765 vom 12.12.2006.
[292] Vgl. Art. 1 des Entwurfs über den Anwendungsbereich der AGFV.
[293] In einem kritischen Kommentar der FAZ vom 22. September 2006 heißt es dazu, die Beihilfekontrolle werde so zum „Beschäftigungsprogramm für Lobbyisten".

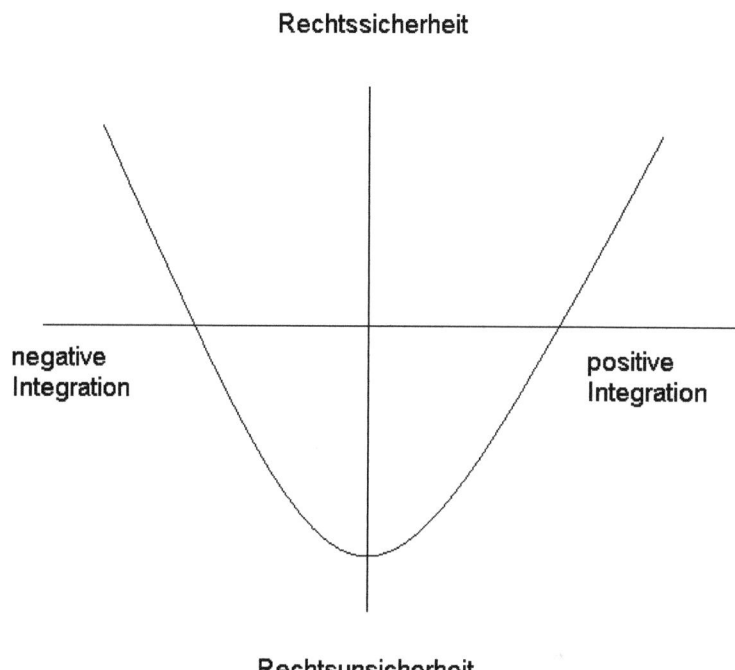

Abbildung 12: Rechtsunsicherheit: negative und positive Integration

Aus den Ergebnissen zur Beihilfekontrolle geht nun hervor, dass sich Rechtsunsicherheit unterschiedlich in den Mitgliedstaaten auswirkt, je nachdem ob es
sich eher um Fragen negativer oder positiver Integration handelt. Das Argument
Grabbes trifft insbesondere für den Bereich positiver Integration zu. Die Beihilfekontrolle weist nur einige Elemente positiver Integration auf, so das Argument
in Kapitel 2.4. Gerade in diesen Bereichen, in denen die Kommission die Ziele
staatlicher Beihilfepolitik positiv beeinflussen möchte, ist Rechtssicherheit tatsächlich von entscheidender Bedeutung. Einfache Verfahren und klare Regeln
sollen Mitgliedstaaten und Unternehmen einen Anreiz bieten, horizontale Beihilfeziele zu verfolgen. Dort jedoch, wo die Kommission bestimmte staatliche
Beihilfemaßnahmen verhindern möchte – in Fragen negativer Integration also –
hat Rechtsunsicherheit eine durchaus erwünschte abschreckende Wirkung auf
die Mitgliedstaaten und Unternehmen. Das bedeutet nicht, dass die Kommission

bewusst unklare Regeln etwa für R&R-Beihilfen geschaffen hat – ein klares und möglichst striktes Verbot dieser Beihilfen fände innerhalb der Kommission vermutlich große Zustimmung (Interviews 29, 34). Während klare Verbote für die Kommission aber schwer bzw. nicht durchsetzbar sind, verfügt sie aufgrund der Rechtsunsicherheit zumindest über ein beträchtliches Drohpotenzial gegenüber Mitgliedstaaten und potenziellen Beihilfeempfängern.

4 Schlussbemerkung

Abschließend werden die wichtigsten Erkenntnisse der Arbeit zusammengefasst und es wird nach ihrer Übertragbarkeit auf Bereiche jenseits der europäischen Beihilfekontrolle gefragt. Zudem werden zwei weiterführende Fragen behandelt: (1) Was sagt uns das Beispiel der europäischen Beihilfekontrolle über das Funktionieren der EU nach der Osterweiterung? (2) Wie ist die europäische Beihilfekontrolle vor dem Hintergrund der Debatte über die demokratische Legitimität europäischen Regierens zu bewerten?

Der erste Hauptteil des Buches befasste sich mit der Entwicklung der europäischen Beihilfekontrolle als einem typischen Beispiel negativer *Integration*. Ihr Kern ist Art. 87 Abs. 1 EGV, der ein Verbot wettbewerbsverzerrender staatlicher Beihilfen vorsieht. Trotz dieses Verbots und einer supranationalen Kontrolle, die im Vertragsrecht angelegt ist, konnte die Kommission nur in kleinen Schritten seit der Mitte der 1980er Jahre eine wirksame europäische *Beihilfekontrolle durchsetzen*. Der Weg dorthin war schwieriger als in anderen Bereichen der europäischen Wettbewerbspolitik, da sich die Kommission in der Beihilfekontrolle nicht in erster Linie mit Unternehmen auseinandersetzen muss, sondern direkt in wirtschaftspolitische Maßnahmen der Mitgliedstaaten eingreift. Unterstützt von der Rechtssprechung des EuGH gelang es der Kommission jedoch, die anfängliche Unbestimmtheit und Schwäche des europäischen Beihilferechts in eine Stärke zu verwandeln. Das Vertragsrecht alleine war als Bewertungsmaßstab für konkrete Beihilfefälle viel zu vage; die Mitgliedstaaten lehnten ergänzendes Sekundärrecht im Rat ab – so wich die Kommission notgedrungen auf unverbindliche Mitteilungen und Leitlinien aus. Dieses weiche Recht diente zunächst vor allem der Selbstverpflichtung der Kommission auf einheitliche und transparentere Prüfkriterien, faktisch wurde es aber immer verbindlicher für die Mitgliedstaaten. Eine entscheidende Rolle spielte hierbei der EuGH, der einerseits die Kommission in ihren Kontroll- und Sanktionsmöglichkeiten stärkte und es andererseits für die Mitgliedstaaten schwerer machte, die Kommissionskontrolle zu umgehen. Als wichtigste Sanktionsmöglichkeit sprach der EuGH der Kommission das Recht zu, die Rückforderung illegaler Beihilfen anzuordnen. Mit der steigenden Zahl an Konkurrentenbeschwerden schwanden die Aussichten für die Mitgliedstaaten, wettbewerbsverzerrende Beihilfen unbemerkt zu vergeben. Die Kommission, zumeist bestätigt vom EuGH, interpretierte den Beihilfebegriff im Vertragsrecht sehr weit, so dass die Mitgliedstaaten sich auch durch ausgefallene Beihilfekonstruktionen immer schwerer entziehen konnten. Auf die wachsende Arbeits- und Kontrollbelastung reagierten Kommission und Mitgliedstaaten, indem sie sich auf Gruppenfreistellungsverordnungen einigten. Diese erlauben den Mitgliedstaaten eine dezentrale Kontrolle vergleichsweise unstrittiger Fälle und schaffen Freiräume für die Kommission, um sich auf besonders problematische Beihilfen zu fokussieren.

Je weniger sich die Mitgliedstaaten aber der europäischen Beihilfekontrolle entziehen oder sie einfach ignorieren können, desto wichtiger wird für sie die Frage nach den verbleibenden Ausnahmen vom Beihilfeverbot. Das Vertragsrecht gesteht der Kommission in dieser Hinsicht einen großen Interpretationsspielraum zu und der EuGH verzichtet weitgehend auf eine Überprüfung der wirtschaftlichen und sozialen Bewertungen, die die Kommission vornimmt. Hat die Kommission zwischen dem Beihilfeverbot und seinen Ausnahmen abzuwägen, so trifft sie zumindest implizit immer auch eine Aussage darüber, was zulässige Ziele staatlicher Beihilfepolitik sind. Über die Verregelung der zulässigen Ausnahmen vom Beihilfeverbot durch weiches und hartes Recht hat die Kommission schrittweise ihre eigene Vorstellung guter Beihilfepolitik präzisiert und in diesem Sinne versucht sie, die nationale *Beihilfepolitik zu durchdringen*. Damit staatliche Beihilfen vom Verbot ausgenommen werden können, müssen die Mitgliedstaaten diese im Hinblick auf das „gemeinsame Interesse" der EU rechtfertigen und sie tragen dabei den Großteil der Beweislast. Worin das gemeinsame Interesse besteht, definiert in erster Linie die Kommission. Dabei hat sie sich im Laufe der Zeit von den Kategorien des Vertragsrechts gelöst und Ausnahmeregeln für horizontale, regionale und sektorale Beihilfen geschaffen. Insbesondere horizontale Beihilfen, beispielsweise für Umweltschutzmaßnahmen oder zur Innovationsförderung, gelten als besonders gemeinschaftsverträglich, während regionale Beihilfen nur in wirtschaftlich schwachen Gebieten zulässig sind und sektorale Beihilfen größtenteils als schädlich abgelehnt werden. Das entstandene europäische Beihilferecht orientiert sich somit nicht nur am Ziel des Wettbewerbsschutzes, sondern es berücksichtigt auch den möglichen positiven Beitrag von Beihilfen im Hinblick auf andere Gemeinschaftsziele. Auch wenn die Beihilfekontrolle in ihrem Kern auf einer Verbotsnorm basiert, so das Zwischenresümee nach dem ersten Hauptteil zum Integrationsverlauf, nimmt sie heute eine Zwischenstellung zwischen den Idealtypen negativer und positiver Integration ein.

Diese Analyse lässt sich grundsätzlich auch mit anderen Politikfeldern vergleichen, die von negativen Integrationsnormen betroffen sind, in denen aber keine bzw. nur begrenzt eine Harmonisierung auf europäischer Ebene stattgefunden hat. Die Abwesenheit einer europäischen Sozialpolitik galt lange Zeit als Musterbeispiel für die Grenzen europäischer Integration (vgl. Leibfried/Pierson 1995: 3). Neben Bemühungen um positive Integration im eigentlichen Sinne bzw. neuen Formen wie der Offenen Methode der Koordinierung ist es aber vor allem die Dynamik negativer Integration, die den Bereich der Sozialpolitik berührt: „,*Negative*‘ reform occurs through the ECJ's imposition of market compatibility requirements [...] that restrict, but also redefine the social policies of member states" (Leibfried 2005: 245, Hervorhebung im Original, Anm. d. Verf.). Ähnliche Argumente existieren etwa zur Steuerpolitik. Auch wenn die Mitgliedstaaten weiterhin souverän sind, Steuern zu erheben und nur im Bereich indirekter Steuern eine wirkliche Harmonisierung stattgefunden hat: „The member states continue to levy taxes, but EU institutions increasingly ‚make‘ them" (Genschel/Jachtenfuchs 2007: 16, 22). Trotz dieser Parallelen bedarf es jedoch in allen Fällen einer genauen Analyse des jeweiligen institutionellen Rahmens und der beteiligten Akteure. Ein wesentlicher Unterschied der Beihilfekontrolle im Vergleich zu den anderen genannten Beispielen besteht etwa in der herausragenden Rolle der Kommission. Die Kommission wird in ihren Beihilfeentscheidungen nur sehr begrenzt durch den EuGH kontrolliert und hat – anders als dieser – über die Entwicklung des weichen und harten Rechts größere Möglichkeiten, allgemeine Beihilferegeln aufzustellen und damit in Richtung positiver Integration zu wirken.

Die europäische Beihilfekontrolle, so der zweite Hauptteil dieses Buches, hat eine deutliche *Europäisierung* der Beihilfepolitik in den neuen Mitgliedstaaten bewirkt. Entsprechend der negativen Zielrichtung des Beihilfeverbots ist zuallererst eine deutliche Verringerung staatlicher Beihilfen in den neuen Mitgliedstaaten zu verzeichnen. Darüber hinaus macht sich der europäische Einfluss aber auch an einer Umlenkung der verbleibenden Beihilfen auf horizontale, von der Kommission befürwortete Ziele bemerkbar. Erklären lassen sich die beobachteten Effekte durch die *negativen und positiven Anreize*, die die Kommissionskontrolle in den Mitgliedstaaten erzeugt, auf bestimmte Beihilfen zu verzichten bzw. erwünschte Ziele stärker zu unterstützen. Nur in relativ wenigen Fällen werden unerwünschte Beihilfen von der Kommission tatsächlich verboten und zurückgefordert – zumeist genügt die abschreckende Aussicht auf ein langes Prüfverfahren und eine mögliche negative Entscheidung, um Beihilfegeber und Beihilfeempfänger zu vorauseilendem Gehorsam zu bewegen. Umgekehrt kann die Kommission den Mitgliedstaaten zwar keine direkten Vorgaben machen, bestimmte Beihilfen zu vergeben, aber Rechtssicherheit sowie vereinfachte Kontrollverfahren bieten Beihilfegebern einen Anreiz, den Vorstellungen der Kommission entgegenzukommen und wecken Ansprüche bei möglichen Beihilfeempfängern.

In unterschiedlichem Maße haben die drei Vergleiche der Europäisierungseffekte nach dem Zeitraum, nach Ländern sowie nach Politikfeldern die zuvor formulierten Erwartungen bestätigt (vgl. Tabelle 24). Der Vergleich der Beihilfepolitiken nach dem *Zeitraum*, das heißt vor und nach dem Beitritt, lieferte das erwartete Ergebnis. Die MOEL haben ihre Beihilfepolitik im Wesentlichen erst mit dem Beitrittsdatum angepasst. In konkreten Beihilfefällen sind die regulären Sanktionsmöglichkeiten der Kommission somit wirksamer als das allgemeine Instrument der Beitrittskonditionalität. Der institutionelle Rahmen der Beihilfekontrolle hat sich mit dem Beitritt der MOEL stark gewandelt und diente bzw. dient zwei unterschiedlichen Funktionen: Die vorübergehende Einrichtung staatlicher Kontrollbehörden und die entsprechende nationale Beihilfegesetzgebung konnten keine effektive Selbstkontrolle in den Kandidatenstaaten bewirken. Sie zwangen Beihilfegeber und -empfänger aber zu einer Auseinandersetzung mit den europäischen Beihilferegeln. Der dabei erzielte Lerneffekt machte sich nach dem Beitritt bemerkbar: Abgesehen von Fällen aus der unmittelbaren Übergangszeit sind die neuen Mitgliedstaaten bislang nur selten in Konflikt mit der europäischen Beihilfekontrolle geraten und haben ihre Beihilfepolitiken seither rasch an die europäischen Vorgaben angepasst.

Der Vergleich nach *Ländern* entsprach am wenigsten der Erwartung, wonach sich größere Mitgliedstaaten weniger stark durch die Beihilfekontrolle der Kommission beeinflussen lassen. Erwartungsgemäß hat sich Polen in seiner Beihilfepolitik, ähnlich den großen alten Mitgliedstaaten, häufiger konfrontativ gegenüber der Kommission gezeigt als Tschechien. Der Anteil an Hauptprüfverfahren ist in polnischen Fällen deutlich höher als in Tschechien, wo man Beihilfemaßnahmen bereitwilliger anpasst, um so langwierigen Verfahren aus dem Weg zu gehen. Die andauernde Auseinandersetzung zwischen der polnischen Regierung und der Kommission in den Werftenfällen sowie die wechselseitige Kompromissbereitschaft bei der Restrukturierung des tschechischen Bankensektors sind hierfür beispielhaft. Im Ergebnis unterscheiden sich die Beihilfepolitiken der beiden Länder jedoch kaum. Mit Verzögerung ist auch das polnische Beihilfeniveau stark gesunken und der Anteil horizontaler Beihilfen nähert sich zumindest dem EU-Durchschnitt. Dass sich der Europäisierungseffekt in den beiden Ländern somit wider Erwarten kaum unterscheidet, wurde damit erklärt, dass die Beihilfekontrolle nicht nur auf die Mitgliedstaaten, sondern auch auf Unternehmen wirkt. Da die Kommission in Streitfällen hohe Verfahrens- und Unsicherheitskosten für die beteiligten Unternehmen erzeugt, kann sich auch Polen dem Anpassungsdruck letztlich nicht entziehen. Insgesamt sind die beihilfepolitischen Unterschiede zwischen allen MOEL seit 2004 erheblich kleiner geworden. Die Erwartung, wonach der Einfluss der europäischen Beihilfekontrolle nach *Politikfeldern* variiert, hat sich teilweise bestätigt. Die Beihilfepolitik der neuen Mitgliedstaaten wird vor allem im Bereich von R&R-Beihilfen stark durch die europäische Beihilfekontrolle beschränkt. Die Kommission steht R&R-Beihilfen stark ablehnend gegenüber und begründet dies klar mit dem Ziel des Wettbewerbsschutzes. In der Kontrolle von Regionalbeihilfen dagegen wägt sie stärker ab zwischen Wettbewerbsschutz und Kohäsionsförderung und die dabei unvermeidlichen Widersprüche, so die Erwartung, schwächen den Einfluss der Kommission auf die Mitgliedstaaten. Tatsächlich wird die Kontrolle der Regionalbeihilfen in den MOEL kaum als Beschränkung wahrgenommen. Ein europäischer Einfluss ist dennoch unverkennbar – allerdings mit umgekehrtem Vorzeichen: Regionalbeihilfen haben in den neuen Mitgliedstaaten relativ und sogar absolut zugenommen.

Vergleich nach...	Europäisierung...	
	Erwartung	**Befund**
Zeitraum	stärker nach dem Beitritt	bestätigt
Land	stärker in kleinen Mitgliedstaaten	nicht bestätigt
Politikfeld	stärker bei klarer Kommissionslinie	teilweise bestätigt

Tabelle 24: Europäisierung: Erwartungen und Ergebnisse

Diese Ergebnisse bestätigen wesentliche Einsichten der Forschung zur „Europäisierung Ost": Der europäische Einfluss auf die neuen Mitgliedstaaten ist beträchtlich und variiert dabei nach Ländern sowie Politikfeldern (Sedelmeier 2006a). Gleichzeitig wird auch deutlich, wo es noch Ergänzungsbedarf gibt. Europäisierung auf der Grundlage negativer Integrationsnormen ist schwieriger festzustellen als die Umsetzung von europäischem Sekundärrecht und folgt einer komplexeren Logik. Die Auslegung des Vertragsrechts verändert gezielt die Möglichkeitsstruktur nationaler Akteure. Je nachdem ob die Kommission bestimmte Beihilfen ablehnt oder befürwortet, können sich staatliche Vertreter eher gegen private Ansprüche wehren bzw. können Unternehmen öffentliche Unterstützung einfordern. Auch wenn sich die europäische Beihilfekontrolle somit hauptsächlich indirekt auswirkt, ist der nationale Anpassungsdruck doch beträchtlich. Gerade die neuen Mitgliedstaaten bieten sich an als Testfeld, um die Erwartungen der Europäisierungsforschung zu überprüfen und – wie in dem

hier angestellten vorher-nachher-Vergleich – Europäisierungseffekte auszuspü-
ren, die in den alten Mitgliedstaaten nur noch schwer nachzuweisen sind.

In der ersten Hälfte des Buches wurde somit die Integration der europäischen Beihilfekontrolle untersucht, in der zweiten Hälfte ihre Wirkung auf die
Beihilfepolitik in den neuen Mitgliedstaaten. Auf den ersten Blick zielen die
beiden Fragen nach der Integration der Beihilfekontrolle sowie nach der Europäisierung der Beihilfepolitiken in den MOEL in verschiedene Richtungen.
Wesentliche Erklärungsfaktoren sind aber für die Beantwortung beider Fragen
gleich. Zunächst wurde das strategische Handeln der *Kommission* betont. Im
Spannungsfeld oftmals widerwilliger Mitgliedstaaten, eines zumeist unterstüt-
zenden EuGH und Unternehmen, die zunehmend aktiv, aber mit widersprüchlichen Anliegen an der Beihilfekontrolle mitwirken, entwickelt die Kommission
das europäische Beihilferecht fort und nimmt deutlichen Einfluss auf die Politik
der Mitgliedstaaten. Eine wesentliche Ressource der Kommission ist dabei der
unterschiedlich hohe Grad an *Rechts(un)sicherheit*, der sich für die beteiligten
Mitgliedstaaten und Unternehmen aus den europäischen Beihilferegeln sowie
den Prüfverfahren ergibt. Die zunehmende Ausdifferenzierung des europäischen
Beihilferechts durch die Kommission fand ihre Anerkennung, da sie die Rechtsunsicherheit minderte. Die Drohung mit einer langwierigen Prüfung mit unsicherem Ausgang ist ein wesentliches Instrument der Kommission, um unlieb-
same Beihilfen frühzeitig zu verhindern. Schließlich ist die Unterscheidung
zwischen *negativer* und *positiver Integration* von zentraler Bedeutung für das
Verständnis der Beihilfekontrolle und ihrer Auswirkungen. Die Konstruktion
von Beihilfeverbot und Ausnahmen hat dazu geführt, dass sich die Kommission
seit jeher nicht nur mit dem Wettbewerbsschutz, sondern auch mit den positiven
Aspekten nationaler Beihilfepolitik beschäftigt. Mit der zunehmenden Verregelung der zulässigen Ausnahmen bewegt sich die Beihilfekontrolle in Richtung
positiver Integration. Auch die Auswirkungen der Beihilfekontrolle und die
jeweilige Wirkungslogik lassen sich entlang dieser Unterscheidung besser verstehen. Mit negativen Anreizen zielt die Kommission auf eine Verringerung
staatlicher Beihilfen; mit positiven Anreizen bewirkt sie eine Umlenkung der
verbleibenden Beihilfen auf anerkannte Ziele.

Vier Jahre nach dem EU-Beitritt der MOEL lassen sich anhand der Beihilfekontrolle einige vorsichtige Schlüsse ziehen hinsichtlich der *Rückwirkungen*
der Erweiterung auf das Funktionieren der größer und heterogener gewordenen
EU. Die Aufnahme der MOEL, so manche Erwartungen vor dem Beitritt, könne
zu verstärkten Problemen der Regeleinhaltung auf mitgliedstaatlicher Ebene und
zu neuen Konflikten auf europäischer Ebene führen. Den neuen Mitgliedstaaten
mangle es häufig noch an den notwendigen Kapazitäten, um die Verpflichtungen aus dem *acquis* zu erfüllen (Börzel/Guttenbrunner/Seper 2005: 9) und eilig

vor dem Beitritt verabschiedete Reformen könnten sich praktisch als schwer umsetzbar herausstellen (Dimitrova 2002). Hinzu komme, dass der Großteil des europäischen Rechts ohne die Mitwirkung der MOEL geschaffen worden und somit nicht auf ihre spezifischen Bedürfnisse zugeschnitten sei (Ellison 2005b: 9f.; Scharpf 2003: 45; Schmidt 2005). Mangelhafte Regeleinhaltung könne daher zum „Eastern problem" werden (vgl. Sedelmeier 2006b; Schimmelfennig/Sedelmeier 2004: 675f.). Für die mit der Durchsetzung des europäischen Rechts betrauten Institutionen, den EuGH und die Kommission, wachse damit die Herausforderung, eine einheitliche Regelauslegung mit der Rücksicht auf die größere Vielfalt in der EU zu vereinbaren (Schmidt/Blauberger 2005: 15).

Ein systematisches Problem der Regeleinhaltung, dies wurde bereits eingangs angesprochen, lässt sich in den neuen Mitgliedstaaten keineswegs feststellen (Sedelmeier 2006b; Sedelmeier 2007). Die Ergebnisse zur Beihilfepolitik passen in dieses Bild. Die neuen Mitgliedstaaten – darunter mit gewisser Verzögerung auch Polen – haben ihre Beihilfepolitik nach dem Beitritt weitgehend angepasst und nur in zwei kleineren Fällen hat die Kommission bisher illegale Beihilfen zurückgefordert; die administrative Kapazität der MOEL, die durch die nationalen Beihilfebehörden während der Beitrittsvorbereitungen aufgebaut wurde, erfährt ausdrückliches Lob – am ehesten seien noch Verbesserungen auf lokaler Ebene notwendig (Interviews 5, 38, 39).

Viel beobachtete Auseinandersetzungen sind seit 2004 denn auch weniger über die Regeleinhaltung in den neuen Mitgliedstaaten entstanden als über die Reaktionen der alten Mitgliedstaaten auf die Erweiterung. Insbesondere durch das gewachsene Lohngefälle zwischen reicheren und ärmeren Ländern in der EU sind die alten Mitgliedstaaten unter Druck geraten. In einem der ersten dieser Streitfälle, die vor dem EuGH gelandet sind, wehrt sich Schweden gegen die mögliche Unterwanderung des Tariflohns im Baugewerbe durch lettische Arbeitnehmer (siehe Woolfson/Sommers 2006). Das schwedische Arbeitsgericht bestätigte gewerkschaftliche Blockademaßnahmen gegen die Gesellschaft *Laval un Partneri*, die lettische Arbeiter zu lettischen Konditionen und damit unter dem schwedischen Tarifniveau beschäftigt hatte. Lettland hingegen sieht darin eine ungerechtfertigte Beschränkung der Dienstleistungsfreiheit im Binnenmarkt. In Deutschland ist seit 2005 eine intensive Debatte über tarifliche bzw. einen gesetzlichen Mindestlohn entstanden, insbesondere als Reaktion auf die EU-Osterweiterung (van den Nouland 2007: 13; Schmidt/Blauberger/van den Nouland 2008: 285f.). Die wichtigste Auseinandersetzung im Beihilfebereich, die ausdrücklich mit Blick auf die veränderten Bedingungen in der EU-25 geführt wurde, betraf die Neuverhandlung der Leitlinien für Regionalbeihilfen. Wie oben gezeigt wurde, ging es dabei weniger um die Bedingungen für Regionalbeihilfen in den neuen Mitgliedstaaten – dass große Teile der MOEL als

Fördergebiete anzuerkennen seien, war auch in den alten Mitgliedstaaten unumstritten. Vielmehr sahen sich vor allem die alten Mitgliedstaaten unter Druck, da sie ihren Gebieten den Förderstatus erhalten und größere Gefälle in den erlaubten Beihilfeintensitäten verhindern wollten, um keine zusätzlichen Anreize für Produktionsverlagerungen in die MOEL zu schaffen.

Das Beispiel der Leitlinien für Regionalbeihilfen zeigt darüber hinaus, dass die gewachsene Heterogenität in der EU nicht zu einer flexibleren Anwendung und dadurch zu einer Aufweichung europäischer Regeln führen muss. Insgesamt sind die Bedingungen für die reicheren alten Mitgliedstaaten, weiterhin Regionalbeihilfen zu gewähren, deutlich restriktiver geworden. Gleichzeitig achten die alten Mitgliedstaaten darauf, dass die Kommission R&R-Beihilfen in den neuen Mitgliedstaaten streng kontrolliert. Abgesehen von den Übergangsregeln aus den Beitrittsverhandlungen sind keine systematischen Zugeständnisse der Kommission gegenüber den neuen Mitgliedstaaten und somit keine Aufweichung der Beihilferegeln zu beobachten. In Einzelfällen, z.B. bei der Restrukturierung des tschechischen Bankensektors oder des polnischen Unternehmens Huta Czestochowa, hat die Kommission zwar relativ großzügig entschieden – da es sich um sehr spezielle Fälle aus der Übergangszeit des Beitritts handelt, ist aber nicht zu erwarten, dass diese Entscheidungen weiter reichende Bedeutung erlangen. Gewachsene Heterogenität, so eine Erwartung zu Beginn dieser Untersuchung, könnte die Kommission unter Druck setzen, flexibler auf die unterschiedlichen Bedürfnisse der Mitgliedstaaten einzugehen und dadurch die Beihilferegeln aufzuweichen. Die *principal agent*-Literatur kennt einen Mechanismus, der eine andere Tendenz erklären kann. Demnach fördern heterogene Interessen der Prinzipale (der Mitgliedstaaten) die Eigenständigkeit des supranationalen Agenten (der Kommission), da es ihnen nicht mehr gelingt, diesen in seine Schranken zu weisen (Tsebelis/Garrett 2001). Die seit der Erweiterung durchgeführten Reformen zur Straffung der Beihilfekontrolle und zur weiteren Verregelung der zulässigen Ausnahmen deuten eher in diese Richtung.

Angesichts der herausragenden Kompetenzen der Kommission in der Beihilfekontrolle stellt sich die Frage nach ihrer *Legitimation* besonders dringend. Gewöhnlich wird in der Debatte um ein mögliches demokratisches Defizit europäischen Regierens zwischen zwei Legitimationsquellen unterschieden (vgl. Scharpf 1999: 16f.): der Einflussnahme der Betroffenen auf den Entscheidungsprozess (*input*-Legitimation) und der überlegenen Problemlösungsfähigkeit europäischer Politik (*output*-Legitimation). In einer Massendemokratie können Einzelne – wenn überhaupt – nur sehr indirekt, über Wahlen, Einfluss auf politische Entscheidungen nehmen und müssen sich der Mehrheitsentscheidung letztlich auch gegen das eigene Interesse beugen. Über das formale Kriterium der Beteiligung oder Einflussnahme hinaus erfordert input-orientierte Legitimation daher eine „starke kollektive Identität" (Ebd.: 18) der Betroffenen. Die Voraussetzungen output-orientierter Legitimation sind weniger anspruchsvoll: „Nötig ist lediglich ein Bestand gemeinsamer Interessen, der hinreichend groß und dauerhaft erscheint, um institutionelle Arrangements für kollektives Handeln zu rechtfertigen" (Ebd.: 20). Entsprechend ist die Reichweite dieser Legitimation aber begrenzt auf Bereiche, in denen Interessenkonflikte kaum wahrnehmbar sind bzw. sich weitgehend auflösen lassen (Ebd.: 30). In der EU, so die These eines europäischen Demokratiedefizits, sind erstens die Bedingungen inputorientierter Legitimation nur eingeschränkt erfüllt und zweitens reicht die europäische Politik so weit, dass sie alleine durch output-Legitimation nicht mehr abzudecken ist (vgl. Schäfer 2006).

Beide Aspekte werden am Beispiel der europäischen Beihilfekontrolle deutlich. Den grundsätzlichen Zweifeln an der Möglichkeit input-orientierter Legitimation auf europäischer Ebene begegnet etwa Moravcsik (2002) mit dem Argument, europäische Entscheidungen würden auf vielfältige Weise durch die mitgliedstaatlichen Regierungen mitverantwortet und diese seien wiederum hinreichend input-legitimiert. In mehrfacher Hinsicht widerspricht die Beihilfekontrolle dieser Lesart. Die Möglichkeiten der Mitgliedstaaten oder der betroffenen Unternehmen, an den Beihilfeentscheidungen der Kommission mitzuwirken sind gering, da ja gerade dadurch die Unabhängigkeit der europäischen Wettbewerbspolitik gewährleistet werden soll. Dieser Konstruktion haben die Mitgliedstaaten zwar in den europäischen Verträgen zugestimmt – die Kompetenzen der Kommission zu Beihilfekontrolle sind im europäischen Vertragsrecht aber keineswegs klar eingegrenzt und, so wurde in Kapitel 2 gezeigt, die Kontrollpraxis hat sich weit über das ursprünglich vorgesehene Maß hinaus entwickelt. Das weiche Beihilferecht etwa hat keine ausdrückliche Vertragsgrundlage; erst spät wurde die Möglichkeit der Kommission, unverbindliche Empfehlungen nach Art. 88 Abs. 1 EGV auszusprechen, als Begründung herangezogen. Zwar wird das weiche Beihilferecht heute nicht mehr grundsätzlich in Frage gestellt – Vertreter aus den neuen Mitgliedstaaten äußerten aber durchaus Zweifel und berichteten über Schwierigkeiten, betroffene Beihilfegeber oder -empfänger von der Legitimität des weichen Rechts zu überzeugen (Interviews 13, 19, 25). Während die Kommission in ihren Prüfverfahren mitunter sogar tief in Fragen des nationalen Rechts eindringe[294], stütze sie sich dabei selbst auf weiches Recht,

---

[294] In einigen Fällen aus der Übergangszeit hatte die Kommission darüber zu entscheiden, ob bestimmte Beihilfemaßnahmen tatsächlich vor dem Beitritt erfolgt waren und daher nicht ihrer Kontrollkompetenz unterlagen. In diesem Zusammenhang stellte die Kommission die Frage, inwieweit für bestimmte Beihilfemaßnahmen bereits vor dem Beitritt eine – nach dem jeweiligen nationalen Recht – verpflichtende Zusage gegenüber den Beihilfeempfängern bestand und nahm die Beantwortung dieser Frage teilweise selbst vor (vgl. Cierna 2005).

das nicht auf dem gewöhnlichen Weg europäischer Gesetzgebung zustande kommt, sondern von der Kommission veröffentlicht wird. Insbesondere in Polen ergaben sich während der Beitrittsvorbereitungen große Schwierigkeiten, da nach nationalem Recht nicht einfach auf das weiche Kommissionsrecht verwiesen werden konnte, sondern größere Teile davon vorübergehend in nationales Recht übertragen werden mussten.[295] Schließlich hat das polnische Beispiel auch gezeigt, dass es den Mitgliedstaaten kaum noch möglich ist, sich dem Anpassungsdruck durch die europäische Beihilfekontrolle zu entziehen, da ihre abschreckende Wirkung direkt für die potenziell begünstigten Unternehmen spürbar ist.

Diese Unabhängigkeit und zunehmende Durchsetzungskraft der europäischen Beihilfekontrolle wiederum rechtfertigt sich mit höherer output-Legitimation: „Only a commitment to efficiency, that is, to the maximization of aggregate welfare, and to accountability of results, can substantively legitimize the political independence of regulators" (Majone 1996: 295). Sowohl das Beihilfeverbot als auch jene Ausnahmefälle, in denen Beihilfen zur Korrektur von Marktversagen genehmigt werden, sollen dieser Wohlfahrtsmaximierung dienen. Empirisch ist der Beleg für eine solche Wirkung der europäischen Beihilfekontrolle freilich schwer zu erbringen. Selbstkritisch bemängeln die Befürworter einer stärkeren ökonomischen Analyse innerhalb der Kommission: „existing state aid procedures reflect largely the desire to limit political influence, rather than to focus on economic effectiveness" (Friederiszick/Röller/Verouden 2006: 1). Selbst eine verbesserte ökonomische Analyse könne letztlich aber nur eine qualitative Antwort liefern, ob überhaupt ein signifikantes Marktversagen vorliege und ob dieses möglicherweise durch Beihilfen zu korrigieren sei (Ebd.: 19f.). Die ökonomische Analyse hinter der Beihilfekontrolle bleibt umstritten (vgl. Koenig/Füg 2005). Umso schwieriger erscheint es angesichts dessen, z.B. die Arbeitnehmer eines Unternehmens in finanziellen Schwierigkeiten davon zu überzeugen, dass ein Beihilfeverbot zwar ihre Arbeitsplätze gefährde, die Gesamtwohlfahrt aber steigere. Besonders unzureichend erweist sich die output-Legitimation dort, wo eine bestimmte Politik systematisch Gewinner und Verlierer erzeugt: „By the same token, decisions involving significant redistribution of resources from one social group to another cannot be legitimately taken by independent experts, but only by elected officials or by administrators directly responsible to elected officials" (Majone 1996: 295). Die europäischen Beihilferegeln berücksichtigen aber ausdrücklich auch das Ziel der Verteilungsgerech-

---

[295] Eine Interviewpartnerin schilderte die daraus resultierenden Legitimationsprobleme drastisch: 15 Jahre sei man in Sachen Rechtsstaatlichkeit belehrt worden und nun erlebe man ausgerechnet von der Kommission „Methoden wie früher" (Interview 25).

tigkeit (Friederiszick/Röller/Verouden 2006: 15f.); besonders deutlich wurde dies an den Leitlinien für Regionalbeihilfen.

Die Mitwirkungsmöglichkeiten und entsprechend auch die input-Legitimation im Bereich der Beihilfekontrolle wurden somit bewusst klein gehalten; die zunehmende Durchdringung der nationalen Beihilfepolitik ist alleine durch output-Legitimation aber nicht abzudecken. Aus normativer Sicht ist die „stille Erfolgsgeschichte" (Wolf 2005) der europäischen Beihilfekontrolle, ihrer schrittweisen Integration und der Europäisierung nationaler Beihilfepolitik, somit kritisch zu bewerten. Mit der Aufnahme der ärmeren MOEL ist Verteilungsgerechtigkeit innerhalb der EU problematischer geworden; die jüngsten Reformen der Beihilfekontrolle deuten zudem eher auf eine weitere Straffung hin als auf eine flexiblere Kontrollpraxis – die Frage nach ihrer Legitimation stellt sich damit umso drängender.

Annex

Annex I: Hintergrundinterviews

Nr	Datum	Ort	Land, EU	Institution
1	20.06.2005	Bonn	DE	Ministerium
2	12.07.2005	Brüssel	CZ	Ständige Vertretung
3	13.07.2005	Brüssel	EU	Kommission, GD COMP
4	13.07.2005	Brüssel	EU	Kommission, GD COMP
5	13.07.2005	Brüssel	EU	Kommission, GD COMP
6	19.07.2005	Brüssel (tel.)	DE	Ständige Vertretung
7	19.09.2005	Brüssel (tel.)	PL	Ständige Vertretung
8	18.10.2005	Brno	CZ	ÚOHS
9	18.10.2005	Brno	CZ	ÚOHS
10	18.10.2005	Brno	CZ	ÚOHS
11	18.10.2005	Brno	CZ	ÚOHS
12	18.10.2005	Brno	CZ	ÚOHS
13	19.10.2005	Prag	CZ	Czechinvest
14	19.10.2005	Prag	CZ	Ministerium
15	19.10.2005	Prag	CZ	Ministerium
16	19.10.2005	Prag	CZ	Ministerium
17	06.02.2006	Warschau	PL	Forschungseinrichtung
18	07.02.2006	Warschau	PL	UKIE
19	08.02.2006	Warschau	PL	UOKIK
20	09.02.2006	Warschau	PL	ARP
21	09.02.2006	Warschau	PL	ARP
22	09.02.2006	Warschau	PL	ARP
23	09.02.2006	Warschau	PL	UKIE
24	10.02.2006	Warschau	PL	Ministerium

25	10.02.2006	Warschau	PL	Ministerium
26	10.02.2006	Warschau	PL	Ministerium
27	10.02.2006	Warschau	PL	Ministerium
28	17.10.2006	Brüssel (tel.)	EU	Forschungseinrichtung
29	24.10.2006	Brüssel	EU	Kommission, GD COMP
30	24.10.2006	Brüssel	EU	Kommission, GD COMP
31	25.10.2006	Brüssel	EU	Kommission, GD COMP
32	25.10.2006	Brüssel	EU	Kommission, GD ENTR
33	25.10.2006	Brüssel	EU	Kommission, GD ENTR
34	25.10.2006	Brüssel	EU	Kommission, Juristischer Dienst
35	26.10.2006	Brüssel	EU	Kommission, Juristischer Dienst
36	26.10.2006	Brüssel	EU	Kommission, Juristischer Dienst
37	26.10.2006	Brüssel	EU	Kommission, Juristischer Dienst
38	27.10.2006	Brüssel	EU	Kommission, Kabinett Kroes
39	27.10.2006	Brüssel	EU	Kommission, Kabinett Kroes
40	27.10.2006	Brüssel	EU	Kommission, GD COMP

Annex II: Internetseiten

Europäische Wettbewerbspolitik

Europäische Wettbewerbspolitik allgemein:
http://ec.europa.eu/comm/competition/index_en.html
Wettbewerbsberichte der Kommission:
http://ec.europa.eu/competition/annual_reports/
Competition Policy Newsletter:
http://ec.europa.eu/competition/publications/cpn/
Urteile der Europäischen Gerichtshöfe zur Wettbewerbspolitik:
http://ec.europa.eu/comm/competition/court/index.html

Europäische Beihilfekontrolle

Europäische Beihilfekontrolle allgemein:
http://ec.europa.eu/comm/competition/state_aid/overview/index_en.cfm
Europäisches Beihilferecht:
http://ec.europa.eu/comm/competition/state_aid/legislation/legislation.html

EU Beihilfeanzeiger:
http://ec.europa.eu/comm/competition/state_aid/studies_reports/studies_reports.
cfm
EU Beihilferegister:
http://ec.europa.eu/comm/competition/state_aid/register/
Dokumente zur Beihilfekontrolle im Amtsblatt der EG:
http://ec.europa.eu/comm/competition/state_aid/official_journal/oj.html
State Aid weekly e-News:
http://ec.europa.eu/competition/state_aid/newsletter/index.html
Der Aktionsplan Staatliche Beihilfen und die Reform der Beihilfekontrolle:
http://ec.europa.eu/comm/competition/state_aid/reform/reform.cfm
Konsultationen zur Reform der Beihilfekontrolle:
http://ec.europa.eu/comm/competition/consultations/open.html sowie
http://ec.europa.eu/comm/competition/consultations/closed.html

Nationale Beihilfekontrolle und Beihilfepolitik

Nationale Kontakte zur Beihilfekontrolle:
http://ec.europa.eu/comm/competition/state_aid/overview/contacts.html
Polnische Wettbewerbsbehörde (UOKiK):
http://www.uokik.gov.pl/
Polnische Agentur für industrielle Entwicklung (ARP):
http://www.arp.pl/
Polnische Agentur für Information und Auslandsinvestitionen (PAIiIZ):
http://www.paiz.gov.pl/
Tschechische Wettbewerbsbehörde (ÚOHS):
http://www.compet.cz/
Czechinvest
http://www.czechinvest.org/

Beitrittsverhandlungen mit den MOEL

Fortschrittsberichte der Kommission zu den MOEL
http://ec.europa.eu/enlargement/archives/enlargement_process/
past_enlargements/eu10/index_en.htm
Die Beitrittsverhandlungen zum Wettbewerbskapitel
http://web.archive.org/web/20050418053202/www.europa.eu.int/comm/
enlargement/negotiations/chapters/chap6/

Annex III: Rechtsquellen und Dokumente

Rechtsquellen

Ratsverordnungen

Verordnung Nr. 659/1999 des Rates vom 22. März 1999 über besondere Vorschriften für die Anwendung von Artikel 93 des EG-Vertrags, ABl.EG 1999 Nr. L 083, S. 1-9 (zitiert als: Verfahrensverordnung, VVO).

Verordnung Nr. 994/98 des Rates vom 7. Mai 1998 über die Anwendung der Artikel 92 und 93 des Vertrags zur Gründung der Europäischen Gemeinschaft auf bestimmte Gruppen horizontaler Beihilfen, ABl.EG 1998 Nr. L 142, S.1-4 (zitiert als: Ermächtigungsverordnung).

Gruppenfreistellungsverordnungen (GFV) der Kommission

Verordnung Nr. 1998/2006 der Kommission vom 15. Dezember 2006 über die Anwendung der Artikel 87 und 88 EG-Vertrag auf De-minimis-Beihilfen, ABl.EG 2006 Nr. L 379, S. 5-10.

Verordnung Nr. 1628/2006 der Kommission vom 24. Oktober 2006 über die Anwendung der Artikel 87 und 88 EG-Vertrag auf regionale Investitionsbeihilfen der Mitgliedstaaten, ABl.EG 2006 Nr. L 302, S. 29-40.

Verordnung Nr. 2204/2002 der Kommission vom 12. Dezember 2002 über die Anwendung der Artikel 87 und 88 EG-Vertrag auf Beschäftigungsbeihilfen, ABl.EG 2002 Nr. L 337, S. 3.-14.

Verordnung Nr. 70/2001 der Kommission vom 12. Januar 2001 über die Anwendung der Artikel 87 und 88 EG-Vertrag auf staatliche Beihilfen an kleine und mittlere Unternehmen, ABl.EG 2001 Nr. L 01, S. 33-42.

Verordnung Nr. 68/2001 der Kommission vom 12. Januar 2001 über die Anwendung der Artikel 87 und 88 EG-Vertrag auf Ausbildungsbeihilfen, ABl.EG 2001 Nr. L 010, S. 20-29.

Entwurf der Allgemeinen Gruppenfreistellungsverordnung der Kommission für staatliche Beihilfen vom 08. September 2007, ABl.EG 2007 Nr. C 210, S. 14-40.

Weiches Recht der Kommission (ohne sektorspezifische Regeln)

Leitlinien für staatliche Beihilfen zur Förderung von Risikokapitalinvestitionen in kleine und mittlere Unternehmen, ABl.EG Nr. C 194 vom 18/08/2006 S. 0002 – 0021.

Leitlinien für staatliche Beihilfen mit regionaler Zielsetzung 2007-2013, ABl.EG 2006 Nr. C 054, S. 13-44 (zitiert als: Leitlinien für Regionalbeihilfen)

Leitlinien für staatliche Beihilfen zur Rettung und Umstrukturierung von Unternehmen in Schwierigkeiten, ABl.EG 2004 Nr. C 244, S. 2-17 (zitiert als: Leitlinien für R&R-Beihilfen).

Gemeinschaftsrahmen für staatliche Beihilfen für Forschung, Entwicklung und Innovation, ABl.EG 2006 Nr. C 323, S.1-26.

Gemeinschaftsrahmen für staatliche Beihilfen, die als Ausgleich für die Erbringung öffentlicher Dienstleistungen gewährt werden, ABl.EG Nr. C 297 vom 29/11/2005 S. 0004 – 0007.

Gemeinschaftsrahmen für staatliche Umweltschutzbeihilfen, ABl.EG 2001 Nr. C 037, S. 3-15.

Dokumente

Wettbewerbsberichte

Europäische Kommission (1972), I. Bericht über die Wettbewerbspolitik 1971. Brüssel (zitiert als: 1. Wettbewerbsbericht 1971).

Europäische Kommission (1973), II. Bericht über die Wettbewerbspolitik 1972. Brüssel (zitiert als: 2. Wettbewerbsbericht 1972).

Europäische Kommission (1975), IV. Bericht über die Wettbewerbspolitik 1974. Brüssel (zitiert als: 4. Wettbewerbsbericht 1974).

Europäische Kommission (1980), IX. Bericht über die Wettbewerbspolitik 1979. Brüssel (zitiert als: 9. Wettbewerbsbericht 1979).

Europäische Kommission (1986), XV. Bericht über die Wettbewerbspolitik 1985. Brüssel (zitiert als: 15. Wettbewerbsbericht 1985).

Europäische Kommission (1992), XXI. Bericht über die Wettbewerbspolitik 1991. Brüssel (zitiert als: 21. Wettbewerbsbericht 1991).

Europäische Kommission (1993), XXII. Bericht über die Wettbewerbspolitik 1992. Brüssel (zitiert als: 22. Wettbewerbsbericht 1992).

Europäische Kommission (1994), XXIII. Bericht über die Wettbewerbspolitik 1993. Brüssel (zitiert als: 23. Wettbewerbsbericht 1993).

Europäische Kommission (1997), XXVI. Bericht über die Wettbewerbspolitik 1996. Brüssel (zitiert als: 26. Wettbewerbsbericht 1996).

Europäische Kommission (1999), XXVIII. Bericht über die Wettbewerbspolitik 1998. Brüssel (zitiert als: 28. Wettbewerbsbericht 1998).

Europäische Kommission (2002), XXXI. Bericht über die Wettbewerbspolitik 2001. Brüssel (zitiert als: 31. Wettbewerbsbericht 2001).

Europäische Kommission (2005), XXXIV. Bericht über die Wettbewerbspolitik 2004. Brüssel (zitiert als: 34. Wettbewerbsbericht 2004).

Europäische Kommission (2006), XXXV. Bericht über die Wettbewerbspolitik 2005. Brüssel (zitiert als: 35. Wettbewerbsbericht 2005).

Beihilfeanzeiger
Europäische Kommission (2001), Frühjahrsausgabe des Beihilfeanzeigers, KOM(2001) 412 endgültig. Brüssel (zitiert als: Beihilfeanzeiger, Frühjahrsausgabe 2001).
Europäische Kommission (2004), Frühjahrsausgabe des Beihilfeanzeigers, KOM (2004) 256 endgültig. Brüssel (zitiert als: Beihilfeanzeiger, Frühjahrsausgabe 2004).
Europäische Kommission (2005), Frühjahrsausgabe des Beihilfeanzeigers, KOM (2005) 147 endgültig. Brüssel (zitiert als: Beihilfeanzeiger, Frühjahrsausgabe 2005).
Europäische Kommission (2005), Herbstausgabe des Beihilfeanzeigers, KOM (2005) 624 endgültig. Brüssel (zitiert als: Beihilfeanzeiger, Herbstausgabe 2005).
Europäische Kommission (2006), Frühjahrsausgabe des Beihilfeanzeigers, KOM (2006) 130 endgültig. Brüssel (zitiert als: Beihilfeanzeiger, Frühjahrsausgabe 2006).
Europäische Kommission (2006), Herbstausgabe des Beihilfeanzeigers, KOM (2006) 761 endgültig. Brüssel (zitiert als: Beihilfeanzeiger, Herbstausgabe 2006).
Europäische Kommission (2007), Frühjahrsausgabe des Beihilfeanzeigers, KOM (2007) 347 endgültig. Brüssel (zitiert als: Beihilfeanzeiger, Frühjahrsausgabe 2007).
Europäische Kommission (2007), Herbstausgabe des Beihilfeanzeigers, KOM (2007) 791 endgültig. Brüssel (zitiert als: Beihilfeanzeiger, Herbstausgabe 2007).
Europäische Kommission (2008), Frühjahrsausgabe des Beihilfeanzeigers, KOM (2008) 304 endgültig. Brüssel (zitiert als: Beihilfeanzeiger, Frühjahrsausgabe 2008).

Fortschrittsberichte zu den Beitrittsvorbereitungen
Europäische Kommission (1998), Regelmäßiger Bericht 1998 der Kommission über die Fortschritte der Tschechischen Republik auf dem Weg zum Beitritt. Brüssel (zitiert als: Fortschrittsbericht Tschechien 1998).
Europäische Kommission (1998), Regelmäßiger Bericht 1998 der Kommission über die Fortschritte Polens auf dem Weg zum Beitritt. Brüssel (zitiert als: Fortschrittsbericht Polen 1998).

Europäische Kommission (1999), Regelmäßiger Bericht 1999 der Kommission über die Fortschritte der Tschechischen Republik auf dem Weg zum Beitritt. Brüssel (zitiert als: Fortschrittsbericht Tschechien 1999).

Europäische Kommission (1999), Regelmäßiger Bericht 1999 der Kommission über die Fortschritte Polens auf dem Weg zum Beitritt. Brüssel (zitiert als: Fortschrittsbericht Polen 1999).

Europäische Kommission (2000), Regelmäßiger Bericht 2000 der Kommission über die Fortschritte der Tschechischen Republik auf dem Weg zum Beitritt. Brüssel (zitiert als: Fortschrittsbericht Tschechien 2000).

Europäische Kommission (2000), Regelmäßiger Bericht 2000 der Kommission über die Fortschritte Polens auf dem Weg zum Beitritt. Brüssel (zitiert als: Fortschrittsbericht Polen 2000).

Europäische Kommission (2001), Regelmäßiger Bericht 2001 der Kommission über die Fortschritte der Tschechischen Republik auf dem Weg zum Beitritt, SEK (2001) 1746. Brüssel (zitiert als: Fortschrittsbericht Tschechien 2001).

Europäische Kommission (2001), Regelmäßiger Bericht 2001 der Kommission über die Fortschritte Polens auf dem Weg zum Beitritt, SEK (2001) 1752. Brüssel (zitiert als: Fortschrittsbericht Polen 2001).

Europäische Kommission (2002), Regelmäßiger Bericht 2002 der Kommission über die Fortschritte der Tschechischen Republik auf dem Weg zum Beitritt, SEK (2002) 1402. Brüssel (zitiert als: Fortschrittsbericht Tschechien 2001).

Europäische Kommission (2002), Regelmäßiger Bericht 2002 der Kommission über die Fortschritte Polens auf dem Weg zum Beitritt, SEK (2002) 1408. Brüssel (zitiert als: Fortschrittsbericht Polen 2001).

Europäische Kommission (2003), Umfassender Monitoring-Bericht über die Vorbereitungen der Tschechischen Republik auf die Mitgliedschaft. Brüssel (zitiert als: Fortschrittsbericht Tschechien 2003).

Europäische Kommission (2003), Umfassender Monitoring-Bericht über die Vorbereitungen Polens auf die Mitgliedschaft. Brüssel (zitiert als: Fortschrittsbericht Polen 2003).

Jahresberichte der Wettbewerbsbehörden

ÚOHS (2001), Annual Report 2000. Brno (zitiert als: Jahresbericht der tschechischen Wettbewerbsbehörde 2000).

ÚOHS (2002), Annual Report 2001. Brno (zitiert als: Jahresbericht der tschechischen Wettbewerbsbehörde 2001).

ÚOHS (2003), Annual Report 2002. Brno (zitiert als: Jahresbericht der tschechischen Wettbewerbsbehörde 2002).

ÚOHS (2004), Annual Report 2003. Brno (zitiert als: Jahresbericht der tschechischen Wettbewerbsbehörde 2003).

ÚOHS (2005), Annual Report 2004. Brno (zitiert als: Jahresbericht der tschechischen Wettbewerbsbehörde 2004).

ÚOHS (2006), Annual Report 2005. Brno (zitiert als: Jahresbericht der tschechischen Wettbewerbsbehörde 2005).

ÚOHS (2007), Annual Report 2006. Brno (zitiert als: Jahresbericht der tschechischen Wettbewerbsbehörde 2006).

UOKiK (2001), Raport o pomocy publicznej w Polsce udzielonej przedsiębiorcom w 2000 roku. Warschau (zitiert als: Beihilfenbericht der polnischen Wettbewerbsbehörde 2000).

UOKiK (2002), Raport o pomocy publicznej w Polsce udzielonej przedsiębiorcom w 2001 roku. Warschau (zitiert als: Beihilfenbericht der polnischen Wettbewerbsbehörde 2001).

UOKiK (2003), Raport o pomocy publicznej w Polsce udzielonej przedsiębiorcom w 2002 roku. Warschau (zitiert als: Beihilfenbericht der polnischen Wettbewerbsbehörde 2002).

UOKiK (2004), Raport o pomocy publicznej w Polsce udzielonej przedsiębiorcom w 2003 roku. Warschau (zitiert als: Beihilfenbericht der polnischen Wettbewerbsbehörde 2003).

UOKiK (2005), Raport o pomocy publicznej w Polsce udzielonej przedsiębiorcom w 2004 roku. Warschau (zitiert als: Beihilfenbericht der polnischen Wettbewerbsbehörde 2004).

UOKiK (2006), Raport o pomocy publicznej w Polsce udzielonej przedsiębiorcom w 2005 roku. Warschau (zitiert als: Beihilfenbericht der polnischen Wettbewerbsbehörde 2005).

UOKiK (2007), Raport o pomocy publicznej w Polsce udzielonej przedsiębiorcom w 2006 roku. Warschau (zitiert als: Beihilfenbericht der polnischen Wettbewerbsbehörde 2006).

Bibliographie

Abbott, Kenneth W./Duncan Snidal (2000): Hard and Soft Law in International Governance. In: International Organization 54(3), 421-456.

Aldestam, Mona (2004): Soft Law in the State Aid Policy Area. In: Ulrika Mörth (Hrsg.), Soft Law in Governance and Regulation. An Interdisciplinary Analysis. Cheltenham: Edward Elgar, 11-36.

Allen, David (2005): Cohesion and the Structural Funds. Competing Pressures for Reform? In: Wallace et al. (2005): 213-241.

Alter, Karen J. (1998): Who Are the "Masters of the Treaty"? European Governments and the European Court of Justice. In: International Organization 52(1), 121-147.

Ambroziak, Adam A. (2005): State Aid as an Instrument for Reinforcing Competitiveness of Polish Undertakings. Necessity for Retargeting of the Granted Aid? Warsaw.

Ambroziak, Adam A./Ewa Kaliszuk (2004): Granting State Aid in Poland After Accession to EU. In: Kawecka-Wyrzykowska (2004): 160-193.

Andreou, Christos (2005): State Aid Control in Cyprus. In: European State Aid Law Quarterly 4(1), 27-29.

Atanasiu, Isabela (2001): State Aid in Central and Eastern Europe. In: World Competition 24(2), 257-283.

Atanasiu, Isabela (2005): EC State Aid Policy with Respect to Soft Budgetary Constraints: Tax and Social Security Contribution Payment Arrears. In: European State Aid Law Quarterly 4(4), 597-608.

Avery, Graham (2004): The Enlargement Negotiations. In: Cameron (2004): 35-62.

Avery, Graham/Fraser Cameron (1998): The Enlargement of the European Union. Sheffield: Sheffield Academic Press.

Bache, Ian (2006): The Politics of Redistribution. In: Jørgensen et al. (2006): 395-412.

Bachrach, Peter/Morton S. Baratz (1962): Two Faces of Power. In: American Political Science Review 56(4), 947-952.

Bähr, Holger/Oliver Treib/Gerda Falkner (2008): Von Hierarchie zu Kooperation? Zur Entwicklung von Governance-Formen in zwei regulativen Politikfeldern der EU. In: Tömmel (2008a): 92-115.

Bartosch, Andreas (1999): Öffentlichrechtliche Rundfunkfinanzierung und EG-Beihilfenrecht: Eine Zwischenbilanz. In: Europäische Zeitschrift für Wirtschaftsrecht 6(10), 176-180.

Bator, Francis M. (1958): The Anatomy of Market Failure. In: The Quarterly Journal of Economics 72(3), 351-379.

Battista, Jasmin (2005): Latest Developments in Regional and Horizontal State Aid. In: European State Aid Law Quarterly 4(3), 407-413.

Bauer, Michael W./Christoph Knill/Diana Pitschel (2007): Differential Europeanization in Eastern Europe: The Impact of Diverse EU Regulatory Governance Patters. In: European Integration 29(4), 405-423.

Bednár, Josef (2005): The State Aid Control Procedure in the Czech Republic. In: European State Aid Law Quarterly 4(2), 265-267.

Besley, Timothy/Paul Seabright (1999): The Effects and Policy Implications of State Aids to Industry: An Economic Analysis. Report to DG-III of the European Commission.

Biondi, Andrea/Piet Eeckhout/James Flynn (Hrsg.) (2003): The Law of State Aid in the European Union. Oxford: Oxford University Press.

Bishop, Simon (1997): The European Commission's Policy towards State Aid. In: European Competition Law Review 18(2), 84-86.

Blais, André (1986a): The Political Economy of Public Subsidies. In: Comparative Political Studies 19(2), 201-216.

Blais, André (1986b): A Political Sociology of Public Aid to Industry. Toronto: University of Toronto Press.

Blauberger, Michael (2008): From Negative to Positive Integration? State Aid Control through Soft and Hard Law, MPIfG Discussion Paper 08/4. Cologne: Max Planck Institute for the Study of Societies.

Bohata, Marie (2003): Country Report on State Aid in the Czech Republic, CASE Deliverable: Country Report on State Aid and Government Policy in the Czech Republic. Prague.

Bohle, Dorothee/Dóra Husz (2005): Whose Europe Is It? Interest Group Action in Accession Negociations: The Cases of Competition Policy and Labor Migration. In: Politique européenne 6(15), 85-112.

Borrás, Susana/Thomas Conzelmann (2007): Democracy, Legitimacy, and Soft Modes of Governance in the EU: The Empirical Turn. In: European Integration 29(5), 531-548.

Börzel, Tanja A. (2000): Why there Is No Southern Problem. On Environmental Leaders and Laggards in the EU. In: Journal of European Public Policy 7(1), 141-162.

Börzel, Tanja A. (2003): Shaping and Taking EU Policies: Member State Responses to Europeanization. In: Queen's Papers on Europeanisation 4(2), 1-15.

Börzel, Tanja A. (2007): European Governance. Negotiation and Competition in the Shadow of Hierarchy. Conference Paper: EUSA Conference, Montreal.

Börzel, Tanja A. (2008): European Governance. Verhandlungen und Wettbewerb im Schatten der Hierarchie? In: Tömmel (2008a): 61-91.

Börzel, Tanja A./Rachel Cichowski (Hrsg.) (2003): Law, Politics, and the Citizen. EUSA State of the European Union, Vol. 6. Oxford: Oxford University Press.

Börzel, Tanja A./Thomas Risse (2003): Conceptualizing the Domestic Impact of Europe. In: Featherstone/Radaelli (2003): 57-82.

Börzel, Tanja A./Meike Dudziak/Tobias Hofmann/Diana Panke/Carina Sprungk (2007): Recalcitrance, Inefficiency, and Support for European Integration: Why Member States Do (Not) Comply with European Law, Center for European Studies Working Paper Series 51.

Börzel, Tanja A./Sonja Guttenbrunner/Simone Seper (2005): Conceptualizing New Modes of Governance in EU Enlargement, NewGov Deliverable 12/D1, Berlin.

Börzel, Tanja A./Tobias Hofmann/Carina Sprungk (2003): Einhaltung von Recht jenseits des Nationalstaates. Zur Implementationslogik marktkorrigierender Regelungen in der EU. In: Zeitschrift für Internationale Beziehungen 10(2), 247-290.

Börzel, Tanja A./Thomas Risse (2000): When Europe Hits Home: Europeanization and Domestic Change. In: European Integration online Papers 4(15).

Börzel, Tanja A./Thomas Risse (2007): Europeanization: The Domestic Impact of European Union Politics. In: Jørgensen et al. (2007): 483-504.

Bourgeois, Jacques/Paul Demaret (1995): The Working of EC Policies on Competition, Industry, and Trade: A Legal Analysis. In: Buigues et al. (1995): 65-114.

Brander, James/Barbara J. Spencer (1983): Stategic Commitment with R&D: The Symmetric Case. In: The Bell Journal of Economics 14(1), 225-235.

Brander, James/Barbara J. Spencer (1985): Export Subsidies and International Market Share Rivalry. In: Journal of International Economics 18(1-2), 83-100.

Buccirossi, Paolo (Hrsg.) (2006): Advances in the Economics of Competition Law. MIT Press.

Budzinski, Oliver/Andt Christiansen (2005): Competence Allocation in the EU Competition Policy System as an Interest-Driven Process. In: Journal of Public Policy 25(3), 313-337.

Buigues, Pierre/Alexis Jacquemin/André Sapir (Hrsg.) (1995): European Policies on Competition, Trade And Industry. Conflict and Complementarities. Aldershot: Edward Elgar.

Bulmer, Simon J. (1994): Institutions and Policy Change in the European Communities: The Case of Merger Control. In: Public Administration 72(3), 423-444.

Bulmer, Simon J./Christian Lequesne (Hrsg.) (2005): The Member States of the European Union. Oxford/New York: Oxford University Press.

Bulmer, Simon J./Claudio M. Radaelli (2005): The Europeanization of National Policy. In: Bulmer/Lequesne (2005): 338-359.

Burley, Anne-Marie/Walter Mattli (1993): Europe Before the Court: A Political Theory of Legal Integration. In: International Organization 47(1), 41-76.

Burson-Marsteller (2003): Enlargement 2004. Big Bang and Aftershocks. Brussels: Burson-Marsteller.

Cameron, Fraser (Hrsg.) (2004): The Future of Europe. Integration and Enlargement. New York: Routledge.

Carbaugh, Robert A./John Olienyk (2004): Boeing-Airbus Subsidy Dispute: A Sequel. In: Global Economy Journal 4(2), 1-9.

Cassel, Dieter (Hrsg.) (1998): Europäische Integration als ordnungspolitische Gestaltungsaufgabe. Probleme der Vertiefung und Erweiterung der Europäischen Union. Berlin: Duncker&Humblot.

Cemnolonskis, Sigitas (2005): The State Aid Control Procedure in Lithuania. In: European State Aid Law Quarterly 4(2), 269-273.

Checkel, Jeffrey (2001): Why Comply? Social Learning and European Identity Change. In: International Organization 55(3), 553-588.

Cichy, Patrick (2002): Wettbewerbsverfälschungen durch Gemeinschaftsbeihilfen. Eine Untersuchung der Kontrolle von Gemeinschaftsbeihilfen anhand wettbewerbsrechtlicher Maßstäbe des europäischen Gemeinschaftsrechts. Baden-Baden: Nomos.

Cierna, Andrea (2005): Determining Commission's Competence: Past Aid and New Aid. Application on Restructuring Aid to Polish Shipbuilding. In: Competition Policy Newsletter 11(3), 105-108.

Cini, Michelle (2001): The Soft Law Approach: Commission Rule-Making in the EU's State Aid Regime. In: Journal of European Public Policy 8(2), 192-207.

Cini, Michelle/Francis McGowan (1998): Competition Policy in the European Union. Houndmills/London: MacMillan

Clark, John M. (1940): Toward a Concept of Workable Competition. In: The American Economic Review 30(2), 241-256.

Conant, Lisa (2002): Justice Contained: Law and Politics in the European Union. London/Ithaca: Cornell University Press.

Cowles, Maria G./James A. Caporaso/Thomas Risse (Hrsg.) (2001): Transforming Europe. Ithaca/London: Cornell University Press.

Cownie, Fiona C. (1986): State Aids in the Eighties. In: European Law Review 11(4), 247-267.

Cremona, Marise (Hrsg.) (2003a): The Enlargement of the European Union. Oxford/New York: Oxford University Press.

Cremona, Marise (2003b): State Aid Control: Substance and Procedure in the Europe Agreements and the Stabilisation and Association Agreements. In: European Law Journal 9(3), 265-287.

Della Cananea, G. (1993): Administration by Guidelines: The Policy Guidelines of the Commission in the Field of State Aid. In: Harden (1993): 61-75.

Dias, Pedro (2004): Existing State Aid in the Acceding Countries. In: Competition Policy Newsletter 10(2), 17-18.

Dimitrova, Antoaneta (2002): Enlargement, Institution-Building, and the EU's Administrative Capacity Requirement. In: West European Politics 25(4), 171-190.

Doern, Bruce G./Stephan Wilks (Hrsg.) (1996): Comparative Competition Policy. National Institutions in a Global Market. Oxford: Clarendon Press.

Dunia, Francesco G. (1999): Harmonizing Europe. Nation-States within the Common Market. New York: State University of New York Press.

Dylla, Bronwyn (1997): Does the European Union Matter? The Effects of the Single Market on National State Aid Expenditure. Conference Paper: Fifth Biennial ECSA Conference, Seattle.

Dylla, Bronwyn (1998): EU Constraints on Industrial Assistance: How Member States Adapt to a Supranational Watchdog. Conference Paper: Annual APSA Meeting, Boston.

Eberlein, Burkard/Dieter Kerwer (2004): New Governance in the European Union. In: Journal of Common Market Studies 42(1), 121-142.

Eckstein, Harry (1975): Case Study and Theory in Political Science. In: Green-
    stein/Polsby (1975): 79-137.

Economist Intelligence Unit (2003): Europe Enlarged: Understanding the Im-
    pact.

Ehlermann, Claus D./Martin Goyette (2006): The Interface between EU State
    Aid Control and the WTO Disciplines on Subsidies. In: European State
    Aid Law Quarterly 5(4), 695-718.

Ehlermann, Claus Dieter (1995): State Aid Control: Failure or Success? Brus-
    sels: European Commission.

Ehricke, Ulrich (2005): Die neuen Leitlinien der EG-Kommission über Sofort-
    und Umstrukturierungsbeihilfen. In: Europäische Zeitschrift für Wirt-
    schaftsrecht 16(3), 71-75.

Eising, Rainer (2003): Europäisierung und Integration. Konzepte in der EU-
    Forschung. In: Jachtenfuchs/Kohler-Koch (2003): 387-416.

Ellison, David L. (2005a): Competitiveness Strategies, Resource Struggles, and
    National Interest in the New Europe, Hungarian Academy of Sciences,
    Institute for World Economics, Working Paper 159. Budapest.

Ellison, David L. (2005b): Divide and Conquer: The EU Enlargement's Suc-
    cessful Conclusion? Hungarian Academy of Sciences, Institute for
    World Economics, Working Paper 161. Budapest.

European Commission (2005): State Aid Action Plan. Less and Better Targeted
    State Aid: A Roadmap for State Aid Reform 2005-2009. Brussels.

European Commission (2006a): Report on the application of Council Regulation
    (EC) No 994/98 of 7 May 1998 regarding the application of Articles 87
    and 88 of the EC Treaty to certain categories of horizontal State aid,
    KOM/2006/0831 final. Brussels.

European Commission (2006b): Results of the Consultation on State Aid for
    Innovation. Detailed Summary. Brussels.

European Commission (2006c): Results of the Consultation on the State Aid
    Action Plan (SAAP). Detailed Summary. Brussels.

European Commission (2007): Vademecum. Community Rules on State Aid.
    Brussels.

Evans, Andrew (1997): European Community Law of State Aid. Oxford: Clar-
    endon Press.

Evans, Andrew/S. Martin (1991): Socially Acceptable Distortion of Competi-
    tion: Community Policy on State Aid. In: European Law Review 1679-
    111.

Falkner, Gerda/Oliver Treib (2008): Three Worlds of Compliance or Four? The
    EU-15 Compared to New Member States. In: Journal of Common
    Market Studies 46(2), 293-313.

Falkner, Gerda, et al. (2005): Complying with Europe: EU Harmonisation and Soft Law in the Member States. Cambridge: University Press.

Färber, Gisela (1995): Binnenmarktgerechte Subventionspolitik in der Europäischen Gemeinschaft. Strukturen, Normen und Defizite. Frankfurt a.m./New York: Campus.

Featherstone, Kevin (2003): Introduction: In the Name of ‚Europe‘. In: Featherstone/Radaelli (2003): 3-26.

Featherstone, Kevin/Claudio M. Radaelli (Hrsg.) (2003): The Politics of Europeanization. Oxford: Oxford University Press.

Flynn, James (1983): State Aid and Self-Help. In: European Law Review297-312.

Fothergill, Steve (2006): EU State Aid Rules: How the European Union Is Setting the Framework for Member States' Own Regional Policies. Conference Paper: RSA Conference, Leuven.

Franchino, Fabio (2005): The Study of EU Public Policy. Results of a Survey. In: European Union Politics 6(2), 243-252.

Frenz, Walter/Andrea Kühl (2007): Der neue Gemeinschaftsrahmen Forschung, Entwicklung und Innovation (FuEuI). In: Europäische Zeitschrift für Wirtschaftsrecht 18(6), 172-174.

Friederiszick, Hans W./Lars-Hendrik Röller/Vincent Verouden (2006): European State Aid Control: An Economic Framework. In: Buccirossi (2006).

Garrett, Geoffrey (1998): Partisan Politics in the Global Economy. Cambridge: Cambridge University Press.

Genschel, Philipp/Markus Jachtenfuchs (2007): A Neo-Functionalist Dynamic in Intergovernmentalist Disguise: How European Integration Weakens the Taxing Power of the Member States. Manuskript.

Glowicka, Ela (2006): Effectiveness of Bailouts in the EU, Discussion Paper SP II 2006-05: Wissenschaftszentrum Berlin (WZB).

Gourevitch, Peter A. (1978): The Second Image Reversed: The International Sources of Domestic Politics. In: International Organization 32(4), 881-911.

Grabbe, Heather (2001): How Does Europeanization Affect CEE Governance? Conditionality, Diffusion, and Diversity. In: Journal of European Public Policy 8(6), 1013-1031.

Grabbe, Heather (2003): Europeanization Goes East: Power and Uncertainty in the EU Accession Process. In: Featherstone/Radaelli (2003): 303-330.

Greenstein, Fred/Nelson Polsby (Hrsg.) (1975): Handbook of Political Science. Reading, MA: Addison-Wesley.

Gross, Ivo (2002): Subventionsrecht und „schädlicher Steuerwettbewerb": Selektivität von Steuervergünstigungen als gemeinsames Kriterium. In:
Recht der Internationalen Wirtschaft 48(1), 46-55.

Gross, Ivo (2003): Das europäische Beihilfenrecht im Wandel. Probleme, Reformen und Perspektiven. Bamberg: Difo-Druck GmbH.

Grossman, Emiliano (2006): Europeanization as an Interactive Process: German
Public Banks Meet EU State Aid Policy. In: Journal of Common Market Studies 44(2), 325-348.

Grühn, Jana (2006): Beihilfekontrolle unter Transformationsbedingungen. Das
Beispiel Polen. Baden-Baden: Nomos.

Gual, Jordi (2000): Reducing State Aid in the European Union. In: Neven/Röller
(2000a): 11-24.

Gwiazda, Anna (2007): Europeanization of Polish Competition Policy. In:
European Integration 29(1), 109-131.

Hansen, Marc/Anne   Van Ysendyck/Susanne Zuhlke (2004): The Coming of
Age of EC State Aid Law: A Review of the Principal Developments in
2002 and 2003. In: European Competition Law Review 25(4), 202-
233.

Harcourt, Alison J. (2003): Europeanization as Convergence: The Regulation of
Media Markets in the European Union. In: Featherstone/Radaelli
(2003): 179-202.

Harden, Ian (Hrsg.) (1993): State Aid: Community Law and Policy. Köln:
Bundesanzeiger.

Hargita, Eszter/Zsuzsanna Remetei Filep (2004): State Aid Control in Hungary.
In: European State Aid Law Quarterly 3(4), 585-590.

Hashi, Iraj/Ewa Balcerowicz (2004): The Comparative Analysis of State Aid
and Government Policy in Poland, Hungary, and the Czech Republic.
Conference Paper: Third Annual EEFS Conference, Gdansk.

Hashi, Iraj/Darko Hajdukovic/Erjon Luci (2005): Can Government Policy Influence Industrial Competitiveness? Evidence from Poland and the Czech
Republic. Brussels.

Haverland, Markus (2000): National Adaptation to European Integration: The
Importance of Institutional Veto Points. In: Journal of Public Policy
20(1), 83-103.

Haverland, Markus (2006): Does the EU *Cause* Domestic Developments? Im-
proving Case Selection in Europeanisation Research. In: West European Politics 29(1), 134-146.

Hayward, Jack/Edward C. Page (Hrsg.) (1995): Governing the New Europe.
Cambridge: Polity Press.

Heidenhain, Martin (2003): Handbuch des Europäischen Beihilfenrechts. München: Verlag C. H. Beck.

Heidhues, Paul/Rainer Nitsche (2006): Comments on State Aid Reform. Some Implications of an Effects-Based Approach. In: European State Aid Law Quarterly 5(1), 2-16.

Herdegen, Matthias (2001): Europarecht. München: C. H. Beck.

Héritier, Adrienne (2001): Differential Europe: The European Union Impact on National Policymaking. In: Héritier et al. (2001): 1-22.

Héritier, Adrienne (2003): New Modes of Governance in Europe. In: Börzel/Cichowski (2003): 105-126.

Héritier, Adrienne/Christoph Knill/Dirk Lehmkuhl/Michael Teutsch/Anne-Cecile Douillet (Hrsg.) (2001): Differential Europe: EU Impact on National Policymaking. Boulder: Rowman&Littlefield.

Héritier, Adrienne/Christoph Knill/Susanne Mingers (1996): Ringing the Changes in Europe. Regulatory Competition and the Redefinition of the State: Britain, France, Germany. Berlin/New York: De Gruyter.

Hix, Simon (1998): The Study of the European Union II: The ‚New Governance' Agenda and its Rival In: Journal of European Public Policy 5(1), 38-65.

Hooghe, Liesbet (Hrsg.) (1996): Cohesion Policy and European Integration: Building a Multi-Level Governance. Oxford: Oxford University Press.

Höpner, Martin (2006): Determinanten der Quersubventionierung: Ein Vorschlag zur Analyse wirtschaftlicher Liberalisierung. In: Berliner Journal für Soziologie 16(1), 7-23.

Hornsby, S. B. (1987): Competition Policy in the 80s: More Policy, Less Competition? In: European Law Review 12.

Immenga, Ulrich/Ernst-Joachim Mestmäcker (Hrsg.) (2007): Wettbewerbsrecht. Kommentar zum Europäischen Kartellrecht. München: C. H. Beck.

Jachtenfuchs, Markus/Beate Kohler-Koch (Hrsg.) (2003): Europäische Integration. Opladen: Leske+Budrich.

Jacoby, Wade (2001): Tutors and Pupils: International Organizations, Central European Elites, and Western Models. In: Governance 14(2), 169-200.

Jacoby, Wade/Pavel Cernoch (2002): The Pivotal EU Role in the Creation of Czech Regional Policy. In: Linden (2002): 317-339.

Jacquot, Sophie/Cornelia Woll (2003): Usage of European Integration. Europeanisation from a Sociological Perspective. In: European Integration online Papers 7(12).

Jagodic-Lekoveciv, Lea (2004): State Aid Control in Slovenia. In: European State Aid Law Quarterly 3(3), 375-379.

Jasinski, Piotr/Ewa Kaliszuk/Elżbieta Modzelewska-Wąchal/Andrzej Lubbe (Hrsg.) (2003): Priorytety Pomocy Publicznej. Gdansk: Polskie Forum Strategii Lizbonskiej.

Jestaedt, Thomas /Jacques Derenne/Tom Ottervanger (2006): Study on the Enforcement of State Aid Law at National Level. Luxembourg: Office for Official Publications of the European Communities.

Jordan, Andrew (2005): Policy Convergence: A Passing Fad or a New Integrating Focus in European Union Studies? In: Journal of Common Market Studies 12(5), 944-953.

Jørgensen, Knud E./Mark A. Pollack/Ben Rosamond (Hrsg.) (2006): Handbook of European Union Politics. London: Sage.

Känkänen, Janne (2003): Accession Negotiations Brought to Successful Conclusion. In: Competition Policy Newsletter 10(1), 24-28.

Kaplow, Louis/Steven Shavell (2001): Fairness versus Welfare In: Harvard Law Review 114(4), 961-1388.

Kawecka-Wyrzykowska, Elzbieta/Ewa Synowiec (Hrsg.) (2004): Poland in the European Union. Warsaw.

Keppenne, Jean-Paul (1998): (R)évolution Dans Le Système Communautaire de Contrôle des Aides d'État. In: Revue du Marché Unique Européen 2(1), 125-156.

Kerber, Wolfgang (1998): Die EU-Beihilfenkontrolle als Wettbewerbsordnung: Probleme aus der Perspektive des Wettbewerbs zwischen Jurisdiktionen. In: Cassel (1998): 37-74.

Kiehlborn, Thomas (2004): Der steinige Weg tschechischer Banken in die EU – Ein kritischer Blick zurück und ein positiver Blick nach vorne. In: University of Pardubice Scientific Papers 9, 63-72.

Kleiner, Thibault (2005): Reforming State Aid Policy to Best Contribute to the Lisbon Strategy for Growth and Jobs. In: Competition Policy Newsletter 11(2), 29-34.

Knill, Christoph (2005): Introduction: Cross-National Policy Convergence: Concepts, Approaches, and Explanatory Factors. In: Journal of European Public Policy 12(5), 764-774.

Knill, Christoph/Dirk Lehmkuhl (1999): How Europe Matters. Different Mechanisms of Europeanization. In: European Integration online Papers 3(7).

Knill, Christoph/Dirk Lehmkuhl (2000): Mechanismen der Europäisierung: Nationale Regulierungsmuster und Europäische Integration. In: Swiss Political Science Review 6(4), 19-50.

Knill, Christoph/Andrea Lenschow (2005): Compliance, Competition, and Communication: Different Approaches to European Governance and their Impact on National Institutions. In: Journal of Common Market Studies 43(3), 583-606.

Koenig, Christian/Oliver C. Füg (2005): How to Put the EC State Aid Action Plan into Action. Rendering the Market Failure Test Operational. In: European State Aid Law Quarterly 4(4), 591-592.

Koenig, Christian/Jürgen Kühling (1999): Reform des EG-Beihilfenrechts aus der Perspektive des Mitgliedstaatlichen Systemwettbewerbs – Zeit für eine Neuausrichtung. In: Europäische Zeitschrift für Wirtschaftsrecht 10(17), 517-523.

Koenig, Christian/Jürgen Kühling/Nicolai Ritter (2005): EG-Beihilfenrecht. Heidelberg: Verlag Recht und Wirtschaft

Kornai, Janos (1980): The Soft Budget Constraint. In: Kyklos 39(1), 3-30.

Kroes, Neelie (2005): Reforming Europe's State Aid Regime: An Action Plan for Change. In: European State Aid Law Quarterly 4(3), 387-390.

Kroes, Neelie (2006): Industrial Policy and Competition Law & Policy, Conference Paper. New York: Fordham University School of Law.

Kuik, Krzystof (2004): State Aid and the 2004 Accession. Overview of Recent Developments. In: European State Aid Law Quarterly 3(3), 365-373.

Lagzdina, Daiga (2005): The State Aid Control Procedure in Latvia. In: European State Aid Law Quarterly 4(2), 267-269.

Lavdas, Kostas A./Maria M. Mendrinou (1995): Competition Policy and Institutional Politics in the European Community: State Aid Control and Small Business Promotion. In: European Journal of Political Research 28(2), 171-201.

Lavdas, Kostas A./Maria M. Mendrinou (1999): Politics, Subsidies, and Competition. The New Politics of State Intervention in the European Union. Cheltenham: Edward Elgar.

Lavenex, Sandra (2004): EU External Governance in ‚Wider Europe‘. In: Journal of European Public Policy 11(4), 680-700.

Leibfried, Stephan (2005): Social Policy. Left to the Judges and the Markets? In: Wallace et al. (2005): 243-278.

Leibfried, Stephan/Paul Pierson (Hrsg.) (1995): European Social Policy: Between Fragmentation and Integration. Washington D.C.: Brookings Institution Press.

Lienemeyer, Max (2005): State Aid for Restructuring the Steel Industry in the New Member States. In: Competition Policy Newsletter 11(1), 94-102.

Linden, Ronald H. (Hrsg.) (2002): Norms and Nannies. The Impact of International Organizations on the Central and East European States. Lanham: Rowman&Littlefield.

Lodge, Martin (2006): The Europeanisation of Governance. Top Down, Bottom Up, or Both? In: Schuppert (2006): 59-76.

London Economics (2004): Ex-Post Evaluation of the Impact of Rescue and Restructuring Aid on the International Competitiveness of the Sector(s) Affected by Such Aid, Final Report to the European Commission – Enterprise Directorate-General.

Lübbig, Thomas (2007): Europäisches Beihilferecht, MES Schriftenreihe. Frankfurt (Oder).

Lumma, Moritz (2005): Die Stellung Dritter in der Beihilfekontrolle In: Europäische Zeitschrift für Wirtschaftsrecht 16(15), 457-461.

Maincent, Emmanuelle/Lluis Navarro (2006): A Policy for Industrial Champions: From Picking Winners to Fostering Excellence and the Growth of Firms, Industrial Policy and Economic Reforms Papers 2. Brussels: European Commission, DG Enterprise and Industry.

Majone, Giandomenico (Hrsg.) (1996): Regulating Europe. London/New York: Routledge.

Majone, Giandomenico (2005): Dilemmas of European Integration. The Ambiguities and Pitfalls of Integration by Stealth. Oxford: Oxford University Press.

Martin, Steve (Hrsg.) (1994): The Construction of Europe. Essays in Honour of Emile Noel. Dordrecht: Kluwer Academic Publishers.

Mathijsen, Pierre (1972): State Aids, State Monopolies, and Public Enterprises in the Common Market. In: Law and Contemporary Problems 37(2), 376-391.

Mattli, Walter/Anne-Marie Slaughter (1998): Revisiting the European Court of Justice. In: International Organization 52(1), 177-209.

Mayntz, Renate (1998): New Challenges to Governance Theory, Jean Monnet Chair Papers 50. Florence: Robert Schuman Centre for Advanced Studies, European University Institute.

Mayntz, Renate (2004): Governance Theory als fortentwickelte Steuerungstheorie? In: Schuppert (2004): 11-20.

Mayntz, Renate/Fritz W. Scharpf (Hrsg.) (1995a): Gesellschaftliche Selbstregelung und politische Steuerung. Frankfurt a.M.: Campus.

Mayntz, Renate/Fritz W. Scharpf (1995b): Der Ansatz des akteurzentrierten Institutionalismus. In: Mayntz/Scharpf (1995a): 39-72.

McGowan, Lee (2005): Europeanization Unleashed and Rebounding: Assessing the Modernization of EU Cartel Policy In: Journal of European Public Policy 12(6), 986-1004.

Mederer, Wolfgang (1996): The Future of State Aid Control. In: Competition Policy Newsletter 2(3), 12-14.

Mederer, Wolfgang (2003): Staatliche Beihilfen. In: von der Groeben/Schwarze (2003): 981-1228.

Méndez, Carlos/Fiona Wishlade/Douglas Yuill (2006): Conditioning and Fine-Tuning Europeanization: Negotiating Regional Policy Maps under the EU's Competition and Cohesion Policies In: Journal of Common Market Studies 44(3), 581-605.

Messerlin, Patrick (2005): Agricultural Liberalization in the Doha Round. In: Global Economy Journal 5(4), 1-13.

Mestmäcker, Ernst-Joachim (2003): Wirtschaft und Verfassung in der Europäischen Union. Beiträge zu Recht, Theorie und Politik der europäischen Integration. Baden-Baden: Nomos.

Mestmäcker, Ernst-Joachim/Heike Schweitzer (2004): Europäisches Wettbewerbsrecht. München: C. H. Beck.

Modzelewska-Wachal, Elzbieta (2003): Pomoc Publiczna w Polsce. Perspektywa Unijna. In: Jasinski et al. (2003): 66-71.

Möllers, Christoph (2006): European Governance: Meaning and Value of a Concept. In: Common Market Law Review 43(2), 313-336.

Monopolkommission (Hrsg.) (2005): Zukunftsperspektiven der Wettbewerbspolitik. Colloquium anlässlich des 30-jährigen Bestehens der Monopolkommission am 5. November 2004 in der Humboldt-Universität zu Berlin. Baden-Baden: Nomos.

Moravcsik, Andrew (1993): Preferences and Power in the European Community: A Liberal Intergovernmentalist Approach. In: Journal of Common Market Studies 31(4), 473-524.

Moravcsik, Andrew (2002): In Defence of the ‚Democratic Deficit': Reassessing Legitimacy in the European Union. In: Journal of Common Market Studies 40(4), 603-624.

Moravcsik, Andrew/Milada A. Vachudova (2003): National Interests, State Power, EU Enlargement. In: East European Politics and Societies 17(1), 42-57.

Mosselman, Marco/Yvonne Prince (2004): Review of Methods to Measure the Effectiveness of State Aid to SMEs. Final Report to the European Commission. Zoetermeer: EIM Business&Policy Research.

Müller-Graff, Peter-Christian (1988): Die Erscheinungsformen der Leistungssubventionstatbestände aus wirtschaftsrechtlicher Sicht. In: Zeitschrift für das gesamte Handelsrecht und Wirtschaftsrecht 152, 403-438.

Murray, Alasdair (2003): Der Lissabon-Anzeiger: EU Wirtschaftsreformen vor der Osterweiterung. London: Centre for European Reform.

Mussler, Werner (2006): Vom Marktversagen zum ökonomischen Abwägungstest. Wie die Europäische Kommission künftig staatliche Beihilfen beurteilen will, Frankfurter Allgemeine Zeitung (04.01.2006).

Neven, Damien J./Lars-Hendrik Röller (Hrsg.) (2000a): The Political Economy of Industrial Policy in Europe and the Member States. Berlin: edition sigma.

Neven, Damien J./Lars-Hendrik Röller (2000b): The Political Economy of State Aid: Econometric Evidence for the Member States. In: Neven/Röller (2000a): 25-37.

Nicolaides, Phedon/Mihalis Kekelekis (2004): An Assessment of EC State Aid Policy on Rescue and Restructuring of Companies in Difficulty. In: European Competition Law Review 25(9), 578-583.

Nicolaides, Phedon/Mihalis Kekelekis (2005): When Do Firms in Trouble Escape from State Aid Rules? In: European State Aid Law Quarterly 4(1), 17-25.

Nitsche, Rainer/Paul Heidhues (2006): Study on Methods to Analyse the Impact of State Aid on Competition, European Economy, No. 244. Brussels: European Commission, Directorate General for Economic and Financial Affairs.

Nugent, Neill (Hrsg.) (2004): European Union Enlargement. Basingstoke/New York: Palgrave Macmillan.

Oberender, Peter (Hrsg.) (2005): Effizienz und Wettbewerb. Berlin: Duncker&Humblot.

Oberender, Peter/Frank Daumann (1995): Industriepolitik. München: Verlag Franz Vahlen.

Olsen, Johan P. (2002): The Many Faces of Europeanization. In: Journal of Common Market Studies 40(5), 921-952.

Oxera (2005): Innovation Market Failures and State Aid: Developing Criteria Report prepared for DG for Enterprise and Industry, European Commission. Brussels.

Paczkowska-Tomaszewska, Aleksandra/Krzystof Jaros/Krzystof Winiarski (2006): Monitoring State Aid in Poland. In: European State Aid Law Quarterly 5(4), 669-682.

Panke, Diana (2007a): The European Court of Justice as an Agent of Europeanization. Inducing Compliance with EU Law. In: Journal of European Public Policy 14(6), 847-866.

Panke, Diana (2007b): Verrechtlichung auf dem Prüfstand. Zur variablen Wirkung von Rechtsdiskursen und Gerichtsurteilen auf die Einhaltung europäischen Rechts. In: Zeitschrift für Internationale Beziehungen 14(4), 298-317.

Paulweber, Michael/Armin Weinand (2001): Europäische Wettbewerbspolitik und liberalisierte Märkte. In: Europäische Zeitschrift für Wirtschaftsrecht 12(8), 232-241.

Pelka, Piotr (2004): State Aid Control in Poland In: European State Aid Law Quarterly 3(3), 380-382.

Peters, Anne/Isabella Pagotto (2006): Soft Law as a New Mode of Governance: A Legal Perspective, NewGov Deliverable 04/D11.

Plender, Richard (2003): Definition of Aid. In: Biondi et al. (2003): 3-39.

Polish Ministry of Economy (2005): Program polityki w zakresie pomocy publicznej na lata 2005-2010. Warsaw: Republic of Poland – Ministry of Economy.

Pollack, Mark A. (1995): Regional Actors in an Intergovernmental Play: The Making and Implementation of EC Structural Policy. In: Rhodes/Mazey (1995): 361-390.

Poundstone, William (1992): Prisoner's Dilemma. New York: Doubleday.

Putnam, Robert D. (1988): Diplomacy and Domestic Politics: The Logic of Two-Level Games. In: International Organization 42(3), 427-460.

Quigley, Conor (2003a): EC State Aid Law and Policy. Oxford Hart.

Quigley, Conor (2003b): General Taxation and State Aid. In: Biondi et al. (2003): 207-217.

Radaelli, Claudio M. (2003): The Europeanization of Public Policy. In: Featherstone/Radaelli (2003): 27-56.

Radaelli, Claudio M. (2004): The Puzzle of Regulatory Competition. In: Journal of Public Policy 24(1), 1-23.

Rapp, Julia (2005): State Aid in the Accession Countries. Sorting Through the Confusion. In: European Competition Law Review 26(7), 410-415.

Rawlinson, Francis (1993): The Commission's Policy Frameworks: The Role of Policy Frameworks, Codes, and Guidelines in the Control of State Aid. In: Harden (1993): 52-60.

Rhodes, Martin (2005): The Scientific Objectives of the NEWGOV Project. A Revised Framework. Florence.

Rhodes, Martin/Sonia Mazey (Hrsg.) (1995): The State of the European Community, III: Building a European Polity? Boulder, CO: Lynne Rienner.

Risse, Thomas/Maria G. Cowles/James A. Caporaso (2001): Europeanization and Domestic Change: Introduction. In: Cowles et al. (2001): 1-20.

Roebling, Georg (2003): Existing Aid and Enlargement. In: Competition Policy Newsletter 9(1), 33-37.

Röller, Lars-Hendrik (2005): Der ökonomische Ansatz in der europäischen Wettbewerbspolitik. In: Monopolkommission (2005): 37-46.

Röller, Lars-Hendrik/Pierre Buigues (2005): The Office of the Chief Competition Economist at the European Comission. Brussels.

Röller, Lars-Hendrik/Hans W. Friederiszick (2006): Weniger und effektiver. Ökonomische Prüfverfahren könnten die EU-Beihilfenkontrolle stärken, WZB-Mitteilungen, Heft 111, 27-30.

Röller, Lars-Hendrik/Hans W. Friederiszick/Damien J. Neven (2001): Final Report: Evaluation of the Effectiveness of State Aid as a Policy Instrument, OJ S 144 - 28/7/2001 - 144/098945.

Rothacher, Albrecht (2004): Die EU 25. Chancen, Risiken und politische Folgen der EU-Osterweiterung. In: Aus Politik und Zeitgeschichte B 5-6/200425-34.

Schäfer, Armin (2006): Die demokratische Grenze output-orientierter Legitimation. In: Integration 29(3), 187-200.

Scharpf, Fritz W. (Hrsg.) (1993a): Games in Hierarchies and Networks. Frankfurt a.M.: Campus.

Scharpf, Fritz W. (1993b): Coordination in Hierarchies and Networks. In: Scharpf (1993a): 125-167.

Scharpf, Fritz W. (1997): Games Real Actors Play. Actor-Centered Institutionalism in Policy Research. Boulder, CO: Westview Press.

Scharpf, Fritz W. (1999): Regieren in Europa. Effektiv und demokratisch? Frankfurt am Main: Campus.

Scharpf, Fritz W. (2002): Regieren im Europäischen Mehrebenensystem. Ansätze zu einer Theorie. In: Schneider (2002): 35-67.

Scharpf, Fritz W. (2003): Legitimate Diversity: The New Challenge of European Integration. In: Zeitschrift für Staats- und Europawissenschaften 1(1), 32-60.

Schenk, Deborah H. (2006): The Cuno Case: A Comparison of U.S. Subsidies and European State Aid. In: European State Aid Law Quarterly 5(1), 3-8.

Schimmelfennig, Frank (2002): Introduction: The Impact of International Organizations on the Central and Eastern European States. Conceptual and Theoretical Issues. In: Linden (2002): 1-29.

Schimmelfennig, Frank (2007): Europeanization beyond Europe. In: Living Reviews in European Governance 2(1).

Schimmelfennig, Frank/Ulrich Sedelmeier (2002): Theorizing EU Enlargement: Research Focus, Hypotheses, and the State of Research. In: Journal of European Public Policy 9(4), 500-528.

Schimmelfennig, Frank/Ulrich Sedelmeier (2004): Governance by Conditionality: EU Rule Transfer to the Candidate Countries of Central and Eastern Europe. In: Journal of European Public Policy 11(4), 661-679.

Schimmelfennig, Frank/Ulrich Sedelmeier (Hrsg.) (2005a): The Europeanization of Central and Eastern Europe. Ithaca/London: Cornell University Press.

Schimmelfennig, Frank/Ulrich Sedelmeier (2005b): Introduction: Conceptualizing the Europeanization of Central and Eastern Europe. In: Schimmelfennig/Sedelmeier (2005): 1-28.

Schindler, Christian Philipp (2005): Die Regionalpolitik der Europäischen Union. Köln: Institut für Wirtschaftspolitik.

Schmidt, Susanne K. (1998): Liberalisierung in Europa. Die Rolle der Europäischen Kommission, Schriften des Max-Planck-Instituts für Gesellschaftsforschung Köln, Bd. 33. Frankfurt am Main: Campus.

Schmidt, Susanne K. (2000): Only an Agenda Setter? The European Commission's Power over the Council of Ministers. In: European Union Politics 1(1), 37-61.

Schmidt, Susanne K. (2004): Rechtsunsicherheit statt Regulierungswettbewerb: Die nationalen Folgen des europäischen Binnenmarkts für Dienstleistungen. Hagen: FernUniversität Hagen.

Schmidt, Susanne K. (2005): Probleme der Osterweiterung: Kleine Länder in der Europäischen Union. In: Zeitschrift für Politikwissenschaft 16(1), 81-101.

Schmidt, Susanne K. (2007): Mutual Recognition as a New Mode of Governance. In: Journal of European Public Policy 14(5), 667-681.

Schmidt, Susanne K. (2008): Research Note: Beyond Compliance. The Europeanization of Member States through Negative Integration and Legal Uncertainty. Journal of Comparative Politicy Analysis 10(3), 299-308 .

Schmidt, Susanne K./Michael Blauberger (2005): Interpreting the Treaty. The Role of the ECJ and the Commission in the Areas of Mutual Recognition of Goods and Services and State Aid Control, NewGov Deliverable 13/D1, Cologne.

Schmidt, Susanne K./Michael Blauberger/Wendelmoet van den Nouland (2008): Jenseits von Implementierung und Compliance. Die Europäisierung der Mitgliedstaaten. In: Tömmel (2008a): 275-296.

Schmidtchen, Dieter (2005a): Abschlußreferat: Die Neue Wettbewerbspolitik auf dem Prüfstand. In: Oberender (2005): 173-179.

Schmidtchen, Dieter (2005b): Effizienz als Leitbild der Wettbewerbspolitik: Für einen "More Economic Approach". In: Oberender (2005): 9-39.

Schneider, Volker H. (Hrsg.) (2002): Entgrenzte Märkte – grenzenlose Bürokratie? Europäisierung in Wirtschaft, Recht und Politik. Frankfurt a.M./New York: Campus.

Schön, Wolfgang (1999): Taxation and State Aid Law in the EU. In: Common Market Law Review 36(5), 911-936.

Schuppert, Gunnar F. (Hrsg.) (2004): Governance-Forschung. Vergewisserung über Stand und Entwicklungslinien. Baden-Baden: Nomos

Schuppert, Gunnar F. (Hrsg.) (2006): The Europeanisation of Governance. Baden-Baden: Nomos.

Schütte, Michael/Jan-Peter Hix (1995): The Application of the EC State Aid Rules to Privatizations: The East German Example. In: Common Market Law Review 32(1), 215-248.

Schütterle, Peter (1995): Die Beihilfenkontrollpraxis der Europäischen Kommission im Spannungsfeld zwischen Recht und Politik. In: Europäische Zeitschrift für Wirtschaftsrecht 6(13), 391-396.

Schütterle, Peter (2001): Effiziente Kontrolle staatlicher Beihilfen in den mittel- und osteuropäischen Ländern als Beitrittskriterium. In: Europäische Zeitschrift für Wirtschaftsrecht 23(12), 711-714.

Schütterle, Peter (2002): State Aid Control. An Accession Criterion. In: Common Market Law Review 39(3), 577-590.

Schütterle, Peter (2003): Enlargement: Pre-Accession State Aid after Accession. In: European State Aid Law Quarterly 2(1), 29-38.

Schütterle, Peter (2004): Beihilfenkontrolle in den neuen Mitgliedstaaten. In: Europäisches Wirtschafts- und Steuerrecht 15(11), 485-489.

Scott, Joanne/David M. Trubek (2002): Mind the Gap: Law and New Approaches to Governance in the European Union. In: European Law Journal 8(1), 1-18.

Sedelmeier, Ulrich (2006a): Europeanisation in New Member and Candidate States. In: Living Reviews in European Governance 1(3).

Sedelmeier, Ulrich (2006b): Is there an ‚Eastern Problem‘ in the Enlarged European Union? Post-Accession Compliance in the New Member States from East Central Europe. Conference Paper: Council of European Studies Conference, Chicago.

Sedelmeier, Ulrich (2007): Pre-Accession Conditionality and Post-accession Compliance in the New Member States from East Central Europe, Conference Paper: EUSA Conference, Montreal.

Senden, Linda A. J. (2004): Soft Law in European Community Law (Modern Studies in European Law). Oxford: Hart Publishing.

Sinnavae, Adinda (1997): Die Rückforderung gemeinschaftsrechtswidriger nationaler Beihilfen: Kollisionen im Spannungsverhältnis zwischen Gemeinschafts- und nationalem Recht. Berlin: Duncker&Humblot.

Sinnavae, Adinda/Piet Jan Slot (1999): The New Regulation on State Aid Procedures. In: Common Market Law Review 36(6), 1153-1194.

Slocock, Ben (2002): The Market Economy Investor Principle. In: Competition Policy Newsletter 8(2), 23-26.

Slot, Piet Jan (1990): Procedural Aspects of State Aids: The Guardian of Competition versus the Subsidy Villains? In: Common Market Law Review 27, 741-760.

Slotboom, Marco M. (1995): State Aid in Community Law: A Broad or Narrow Definition. In: European Law Review 20(3), 289-301.

Smith, Mitchell P. (1996): Integration in Small Steps: The European Commission and Member-State Aid to Industry. In: West European Politics 19(3), 563-582.

Smith, Mitchell P. (1998): Autonomy by the Rules: The European Commission and the Development of State Aid Policy. In: Journal of Common Market Studies 36(1), 55-78.

Smith, Mitchell P. (2001a): Europe and the German Model: Growing Tension or Symbiosis? In: German Politics 10(3), 119-140.

Smith, Mitchell P. (2001b): How Adaptable is the European Commission? The Case of State Aid Regulation. In: Journal of Public Policy 21(3), 219-238.

Smith, Mitchell P. (2005): States of Liberalization: Redefining the Public Sector In Integrated Europe. Albany: State University of New York Press

Snyder, Francis (1994): Soft Law and Institutional Practice in the European Community. In: Martin (1994): 197-225.

Soltész, Ulrich (2005a): The New Multisectoral Framework on Regional Aid. Overkill or an "Appropriate Measure"? In: European Competition Law Review 26(2), 98-105.

Soltész, Ulrich (2005): Von ‚guten‘ und ‚schlechten‘ Beihilfen. In: Europäische Zeitschrift für Wirtschaftsrecht 16(13), 385-386.

Soltész, Ulrich/Holger Bielesz (2004): Privatisierungen im Licht des europäischen Beihilferechts: Von der Kommission gerne gesehen – aber nicht um jeden Preis. In: Europäische Zeitschrift für Wirtschaftsrecht 15(13), 391-395.

Soltész, Ulrich/Gösta C. Makowski (2003): Die Nichtdurchsetzung von Forderungen der öffentlichen Hand als staatliche Beihilfe i.S. von Art. 87 I EG. In: Europäische Zeitschrift für Wirtschaftsrecht 14(3), 73-78.

Soltész, Ulrich/Julia Marquier (2005): Härtere Zeiten für notleidende Unternehmen? – Die neuen Kommissionsleitlinien für Rettungs- und Umstrukturierungsbeihilfen. In: Europäisches Wirtschafts- und Steuerrecht 16(6), 241-244.

Soltwedel, Rüdiger, et al. (1988): Subventionssysteme und Wettbewerbsbedingungen in der EG. Theoretische Analysen und Fallbeispiele. Kiel: Institut für Wirtschaftspolitik.

Sowa, Marcin (2003): State Aid and Government Policy in Poland, 1994-2002, CASE Deliverable: Country Report on State Aid and Government Policy in Poland. Warsaw.

Stone Sweet, Alec (1995): Governing with Judges: The New Constitutionalism. In: Hayward/Page (1995): 286-314.

Streit, Manfred E./Werner Mussler (1995): The Economic Constitution of the European Community: From ,Rome' to ,Maastricht'. In: European Law Journal 1(1), 5-30.

Szymanska, Ewa (2005): Aid in Favour of Trinecké Zeleárny, as a Steel Producer in the Czech Republic. In: Competition Policy Newsletter 11(1), 105-107.

Thielemann, Eiko R. (1999): Institutional Limits of a ,Europe with the Regions': EC State-Aid Control Meets German Federalism. In: Journal of European Public Policy 6(3), 399-418.

Thinam, Jakob/Helmuth Schröter (2003): Internationale Wettbewerbsregeln. In: von der Groeben/Schwarze (2003): 1229-1248.

Töller, Annette E. (2004): The Europeanization of Public Policies. Understanding Idiosyncratic Mechanisms and Contingent Results. In: European Integration online Papers 8(9).

Tömmel, Ingeborg (Hrsg.) (2008a): Die Europäische Union. Governance und Policy-Making. Politische Vierteljahrszeitschrift Sonderheft 40/2008 Wiesbaden: VS Verlag für Sozialwissenschaften.

Tömmel, Ingeborg (2008b): Governance and Policy-Making im Mehrebenensystem der EU. In: Tömmel (2008a): 13-35.

Treib, Oliver (2003): Die Umsetzung von EU-Richtlinien im Zeichen der Parteipolitik: Eine akteurzentrierte Antwort auf die Misfit-These. In: Politische Vierteljahresschrift 44(4), 506-528.

Treib, Oliver (2006): Implementing and Complying with EU Governance Outputs. In: Living Reviews in European Governance 1(1).

Treib, Oliver/Holger Bähr/Gerda Falkner (2007): Modes of Governance: Towards a Conceptual Clarification. In: Journal of European Public Policy 14(1), 1-20.

Trubek, David M./Louise G. Trubek (2005): Hard and Soft Law in the Construction of Social Europe: the Role of the Open Method of Co-Ordination. In: European Law Journal 11(3), 343-364.

Tsebelis, George/Geoffrey Garrett (2001): The Institutional Foundations of Intergovernementalism and Supranationalism in the European Union. In: International Organization 55(2), 357-390.

UK Department of Trade and Industry (2004): Taking Account of State Aid Issues in Policy Making. A Risk-Based Approach. London.

Van de Casteele, Koen (2005): Next EU Enlargement: Romania and State Aid Control. In: Competition Policy Newsletter 12(1), 39-42.

Van den Nouland, Wendelmoet (2007): Field Report. Bilateral Cooperation between Old and New Member States Concerning the Freedom of Services, Newgov Deliverable 13/D5b. Bremen.

von Danwitz, Thomas (Hrsg.) (2000a): Rechtsfragen der europäischen Beihilfeaufsicht. Stuttgart: Richard Boorberg Verlag.

von Danwitz, Thomas (2000b): Grundfragen der europäischen Beihilfeaufsicht. In: von Danwitz (2000a): 13-29.

von der Groeben, Hans/Jürgen Schwarze (Hrsg.) (2003): Kommentar zum Vertrag über die Europäische Union und Vertrag zur Gründung der Europäischen Gemeinschaft Baden-Baden: Nomos.

Vosu, Aime (2004): Future Role of the Former Nation Monitoring Authorities and Existing Aid in Slovenia, Poland, and Estonia. State Aid Control in Estonia. In: European State Aid Law Quarterly 3(3), 365-383.

Wallace, Helen (2005): An Institutional Anatomy and Five Policy Modes. In: Wallace et al. (2005): 49-90.

Wallace, Helen/William Wallace/Mark A. Pollack (Hrsg.) (2005): Policy-Making in the European Union. Oxford: Oxford University Press.

Waltz, Kenneth N. (2001): Man, the State, and War: A Theoretical Analysis. New York: Columbia University Press.

Wilks, Stephan (2005): Competition Policy. Challenge and Reform. In: Wallace et al. (2005): 113-139.

Wilks, Stephan/Lee McGowan (1996): Competition Policy in the European Union: Creating a Federal Agency? In: Doern/Wilks (1996): 225-267.

Winter, Jan A. (1993): Supervision of State Aid: Article 93 in the Court of Justice In: Common Market Law Review 30(2), 311-329.

Wishlade, Fiona (1993): Competition Policy, Cohesion, and the Co-Ordination of Regional Aids in the European Community. In: European Competition Law Review 14(4), 143-150.

Wishlade, Fiona (1998): Competition Policy or Cohesion Policy by the Back Door? The Commission Guidelines on National Regional Aid. In: European Competition Law Review 6, 343-357.

Wishlade, Fiona (2004): The Beginning of the End, or Just Another New Chapter? Recent Developments in EU Competition Policy Control of Regional State Aid, European Policies Research Paper 54: University of Strathclyde.

Wishlade, Fiona (2005): Plus Ça Change, Plus C'est la Même Chose? Recent Developments in EU Competition Policy and Regional Aid Control, European Policies Research Paper 58: University of Strathclyde.

Wishlade, Fiona (2007): Much Ado about Nothing? Recent Developments in EU Competition Policy and Regional Aid Control, European Policies Research Paper Number 62: University of Strathclyde.

Wishlade, Fiona G. (2003): Regional State Aid and Competition Policy in the European Union. The Hague/London/New York: Kluwer Law International.

Wolf, Dieter (2005): State Aid Control at the National, European, and International Level. In: Zürn/Joerges (2005): 65-117.

Woolfson, Charles/Jeff Sommers (2006): Labour Mobility in Construction: European Implications of the Laval un Partneri Dispute with Swedish Labour In: European Journal of Industrial Relations 12(1), 49-68.

Wössner, Barbara (2001): Die Deutschlandklausel im EG-Beihilfenrecht. (Art. 87 Abs. 2 lit. c EGV). Hamburg: Verlag Dr. Kovač.

Wren, Colin (1996): Industrial Subsidies: The UK Experience. New York: St. Martin's Press.

Zahariadis, Nikolaos (2002): The Political Economy of State Subsidies in Europe. In: Policy Studies Journal 30(2), 285-298.

Zürn, Michael/Christian Joerges (Hrsg.) (2005): Law and Governance in Postnational Europe. Compliance beyond the Nation-State. Cambridge: Cambridge University Press.

Neu im Programm Politikwissenschaft

Wilfried von Bredow

Die Außenpolitik der Bundesrepublik Deutschland

Eine Einführung
2., akt. Aufl. 2008. 306 S. (Studienbücher Außenpolitik und Internationale Beziehungen) Br. EUR 16,90
ISBN 978-3-531-16159-4

Dieses Studienbuch bietet eine gegenwartsbezogene Einführung in die Außenpolitik der Bundesrepublik Deutschland und ihre über fünfzigjährige Geschichte. Es behandelt systematisch die Grundlinien und Schwerpunkte dieser Außenpolitik, ihre wichtigen Institutionen und Akteure, die entscheidenden Stationen seit der Gründung der Bundesrepublik und die Einbindung des Landes in europäische und atlantische Strukturen. Neben den grundlegenden Aspekten befasst sich diese Einführung besonders mit der Entwicklung der deutschen Außenpolitik seit dem weltpolitischen Umbruch 1989/90. Die 2. Auflage wurde um die gesamte Außenpolitik der Großen Koalition seit 2005 erweitert.

Klaus Brummer

Der Europarat

Eine Einführung
2008. 285 S. Br. EUR 29,90
ISBN 978-3-531-15710-8

Nach einer Einführung in die historische Entwicklung des Europarats analysiert dieses Buch im Detail die institutionellen Strukturen der Organisation und entwickelt im Ausblick eine „Zukunftsagenda" für den Europarat.

Oscar W. Gabriel / Sabine Kropp (Hrsg.)

Die EU-Staaten im Vergleich

Strukturen, Prozesse, Politikinhalte
3., akt. und erw. Aufl. 2008. 720 S. Br. EUR 39,90
ISBN 978-3-531-42282-4

Mit der Einrichtung des europäischen Binnenmarktes und dem Inkrafttreten des Maastrichter Vertrages hat sich die gesellschaftliche, wirtschaftliche und politische Verflechtung innerhalb der Europäischen Union intensiviert. Die Vertiefung der Zusammenarbeit zwischen den EU-Staaten wird nicht nur die europäischen Institutionen verändern, sondern auch die Abläufe in den nationalen politischen Systemen beeinflussen. Für das Verständnis der politischen Vorgänge im integrierten Europa ist eine gründliche Kenntnis der nationalen politischen Systeme erforderlich. Solche Kenntnisse vermittelt dieser Band in einer systematischen, vergleichenden Übersicht über die politischen Strukturen und Prozesse der EU-Mitgliedstaaten sowie über ausgewählte Inhalte der staatlichen Politik.

Erhältlich im Buchhandel oder beim Verlag.
Änderungen vorbehalten. Stand: Juli 2008.

www.vs-verlag.de

VS VERLAG FÜR SOZIALWISSENSCHAFTEN

Abraham-Lincoln-Straße 46
65189 Wiesbaden
Tel. 0611.7878 - 722
Fax 0611.7878 - 400